GERSTENBERG VERLAG

50 Klassiker ARCHÄOLOGIE

Die wichtigsten Fundorte und Ausgrabungsstätten

dargestellt von Wolfgang KORN

6 Was soll, was kann Archäologie leisten?

NORDWESTEUROPA

10 **Grotte von Lascaux**
um 13500–9000 v. Chr.

14 **»Pfahlbausiedlungen« am Federsee**
um 4400–850 v. Chr.

18 **Stonehenge**
um 3000–1000 v. Chr.

22 **Obergermanisch-raetischer Limes**
200–300 n. Chr.

28 **Haithabu**
um 800–1050 n. Chr.

34 **Sagenumwobenes Rungholt**
um 1200–1362 n. Chr.

SÜDEUROPA

38 **Megalithtempel auf dem Malta-Archipel**
3500–2500 v. Chr.

44 **Knossos**
um 3000–1380 v. Chr.

50 **Mykene**
um 1600–1100 v. Chr.

56 **Delos**
1400 v. Chr.– 400 n. Chr.

60 **Olympia**
1100 v. Chr.–400 n. Chr.

66 **Delphi**
800 v. Chr.–400 n. Chr.

72 **Epidauros**
800 v. Chr.–500 n. Chr.

78 **Akropolis von Athen**
500 v. Chr.–400 n. Chr.

84 **Paestum**
800 v. Chr.–500 n. Chr.

90 **Cerveteri**
700 v. Chr.–um 200 v. Chr.

96 **Forum Romanum**
600 v. Chr.–475 n. Chr.

102 **Pompeji**
800 v. Chr bis 24. August 79 n. Chr.

KLEINASIEN

108 **Çatal Höyük**
7600–5600 v. Chr.

114 **Troia**
um 3000 v. Chr.–500 n. Chr.

122 **Bergmetropole Pergamon**
um 700 v. Chr.–1400 n. Chr.

128 **Ephesos**
um 800 v. Chr.–700 n. Chr.

134 **Priene**
400 v. Chr.–um 1300 n. Chr.

140 **Tempel von Didyma**
300 v. Chr.–300 n. Chr.

144 **Kappadokien**
400–1400 n. Chr.

150 **Kommagene**
62 v. Chr.–17 n. Chr.

NAHER OSTEN

154 **Ur**
5000–2000 v. Chr.

160 **Babylon** um 2200 v. Chr. – 300 n. Chr.

164 **Palmyra** 2000 v. Chr. – 900 n. Chr.

168 **Tempelberg in Jerusalem** 1000 v. Chr. – heute

172 **Petra** um 300 v. Chr. – 700 n. Chr.

176 **Persepolis** 509 – 330 v. Chr.

ÄGYPTEN

180 **Pyramiden von Giseh und Sakkara** um 2600 – 2450 v. Chr.

188 **Tempel von Karnak und Luxor** 1900 v. Chr. – 400 n. Chr.

194 **Totentempel und Pharaonengräber in Theben-West** 1500 – 100 v. Chr.

200 **Alexandria** 331 v. Chr. – 365 n. Chr.

AFRIKA

206 **Karthago** um 800 v. Chr. – 698 n. Chr.

214 **Lehmbau-Moscheen von Timbuktu und Djenne** um 1100 n. Chr. – heute

ASIEN

220 **Gandhara** um 300 v. Chr. – 500 n. Chr.

224 **Vijayanagar/Hampi** 1336 – 1565 n. Chr.

230 **Mamallapuram (Mahabalipuram)** 600 – 900 n. Chr.

236 **Sigiriya** 477 bis 492 n. Chr.

240 **Angkor Wat** 802 – 1400 n. Chr.

246 **Borobudur** 800 – 900 n. Chr.

252 **Chinesische Mauer** 500 v. Chr. – 1700 n. Chr.

256 **Terrakotta-Armee des ersten chinesischen Kaisers** 300 v. Chr.

AMERIKA

260 **Teotihuacan** um 100 v. Chr – 700 n. Chr.

266 **Palenque** um 400 – 810 n. Chr.

272 **Machu Picchu** um 1450 – 1532 n. Chr.

ÜBERALL UND NIRGENDWO

278 **Atlantis** angeblich – 9500 v. Chr.

282 Das UNESCO-Welterbe

282 Begriffsregister

283 Ortsregister

284 Namensregister

Was soll, was kann Archäologie leisten?

Haithabu, Knossos, Borobudur – alleine die Namen berühmter antiker Stätten beleben unsere Vorstellungskraft, heben uns heraus aus dem Alltag in eine Welt vergangener Größe und Exotik. Als einzige historische Disziplin ist die Archäologie in aller Munde – das ist alles andere als selbstverständlich. Denn zweifellos beherrscht Zukunftsorientierung, die nicht selten in Zukunftsgläubigkeit umschlägt, unser Zeitalter. Wir beschäftigen uns mehr damit, wo wir hinwollen, als damit, wo wir herkommen; Rückbesinnung ist etwas für Feierstunden, Familienchroniken und Fernsehdokumentationen. Über neue Entdeckungen in den Pyramiden von Giseh, in Troia und Alexandria wird dagegen intensiv geredet, diskutiert und spekuliert.

Warum fasziniert uns gerade Archäologie so sehr? Weil sie im Zeitalter der Technik Wissenschaft mit einer großen Portion Abenteuer verbindet und dabei die Fragen nach Sinn und Zweck einer Gesellschaft nicht aus den Augen verliert. Untergegangene Kulturen werden unter aktuellen Fragestellungen (Ökologie, Katastrophen) erforscht. Archäologen arbeiten heute zusammen mit Geologen, Physikern und Biologen und setzen dabei hochmoderne Techniken ein – zahlreiche ägyptische Mumien wurden bereits im Computertomographen durchleuchtet. Trotzdem bergen viele Grabungsprojekte noch Risiken, liegen archäologische Stätten doch häufig in unzugänglichen Regenwäldern, lebensfeindlichen Wüsten oder politisch labilen Regionen.

Ein bemerkenswerter Aufwand, wenn man bedenkt, dass es alles andere als selbstverständlich für menschliche Gesellschaften ist, Zeugnisse vergangener Kulturen zu bewahren. Die längste Zeit der Geschichte zwang Armut die Menschen dazu, verlassene Bauwerke als Materiallager zu verwenden. Noch heute finden sich in der Nähe antiker Stätten Bauernhöfe, wo antike Artefakte als Türrahmen oder Amboss weiter genutzt werden. Im Mittelalter wurden Marmorblöcke aus den Ruinen von Karthago zum Bau der Kathedralen von

■ Das Pferdekopfkapitell von Persepolis überstand nicht nur die Zerstörung der Stadt durch Alexander den Großen, sondern auch die Bedrohung durch die islamische Revolution.

■ Jahrtausende lang vergessen, im 19. Jahrhundert wieder freigelegt und restauriert, erstrahlt Luxor nun im alten Glanz.

Pisa und Genua verwendet. Die Osmanen ließen Säulen aus Didyma für Moschee- und Palastbauten nach Istanbul bringen. Eine Gesellschaft muss es sich nicht nur leisten können, Bauwerke vergangener Zeiten stehen zu lassen, sie muss auch tolerant gegenüber diesen Zeugnissen fremder Kultur sein. Ein Ideal, das bis heute nur ansatzweise erreicht wurde, wie die Weltöffentlichkeit zuletzt erleben konnte, als die afghanischen Taliban die Buddhafiguren von Bamiyan sprengen ließen.

Doch auch die Archäologie begann nicht als tolerantes Denkmalschutz-Unternehmen. Ihre erste Phase, die 1748 mit Ausgrabungen in Pompeji anfing, glich einem nationalen Beutezug. Länder wie Großbritannien, Frankreich und Deutschland füllten ihre großen Museen mit antiken Kunstwerken aus der Mittelmeer-Region. Die Arbeiten vor Ort waren reine Such-, besser noch Raubgrabungen wie die Plünderungen der Athener Akropolis durch Lord Elgin ab 1801. Erst als die Griechen ihre nationale Unabhängigkeit von den Osmanen erstritten, konnten sie 1827 den Export von Antiken verbieten. Trotzdem sicherten sich die Ausgräber in Grabungslizenzen ihren Anteil an den geborgenen Kunstschätzen oder schmuggelten sie, wie Heinrich Schliemann seinen so genannten Schatz des Priamos, an den Behörden vorbei außer Landes. Erst ganz allmählich gerieten die antiken Stätten selbst

■ Nutzen oder bewahren? Antike Stätten werden noch heute als Materiallager genutzt; wie hier an der Via Appia Antica.

■ Antike kontra Tourismus? Sarkophage in Hierapolis stellen für Touristenbusse ein Verkehrshindernis dar.

in den Fokus der archäologischen Arbeit. Anfangs kritisierten deutsche Politiker etwa, dass sie die Grabung in Olympia (ab 1875) finanzierten, ohne Funde dafür zu erhalten. Doch die Grabungsstätte wurde zum Erfolg; so viele Menschen wollten Olympia sehen, dass eigens eine Bahnstrecke dorthin gebaut wurde.

Was lässt eine antike Stätte wie Olympia zum Klassiker werden? Zunächst sind archäologische Stätten Zeugnisse untergegangener Kulturen, die in Vergessenheit geraten, wiedergefunden und freigelegt wurden. Was die Besucher dabei berührt, ist oft nicht die Größe oder der gut erhaltene Zustand der Bauten, sondern die Aura des Originals: Auf diesem Boden verfolgte Achill den Hektor, oder vor diesen Steinen ließ Pakal der Große Menschen opfern. Zu Klassikern werden antike Stätten dann, wenn sie nicht nur ihre Kultur repräsentieren, sondern sich darüber hinaus zu einem Symbol verdichten, das eine für uns erahnbare, aber verschlüsselte Botschaft trägt. Das ist der Grund für die Anziehungskraft antiker Stätten, die über bloße Modetrends hinaus Generationen von Besuchern anlocken. Diese Kriterien bestimmten die hier vorgestellte Auswahl, die trotzdem subjektiv bleiben muss.

■ Graffiti auf antiken Säulen

Das Schicksal einer antiken Stätte nach ihrer Ausgrabung – ihre weitere Erforschung, Restaurierung und Berühmtheit – wird heute vor allem von drei Gruppeninteressen bestimmt: den Archäologen, den Besuchern und den Regierungen. Archäologen wünschen sich Stätten mit aussagekräftigen Funden – aus ihrer Sicht ist der zwanzig Meter hohe, aus Siedlungsabfällen und eingeebneten Lehmhäusern bestehende Troia-Hügel ein echter Glücksfall. Dank modernster Technik können manchmal Knochenfunde und Pollenkörner mehr über Lebensweise, Wohlstand und Untergangsursachen einer Kultur aussagen als ganze Paläste. Touristen dagegen sind von Troia eher enttäuscht; sie wünschen sich spektakuläre Stätten, deren Größe sie überwältigt wie beispielsweise Ephesos mit seinen vielen wieder errichteten Fassaden. Dass bei diesen Rekonstruktionsarbeiten Kunststein – fremdes Material wie Beton – verbaut wurde, ist für die Touristen nebensächlich. Regierungen schließlich wünschen sich Stätten, die nicht nur Touristenmagnete sind, sondern auch die Überlegenheit ihrer Kultur beweisen oder Gebietsansprüche ihrer Nation legitimieren wie etwa in Jerusalem.

Doch im Laufe der vergangenen Jahrzehnte haben sich die unterschiedlichen Interessen einander angenähert. So gern das Verhalten heutiger Touristen kritisiert wird, verglichen mit den Bildungsreisenden des 19. Jahrhunderts, die überall ihre Namen einritzten oder irgendwo ein Stück Marmor als Souvenir abschlugen, sind die lärmenden Bermudashorts-Träger ein harmloses Völkchen. Ihnen fehlt es häufig nur an guten Führern, die mit Muße und Wissen Verständnis für die Stätten erwecken und die Besucher nicht nur zur anschließenden Verkaufsshow hetzen.

Von archäologischer Seite ist dabei das Bemühen hilfreich, die Ergebnisse der Grabungsarbeiten verstärkt einer breiten Öffentlichkeit nahe zu bringen. Regierungen und Kulturen schließlich lernen, mit der fremden Vergangenheit umzugehen. Immer mehr Türken etwa sehen sich nicht mehr nur als Nachfahren jenes Turkvolkes, das im 12. Jahrhundert aus Innerasien kam, sondern auch als Erben einer epocheübergreifenden anatolischen Kultur.

Nicht nur wegen dieser allmählichen Veränderungen hat die Archäologie eine aussichtsreiche Perspektive, paradoxerweise trägt auch die Zukunftsorientiertheit unserer Zeit dazu bei. Das Kommende hat noch kein Gesicht – unsere Zukunftsvorstellungen stellen deshalb Projektionen dar, bei denen wir aus der Bilderwelt der Vergangenheit schöpfen. Vom Troianischen Pferd in der E-Mail bis zur atlantischen Zivilisation im Weltall – das Allerneuste korrespondiert nicht selten mit allerältester Geschichte. Den Fundus dazu bereichert die Archäologie mit ihrer beharrlichen Forschung.

■ *Vorsicht!, Verboten!, Nicht betreten!*
Ein Schilderwald soll Troia-Besucher erziehen.

Grotte von Lascaux

Traumgleiche Höhlenmalereien (um 13 500 bis 9000 v. Chr.)

Pferde, ein Hirschrudel und gewaltige Auerochsen scheinen sich auf engstem Raum wie in der legendären Arche Noah zu drängen. Doch je länger der Blick verweilt und je mehr Details er einfängt, desto stärker lösen sich die physischen Begrenzungen auf. Pferde und Hirsche laufen aufeinander zu und kommen sich doch nicht in die Quere, ein Minipferd galoppiert mühelos zwischen den Vorderbeinen eines Stieres. Durch die Silhouette eines anderen Stieres sind Hirsche erkennbar, als sei der Stier durchsichtig, und über all dem scheint ein Pferd in den Wolken zu schweben. Das sich in drei bis fünf Metern Höhe über mehrere Höhlenabschnitte hinziehende polychrome, also mehrfarbige Bildpanorama scheint einer Traumwelt entsprungen zu sein und befindet sich in der Halle der Stiere an einem der beeindruckendsten Orte steinzeitlicher Felsmalerei, der Höhle von Lascaux im Tal der Vézère, einem Nebenfluss der Dordogne, in Südfrankreich.

Im späteren Paläolithikum (Altsteinzeit) war Süd- und Mitteleuropa von Neandertalern (Homo sapiens neanderthalensis) besiedelt. Sie waren Meister im Herstellen von Faustkeilen und steinernen Speer- und Pfeilspitzen; Kunstobjekte haben sie allerdings nicht hinterlassen. Nachdem vor etwa 40 000 Jahren der Homo sapiens sapiens – vermutlich aus Afrika – eingewandert war, hatte

■ Kaum an die Dunkelheit gewöhnt, wird der Besucher in der Halle der Stiere von den zahlreichen Tierdarstellungen an den Wänden und an der Decke überwältigt.

■ Eines der so genannten Chinesischen Pferde

er langsam, aber konsequent begonnen, den Neandertaler zu verdrängen. Schon vor mehr als 30 000 Jahren entstanden die ersten Höhlenmalereien, die von Anfang an von hohem Niveau waren. Dies scheint für die überlegene Intelligenz des Homo sapiens sapiens zu sprechen.

Das Tal der Vézère gleicht einem Labyrinth aus Felsvorsprüngen und Höhlen, in dem sich wie an keinem anderen Ort der Welt Zeugnisse der allerfrühesten menschlichen Kulturgeschichte konzentrieren. Allerdings steht der heutige Besucher nicht mehr in der Originalhöhle, Lascaux I genannt. 1940 wurde sie entdeckt, und gleich nach Kriegsende begann ein regelrechter Run auf diese Höhle, dessen Auswirkungen – Feuchtigkeit und daraus resultierender Algenbefall – 1963 zu ihrer Schließung für die Öffentlichkeit führte. Besichtigt werden kann an ihrer statt nun die 1983 originalgetreu nachgebaute Höhle Lascaux II. Dem Eindruck tut das keinen Abbruch, denn kaum hat der Besucher den 20 Meter langen steilen Abhang passiert, nehmen ihn die Aura der Höhle und die in Originalfarben sensibel rekonstruierten Bilder gefangen.

Hinter der Halle der Stiere teilt sich das Höhlensystem; der 30 Meter lange linke Zweig, axiales Divertikel genannt, verengt sich und biegt scharf nach links ab. Während in den frühen Zeiten der Höhlenmalerei lediglich die Eingangsbereiche ausgestaltet worden waren, wurden später, wie in Lascaux, auch die hinteren Bereiche künstlerisch bearbeitet. Eine ungeheure Leistung, denn um diese Bilder zu schaffen, hatten sich die Künstler vor über 15 000 Jahren vermutlich erst in Trance versetzt, um dann auf einem Gerüst bei Fackelschein in dieser dunklen Höhle zu arbeiten. Auf die rauschhafte Eröffnungsszene folgt im linken Höhlenabzweig – dramaturgisch perfekt – eine ruhige Wanderszene. Pferde, deren dicke Gestalt Winterfell andeutet, begleiten den Besucher langsamen Schrittes in den sich verengenden Höhlengang. Auf der gegenüber liegenden Höhlenwand verharrt ein in kräftigem Schwarz gemalter Stier, durch dessen Flanken sechs braune Kühe schimmern; sie wurden mithilfe einer Schabetechnik aus der schwarzen Stierfarbe freigelegt – der weiß-kristalline Hintergrund verstärkt den Eindruck von Mehrdimensionalität. Diese Schabetechnik erinnert an die bei Kindern beliebte Technik, mit verschiedenfar-

HÖHLENBILDER UND EISZEITKUNST

Die erste Kunstphase der Menschheit fällt ins Jungpaläolithikum (jüngere Altsteinzeit, 43 000–9000 v. Chr.), in die letzte Phase der Eiszeit. Mehr als 300 Fundorte paläolithischer Wandmalereien aus der Zeit um 28 000 bis 6000 v. Chr. sind heute bekannt, überwiegend in Frankreich und Spanien. Im süddeutschen-schweizerischen Juragebiet begann die Eiszeitkunst bereits um 43 000 v. Chr., vor allem mit plastischen Darstellungen aus Knochen und Stein wie der »Venus von Willendorf«, Wildpferden, Löwen und anderen Tieren.

bigen Wachsstiften mehrere Schichten Wachs übereinander aufzutragen, um dann einzelne Farben wieder freizuschaben.

Der rechte Höhlenzweig spaltet sich nach dem Durchgang noch einmal auf. Der linke Fortsatz führt durch das »Schiff« zu fünf Hirschen, von denen auf der helleren Wandfläche nur die Köpfe zu sehen sind. Der Übergang zur tiefer gelegenen dunkleren Wandfläche lässt an einen Fluss denken, den die Hirsche Hälse reckend und leicht panisch durchqueren.

■ Eine schwarze Kuh, die zu stürzen scheint. Diese Zeichnung befindet sich im 30 Meter langen linken Zweig der Höhle, dem so genannten axialen Divertikel.

Weil Tiermotive vorherrschen, wurde lange Zeit angenommen, die Zeichnungen dienten einem Ritual, mit dem das Jagdglück beschworen werde. Doch gerade die Tiere, die in dieser Region am häufigsten vorkamen, wie anhand von Knochenfunden festgestellt wurde, vernachlässigten die Künstler zugunsten seltener Arten. Viele Jäger-Sammler-Gesellschaften standen bestimmten Tiere sehr nahe, weil sie in ihnen Geisterwesen sahen, die in Kontakt zur jenseitigen Welt standen. Nicht zufällig kommen uns die Bilder von Lascaux vor, als seien sie Träumen entsprungen, denn es sind visionäre Erfahrungen.

Vermutlich wurden die Höhlen für rituelle Handlungen wie beispielsweise für die Initiation junger Männer genutzt. Dafür spricht auch die Darstellung eines Menschen, die in der Apsis des rechten Fortsatzes zu finden ist. Ein Strichmännchen liegt vor einem Wisent auf dem Rücken. Ein Jagdunfall, so wurde spekuliert, doch ein neben dem Menschen stehender Vogelstab passt nicht zu dieser These. Gerade Vogelstäbe waren Symbole für den Übergang vom Dies- ins Jenseits; demnach könnte es sich um einen Schamanen handeln, der von der Ekstase übermannt wurde.

Um 8000 v. Chr. fand die Höhlenkunst ein jähes Ende. Die letzte Eiszeit ging vorüber, die Temperaturen stiegen, dichtere Vegetation vertrieb die großen Rentierherden aus Südeuropa und mit ihnen die Menschen, die sie jagten. In dem sich anschließenden Neolithikum wurde die Keramik zum Hauptmedium des künstlerischen Ausdrucks. Doch in Regionen, in denen das nomadische Jägerleben fortgeführt wurde, überlebten auch die Trancemalereien in Form von Felsbildern – bei den Aborigines in Australien sogar bis in unsere Zeit hinein.

GROTTE VON LASCAUX

FORSCHUNGSGESCHICHTE

Südfrankreich bei Lascaux während der deutschen Besatzung 1940: Der 17jährige Marcel Rivadat suchte am 8. September mit seinen Freunden den Geheimgang zu einem sagenumwobenen verlassenen Herrensitz, als ihr Hund an einem verborgenen Erdloch zu bellen begann. Da der Zugang zum Hineinklettern zu klein war, warfen die Jungen einen Stein hinein, der erst nach einiger Zeit aufschlug. Vier Tage später erweiterten sie das Loch, stiegen hinab und erblickten merkwürdige Tierbilder. Am 16. September 1940 betraten sie gemeinsam mit ihrem Lehrer die Höhle, woraufhin dieser den Höhlenmalereiforscher Henri Breuil verständigte, der sich zu dieser Zeit auf der Flucht vor den Deutschen befand. Breuil erkannte sofort die Bedeutung der Höhle, untersuchte sie eingehend und fertigte Zeichnungen der Kunstwerke an. Anhand dieser und zahlreicher anderer Höhlenmalereien, die Ende des 19. bis in die zweite Hälfte des 20. Jh. entdeckt wurden, wie in Peche Merle, Altamira, Font-de-Gaume und Les Trois Frères, erkannten die Forscher die Bedeutung der frühesten Menschheitskunst. Nach dem Zweiten Weltkrieg unterteilte der französische Höhlenkunstforscher André Leroi-Gourhan die Eiszeitkunst in vier Stile, doch dieses Schema wurde nicht allgemein anerkannt. Man geht heute von einer evolutionären Entwicklung der Kunst mit vielen Verästelungen und Neuerungen aus. Immer mehr Höhlen mit Steinzeitmalereien werden gefunden. Als größte Sensation gilt die 1994 entdeckte Grotte Chauvet an der Ardèche. In der Grotte von Lascaux wurden insgesamt rund 600 Felsmalereien und 1500 Ritzzeichnungen entdeckt. Außerdem fanden die Forscher Materialien und Spuren der Arbeitsweise der Künstler. 20 einander gegenüber liegende Kerben in der Höhle beweisen, dass die drei bis fünf Meter hoch liegenden Malereien mithilfe von Balkenkonstruktionen angefertigt wurden. Außerdem fanden die Forscher auf dem Boden 130 Lämpchen – Steine mit Brennmulden und Talgresten darin – sowie rund 60 Kilogramm Farbmaterial wie Ockererde und Manganerze, aus denen die Farbtöne gewonnen wurden: Rot aus Eisenoxiden, Ocker aus Hämatit, Schwarz aus Holzkohle oder Manganoxid und Braun aus Brauneisenstein. Bis zu seiner Entdeckung war der Eingang der Höhle Jahrtausende lang verschüttet, die Höhle mit ihren Malereien also gleichsam versiegelt. Nach dem Zweiten Weltkrieg setzte ein reger Besucherstrom ein. Einheimische und Anthropologen, Touristen und Kunsthistoriker betraten die Höhle, um zu staunen, zu forschen und zu spekulieren. Die Besucher kamen in so großer Zahl, dass durch ihre körperlichen Ausdünstungen erhebliche Schäden angerichtet wurden, insbesondere durch die gestiegene Feuchtigkeit und dem daraus resultierenden Algenbefall. Daher ist die Höhle 1963 für die Öffentlichkeit geschlossen worden. Insgesamt wurden im Tal der Vézère bisher 147 prähistorische Fundorte und 23 Höhlen mit Felsmalereien entdeckt. Alle prähistorischen Funde wurden 1979 zum UNESCO-Weltkulturerbe ernannt. Um die Wünsche der Besucher aus aller Welt zu befriedigen, wurde 1983 mit dem Bau von Lascaux II, einer originalgetreuen Kopie von Lascaux I, begonnen.

EMPFEHLUNGEN

Lesenswert:

David Lewis-Williams: *The Shamans of Prehistory: Trance and Magic in Painted Caves*, 1998

Brian M. Fagan (Hg.): *Die siebzig Geheimnisse der alten Kulturen*, Frankfurt/Main 2001

Claus-Stephan Holdermann, Hansjürgen Müller-Beck, Ulrich Simon: *Eiszeitkunst im süddeutsch-schweizerischen Jura*, Stuttgart 2001

Anklickenswert:

Virtueller Rundgang durch die Höhle von Lascaux: www.culture.fr/culture/arcnat/lascaux/de

AUF DEN PUNKT GEBRACHT

Auch nach 15 000 Jahren sprechen uns die Malereien auf geradezu psychedelische Weise an.

»Pfahlbausiedlungen« am Federsee

Troia im Moor (4400 bis 850 v. Chr.)

»Seither schläft die versunkene Stadt im Moor, und nur Auserlesene können zu gewissen Stunden tief unten im Dorfe die Hähne krähen und die Hunde bellen hören.«
Hans Reinerth, *Die Wasserburg*, 1928

Sanft plätschern die Wellen gegen die Holzpfähle der Häuser des Pfahlbaudorfes. Vor den Pfahlbauten, mit wunderbarem Blick auf die Alpen, sitzen handarbeitende Frauen, die darauf warten, dass ihre Männer in ihren Einbäumen vom Fischfang zurückkehren.

So romantisch stellten sich die Menschen zu Beginn des 20. Jahrhunderts ihre frühzeitlichen Ahnen vor. Tatsächlich war alles jedoch ganz anders: Die Hütten standen nicht im Wasser, und weder die Natur noch die Menschen zeigten sich von ihrer friedfertigen Seite. Es war eine Zeit klimatischer und kultureller Umbrüche. Immer wieder ließen Klimaschwankungen die Uferzonen überfluten und zwangen die Menschen weiter ins Inland. Doch nichtsdestoweniger siedelten die Menschen wieder an den vegetationsarmen Uferzonen, denn das dicht bewaldete Hinterland bot ihnen keinen Raum für den entscheidenden Schritt vom steinzeitlichen Jägerdasein hin zum Landwirtschaft und Viehzucht betreibenden Bauern.

So breiteten sich seit 4400 v. Chr. an den Seen rund um die Alpen Pfahlbausiedlungen aus: von Südfrankreich im Westen bis Slowenien im Osten, von Norditalien im Süden bis Süddeutschland im Norden. Das zwischen dem Bodensee und der Schwäbischen Alb gelegene Federseemoor gehört dabei nicht nur zu den frühest besiedelten Landschaften, sondern bietet auch die Möglichkeit, das Siedlungsverhalten über einen Zeitraum von 3500 Jahren zu verfolgen. Bisher sind achtzehn Ufersiedlungen mit über 180 Häusern bekannt, deren Reste nach Überschwemmungen durch Faulschlamm und Moor bestens konserviert wurden.

So bedeutend die Fundstätten im Federseeried sind, die Pfostenreihen und Lagen von Holzbohlen sehen wenig spektakulär

■ Pfahlbaudorf am See. Gemälde, 1867, Rodolphe-Auguste Bachelin (1830–1890). Das idyllische Bild vom Leben am See ist ein romantischer Gegenentwurf zum harten Arbeitsalltag in der Fabrik. Zu der Zeit erachtete man die Epoche der Pfahlbauten als ein verlorenes Paradies, als »Goldenes Zeitalter«.

aus und sind zum größten Teil nach ihrer Untersuchung wieder mit Moor bedeckt worden – ohne Konservierung würden sie an der Luft schnell zerfallen. Deshalb haben Archäologen, Biologen und Pädagogen am Federsee neben dem Museum, das bedeutende Fundobjekte zeigt, einen archäologischen Moorlehrpfad eingerichtet, der durch die wichtigsten Fundgebiete führt.

Seit dem Ende der letzten Eiszeit sind neun Zehntel des damals entstandenen Sees versumpft. Die ältesten Siedlungen, der so genannte Schussenrieder Kulturkreis, liegen am südlichen Rand des heutigen Federseerieds bei Bad Schussenried. Diese jungsteinzeitlichen Dörfer aus der Zeit von 4300 bis 3600 v. Chr. bestanden aus fünf bis zwanzig zweiräumigen Holzhäusern, die allerdings nicht auf Pfosten, sondern auf ebenerdigen Holzplattformen errichtet waren. Die Bewohner lebten von der Jagd und dem Fischfang, hielten Rinder, fällten Bäume und säten auf den Rodungsflächen Hartweizen.

Auch das nördliche Federsee-Ufer wurde intensiv besiedelt, sieben Siedlungen aus der Zeit um 3400 bis 2600 v. Chr. weisen typische Kennzeichen der »Horgener Kultur« auf (s. S. 17). Zu den Besonderheiten zählen über zehn Meter lange Häuser, die dicht gedrängt beiderseits der Dorfstraße standen, außerdem wurde erstmalig im süddeutschen Raum das Rad genutzt, und zu Rind und Schaf gesellte sich das Hausschwein als Nutztier. Obendrein lässt sich die Nutzung von Tonstempeln und nierenförmigen Webgewichten nachweisen, die eindeutig aus Regionen südlich der Alpen importiert wurden. In Verona wiederum fand sich mattengerahmte Keramik aus Süddeutschland, das lässt auf einen intensiven Warenaustausch schließen. Bereits im 4. Jahrtausend verlief die Route ins heutige Italien durch die Zentralalpen: oberer Donauraum–Bodensee–Alpenrhein–Zentralalpen–Etschtal–Südtirol. Und auf genau dieser Route wurde »Ötzi« gefunden, der nach heutigem Wissensstand ein Kurier war, der die Alpen ständig überquerte.

Nach rund 800 Jahre Siedlungs-

■ Nachgestellter Teil der jungsteinzeitlichen Siedlung aus dem 39. Jahrhundert v. Chr. im Taubried bei Bad Buchau im Freilichtmuseum Federsee. Das tragende Gerüst der Taubriedhütten besteht im Wesentlichen aus in den Boden gerammten Pfosten mit Astgabeln am oberen Ende.

■ Eine Pioniertat in der Geschichte der Unterwasserarchäologie: Am 24. August 1854 wandelte der Geologe und Archäologe Adolphe Morlot zwischen den Überresten eines Pfahlbaus auf dem Grunde des Genfer Sees.

■ Der Gletschermann »Ötzi« im Museum von Bozen. Ein Pfeil hat den Gletschermann von hinten niedergestreckt, das brachten Röntgenuntersuchungen ans Licht: Eine Pfeilspitze von 21 mm Länge und 17 mm Breite wurde unter seinem linken Schulterblatt entdeckt.

pause – so der heutige Forschungsstand – errichteten die Menschen der Bronzezeit ab dem 16. Jahrhundert v. Chr. neue Siedlungen am Federsee, die sich allerdings deutlich von denen ihrer Vorläufer, unterschieden. Die Häuser waren nicht mehr locker gestreut, sondern dicht gedrängt und wurden nun von einem großen Bollwerk geschützt. So präsentierte sich die nach ihrem Entdecker benannte frühbronzezeitliche »Siedlung Forschner« aus dem 18. Jahrhundert v. Chr. Die einsetzende Bronzezeit brachte Waffen aus Metall, eine zunehmende Bevölkerungsdichte und als Folge davon kriegerische Auseinandersetzungen mit sich. Gleichzeitig wuchs die Bedeutung des Handels für die Menschen am Federsee, wie sich an dem vielleicht erstaunlichsten Fund ablesen lässt: einem 800 Meter langen Bohlenweg, der durch das Moor zur Insel Buchau gebaut, etappenweise (1514–1388 v. Chr.) ausgebessert und schließlich auf neun Meter verbreitert wurde. Zwar wurde die »Siedlung Forschner« wegen der Überschwemmungen schon nach fünfzig Jahren wieder aufgegeben, doch gab es eine Nachfolgesiedlung – die berühmte »Wasserburg Buchau«. Hinter einer Kiefernpalisade standen rund fünfzig in Blockbauweise errichtete Holzhäuser. Mindestens drei Siedlungsphasen sind für die Zeit von 1100 bis 850 v. Chr. nachweisbar.

Um 850 v. Chr. zogen die Menschen ins mittlerweile kultivierte Hinterland des Federsees und gaben die Uferbesiedlung auf. In der Folgezeit wurden der See vor allem für den Fischfang und die Moore als kultische Opferplätze genutzt. Entsprach diese Zeit nun endlich den romantischen Vorstellungen einer Idylle? Keineswegs, denn für die Menschen waren die Moore Angst einflößende Orte, deren Dämonen besänftigt werden mussten. Bis heute ist nicht geklärt, ob die zahlreichen, besonders in Norddeutschland und den Niederlanden gefundenen Moorleichen Kultopfer waren.

ÖTZI – WANDERER ZWISCHEN DEN WELTEN

Der ungefähr 45-jährige »Ötzi« war um 3300 v. Chr. einer der Fernhändler, die zwischen den südlichen und nördlichen Alpensee-Siedlungen pendelten. Seine Unterschenkelmuskeln weisen ihn als geübten Kletterer aus, und er führte sechs Klingen aus einer Mine nahe dem Gardasee mit sich – ein kostbares Tauschgut. Bevor er am Südtiroler Similaun-Gletscher starb und vom Eis verdeckt und mumifiziert wurde, hatte er sich nicht nur mehrere Rippen gebrochen, sondern außerdem zahlreiche Verwundungen durch Waffen erlitten.

»PFAHLBAUSIEDLUNGEN« AM FEDERSEE

FORSCHUNGSGESCHICHTE

1853 entdeckte der Lehrer Johannes Aeppli bei winterlichem Niedrigwasser im Uferbereich des Zürichsees Areale mit in den Boden gerammten Holzpfählen. Bereits 1854 stellte der Schweizer Ferdinand Keller, Vorsitzender der Antiquarischen Gesellschaft in Zürich, die Theorie auf, es handele sich um Stützen großer Plattformen für im Wasser stehende Dörfer. Keller hatte wenig Beweise, vielmehr beflügelten Reiseberichte über Pfahlbausiedlungen in Neuguinea seine Phantasie. Doch er traf einen Nerv der Zeit – die Pfahlbautheorie war geboren und wurde mit allerlei romantischen Vorstellungen ausgeschmückt. Der »edle Wilde« wurde aus den Kolonialgebieten in die eigene Frühgeschichte projiziert. Währenddessen machten Forscher auch an anderen Alpenseen Funde: 1856 wurden Pfahlreihen am Bodensee entdeckt, 1870 am Ufer des Attersees. 1875 wurden erste Funde am Federsee gemacht, und 1919 wurde das Museum gegründet. Doch wissenschaftlich gegraben und geforscht wird erst seit 1920 am Moordorf Aichbühl und seit 1921 an der 151 mal 118 Meter großen Wasserburg Buchau, die als einzige Moorsiedlung in Westeuropa vollständig freigelegt worden ist. Der daran beteiligte Archäologe Hans Reinerth vermutete als Erster, dass die Pfahlbauten nur bei Überflutung im Wasser standen. Doch derlei Gedanken wischte er später als Mitglied des Völkischen Reichsbundes für deutsche Vorgeschichte beiseite. Die Nationalsozialisten instrumentalisierten ab 1933 die Grabungen am Federsee als scheinbaren Beweis der Überlegenheit »nordischer Kultur«. Das größte Haus der jungsteinzeitlichen Siedlung Aichbühl wurde ohne jeden Beweis als überdimensionales »Führerhaus« gedeutet, die Wasserburg Buchau sollte die Wehrhaftigkeit nordischer Vorzeitmenschen dokumentieren. Es dauerte nach dem Zweiten Weltkrieg noch einige Zeit, bis dieses Bild korrigiert werden konnte. 1955 stieß der Schweizer Archäologe Emil Vogt die Pfahlbautheorie vom Sockel. Seiner Meinung nach waren die freigelegten Pfähle keine Stelzen, sondern Teile der Hauswände. Weitere Forschungen ergaben jedoch, dass es durchaus Pfahlbausiedlungen im klassischen Sinne gab, wie beispielsweise das italienische Fiavé. Angesichts vieler offener Fragen um die Moorseefunde führte ein interdisziplinäres Wissenschaftlerteam von 1983 bis 1993 ein umfassendes Ausgrabungs- und Forschungsprojekt am Federsee durch, das vor allem bis dahin unbekannte Siedlungen am Nordrand des Rieds entdeckte. Dort befand sich auch die einzig wirkliche Pfahlbausiedlung (Häuser auf Stelzen) am Federsee – Ödenahlen aus dem späten 4. Jahrtausend v. Chr. Wie die anderen Häuser aussahen, zeigt die experimentelle Archäologie anschaulich: Im Freilichtbereich des Federsee-Museums wurden mittlerweile zwölf Häuser aus der Jungsteinzeit und Bronzezeit exakt den Funddaten entsprechend und mit ausschließlicher Verwendung frühgeschichtlicher Werkzeuge nachgebaut.

AUF DEN PUNKT GEBRACHT

Die Siedlungsspuren liegen zwar überwiegend verdeckt im Moor, doch durch den Lehrpfad und die rekonstruierten Häuser werden sie gut vorstellbar.

WISSENSWERTES

Der Horgener Kulturkreis
Der nach der Ufersiedlung Horgen-Scheller am Zürichsee benannte »Horgener Kulturkreis« bestand sich zwischen 3300 bis 2800 v. Chr. in der Schweiz und in Süddeutschland. Die an Seeufern siedelnden Menschen lebten überwiegend von Viehzucht und Ackerbau. Ihre Tongefäße waren mit gräten- oder halbkreisförmigen Mustern, gelochten Rändern und gepunkteten Figuren verziert. Darüber hinaus fertigten sie Gefäße aus hohlen Baumstämmen, Steinäxte sowie Messer mit Feuersteinklingen an.

EMPFEHLUNGEN

Lesenswert:

Martin Kuckenburg: *Vom Steinzeitlager zur Keltenstadt*, Stuttgart 2000

Federseemuseum Bad Buchau (Hg.): *Urgeschichte erleben*, Bad Buchau 2000

Achim Leube (Hg.): *Prähistorie und Nationalsozialismus*, Heidelberg 2001

Anklickenswert:

www.federseemuseum.de

Informationen zu Ötzi: www.archaeologiemuseum.it/f06_ice_de.html

Stonehenge

Unklare Funktion der weltweit bekanntesten Steinkreise (um 3000 bis 1000 v. Chr.)

RINGTEMPEL
Seit 4800 v. Chr. breitete sich die Stichbandkeramik-Kultur vom Donauraum nach Nordeuropa aus. Ackerbauern schufen neben ihrer Stichbandkeramik auch große Ringtempel. Holzpalisaden in Ringform mit bis zu 100 Metern Durchmesser wurden mit konzentrischen Gräben umgeben. Die Tore waren häufig auf den Sonnenaufgang der Wintersonnenwende ausgerichtet. Stonehenge ist vermutlich eine Weiterentwicklung dieser Ringtempel.

Alle Jahre wieder geht es in der Nacht zum 21. Juni in dem ländlichen Gebiet nördlich von Salisbury turbulent zu: Selbst ernannte Druiden und andere Esoterikanhänger versuchen, in Stonehenge die Sonnwendfeier zu zelebrieren, und werden von der Polizei daran gehindert – aus Gründen des Denkmalschutzes. Historisch korrekt ist diese Feier nicht, denn als im 4. oder 3. Jahrhundert v. Chr. die ersten keltischen Druiden in England auftraten, war Stonehenge von seinen Erbauern längst aufgegeben worden. Stonehenge ist das Werk eines unbekannten Volkes der späten Stein- und frühen Bronzezeit. Von weitem gleichen die Steinkreise plumpen Bauklötzen eines Gigantenkindes, doch aus der Nähe wirken sie erhaben und rätselhaft zugleich – und drängen uns die Frage auf: Wofür diente Stonehenge seinen Erbauern?

Nach gründlichen Ausgrabungen umfasst der Komplex von Stonehenge heute insgesamt acht angelegte Ringwerke: vier Steinkreise – zwei aus behauenem Sandstein, zwei aus belassenen Blausteinen, von denen jeweils der größere Kreis konzentrisch, der kleinere eher hufeisenförmig ist. Sie sind von drei Löcherkreisen eingefasst, die wiederum von einem runden Erdwall umgrenzt sind. Den Anfang machten ein runder Wall von 114 Metern Durchmesser und die 56 nach ihrem Entdecker benannten Aubrey-Löcher. Dieses Stonehenge I wurde um 3000 bis 2500 v. Chr. errichtet. Der Wall besteht aus der abgetragenen Erde des Kreisinneren und ist heute rund einen halben Meter hoch, dicht mit Rasen bewachsen. Von den Aubrey-Löchern ist gegenwärtig nur der nördliche Halbkreis erkennbar markiert. Reste von Feuerbestattungen, Feuersteinartefakten und Knochennadeln lassen den Schluss zu, dass die Löcher als Gräber dienten.

In nahezu allen Publikationen wird behauptet, die Blausteinkreise seien vor den Sandsteinkreisen angelegt worden, denn den Autoren erscheint es plausibler, dass erst die unbehauenen und dann die fein bearbeiteten

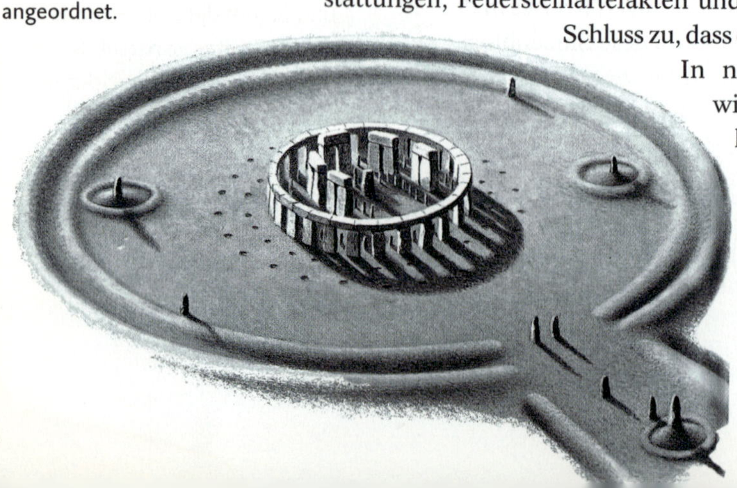

■ Rekonstruktion der fertigen Anlage von Stonehenge um 1500. Vermutlich waren die Blausteine zunächst anders angeordnet.

■ Stonehenge – die Kultstätte wird jährlich von über 700 000 Touristen aufgesucht.

Steinkreise aufgestellt wurden. Doch eine genaue Datierung ist auch für die Wissenschaft äußerst schwierig. Die einzigen zuverlässigen Zahlen werden durch das C-14-Verfahren aus kohlenstoffhaltigen Materialien gewonnen: aus Holzkohle und Knochen sowie Geweihteilen, mit denen die Fundamentlöcher der Monolithen aufgefüllt waren. 1993/94 hat die Aufsichtsbehörde von Stonehenge, die English Heritage, das Projekt »Science and Stonehenge« ins Leben gerufen, das alle Forschungen über Stonehenge zusammenträgt und auswertet. Demnach wurden die beiden gewaltigen Steinkreise aus behauenem Sarsen, einem harten Sandstein, um 2200 bis 1800 v. Chr. vor den Blausteinkreisen aufgestellt, das so genannte Stonehenge II. Zuerst wurde der äußere, konzentrische Sarsensteinkreis errichtet, der heute aus siebzehn aufrechten Blöcken besteht, die eine Höhe von etwa vier Metern haben; vermutlich waren es einmal dreißig Blöcke. Davon sind jeweils zwei mit einem gewaltigen Querbalken verbunden, diese Konstruktion wird Trilithon genannt. In den folgenden Jahrhunderten sind die Steintore des inneren, eher hufeisenförmigen Kreises in der Mitte der Anlage aufgestellt worden. Diese Sarsenblöcke sind bis zu sieben Metern hoch und bis zu 45 Tonnen schwer. Behauen wurden sie mit Stein- und Hornwerkzeugen; Metallwerkzeuge gab es noch nicht. Bruchstücke dieser Werkzeuge, Geweihhacken zum Graben, fanden sich im Auffüllgeröll. Mit großen Hämmern aus Sarsenstein, die bis zu 30 Kilogramm wogen, wurden die Steine gebrochen und in Form gebracht, kleine Hämmer und Feuersteine dienten zum Glätten. Da das nächste Sandsteinvorkommen rund

C-14-VERFAHREN

Mit dem C-14-Verfahren lässt sich das Alter von Materialien organischen Ursprungs – Holz, Knochen, Samen, aber auch geologisches Gestein wie Muschelkalk – für die archäologisch interessanten Zeiträume ziemlich exakt (+/–40 Jahre) bestimmen. Das radioaktive Kohlenstoffisotop C 14 kommt in der Luft vor und hat eine Halbwertzeit von etwa 5730 Jahren. Lebende Organismen nehmen mit der Luft auch C 14 auf und halten die Konzentration dieses Stoffes konstant. Stirbt der Organismus, setzt der radioaktive Zerfall von C 14 ein. Mit dem 1947 von Willard Frank Libby entwickelten Verfahren wird die Restmenge des Stoffes gemessen und so auf das Alter des Materials geschlossen.

■ Stonehenge ist und bleibt – aller Forschung zum Trotz – ein Rätsel.

30 Kilometer von Stonehenge entfernt liegt, mussten die Monolithen von dort mit großen Schlitten, deren Kufen mit Fett geschmiert waren, per Muskelkraft an diesen Ort gezogen werden.

In der Stonehenge-III-Phase, ab 1800 v. Chr., wurden die zwei Steinkreise aus 80 naturbelassenen Blausteinen errichtet. Sie sind kleiner als die Sandsteine und aus dem festeren, leicht blau schimmernden Material Dolorit. Die bis zu vier Tonnen schweren Blausteine mussten aus den mehr als 200 Kilometer entfernten Prescelley Mountains in Wales herangeschafft werden.

Die Forschungswelt ist sich einig, dass mit den so genannten Y- und Z-Löchern die Arbeit an der Anlage um 1500 v. Chr. abgeschlossen wurde. Doch über die Funktion der Löcher rätseln die Wissenschaftler. Auch eine andere Frage bleibt offen: Wurde Stonehenge vollendet? Als recht zuverlässig gilt, dass die Anlage um 1100 v. Chr. aufgegeben wurde und dass die Errichtung von Stonehenge viele Millionen Arbeitsstunden erforderte – und zwar von einer bäuerlichen Gesellschaft. Doch auch hier stoßen wir wieder schnell an die Grenzen der Wissenschaft. Wer die Steinkreise errichtet hat und welche Funktion sie hatten, bleibt unklar. Diente Stonehenge als Bestattungsort für Könige der Bronzezeit? Oder als Observatorium für astronomische Berechnungen? Zur Sommersonnenwende geht die Sonne nämlich exakt auf der Symmetrieachse des Monumentes auf, zur Wintersonnenwende geht sie exakt dort unter. Oder war die Anlage eher ein Tempel, in dem die Bevölkerung Sommer- und Wintersonnenwende feierte? Für diese These spricht die Größe des durch den Wall eingefriedeten Ortes. Erschwert wird eine exakte Funktionsbestimmung zusätzlich dadurch, dass die Steine im 20. Jahrhundert mehrere Male umfangreich rekonstruiert wurden. Was die Restauratoren genau verändert haben, ist nach einem Beschluss der English Heritage aus den 1960er Jahren nicht öffentlich gemacht worden.

So wird Stonehenge wohl eine Projektionsfläche bleiben. Wir sehen vor allem, was wir hineinsehen wollen. Wenn wir realistisch bleiben, sehen wir große, bearbeitete Steine, die von einem unbekannten Volk auf ungeklärte Weise für eine ungeklärte Funktion errichtet wurden. Aber wer kann beim Anblick von Stonehenge schon realistisch bleiben?

MEGALITHKULTUREN

Hünengräber/Megalithkulturen (griech.: megas – groß, lithos – Stein) wurden zwischen 4800 und 2800 v. Chr. in Europa, im Nahen und Fernen Osten, in Nord- und Westafrika, der Südsee und in Amerika errichtet. Jedoch gehen sie auf kein gemeinsames Volk zurück. Entsprechend vielfältig sind die Anlagen: Es gibt Menhire (aufrecht gesetzte Findlinge), Grabhügel, Steinkreise, Steinreihen oder Dolmen (Kammergräber mit senkrechten Tragsteinen und einem horizontalen Deckstein).

STONEHENGE

FORSCHUNGSGESCHICHTE

Das erste Mal wurde von Stonehenge 1130 in Heinrich von Huntingdons *Geschichte Englands* berichtet. Einige Jahre später erzählte Geoffrey von Monmouth in seiner *Geschichte der Könige von England*, der Zauberer Merlin habe die Monolithen als Grabmal für König Artus errichtet. 1620 begleitete der Architekt Inigo Jones König James I. nach Salisbury. Er war davon überzeugt, dass Stonehenge von den Römern errichtet wurde, denn die hatten ja Erfahrung mit Monumentalbauten. Im 17. Jahrhundert entdeckte John Aubrey die 56 Löcher, die neben dem Erdwall kreisförmig die Anlage umschließen. 1721 entdeckte William Stackley die Prozessionsstraße, die einst vom drei Kilometer entfernten Fluss Avon nach Stonehenge führte. Erst in den 1920er Jahren wurden die Aubrey-Löcher erforscht, und es bestätigte sich, dass sie als Gräber benutzt wurden. Gleichzeitig wurden die Y- und Z-Löcher entdeckt. 1923 fanden Geologen durch Probenvergleiche heraus, dass die Blausteine aus den mehr als 200 Kilometer entfernten Prescelley Mountains in Wales stammten. In der folgenden Zeit stellten Wissenschaftler und Laien viele Theorien über Stonehenge auf, die von einer Begräbnisstätte bis zu Ufo-Landeplätzen reichen. 1963 veröffentlichte der amerikanische Astronom Gerald Hawking im bedeutenden Wissenschaftsmagazin *Nature* seine populär gewordene Theorie, dass Stonehenge ein Observatorium gewesen sein muss. In den 1980er Jahren beschränkte der englische Archäologe Colin Renfrew die Funktion. Er und andere Archäologen meinen, Stonehenge und ähnliche Anlagen dienten nur zur Markierung eines Territoriums und zeigten die Grenzen des Gebietes an, das von dem jeweiligen Häuptling kontrolliert wurde. Parallel zu den vielenTheorien wurden in diesen Jahrzehnten viele Datierungen von kohlenstoffhaltigen Artefakten mithilfe der C-14-Methode gewonnen. So kann der Bau der Prozessionsstraße auf die Zeit um 2150 v. Chr. datiert werden und ihre Verlängerung auf die Zeit um 1200 v. Chr. Magnetometeruntersuchungen (s. S. 113,121) der 1990er Jahre zeigten Hunderte von Setzlöchern, in denen einmal Obelisken standen. Erst im Jahr 2000 kam ein ganz anderes Kapitel der Erforschungsgeschichte ans Licht: Seit Anfang des 20. Jahrhunderts wurden viele Steine immer wieder neu aufgerichtet. 1901 ist das erste Mal korrigiert worden, ein schief stehender Sarsenpfeiler wurde aufgerichtet. In den 1920er Jahren ist regelrecht umgebaut worden, sechs Steine wurden bewegt und wieder aufgestellt. 1958 war ein Balkenstein zu Boden gestürzt und ersetzt worden. 1964 wurden vier Steine zurechtgerückt, um ihr Umfallen zu verhindern. Was wirklich noch authentisch im Aufbau von Stonehenge ist, kann heute kein Wissenschaftler mehr bestimmen.

AUF DEN PUNKT GEBRACHT

Mehr als alle anderen Megalithbauten zeigt Stonehenge die Grenzen der wissenschaftlichen Archäologie und lädt zum Phantasieren und Spekulieren ein.

WISSENSWERTES

Woodhenge
Rund drei Kilometer nordöstlich von Stonehenge lag Woodhenge. Erst Anfang des 20. Jahrhunderts wurden diese konzentrischen Kreise aus Pfostenlöchern in einem Feld mithilfe von Luftaufnahmen entdeckt.

Seahenge
Erst 1998 wurden an der ostenglischen Küste bei Norfolk die Überreste von Seahenge entdeckt. Es handelt sich um die vom Schlick konservierten Überreste eines Holzpfahlringes, in dessen Mitte eine große Eiche kopfüber im Boden steckte. Datiert wird Seahenge auf 2050 v. Chr.

EMPFEHLUNGEN

Lesenswert:

Christoph Chippindale: *Stonehenge Complete*, London–New York 1994

G. L. Geise: *Die Megalithanlage von Stonehenge*, München 1994

Sehenswert:

Schauplätze der Weltkulturen: Stonehenge und die Megalithkulturen, München, Video

Anklickenswert:

Skizzen und Informationen zu den Stonehenge-Phasen: //witcombe.sbc.edu/earthmysteries/EMStonehenge.html

Die Ergebnisse des Projektes »Science and Stonehenge«: www.eng-h.gov.uk/stoneh

Obergermanisch-raetischer Limes

Immer an dem Wall lang (200 bis 300 n. Chr.)

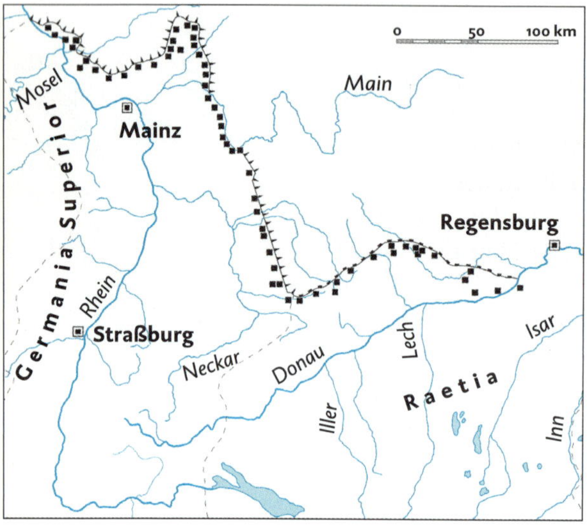

■ Verlauf des fast 550 Kilometer langen obergermanisch-raetischen Limes, der die deutschen Gebiete östlich des Rheins und nördlich der Donau umschließt, die seit Claudius und besonders unter den Flaviern und Hadrian von Rom in Besitz genommen worden waren.

»Ganz Gallien ist von den Römern besetzt. Ganz Gallien? Nein, ein kleines Dorf …« Jeder kennt den Anfang aller Asterix-Abenteuer. Tatsächlich jedoch hätte die Geschichte in das heutige Schottland oder Deutschland verlegt werden müssen. Während ganz Gallien romanisiert wurde, war der Widerstand gegen die Pax Romana in Germanien und Britannien so heftig, dass die Römer ihr Eroberungsziel aufgaben und zur Sicherung ihrer Grenzen auf dem europäischen Festland einen Schutzwall, den Limes, und in Britannien den Hadrianswall errichteten. Nachdem Julius Caesar 58–51 v. Chr. Gallien erobert hatte, bildete der Rhein die Grenze zwischen dem Römischen Reich und den germanischen Stämmen, doch die unberechenbaren Germanen blieben ein Unruheherd. 15 v. Chr. stießen die Römer vom Süden über die Alpen vor und machten das Alpenvorland zur römischen Provinz Raetien. Eigentlich wollten sie auch vom Westen bis zur Elbe vordringen und über den Böhmerwald Anschluss an die raetische Donaugrenze suchen. Doch mehrere Versuche, den Rhein zu überqueren und Untergermanien zu unterwerfen, scheiterten. Vor allem setzte den Römern zu, dass im Jahre 9 n. Chr. die Truppen des Feldherrn Varus in einer dreitägigen Schlacht von germanischen Kriegern vernichtend geschlagen worden waren. Daraufhin startete der römische Feldherr Germanicus mit rund 50 000 Legionären im Sommer des Jahres 16 eine Strafexpedition. Zunächst besiegten sie nahe der Porta Westfalica die germanischen Barbaren. Weil sich die Germanen fortan jeder weiteren direkten Konfrontation entzogen, irrten die Legionen durch die Wälder Hessens und versanken in den Mooren Norddeutschlands. Im Herbst zogen sie sich endgültig aus dem, wie es Tacitus formulierte, »Land der widrigen Sümpfe« auf die linke Rheinseite zurück.

So bildete Mitte des 1. Jahrhunderts zwischen der Rheingrenze

Obergermaniens und der Donaugrenze im Norden Raetiens das Gebiet des Schwarzwalds und der Schwäbischen Alb einen Keil, der tief in das römische Reichsgebiet hineinragte. Um die Grenze zu verkürzen, wurde dieser Keil Schritt für Schritt wurde unter den Kaisern Trajan, Hadrian und Antonius Pius beseitigt, bis Ende des 2. Jahrhunderts n. Chr. der obergermanisch-raetische Limes durchgängig von Rhein und Main bis zur Donau verlief. Mit rund 500 Kilometern ist er die größte antike Anlage in Mitteleuropa, die auch Kastelle, Siedlungen und Heiligtümer umfasste. Etliche dieser Bauwerke wurden in den letzten Jahrzehnten liebevoll restauriert. Die »Deutsche Limesstraße« folgt den Bollwerken in seiner ganzen Länge.

WACHTURM

Jeder Wachturm am Limes sieht heute anders aus, je nach Forschungsstand zum Zeitpunkt der Rekonstruktion. Wie sie tatsächlich aussahen und über wie viele Geschosse sie verfügten, wissen wir nicht. Zumindest ist klar, dass sie aus Stein und nicht aus Holz waren.

Der obergermanische Limes beginnt bei Bad Hönningen am Rhein, wo an der gegenüber liegenden Seite der Bach Vinxt mündet, dessen Name auf »ad fines«, an der Grenze, zurückgeht. Hier wurde 1974 der erste Limesturm aus römischem Bruchstein wiedererrichtet, aus technischen Gründen etwa 150 Meter nördlich der ursprünglichen Stelle. Der weitere Verlauf des Walls und des Grabens lässt sich im Naturpark Westerwald an vielen Stellen erstaunlich gut verfolgen. Nahe dem gut 20 Kilometer entfernten Hillschild steht ein dreigeschossiger, weiß getünchter Wachturm, in dem ein kleines Museum mit örtlichen Funden untergebracht ist. Von seinem hölzernen Wehrgang aus hat der Besucher einen wunderbaren Blick auf den Westerwald und das Neuwieder Becken sowie auf die folgenden fünf Kilometer klar erkennbaren Limes. Bei Holzhausen liegt versteckt in einem Buchenwald ein kleines, aber eindrucksvolles Kastell mit Umfassungswällen, das zum Entdecken einlädt. Im anschließenden Taunus zieht sich der Limes über Bergrücken

■ Das Kastell in Weißenburg/Bayern mit dem rekonstruierten Nordtor

■ Szene aus dem deutsch-italienischen Film *Hermann der Cherusker – die Schlacht im Teutoburger Wald*, 1967, mit Hans von Borsody in der Titelrolle; Regie führte Ferdinando Bladi.

■ Der rekonstruierte hölzerne Wachturm in Lorch/Baden Würtemberg

auf bis zu 700 Metern Höhe. Richtung Bad Homburg führt ein Wanderweg an sehr gut erhaltenen Limesabschnitten zu den römischen Militäranlagen von der Saalburg, wo ein Sattel des Taunus einen natürlichen Gebirgspass bildet. Schon Mitte des 18. Jahrhunderts wurde die Anlage als »Schanze der Römer« identifiziert, trotzdem jedoch wie so viele Römeranlagen als Steinbruch geplündert, bis sie erforscht und ab 1900 wieder aufgebaut wurde. Heute kann man innerhalb des Kastells Stabsgebäude, Getreidespeicher, einen Mithras-Tempel und das Museum besuchen. Weiter nordöstlich Richtung Butzbach liegt auf dem Gaulskopf ein wegen seines breiten Fundamentes auf drei Geschosse rekonstruierter Wachturm.

Bei Pohlheim beschreibt der Limes einen fast rechtwinkligen Knick mit der Spitze Richtung Norden. Obwohl der dort postierte Wachturm mangelhaft rekonstruiert wurde – er ist nur ein- statt mindestens zweigeschossig –, kann man von seiner Galerie aus den Limesverlauf gut erkennen. Während der Grenzwall bisher in östlicher Richtung parallel zum Main verlief, weist er nun bis Lorch an der Rems nach Süden. Bemerkenswert ist dabei, dass er ab Walldürn (dort befindet sich ein 2,2 Kilometer langer Limeslehrpfad mit freigelegtem Wachturm und konstruierter Holzpalisade) auf einer Länge von

VARUS-SCHLACHT

Publius Quintilius Varus, Befehlshaber über drei Legionen, erreichte 9. n. Chr. auf dem Weg zu seinem Winterquartier am Niederrhein die Nachricht, dass romfreudliche Germanenstämme von Rivalen angegriffen wurden. Er ordnete einen Umweg an, um den Aufstand niederzuschlagen, und wurde in einen Hinterhalt gelockt. Über den nicht überlieferten Ort der Schlacht wurde lange Zeit gerätselt, bis er Mitte der 1980er Jahre eindeutig am Rande des Kalkrieser Bergs nordöstlich von Osnabrück – 80 Kilometer vom Teutoburger Wald entfernt – lokalisiert wurde.

80 Kilometern schnurgerade verläuft. Archäologen wundern sich, dass die Römer keine Rücksicht auf Höhen und Täler nahmen, doch die nicht vorhandene Trassenführung ist auch bei vielen Römerstraßen erkennbar. Es wurde geradlinig eingemessen und gebaut, vielleicht als Symbol der Stärke. Diese Wirkung lässt sich beispielsweise bei Großerlach-Grab gut nachvollziehen, wo ein wiedererrichteter Steinturm hinter dem Wall, Graben und einer rekonstruierten Palisade steht und den Eindruck von Nichtüberwindbarkeit vermittelt. Knapp 30 Kilometer weiter südlich biegt der Limes abermals in östlicher Richtung ab und nähert sich keilförmig der Donau. Im Stadtgebiet von Aalen auf der Schwäbischen Alb befindet sich das Areal des großen Reiterkastells, das mit 277 mal 214 Metern zu den wichtigsten Wehranlagen des gesamten Limes gehört. Der Grundriss des Stabsgebäudes wurde ausgegraben und restauriert, im nebenan gelegenen Museum sind Funde wie eiserne Helme, Wurflanzen und Feldzeichen, aber auch Statuetten, beispielsweise eine Mars-Figur und ein kleiner Bronzeadler, ausgestellt. Auf dem Freigelände des Museums finden alle zwei Jahre Römertage mit Reiterspielen statt. Rund 80 Kilometer weiter östlich auf der Fränkischen Alb wurden Nordfront und das Nordtor der einstigen Wehranlage Castrum Biriciana teilweise rekonstruiert. Noch imposanter sind die Ru-

■ Das größte und bedeutendste Reiterkastell des Limes in Aalen/Baden Würtemberg. Angegliedert ist ein Limesmuseum. Blick auf die Außenanlage mit einer Statue des Kaisers Marc Aurel

■ Das Kastell in Pfünz/Bayern mit rekonstruiertem Eckturm und Toranlage; zum Teil sind die Kastellgräben noch gut zu erkennen.

inen der zur Kastellsiedlung gehörenden Thermenanlage, die dank vorbildlicher Restaurierung und Präsentation für die Besucher vollständig begehbar sind. Nach rund 500 Kilometern endet der Limes nördlich von Hienheim an der Donau. Beide Uferseiten des Flusses wurden von Kastellen kontrolliert, dasjenige nördlich von Eining reichte mit seiner Westflanke bis an das Donauufer heran.

So aufwendig die Wallanlagen für die damalige Zeit auch erscheinen, der Römische Limes war keine strikte Grenze wie der Eiserne Vorhang im Kalten Krieg, sondern mehr eine symbolische Umfriedung der Außenbezirke des Römischen Weltreiches, die für Menschen, Handel und Ideen in beide Richtungen durchlässig war. Die Germanen tauschten landwirtschaftliche Produkte, Vieh, Felle und Eisenerze gegen Keramik und Goldmünzen. So finden sich unter den Opfergaben in norddeutschen Mooren relativ viele römische Münzen. Das Ende des Limes kam mit der Aufgabe der römischen Herrschaft über die rechtsrheinischen Gebiete um 260/270 n. Chr. Schon in den vorherigen Jahrzehnten waren die Truppen an der Grenze deutlich verringert worden. Ob sich das Ende schleichend oder gewaltsam durch Angriffe der Alemannen vollzog, ist unbekannt. Jedenfalls übernahmen die Alemannen einen Teil der römischen Siedlungen. Erforscht wird, ob nicht auch Römer in den Limessiedlungen zurückblieben und mit den Alemannen friedlich zusammenlebten.

HADRIANSWALL

Weder Julius Caesar (55 v. Chr.) noch Kaiser Claudius (43 n. Chr.) gelang es, Britannien ganz zu unterwerfen. Um die römische Provinz Britannia gegen die Überfälle der Kelten aus Schottland zu schützen, ließ Kaiser Hadrian 122–136 n. Chr. einen 117 Kilometer langen Wall zwischen den Küstenstädten Maia (Bowness) und Segendunum (Wallsend) errichten. Die Stein- und Erdmauer war rund 4,5 Meter hoch und wies alle 500 Meter einen Wachturm und alle 1500 Meter ein Kleinkastell auf. Große Abschnitte der Anlage sind original erhalten oder gut restauriert worden.

LIMES

FORSCHUNGSGESCHICHTE

Die Erkenntnis, dass es eine durchgängige Grenzbefestigung vom Rhein zur Donau gab, was heute auf der Karte so selbstverständlich wirkt, ist das Produkt langer Forschung, denn im 18./19. Jh. waren nur noch Fragmente dieser Anlage vorhanden. Erstmals wurden Teile des Limes im 18. Jh. von Christian Ernst Hanßelmann erforscht. Im 19. Jh. entstanden lokale Limesvereine, auf deren Vorschlag 1852 die Comission zur Erforschung des Limes Imperii Romani gegründet wurde. In zwei Limeskonferenzen, 1890 und 1892, wurde erstmals der Verlauf des Limes vom Rhein zur Donau festgeschrieben und eine Reichskommission unter Leitung des Historikers Theodor Mommsen eingerichtet, die die Ausgrabungen in fünfzehn Strecken unterteilte und koordinierte. Bis 1901 wurde gegraben, bis 1937 wurden dazu Forschungsberichte in 14 Bänden abgefasst. Nach 1945 wurden die Grabungen wieder aufgenommen. In den letzten 20 Jahren wurde die Forschung vor allem mit neuen Methoden wie geophysikalischen Messungen und Pollenanalysen weiter vorangetrieben. Bis heute sind über 900 Wachtürme und über 170 Kastelle aus der Zeit vom 1. bis zum 3. Jh. n. Chr. bekannt. Dagegen wurde der Ort der Varus-Schlacht lange Zeit vergeblich zwischen dem Wesergebirge, dem Teutoburger Wald und dem östlichen Sauerland gesucht. Noch Anfang der 1980er Jahre gab es rund 700 Theorien über den tatsächlichen Schlachtort. Weil Tacitus in seinen *Annalen* auf den Teutoburger Wald verwies, ließ Preußen zwischen 1835 und 1875 dort das große Hermanns-Denkmal errichten. Doch war der Bergrücken Osning erst im 18. Jahrhundert aufgrund von Tacitus' Bericht in Teutoburger Wald umbenannt worden. Ende des 19. Jh. überzeugten Theodor Mommsen zahlreiche Funde römischer Münzen am Rande des Kalkrieser Berges nordöstlich von Osnabrück – 80 Kilometer vom Teutoburger Wald entfernt – davon, dass die Varus-Schlacht dort anzusiedeln sei. Doch für einen archäologischen Beweis reichten diese wenigen römischen Münzen nicht aus. Erst als Mitte der 1980er Jahre auch der britische Hobbyarchäologe Tony Clunn auf römische Münzen und Schleudergeschosse in einem Feld am Rande des Kalkriesen stieß, ging man den Dingen systematisch auf den Grund. Die seit 1987 von dem Osnabrücker Archäologen Wolfgang Schlüter geleiteten Grabungen haben mittlerweile über tausend römische Münzen, Reste militärischer Ausrüstungen sowie eine Gesichtsmaske aus Eisen mit Silberblechbeschlag erbracht. Seit 2000 wird ein Museum am einstigen Schlachtort eingerichtet.

WISSENSWERTES

Tacitus
Der größte römische Geschichtsschreiber (um 55 bis 116 n. Chr.) stammt vermutlich aus Südgallien. Er war 88 Prätor, 97 Konsul und später Statthalter der Provinz Asia. 98 veröffentlichte er die Biographie seines Schwiegervaters Agricola *De vita Iulii Agricolae* und die Schrift über Germanien *De origine et situ Germanorum*. Dieses Werk ist die einzige aus der römischen Literatur bekannte länderkundliche Monographie und das wichtigste Zeugnis über Altgermanien. Von Tacitus' Alterswerk, den *Annalen*, das wohl 18 Bücher umfasste, ist der größte Teil verloren.

AUF DEN PUNKT GEBRACHT

Der Limes als antike Stätte bietet die wohl einmalige Gelegenheit zum tagelangen Erkunden – ob zu Fuß, mit dem Fahrrad oder dem Auto.

EMPFEHLUNGEN

Lesenswert:

Tacitus: *Germania*, Ditzingen 1990

Julius Caesar: *Gallischer Krieg*, Ditzingen 1994

Britta Rabold, Egon Schallmayer, Andreas Thiel: *Der Limes. Die deutsche Limesstraße vom Rhein bis zur Donau*, Stuttgart 2000

Rainer Wiegels: *Die Varusschlacht. Römer und Germanen in augusteischer Zeit*, Stuttgart 2003

Sehenswert:

Der Limes. Eine antike Grenze von J. Ost, CD-ROM, Stuttgart 1999

Anklickenswert:

Wege und Bauwerke entlang des Limes: www.limesstrasse.de

Das Kalkriese-Museum: www.kalkriese-varusschlacht.de

Haithabu

Barbarische Händler (um 800 bis 1050)

»Die Wikinger bescherten uns die erste Währungsunion – Hacksilber, zu dem sie einen Großteil ihrer Beute zerkleinerten, war das erste in ganz Nordeuropa geltende Tauschmittel.«
Michael Müller-Wille

Zwei widersprüchliche Erfahrungen machten die Zeitgenossen des 8. bis 11. Jahrhunderts mit jenen nordischen Seefahrern, die gemeinhin Wikinger genannt werden. In den ersten zwei Jahrhunderten versetzten sie die Menschen rund um die Nordsee und später sogar bis in den Mittelmeerraum hinein mit ihrer Blitzkriegstrategie, die sie »strandhagg« nannten, in Angst und Schrecken. Von Skandinavien aus starteten kleine Gruppen in ihren wendigen Booten zu Raubzügen und verwegenen Expeditionen. Sie landeten überraschend, schlugen brutal zu und verschwanden, bevor Abwehrmaßnahmen eingeleitet werden konnten. Doch allmählich wurden die Nordmänner »zahm«, ließen sich in den heimgesuchten Gebieten nieder und wandelten sich zu beinahe friedlichen Händlern. So verdanken zahlreiche Orte den Nordmännern ihre Existenz, etwa das englische York, das irische Dublin und das russische Nowgorod. Darüber hinaus brachten die Wikinger mit ihren Küstenfrachtern den Handel in den Küstenregionen der Nord- und Ostsee in Schwung. Als ein Umschlagplatz für Waren und Beute gebraucht wurde, stieg Haithabu – erstmals 804 in den fränkischen Reichsannalen erwähnt – zum größten Handelszentrum der Wikinger auf und blieb es rund 250 Jahre lang.

■ Plan aller zwischen 1900 und 1980 archäologisch untersuchten Flächen des Ortes Haithabu.

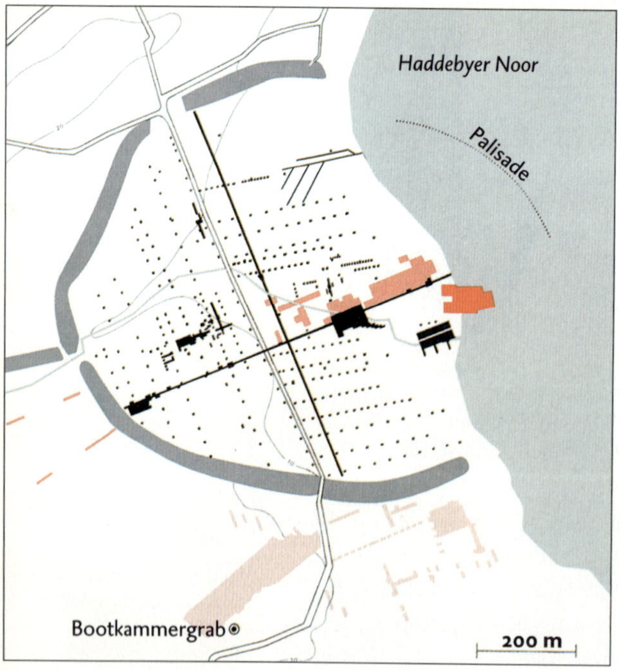

Wenn es diese Landenge an der Schlei nicht wirklich gäbe – man hätte sie erfinden müssen. Der Landweg vom europäischen Festland nach Skandinavien passiert hier seine schmalste Stelle, die Schlei mündet in die Ostsee, und die Nordsee ist über die Flüsse Eider und Trenne erreichbar. Trotz dieser guten Anbindung lag Haithabu geschützt im Landsinneren in einer von der Schlei gebildeten Bucht, Haddebyer Noor genannt. Die Landseite der Stadt wurde von einem Halbkreiswall umgeben, der noch heute an seinem dichten Baumbewuchs gut zu erkennen ist und ein Gebiet von 24 Hektar umfasste.

Alle Überbleibsel der einstigen Siedlung Haithabu liegen heute, nachdem das Gelände im 11. Jahrhundert überschwemmt wurde, unter der Erde. Da das Areal nie überbaut, sondern ausschließlich landwirtschaftlich genutzt worden ist, konnten Archäologen hier in den letzten 100 Jahren ausgiebig graben. Die dabei geborgenen Funde sind so zahlreich und unterstreichen die Bedeutung Haithabus so nachhaltig, dass man vom »Troia des Nordens« spricht.

■ Noch heute ist das Siedlungsareal von Haithabu an dem rund 1300 Meter langen bewaldeten Halbkreiswall zu erkennen.

Eine gute Auswahl an Funden ist in dem 1985 eröffneten Museum ausgestellt, das einfühlsam direkt neben dem einstigen Siedlungsgelände errichtet wurde. Es ähnelt in seiner Form einer Ansammlung von sieben wikingerzeitlichen Bootsschuppen. Der Besucher kann sich in die geographischen Verhältnisse hervorragend einfühlen, denn während er die Ausstellung durchläuft, hat er durch die großen Fenster unablässig die Schleibucht und die Fundorte vor Augen. Die 13 Themenkomplexe erfassen sämtliche Lebensbereiche der Wikinger und beantworten grundlegende Fragen zur Entwicklung der ältesten als Stadt organisierten Siedlung im Norden Europas. Zum Beispiel, wie eine Stadt errichtet wurde. Der Halbkreiswall mit seinen To-

DIE WIKINGERZEIT

Das altnordische Wort Viking leitet sich von »wik« (Bucht, Handelsort) ab. Als die Wikingerzeit bezeichnen wir die Kriegs-, Handels- und Siedlungsaktivitäten der Skandinavier – zur See und an den Küsten – von etwa 800 bis 1100. Nur rund fünf Prozent der Bevölkerung, die in den Gebieten des heutigen Schleswig-Holsteins, Dänemarks, Schwedens und wie hingetupft verteilten Arealen Norwegens siedelten, waren Seefahrer. Die große Mehrheit der auf etwa zwei Millionen Menschen geschätzten Danen, Götar, Nordmänner und Svea hielten sich mit Fischfang und Landwirtschaft mühsam über Wasser.

■ Ein Prunkschwert aus dem Bootkammergrab: Die Streifen-, Perl- und Zwirndrahtverzierungen sind in Silber ausgeführt, die Griffhülsen sind aus vergoldeter Bronze.

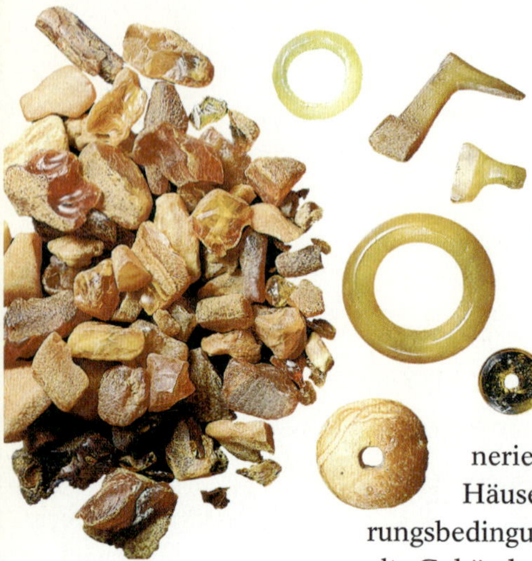

ren und die Hafenanlage mit Landestegen und einer massiven Holzpalisade, die Mitte des 10. Jahrhunderts fertig gestellt wurden, sind gemeinschaftlich von den Einwohnern erbaut worden. In der ganzen Siedlung entstanden etwa gleich große Parzellen – ein Hinweis auf eine Gesellschaft der Gleichberechtigten. Doch schon bald wurden die natürlichen Ressourcen – Süßwasser und Holz – knapp. Die ersten Häuser waren an einem Bach errichtet worden, der jedoch innerhalb nur einer Generation zum Abwasserkanal degenerierte. Alle fünfzehn bis zwanzig Jahre mussten die Häuser erneuert werden, länger konnten sie den Witterungsbedingungen nicht trotzen. Wie ein Kartenhaus ließ man das alte Gebäude zusammenstürzen. Es bildete das Fundament für das neue. Für Archäologen sind diese Hausschichten natürlich eine reine Freude, für die Bewohner waren sie eine Bürde. Während die ersten Häuser ganz aus Holz bestanden, verfügten die jüngeren Häuser nur noch über geflochtene Wände. Sie waren billiger, denn das Holz der Umgebung wurde im Laufe der Siedlungszeit zusehends knapper. Die geflochtenen Häuser boten wenig Schutz, wie Archäologen in experimentellen Nachbauten herausfanden. Genaue Rekonstruktionen der Häuser, der Feuerstellen sowie der Wärmeverluste ergaben, dass die Bauten gegen Wind und Nässe, weniger aber gegen Kälte schützten. Im Schnitt erreichten die Innenräume nur eine Temperatur, die um etwa zwei Grad höher lag als die Außenwerte. Wundert es da, dass nur jedes dritte bis

■ Rohbernstein sowie fertig gearbeitete Anhänger und Amulette. Bernstein bildete eine Grundlage des Wikinger-Handels.

■ Bei den Haithabu-Ausgrabungen in den Jahren 1935 bis 1938 wurden Wege, Häuserreste und Brunnen freigelegt.

vierte Neugeborene das zehnte Lebensjahr erreichte und die Menschen im Durchschnitt gerade einmal zwanzig bis dreißig Jahre alt wurden? Exemplarisch erzählen Funde menschlicher Knochen von typischen Leidensgeschichten: angesplitterte Armknochen aufgrund häufiger Schlagverletzungen, eine chronisch entzündete Zahnwurzel, die den ganzen Kieferknochen degenerieren ließ, eine Wirbelsäule, die die Krümmung eines U angenommen hatte: Die Betroffene litt so stark unter Tuberkulose, dass sie sich eher kriechend als gehend fortbewegen konnte. Bewusst präsentiert das Haithabu-Museum nicht nur kulturell herausragende Exponate wie kostbaren Schmuck und Waffen, sondern berichtet auch von den täglichen Nöten der Menschen, so weit archäologische Forschungen darüber Informationen liefern.

Vielfältig ist das Material, das über 250 Jahre blühenden Handel Auskunft gibt: Walrosszähne und Bernstein aus dem Nordmeer, Ei-

■ In der Schiffshalle des Haithabu-Museums steht das mit aufwendiger Technik aus dem Hafen von Haithabu geborgene Lang- oder Kriegsschiff.

DIE SCHIFFE DER NORDMÄNNER

Der älteste Fund, ein mit Feuersteinäxten aus Lindenholz geschlagener Einbaum aus der Zeit um 5000 v. Chr., stammt aus Lystrup in Dänemark. Bereits 2500 v. Chr. erhöhten die Skandinavier die Bordwände mit sich dachziegelartig überlappenden Planken. In der Bronzezeit kamen der schnabelförmige Bug und das Einlassen eines Kiels dazu. Nach 6000 Jahren Entwicklungszeit vollendeten die Wikinger die skandinavische Schiffsbaukunst mit wendigen Küstenseglern, stabilen Meereskreuzern und, Höhepunkt der Entwicklung, mit schlanken Kriegsschiffen, den Drachenbooten. Die extreme Schlankheit des Schiffes hielt den Wasserwiderstand äußerst gering und ermöglichte so hohe Geschwindigkeiten – wichtig für den Überraschungseffekt. Der geringe Tiefgang erlaubte es den Wikingern, praktisch alle Gewässer bis ins Landesinnere zu nutzen, die Boote an jedem flachen Ufer zu landen und sie sogar auf Rollhölzern über Land zu ziehen.

Über 500 poetische Umschreibungen für Schiffe kennt die skandinavische Dichtung. Die Namen der Schiffe wurden meist aus der Tierwelt abgeleitet:

faxi byrjar	Windpferd
vargr hafs	Wolf des Meeres

oder

ormr inn langi	Lange Schlange

Auf die Geschwindigkeit zielten Bezeichnungen wie

fífa	Pfeil und
hárknífr	Rasiermesser

senbarren, Specksteinkessel und Knochenkämme aus Skandinavien, slawischer Hängeschmuck und irische Gürtelschnallen, iberisches Quecksilber und byzantinische Bleisiegel, Karneol und Bergkristalle aus der Schwarzmeerregion. Die Wikinger handelten jedoch nicht nur, sie waren auch als Handwerker tätig. Darüber berichtet beispielsweise eine große Zahl von halbfertigen Mühlsteinen, die Archäologen freigelegt haben. Sie wurden in Haithabu verarbeitet, stammten jedoch aus der Eifel. Ständiger Nachschub war erforderlich, doch noch kennen Archäologen die genauen Routen der Handelswege nicht.

■ Nachgebautes Wikingerschiff kreuzt vor dem Haithabu-Museum, dass in der äußeren Form Bootsschuppen aus der Wikingerzeit ähnelt.

Um die Lebensbedingungen dieser fernen Welt begreifbarer zu machen, wird im Sommer »experimentelle Archäologie« veranstaltet: Faldenbrot nach Wikingerart wird in einem rekonstruierten Backofen hergestellt oder in Gefäßen der Wikinger und nach ihren Methoden wird Met angesetzt. Mittlerweile ist daraus, unterstützt vom Museumsfreundeskreis und angereisten Freizeitwikingern, ein mehrtägiges Wikingerfest in der ganzen Stadt Schleswig geworden. In altertümlicher Kleidung wird gewerkelt, gefeiert und gekämpft.

■ Der mit Runen beschriftete Skarthi-Stein erinnert an bedeutender Häuptlinge der Wikinger.

Doch der unumstrittene Mittelpunkt der Ausstellung und Abschluss eines jeden Besuches ist das vor Haithabu geborgene Wrack eines Kriegsschiffes. Es war 26 bis 30 Meter lang und muss über rund 50 Mann Besatzung verfügt haben. Ihren Schiffen verdankten die Wikinger sowohl ihre Existenz als Piraten wie auch die als Händler. Das Schiff in Haithabu symbolisiert darüber hinaus auch das Ende der Wikinger-Handelsmetropole. Die Auswertung seiner Position im Hafen und der Brandspuren am Holz ergab, dass das Schiff vermutlich als brennende Palisade diente, die von unbekannten Angreifern um das Jahr 1066 gegen die Hafenbefestigung getrieben worden war. Die Wikinger – von plündernden Piraten zu friedlichen Händlern geworden – waren am Ende ihrerseits Opfer einer Welle von Gewalt bei den Gründungskämpfen der Königreiche Dänemark und Schweden.

HAITHABU

FORSCHUNGSGESCHICHTE

Haithabu ging im 11. Jh. unter – es wurde aufgegeben und überspült, da der Wasserspiegel von Ostsee und Schlei vorübergehend um einen Meter stieg. Alle oberirdischen Siedlungsspuren, hauptsächlich aus Holz, verschwanden. Die Stätte geriet in Vergessenheit, und man glaubte, der Ringwall sei eine Fortsetzung des quer durch das Land verlaufenden Danewerks. Doch 1897 identifizierte der dänische Archäologe Sophus Müller den Ringwall als Ort des alten Haithabu. Im Jahr 1900 erbrachte eine Probegrabung erste Funde. Von 1900 bis 1915 führte das Kieler Museum für Vaterländische Altertümer (damals noch zu Dänemark gehörend) die ersten Grabungen durch. Dabei sollte unter anderem geklärt werden, welche Rolle Haithabu in der dänischen Geschichte spielte. Eine neue Grabungsphase dauerte von 1930 bis 1939 und wurde nun von der Notgemeinschaft der deutschen Wissenschaft finanziert. Die von Herbert Jankuhn geleitete Grabung wurde von der NS-Ideologie vereinnahmt. Als bedeutender »germanischer Siedlungsplatz der Frühzeit« wurde Haithabu zum »Deutschen Kulturdenkmal« ernannt. 1959 wurden die Grabungen wieder aufgenommen, seit 1963 unter der Leitung des Archäologen Kurt Schietzel. Große Teile des Siedlungskerns und die gesamte, vor dem Wall liegende Südsiedlung wurden freigelegt und das innere Hafenbecken systematisch erforscht. Gründlichkeit hat ihren Preis: Nur fünf Prozent der Siedlungsfläche und ein Prozent der Hafenanlage wurden ausgegraben, der Rest des großen Stadtgeländes wurde nach an die Erdoberfläche ragenden Kulturspuren abgesucht. Allein in den Grabungsjahren 1966 bis 1969 konnten mehr als eine Million Funde und Artefakte geborgen werden, die im Magazin des Landesmuseums eingelagert sind. Die Auswertungen dauern an und bestätigen die überlieferten Chroniken. Demnach wurde Haithabu um 800 gegründet, als der Dänenkönig Göttrik die Einwohner von Reric nach Haithabu verschleppen ließ. Höhepunkt und vorläufiger Abschluss der Ausgrabungen bildet die Bergung des Haithabu-Schiffes. 1953 wurde das Wrack unweit des Ufers in der Schlei entdeckt, erst 1979 konnte es mit aufwendiger Technik gehoben werden. Lange Zeit wusste die Nachwelt nur aus historischen Berichten von der einstigen Existenz der Langboote. Erst die Entdeckung eines Schiffsgrabes bei Ladby (1935), das Haithabu-Boot und zwei Langboote, die aus dem Roskilde-Fjord geborgen wurden, bestätigten die schriftlich überlieferten Angaben: Die Schiffe weisen ein extremes Verhältnis von Länge zu Breite auf. Von 6:1 bis, wie beim Haithabu Boot 11,4:1. Das extreme Design erlaubt eine optimale Ausnutzung der zur Verfügung stehenden Ressourcen. Der häufigste Schiffstyp im 10. und 11. Jahrhundert jedoch war ein kleiner, wendiger, gleichzeitig jedoch breiter Küstenfrachter, der beispielsweise bei 14 Metern Länge vier Tonnen Fracht laden und unter Segel acht Knoten Fahrt erreichen konnte.

AUF DEN PUNKT GEBRACHT

Haithabu bietet zwar keine Grabungsfelder, trotzdem vermittelt es einen hervorragenden Einblick in die Welt der Wikinger.

WISSENSWERTES

Der arabisch-iberische Kaufmann und Diplomat At-Tartûschi im Jahre 965: »Haithabu ist eine sehr große Stadt am äußersten Ende des Weltmeeres. Ihre Bewohner sind Siriusanbeter, außer einer kleinen Anzahl, welche Christen sind … Die Stadt ist arm an Gütern und Segen. Die Hauptnahrung ihrer Bewohner besteht aus Fischen, denn die sind dort zahlreich. Werden einem von ihnen Kinder geboren, so wirft er sie ins Meer, um sich die Ausgaben zu sparen. Das Recht der Scheidung steht bei ihnen den Frauen zu … Nie hörte ich hässlicheren Gesang, und das ist ein Gebrumm, das aus ihren Kehlen herauskommt, gleich dem Gebell der Hunde, nur noch viehischer als dies.«

Lesenswert:

Hildegard Elsner: *Wikinger Museum Haithabu. Schaufenster einer frühen Stadt*, Schleswig 1989

Régis Boyer: *Die Piraten des Nordens. Leben und Sterben als Wikinger*, Stuttgart 1997

Peter Sawyer (Hg.): *Die Wikinger. Geschichte und Kultur eines Seefahrervolkes*, Stuttgart 2000

Sehenswert:

Die Wikinger (*The Vikings*). Regie: Richard Fleischer; mit Orson Wells, Kirk Douglas. USA 1958

Anklickenswert:

Das Haithabu-Museum: www.schloss-gottorf.de/haithabu/frameset.htm

Sagenumwobenes Rungholt

Ruine im Auf und Ab des Wattenmeeres (um 1200 bis 1362 n. Chr.)

Alles Leben kommt aus dem Meer, heißt es. Doch das Meer gibt nicht nur, es nimmt auch. Besonders in der Deutschen Bucht, wo Sturmfluten ganze Landstriche – und mit ihnen Menschen, Vieh und Dörfer – verschlungen haben. Noch heute strömen zweimal am Tag mit der Flut zwei Milliarden Kubikmeter Meerwasser ins schleswig-holsteinische Wattengebiet, das Sedimente an der einen Stelle abträgt, um sie an einer anderen wieder anzustranden. Seit Jahrhunderten stoßen Wanderer und Heimatforscher immer wieder mitten im Watt auf Scherben, Metallgegenstände und Holzbohlen, auf Spuren von Entwässerungsgräben, Brunnen und Warften. Vor 300 Jahren häuften sich diese mysteriösen Spuren nördlich der Hallig Südfall so sehr, dass Pastor Matthias Boetius diese Vorkommnisse in seinem Werk *De Cataclysmo Nordstrandico* (1632) festhielt: »In der Tat verkehren Menschen und Tiere ohne Gefahr von Trindermarsch nach Südfall, und hier entlang gehende Leute stoßen im Schlick auf Brunnen und beobachten Spuren von Wegen und Gräben. Ja, sie finden nicht selten Töpfe, Kessel und Schüsseln.« Und plötzlich erinnerten sich die Menschen an eine Prophezeiung ihrer Ahnen. »Alte abergläubische

■ Jeden Sommer untersucht der Landesarchäologe Hans-Joachim Kühn freigelegte Kulturspuren im Watt. Hier ein Brunnenring nordöstlich der Insel Pellworm.

Abriss von Rungholt und seinen Kirchenspielen aus dem Jahre 1240

Leute stehen im Wahn«, notierte der Nordstränder Pastor Anton Heimreich 1666 in seiner Heimatchronik, »dass dieses Rungholt einmal wieder werde auferstehen. Und dass auch von den Vorüberfahrenden der Glockenklang noch jetztunder gehöret werde …«

Während die Legende von einer reichen Stadt, die in den Sturmfluten versunken sei, weit über Frieslands Grenzen hinaus getragen wurde, verschlang das Wattenmeer schon wieder die Überreste dieser Siedlung – langsam und unaufhaltsam. An ihrer statt erblühte das Reich der Phantasie: Fakten wurden mit Erdachtem vermischt, Atlantissaga und Sintfluterzählung fanden Eingang in die Geschichte, die zu einer Volkssage heranreifte. Rungholt, so hieß es, sei wegen seiner Freveltaten untergegangen.

Ein bleibendes Denkmal setzte der sagenumwobenen Stadt schließlich 1882 der Lyriker Detlev von Liliencron mit seinem Gedicht *Trutz, blanke Hans*, das Generationen von Schulkindern in Norddeutschland auswendig lernten. Besonders die letzten Strophen malen das Geschehen um Rungholt farbig aus: »Auf allen Märkten, auf allen Gassen / Lärmende Leute, betrunkene Massen. / Sie ziehn am Abend hinaus auf den Deich: / ›Wir trotzen dir, blanker Hans, Nordseeteich‹ … / Das Scheusal wälzte sich, atmete tief, / und schloss die Augen wieder und schlief. / Und rauschende, schwarze, langmähnige Wogen / Kommen wie rasende Rosse geflogen … / Ein einziger Schrei – die Stadt ist versunken, / Und Hunderttausende sind ertrunken. / Wo gestern noch Lärm und lustiger Tisch, / schwamm anderntags der stumme Fisch.«

Das Meer gibt und nimmt wieder. Seit Beginn des 19. Jahrhunderts verlor die Hallig Südfall durch Sturmfluten insgesamt zwei Drittel ihres Landes. Im Mai 1921 entdeckte der Marschbauer Andreas Busch südwestlich der Hallig Brunnenringe, die rechteckigen Hügel ehemaliger Warften und darüber hinaus sogar Pflugfurchen aus dem 14. Jahrhundert, die vom Watt freigelegt worden waren. Später notierte Busch: »Entdeckte in diesem Sommer bei Südfall die Stelle, wo früher der Flecken Rungholt gelegen hat. Ging mit Felix Schmeißer dorthin – seliges Schweigen.«

Jüngste Fundstücke aus dem Gebiet um Rungholt – geortet mit einem Metalldetektor.

Die Entdeckung Rungholts sollte das Leben von Busch verändern, denn rund vierzig Jahre lang entwickelte er seine kartographischen und archäologischen Kenntnisse weiter und untersuchte bei tiefster Ebbe das Watt rund um Südfall. Leicht erkennbar waren die Areale ehemaliger Warften: Ihr verdichteter Unterboden bleibt Jahrhunderte lang vom übrigen Wattboden unter-

■ oben: Holzreste der älteren und im Hintergrund der neueren Schleuse, beide vor 1362
■ unten: Pflugfurchen aus der Zeit vor 1362

scheidbar. 29 dieser Siedlungshügel identifizierte Busch, nummerierte sie und nahm sie in einer Karte auf. Noch dauerhaftere Spuren haben ehemalige Brunnen hinterlassen, deren Ringe aus Kleisode, gepresstem Wattboden, noch zu erkennen sind, wenn alle anderen Kulturzeichen längst von der Flut abgetragen sind. In den ehemaligen Zisternen und Brunnen fanden Busch und einige Helfer haufenweise Scherben, aber auch ganze Krüge und Töpfe. Diese Funde bestätigen Handelsbeziehungen Rungholts bis ins Rheinland, in die Niederlande und nach Spanien. Auch Bronzetöpfe und Waffen wurden aus dem Wattboden geborgen. Vier mal zwei Kilometer Wattfläche erfasste Busch auf diese Weise genauestens. Etwas weiter südlich des Warftgebietes »Grote Rungholt« lagen Deich und Hafenbereich von »Lütke Rungholt« – hier traten Holzbohlen zutage, die sich als Reste eines Schleusentores entpuppten. Eine angelegte Hafenanlage konnte Busch nicht entdecken, aber er identifizierte zwei Schleusen – eine frühe kleine und eine spätere von 40 Metern Länge.

Rungholt verfügte anscheinend nur über einen Sielhafen, dem als Umschlagplatz zwischen dem Schiffsfernhandel und dem Hinterland allerdings eine wichtige Bedeutung zukam, denn nur hier, am Wattstrom »Norderhever«, konnten Schiffe einlaufen. Doch was Busch fand, ernüchterte die Legenden über das reiche Rungholt. »Man hat von ganz primitiven Verhältnissen auszugehen«, resümierte er. Anhand der gefundenen Brunnen und Warften rechnete er hoch, dass rund 1000 Menschen auf dem Rungholtgebiet gelebt haben mochten. Im Laufe der Jahrzehnte erodierten die Kulturspuren im Watt. 1956 konnte Busch nur noch feststellen: »Es ist nichts mehr zu sehen!«

Heute sind vor Südfall lediglich einige Linien im Watt – Spuren alter Entwässerungsgräben – erkennbar. Trotzdem kommen Besucher hierher, denn das Wattenmeer lädt ein zum Träumen über das Geben und Nehmen des Meeres. Und so mancher Wattwanderer und Heimatforscher hofft, dass gerade die letzte Flut etwas Großartiges freigelegt haben könnte, denn das Meer nimmt nicht nur, es gibt immer auch. Alles Leben kommt aus dem Meer, heißt es …

WATTARCHÄOLOGIE

Der Erforschung von Kulturspuren im Wattenmeer – Strandgut, Siedlungsüberreste, Schiffswracks – widmet sich die Wattarchäologie. Von Fischern, Seeleuten und Wattführern erhalten die Archäologen Hinweise auf Besonderheiten im Untergrund, außerdem werten sie Luftaufnahmen aus. Vor Ort werden Kleinfunde eingesammelt, neue Spuren vermessen und manchmal ganze Wracks geborgen. Die Geologie des Nordseewatts war ideal für Strandungen, da die genaue Lage der auch bei Ebbe befahrbaren Wattströme und -priele früher nur Wenigen bekannt war und aktuelle Karten kaum existierten. Über 600 Wracks, alles hölzerne Segler aus der Zeit von 1600 bis 1900, sind mittlerweile allein im Wattenmeer von Schleswig-Holstein nachweisbar.

RUNGHOLT

FORSCHUNGSGESCHICHTE

Mit der großen Mannsdränke von 1362 verschwand ein Großteil des Rungholtgebietes, weitere Landmassen wurden in den folgenden Jahrhunderten von der Nordsee geschluckt. Als 1636 Johannes Mejer die älteste detaillierte und überlieferte Karte anfertigte, war die Lokalisierung von Rungholt pure Spekulation. Mangelnde Fakten über den Ort wurden durch phantastische Erzählungen ersetzt. Das änderte sich, als der Marschbauer Andreas Busch im Mai 1921 südwestlich der Hallig Südfall Kulturspuren im Watt entdeckte. Acht Quadratkilometer Wattfläche erkundete Busch in rund 35 Jahren ehrenamtlicher Forschungsarbeit, an die 130 Aufsätze veröffentlichte er über seine Funde und die daraus gezogenen Schlußfolgerungen. Im Alter von 80 Jahren erhielt er als offizielle Anerkennung seiner Arbeit durch die Fachwelt die Universitätsmedaille der Kieler Christian-Albrecht-Universität. Buschs Erkenntnisse werden bestätigt und ergänzt durch die Ergebnisse einer interdisziplinären Wattforschung, an der sich Archäologen, Geologen, Geographen und Botaniker Anfang seit der 1990er Jahren beteiligt haben. Der Schlüssel zum Verständnis der Geschichte Rungholts liegt in dem von den letzten beiden Eiszeiten geschaffenen Untergrund. Die Rungholter hatten ihre Siedlung über einem eiszeitlichen Urstromtal errichtet. Zwischen den heutigen Inseln Pellworm und Nordstrand, die auf eiszeitlichen Hügeln stehen, hat sich der starke Wattstrom »Norderhever« seinen Weg gebahnt und dabei das bis zu 20 Meter dicke Sediment fortgeschwemmt. Die Rungholter waren erst Nutznießer, später Opfer der geologischen Verhältnisse, denn der Norderhever bescherte ihnen zunächt einen der wenigen anlaufbaren Sielhäfen im nordfriesischen Wattenmeer. Doch der gleiche Wattstrom überrollte dann das Rungholtgebiet. Mitte der 1990er Jahre behauptet der Bremer Ethnologe Hans-Peter Duerr, er habe Rungholt nördlich, nicht südwestlich der Hallig Südfall gefunden. Tatsächlich handelte es sich bei den gefundenen Resten von Pfosten und Flechtwänden jedoch eher um Spuren verstreuter Siedlungen des Rungholtgebietes, nicht aber um den Ortskern. Duerr stützte sich bei seiner Suche auf die unzuverlässige Karte von Mejer aus dem Jahr 1636. Duerr behauptete auch, die von Busch gefundenen Schleusenreste stammten aus dem 17. Jahrhundert. Deshalb wurde eine Probe der Schleusenbalken im C-14-Labor **(s. S. 19)** der Universität Kiel untersucht; der Balken stammt aus der Zeit zwischen 1160 und 1260.

WISSENSWERTES

Die große »Mannsdränke«

»Große Mannsdränke« nennen die Friesen die großen Sturmfluten im 14. und 17. Jahrhundert, die die Landschaft an der schleswig-holsteinischen Nordseeküste vollkommen verändert haben. Bis ins 14. Jahrhundert war das Gebiet des heutigen Wattenmeeres von St. Peter-Ording bis zur Insel Sylt noch Festland. 1362 fraß der Wattstrom Norderhever in der ersten Großen Mannsdränke eine Ausbuchtung zwischen die heutigen Inseln Pellworm und Nordstrand und begrub Rungholt unter sich. 300 Jahre später riss die zweite Große Mannsdränke den Landsockel völlig auseinander – zurück blieb die heute noch bestehende Insel- und Halligwelt Nordfrieslands.

AUF DEN PUNKT GEBRACHT

Die Urgewalt des Meeres, die Rungholt und viele andere nordfriesische Siedlungen verschlang, lässt sich überall im Watt erahnen.

EMPFEHLUNGEN

Lesenswert:

Jörg Hägemeister: *Rungholt – Sage und Wirklichkeit*, Quickborn 1980

Hans H. Hennigsen: *Rungholt – Der Weg in die Katastrophe*, Bd. I und II, Husum 1998 und 2000

Kari Köster: *Die letzten Tage von Rungholt*, München 1997

Helga Ramge (Hg.): *Heut bin ich über Rungholt gefahrn. Die schönsten Balladen aus Nord- und Ostfriesland*, Husum 1996

Besuchenswert:

Das Rungholt-Museum auf Pellworm. Jedes Jahr im Mai feiert man dort die Rungholttage.

Das Nissenhaus in Husum und das Heimatkundemuseum auf Hallig Hooge

Informationen und Links: www.rungholt.de/

Megalithtempel auf dem Malta-Archipel

Frühzeitlicher Ausbruch religiöser Bauwut (3500–2500 v. Chr.)

▪ Kleeblattförmige Tempelanlage auf Malta

Über zwei großen Pfostensteinen liegt vertikal ein Quader, dahinter öffnet sich ein Rahmen aus massivem Stein. Nicht nur diese so genannte Trilithnische, sondern sämtliche oval verlaufende Wände des kleeblattförmigen Tempels von Mnaidra auf Malta wurden aus bearbeiteten Kalkblöcken gefertigt. Die bis zu 60 Tonnen schweren Steine wurden vor etwa 5000 Jahren kilometerweit über Land von den Steinbrüchen zum Kultplatz transportiert, dort ohne Füllmaterial genauestens aneinandergefügt und mit Punktornamentik verziert.

Nicht nur heutige Besucher, sondern auch die ersten Archäologen Anfang des 19. Jahrhunderts waren beeindruckt von der Größe der Anlage und von den architektonischen Fähigkeiten der Einwohner. Doch es sollte noch imposanter werden, denn im Laufe des 19. Jahrhunderts wurde eine Tempelanlage nach der anderen entdeckt und wieder ans Tageslicht gebracht. Auf dem Malta-Archipel sind mittlerweile über 20 Tempel- und Grabanlagen, die nahezu alle aus dem Zeitraum von 3500 bis 2500 v. Chr. stammen, ausgegraben und erforscht.

Wer waren die damaligen Bewohner der Insel, und was trieb sie zu diesen Bauexzessen? Malta wurde vermutlich schon um 5000 v. Chr. von Sizilien aus besiedelt, doch die erste Hochkultur entwickelte sich erst fast 1000 Jahre später. Um 4100 v. Chr. begannen die Menschen unterirdische Grabkammern anzulegen, in denen die verstorbenen Mitglieder der Gemeinschaft bestattet wurden. Benannt nach den Gräbern, heißt diese Zeit Zebbug-Phase. Diese Kammern waren zunächst primitiv, doch in der folgenden Mgarr-Phase (3800–3600 v. Chr.) wurden sie weiterentwickelt. Das hervorragendste Beispiel hierfür und eines der eindrucksvollsten Bauwerke der Megalithzeit auf Malta überhaupt ist das Hypogäum von Hal Saflieni in Paola. Dieses unterirdische Höhlenlabyrinth wurde mit primitiven Steinwerkzeugen auf drei Etagen bis zu zehn Meter tief in den Kalkboden getrieben. In den Räumen und Gängen fand man über 7000 Skelette. Doch für reine Begräbnisstätten sind die Kammern zu kunstvoll angelegt. Die vielfach mit Spiralsymbolen verzierten Wände, Orakelkammern und das den oberirdischen Tempeln nachempfundene Heiligtum vermitteln den Eindruck eines Arrangements, das den Vollzug ganzer Kultrituale, beispielsweise die Initiation von Priesterinnen, nahe legt. In der sich anschließenden Gigantija-Phase (360–um 3000 v. Chr.), benannt nach dem Tempel auf Maltas kleiner Nachbarinsel Gozo, begnügten sich die Bewohner nicht mehr mit Grabanlagen, sondern sie errichteten in jahrelanger aufwendiger Arbeit Tempelanlagen wie Hagar Kim im Süden von Malta. »Stehende Steine« nannten spätere Bewohner Maltas die Anlage von Hagar Kim, weil Jahrhunderte lang nur einzelne Megalithe aus dem darüber entstandenen Hügel herausragten. Heute krönt der wieder frei gelegte Tempelkomplex die Felslandschaft an der südöstlichen Steilküste. Von den ehemals drei dort befindlichen Anlagen ist zwar nur die mittlere noch gut erhalten, jedoch auf eindrucksvolle Weise. Schon der Vorhof, auf dem das gemeine Volk seine Opfer-

MALTA – PANOPTIKUM DER MITTELMEERGESCHICHTE

Malta mit seinen zahlreichen Grotten soll die Insel der Kalypso gewesen sein auf der Odysseus strandete. Die Phönizier gründeten rund 1000 v. Chr. auf Malta eine kleine Kolonie, die um 800 v. Chr von Karthago übernommen wurde. Nach dem Fall Karthagos ging Malta an die Römer, gegen Ende des 4. Jahrhunderts an Byzanz und kurzfristig an Vandalen und Ostgoten. 869 eroberten die Araber Malta, 1090 gewannen die Normannen die Insel für das Abendland zurück. Anschließend machten erst die Spanier, dann der Johanniterorden und schließlich die Briten Malta zu ihrer Kolonie.

■ Tempelfassade von Hagar Kim mit Bankaltären

■ Das Luftbild verdeutlicht die Komplexität der Tempelanlage von Hagar Kim. Die Funktion der Räume im Einzelnen ist bis heute unklar.

kulte zelebrierte, ist mit bearbeiteten Platten ausgelegt. Zwei Ösen im Stein zeugen von die Stelle, wo die Opfertiere angebunden und geschlachtet wurden. Die sich über beeindruckende 35 mal 25 Meter erstreckende Tempelfassade wird von Bankaltären umrandet. Durch den massiven Haupteingang – auch hier ein Trilith, wie in Mnaidra – gelangt der Besucher in einen quadratischen Hof. Von ihm aus geht man durch hervorragend gearbeitete Fenstersteine in die umliegenden halbrunden Kammern. Der Besucher geht von Raum zu Raum immer tiefer in die Tempelanlage. Er stößt auf einzelne Kulträume mit pilzförmigen Altären und so genannten »Orakellöchern«. Dies sind kopfgroße Öffnungen im Mauerwerk, die eine Verbindung zwischen den inneren und äußeren Tempelbereichen herstellen. Durch diese Kommunikationskanäle, die in kleine Außennischen mündeten, konnten die Normalsterblichen, die keinen Zutritt zu dem inneren Heiligtum hatten, ihre Bitten und Gebete ins Innere richten. Als Antwort drangen von innen die verzerrten Gesänge und Beschwörungen der Priester zu den Gläubigen. Einzelheiten der Kulte, aber auch die gesamten Ausmaße der Tempel lassen sich heute nicht mehr genau rekonstruieren. Doch sicherlich waren die Tempel einst viel höher als heute, worauf eine Votivgabe aus jener Zeit hinweist, die das Modell eines Tempels zeigt: Über die senkrecht stehenden Fassadensteine waren waagerechte Blöcke geschichtet. Das Dach bestand aus Holzbalken und war mit Astwerk und Lehm aufgefüllt. In den sakralen Kammern war es dunkel, und nur die Priester hat-

ten Zutritt – oder waren es Priesterinnen? Dafür spricht einiges, denn in den Kammern fand man bei den Ausgrabungen neun Statuetten, darunter einige sitzende, korpulente scheinbar weibliche Figuren ohne Kopf, so genannte Idole (s. S. 113). Sie haben Ähnlichkeiten mit der Magna Mater, der Großen Mutter von Tarxien, einer weiteren Ausgrabungsstätte auf Malta; von der korpulenten Kolossalstatue, die im Tempel von Tarxien gefunden wurde, ist nur das Unterteil erhalten. Dieser Tempel, nach dem der Zeitraum von 3000 bis 2500 v. Chr. als Tarxien-Phase bezeichnet wird, überrascht durch zahlreiche Dekorationen, wie den mit Spiralranken verzierten Altären oder den in Stein gemeißelten Tierprozessionen.

■ Steine mit Spiralmotiven und Punktverzierung schmückten vor allem die Altäre.

Während dieser ganzen Zeit – also von der Zebbug- bis zur Tarxien-Phase – war der Tempel von Gigantija auf Gozo in Funktion; er gilt als ältester und weitläufigster der ganzen Megalith-Epoche auf dem Malta-Archipel. Von 4000 bis 2500 v. Chr. wurden hier Opferkulte vorgenommen und Menschen bestattet. Das gilt auch für den benachbarten Brochtorff-Steinkreis, in dessen Grabanlagen neben immensen Knochenfunden auch eine große Anzahl unterschiedlichster Terrakottagegenstände geborgen wurde.

Die Erforschung dieser Funde und der dazugehörigen Anlage hat das Geheimnis der Megalithkultur des Malta-Archipels gelöst. Bis um 3000 v. Chr. war die Inselgruppe fruchtbar und verfügte über ausreichend Süßwasser. Dann jedoch ließen Rodungen und zunehmende Bevölkerungsdichte die Insel verkarsten, bis schließ-

■ Die »Schlafende Priesterin« von Malta stellt eine Frau dar, die auf einem Ruhebett liegt. Die Statuette wurde im Hypogäum von Hal Safliene in Paola auf Malta gefunden.

MATRIARCHAT AUF MALTA?

Angesichts der vielen korpulenten und vermeintlich weiblichen Statuen wie derjenigen der Kolossalstatue Magna Mater von Tarxien wird darüber spekuliert, ob auf Malta ein Fruchtbarkeitskult oder gar ein Matriarchat (s. S. 111) geherrscht habe. Doch die meisten Figuren, auch die Magna Mater, lassen sich nicht eindeutig zuordnen, denn ihnen fehlen die primären Geschlechtsmerkmale. Vielleicht verkörperten diese Figuren lediglich den Wunsch nach dem früheren Wohlstand.

■ Der Opferplatz für das gemeine Volk befand sich vor dem Tempeleingang und ist mit bearbeiteten Platten ausgelegt. Noch heute sind die Ösen zu sehen, an denen Tiere, die geopfert werden sollten, festgebunden wurden.

lich ab etwa 2500 v. Chr. Wasser und Nahrung knapp waren. Anstatt diese Probleme direkt anzugreifen und neue Anbaumethoden zu entwickeln, verstärkt Handel zu treiben oder einen Teil der Bevölkerung auszusiedeln, wählten die Malteser den Weg in die Isolation. Zunehmend wandten sie sich von den benachbarten Regionen ab, was sich am verringerten Anteil geborgener Importgüter ablesen lässt, und die Einwohner steigerten sich in einen religiösen Wahn; der Vergleich mit Sektenkolonien liegt auf der Hand. Die Gesellschaft wurde vermutlich von der sozialen Gruppe der Priester oder Zeremonienmeister beherrscht. Religiöse Handlungen hatten Vorrang. Die Menschen der Tarxien-Zeit, also um 2500 v. Chr., nutzten nahezu ihr gesamtes handwerkliches Potenzial zur Herstellung von Terrakottafigurinen und zum Tempelbau. Unmengen dieser kleinen Figuren aus Stein, Knochen und Ton wurden in den vergangenen 200 Jahren im Boden von Malta freigelegt. Sie stellen üppig beleibte Menschen, Phallussymbole und Tierfiguren dar. Vielleicht dienten sie der Totenverehrung und der Ehrung animalischer Idole oder aber der magischen Beschwörung, die den ehemaligen Wohlstand zurückbringen sollte. Gleichzeitig scheinen die Malteser dieser Zeit wenig Energie darauf verwandt zu haben, Häuser zu bauen, Terrassenfelder zu erhalten und die Ernten einzubringen. Letztendlich hatten sie eine falsche Entscheidung getroffen, denn um 2000 v. Chr. war die Kultur der einstigen Tempelbauer verschwunden. Malta wurde neu besiedelt und die Tempelbauten in den folgenden vier Jahrtausenden vom erodierenden Boden überlagert. Die große Zahl von Megalithtempeln und Grabkammern auf Malta ist Zeichen kultureller Größe und architektonischer Fähigkeiten, aber gleichzeitig auch Mahnmal einer verzweifelten Flucht in weltfremde Religiosität.

MEGALITHTEMPEL AUF DEM MALTA-ARCHIPEL

FORSCHUNGSGESCHICHTE

Die aus dem Hügel von Hagar Kim herausragenden Megalithen wurden zuerst 1647 von Giacomo Abela, dem Vizekanzler des Johanniterordens, in seiner *Discrittione di Malta* beschrieben. Seiner Meinung nach waren die ersten Bewohner Maltas Giganten, Nachkommen der Kyklopen Siziliens, denn nur Giganten seien in der Lage gewesen, diese Bauwerke zu errichten. Bereits Mitte des 17. Jahrhunderts hatten die Johanniter in Maltas Hauptstadt Valetta eine kleine Sammlung maltesischer Altertümer angelegt. Die meisten dieser Figurinen wurden jedoch nicht nach wissenschaftlichen Kriterien geborgen, was Alters- und Funktionsbestimmung erheblich erschweren. 1820 entdeckte der Vizegouverneur von Gozo, Otto Bayer, eine megalithische Anlage auf Gozo. Bayer ließ auch 1827 den Gigantija-Tempel freilegen. Beide Grabungen wurden jedoch dilettantisch und ohne Aufzeichnungen durchgeführt. Allerdings hielt der maltesische Maler Charles Brochtorff Szenen dieser Raubgrabungen detailgenau in Skizzen fest. Ihm zu Ehren wird der Steinkreis auf Gozo Brochtorff-Steinkreis genannt. Der Tempel Hagar Kim wurde 1839 freigelegt. 1865 entdeckte der italienische Paläontologe Arturo Issel die Höhle Ghar Dalam. Neben prähistorischen Knochen ausgestorbener Tiere fand er Keramikkrüge und Terrakottaköpfe aus der Zeit 3800 v. Chr. 1902 stießen Bauarbeiter beim Ausheben eines Kellers auf das Hypogäum in Hal Saflieni. Als der Archäologe P. E. Magri die Ausgrabungsleitung übernahm, war ein Teil der Grabkammern bereits geplündert worden. Zwischen 1915 und 1919 wurde der Tempel von Tarxien unter der Leitung des maltesischen Archäologen und Museumsdirektors Temi Zammit ausgegraben. Zammit führte auch Ausgrabungen an zahlreichen weiteren Tempelstätten durch. In den 1950er Jahren wurde der Tempel von Hagar Kim vollständig restauriert. 1991 bis 2000 wurde das Hypogäum geschlossen und aufwendig restauriert. Nun ist es wieder für eine begrenzte Zahl Besucher geöffnet. Seit 1987 erforschen maltesische und britische Archäologen erneut den Brochtorff-Steinkreis und seine Grabanlagen. Auf diese neuen Forschungen geht die Theorie über den Untergang der Megalithkultur durch Flucht in die Religion zurück.

WISSENSWERTES

Chronologie der Megalithkulturen auf Malta und Gozo
Frühes Neolithikum 5200–4100 v. Chr. (Ghar Dalam);
Mittleres Neolithikum I 4100–3600 v. Chr. (Keramik, Steinäxte)
Mittleres Neolithikum II 3600–3000 v. Chr. (Mnajdra, Ggantija);
Spätes Neolithikum 3000–2500 v. Chr. (Tarxien, Hagar Qim, Hypogäum)

EMPFEHLUNGEN

Lesenswert:
Hans E. Latzke: *Malta*, Köln 1990

Joachim von Freeden: *Malta und die Baukunst seiner Megalith-Tempel*, Darmstadt 1993

Anthony Bonanno u. a.: »Totenkult und Ende der archaischen Kultur Maltas«, in: *Spektrum der Wissenschaft*, Februar 1994

Besuchenswert:
Das Archäologische Museum in Valetta: Das Gebäude ist ebenso sehenswert wie die archäologischen Funde.

Anklickenswert:
http://www.dainst.de/index.php?id=650

Lagepläne, Grundrisse, Infos und 3D-Animationen zu Maltas Megalithbauten:
//web.genie.it/utenti/m/malta_mega_temples/indxfram.html

AUF DEN PUNKT GEBRACHT

Die kleeblattförmigen, aus riesigen Steinplatten gebildeten Tempel erscheinen uns wie Boten einer fremden Welt!

Knossos

Fröhliche Palastbauer (um 3000 bis 1380 v. Chr.)

Die griechische Bronzezeit
Um 3100 bis 1450 v. Chr. minoische Kultur auf Kreta, den Kykladen und der Peloponnes
1600–1100 v. Chr. mykenische Kultur im gesamten griechischen Ägäisraum.
Um 1250 v. Chr. Zerstörung Troias und Untergang der mykenischen Palastkultur.
Bis ins 8. Jahrhundert v. Chr. folgt das so genannte »Dunkle Zeitalter«

Erst zu Beginn des 20. Jahrhunderts wurde die Welt der Minoer auf Kreta wiederentdeckt. Lange Zeit galten die Erzählungen über diese frühzeitliche Hochkultur, beispielsweise in der *Ilias* und der *Odyssee*, als pure Mythen. Auch der Bericht des griechischen Geschichtsschreibers Thukydides wurde als Phantasie aus späterer Zeit abgetan: »Minos ist der früheste Herrscher, von dem wir wissen, dass er eine Flotte besaß und den Hauptteil der jetzt griechischen Gewässer kontrollierte. Er beherrschte die Kykladen und gründete als Erster auf den meisten von ihnen Kolonien, als deren Statthalter er seine Söhne einsetzte.« Die Archäologie stieß jedoch auch auf zeitgenössische Quellen wie ägyptische Hieroglyphentexte, die konkrete Aussagen über die ökonomischen und kulturellen Leistungen der Kreter, dort Keftiu genannt, machten. Ermutigt durch die Entdeckungen Schliemanns in Troia und Mykene, fasste der britische Gelehrte Arthur Evans den Entschluss, nach der Stadt des Minos zu suchen. Als er im Jahre 1900 nur fünf Kilometer südöstlich der Inselhauptstadt Iraklion auf dem Kephala-Hügel anfing zu graben, wurde er schnell fündig. Den Ausgrabungen in Knossos folgten bald über ganz Kreta verteilt weitere Entdeckungen und Forschungen, und alle bekräftigen die Schilderungen über die einmalige frühzeitliche Hochkultur dort.

■ Sir Arthur Evans' phantasievolle Rekonstruktionen sind häufig kritisiert worden. So wurden zum Beispiel die ursprünglich aus Holz gefertigten Säulen einfach aus Beton nachgegossen.

Kreta wurde im 6. Jahrtausend v. Chr. vermutlich von Kleinasien aus besiedelt. Die Menschen lebten in Höhlen und rechteckigen Lehmbauten, bauten Gerste und Weizen, Oliven und Wein an und betrieben Viehzucht. Zwischen 3100 und 2100 v. Chr., der so genannten Vorpalastzeit, entwickelte sich langsam eine minoische Kultur, gekennzeichnet durch verschachtelte Gebäudekomplexe, schlanke Gefäße, Schmuck und Siegel. Zwischen 2100 und 1700 v. Chr. gab es in der so genannten Alten Palastzeit auf der Insel eine Reihe gleichrangiger Fürstentümer, dominiert von Palästen: Knossos, Phaistos, Malia und Kato Zakros. Diese sich im Aufbau ähnelnden Anlagen waren weniger symmetrisch, sondern eher

clusterförmig angelegt. Um den Zentralhof gruppierten sich Magazine und Heiligtümer im Westen, Festsäle im Norden, Werkstätten im Osten und überall verstreut Wohnräume. Die Paläste hatten zugleich wirtschaftliche, religiöse und politische Bedeutung.

■ Knossos war der großartigste unter den minoischen Palästen des 2. Jahrtausends v. Chr.

Um 1700 v. Chr. kam es zu einer Katastrophe, deren Ursachen trotz intensiver Forschung unbekannt sind – die Paläste wurden durch Feuersbrünste zerstört. Die Minoer begannen jedoch sogleich, auf den alten Mauern neue Paläste zu errichten. Doch die Machtverteilung hatte sich geändert, und der Großteil Kretas geriet nun in die Abhängigkeit eines Herrschers und seines Palasts, nämlich dem von Knossos.

Die Anhöhe am Rande des Kairatos-Tales fünf Kilometer südöstlich der heutigen Inselhauptstadt erscheint unspektakulär, doch die Gegend ist

VON MINOS ZU MINOTAURUS

Zeus nahm die Gestalt eines Stieres an, um die Königstochter Europa von der Levante nach Kreta zu entführen. Dort gebar sie drei Söhne, darunter Minos, den ersten legendären König von Kreta. Um seine Herrschaft göttlich absegnen zu lassen, bat er Poseidon, ihm einen Stier aus dem Meer zu übergeben. Der Gott tat dies gegen das Versprechen, den Stier zu opfern. Doch Minos opferte stattdessen einen anderen Stier. Der wütende Gott ließ daraufhin Minos' Frau Pasiphae in heftiges Verlangen nach dem Stier verfallen. Aus dieser Vereinigung ging Minotaurus, halb Mensch, halb Stier, hervor. Die Minoer versteckten das Monstrum im Labyrinth von Knossos und übergaben ihm jährlich je sieben Mädchen und Jungen aus Athen als Beute. Der junge Königssohn Theseus mischte sich unter die Opfer und erschlug den Minotaurus. Mithilfe eines Wollfadens, den ihm Minos' Tochter Ariadne gab, fand er wieder aus dem Labyrinth.

■ Rekonstruktion des Palastes von Knossos

höchst fruchtbar und garantierte einer größeren Bevölkerung den Unterhalt. Der Palast von Knossos hatte ehemals kein streng abgegrenztes Areal, sondern lag inmitten einer Stadt. In der Übergangszone standen große Häuser bedeutender Minoer, die wie verkleinerte Kopien des Palastes aussahen. Die heutigen Besucher betreten die Grabungsstätte über den Westhof und kommen dabei an runden, gemauerten Gruben, in denen die Überbleibsel der Opferungen geworfen wurden, und kleinen Altären vorbei. Ein Prozessionsweg leitete die frühzeitlichen Besucher zunächst entlang der Außenmauer Richtung Süden zur Eingangshalle um, denn es bestand vom Westhof kein direkter Zugang in den Palast. Die um 1700 v. Chr. errichtete Anlage – heute Neuer Palast genannt – mit ihren über 1000 Räumen auf rund 20 000 Quadratmetern wies keine zentralen Achsen oder Fluchten auf, sondern breitete sich mäandernd wie ein lebendiger Organismus aus. Es ist verständlich, dass Festlandgriechen nach einem Besuch der Stadt vom »Labyrinth in Knossos« erzählten; die überall verwendeten Stierkopfmotive in Fresken und als Statuen haben dabei sicherlich den Anstoß zur Minotaurus-Legende geliefert.

Bei allen Ausgrabungen und Untersuchungen war dasjenige Land, das die alten Traditionen einmütig als Wiege der griechischen Kultur bezeichneten, unberücksichtigt geblieben … Gerade die zentral, auf halbem Wege zwischen drei Kontinenten gelegene Insel Kreta, die vom großen libyschen Vorgebirge flankiert und durch die Trittsteine kleiner Inseln mit dem Peloponnes und dem anatolischen Festland verbunden wurde, war von Natur aus dazu ausersehen, die führende Rolle in der Entwicklung der frühen ägäischen Kultur zu spielen. Arthur Evans

Der Prozessionsweg führt durch eine Eingangshalle, von deren gewaltigen Säulen noch die steinernen Basen stehen, durch einen Korridor zu den Südpropyläen, eine gewaltige Toranlage mit vier Säulen und drei verschließbaren Toren. Ein Eckbereich wurde von Evans rekonstruiert, ebenso wie die dahinter gelegene große Freitreppe, die zum Obergeschoss des Westflügels mit Schatzkammern und Kultsälen führt. Doch hat es diese Freitreppe im Originalzustand

Kreta war die erste Brücke zwischen Europa, Asien und Afrika; Kreta wurde zuerst in dem damals noch dunklen Europa erleuchtet. Und hier erfüllte die Seele Griechenlands ihre schicksalsbestimmte Aufgabe: Sie brachte Gott auf die Stufe des Menschen. Die gewaltigen ägyptischen oder assyrischen Standbilder wurden auf Kreta klein, graziös, der Körper geriet in Bewegung, der Mund lächelte, Gesicht und Gestalt Gottes nahmen Gesicht und Gestalt des Menschen an. Eine neue Menschheit lebte und spielte auf kretischem Boden, eine einzigartige, von den späteren Griechen völlig verschiedene, voller Beweglichkeit, Grazie und orientalischer Pracht. Nikos Kazantzakis

wirklich gegeben? Die Kritik an Evans' Rekonstruktionen wird zunehmend lauter, denn sie sind wenig gesichert und erinnern sehr an den zu seiner Zeit gängigen Jugendstil. Außerdem ist nicht genau erkennbar, wo die Originalteile enden und die Rekonstruktionen beginnen, die zum großen Teil in Beton ausgeführt wurden. Die Minoer jedoch hatten für Säulen und tragende Strukturen der Obergeschosse keine Steine, sondern ausschließlich Holz verwendet.

Sicheres Terrain betreten wir wieder mit dem großen Zentralhof, der mit seinen 25 mal 50 Metern den unbestreitbaren Mittelpunkt des Palastes bildete. Im Westflügel waren vor allem Magazine untergebracht. Einige Exemplare der ursprünglich über 400 bis zu eineinhalb Metern hohen Vorratsgefäße für Wein und Öl stehen neben unterirdischen Kammern, die zum Teil auch flüssige Vorräte aufnehmen konnten. An die Wände geritzte Doppeläxte zeigen die rituelle Bedeutung der Magazine. Daher verwundert es nicht, dass in unmittelbarer Nachbarschaft zahlreiche Heiligtümer lagen. In den dezentralen Sakralräumen wurden Naturphänomene wie Berge, Stiere, Schlangen und Vögel sowie die Große Mutter als Erd- und Fruchtbarkeitsgöttin verehrt. Der Ostflügel weist wiederum sowohl gesicherte als auch fragliche Bauelemente auf. Knetmulden für Ton sowie Rohmaterial aus Stein verraten noch die Werkstätten, das angrenzende »Megaron des Königs« und der »Raum der Doppeläxte« beruhen zwar auf ziemlich vagen Interpretationen, repäsentative Räume mit Säulenvorbau waren es jedoch ohne Zweifel. Der Weg hinaus führt schließlich durch den

■ In den ursprünglich 400 Pithoi der Magazine des Westflügels lagerten Vorräte an Wein, Öl und Getreide; die teilweise mit Stuck und Blei ausgekleideten Kammern der Magazine unter den Mittelgängen boten weiteren Raum für Vorräte, wurden aber auch als unterirdische »Schatztruhen« verwendet.

Nordflügel eine Rampe hinab, an einer langgestreckten Pfeilerhalle vorbei, knickt zum Tor links ab und mündet im gut erhaltenen Theaterbezirk mit rechtwinklig aufeinander zulaufenden Stufenreihen.

■ Nordeingang des Palastes von Knossos

Die Kritik an Evans' Rekonstruktionen hat ihre wissenschaftliche Berechtigung, doch das Auge freut sich trotz allem. Denn der bleibende Eindruck ist der einer überwältigenden Lebendigkeit der Architektur; die Räumlichkeiten gehen scheinbar naturwüchsig ineinander über, die Wände sind bunt bemalt und mit Darstellungen von Blumen, Schilden, Delphinen, Vögeln und Stieren verziert. Und überall finden sich Säulen, schmale und gedrungene, dunkelrot, schwarz oder über und über bunt bemalt. Das gesamte Kunsthandwerk der Minoer zeichnet sich durch Farbe, Leichtigkeit in der Form und im Dargestellten aus. All dies und der Umstand, dass Knossos nicht von einer Wehranlage umgeben war, hat die Vorstellung genährt, dass auf Kreta im Gegensatz zur dramatischen Düsternis der nachfolgenden mykenischen Zeit eine »fröhliche Kultur« herrschte.

In Knossos gehen wie bei kaum einer anderen Ruine spektakuläre Originalfunde in spekulative Rekonstruktionen über. Doch der Besucher bekommt einen Eindruck von der Palastwelt der ihm sonst so fremden minoischen Kultur, die nach zwei in kurzer Zeit aufeinanderfolgenden Feuerkatastrophen, um 1450 und um 1380 v. Chr., endgültig unterging. In der Folge übernahmen die Mykener die Herrschaft, Kreta wurde griechisch. Die fröhliche Kultur wurde durch griechische Dramatik ersetzt, wie Herodot befriedigt feststellen konnte: »Als drei Menschenalter nach dem Tode des Minos der Troische Krieg ausbrach, bewiesen sich die Kreter nicht als die schlechtesten Bundesgenossen und Rächer des Menelaos.«

Kreta ist ein Land im dunkelwogenden Meere, / Fruchtbar und anmutsvoll und rings umflossen. Es wohnen / Dort unzählige Menschen, und ihrer Städte sind neunzig: / Völker von mancherlei Stamm und mancherlei Sprachen. Es wohnen / Dort Achaier, Kydonen und eingeborene Kreter, / Dorier, welche sich dreifach verteilt, und edle Pelasger. / Ihrer Könige Stadt ist Knossos, wo Minos geherrscht hat, / Der neunjährig mit Zeus, dem großen Gotte, geredet.

Odyssee, XIX. Gesang 172–179

KNOSSOS

FORSCHUNGSGESCHICHTE

1878 fielen dem kretischen Kaufmann Minos Kalokerinos an dem Kephala-Hügel fünf Kilometer südöstlich von Iraklion Strukturen auf, die auf eine Ruinenstätte hindeuteten. Er ließ einen Graben anlegen und fand unter anderem Steine mit eingeritzten Doppeläxten. Doch er stellte die Arbeit wieder ein, da Kreta noch unter osmanischer Verwaltung stand. 1886 kam Heinrich Schliemann nach Kreta, besichtigte den Hügel und wollte sofort den Palast des Minos ausgraben. Doch war ihm der Preis des Grundstückes, das er hätte erwerben müssen, zu hoch. Außerdem fand er heraus, dass statt der zugesicherten 2500 Olivenbäume nur 889 auf dem Gelände standen. Erbost reiste er ab. So ist die Entdeckung von Knossos und die Erforschung der minoischen Kultur aufs engste mit dem Lebensweg des vermögenden englischen Gelehrten Arthur Evans verbunden. Evans hatte 1884 einen Siegelstein mit Linear-B-Zeichen zugeschickt bekommen, und als er 1894 ähnliche Zeichen in den freigelegten Funden des Kephala-Hügels erblickte, war sein Interesse geweckt. Schon kurz nach 1900 begann er mit den Grabungen; nur wenig unter der Oberfläche kam der Palast zum Vorschein. Unter verkohlten Holzsäulen und Balken legten die bis zu 120 Arbeiter Wände mit zum Teil gut erhaltenen Fresken frei. Der Neue Palast verfügte schon über komplexe Be- und Entwässerungssysteme. Mit seinen Rekonstruktionen schoss Evans jedoch über das Ziel hinaus. So gibt es keine gesicherten baulichen Hinweise für eine Freitreppe. Evans nahm nur an, dass sich hinter der großen Toranlage eine befunden haben müsse, passen will sie jedoch nicht zur bisher bekannten minoischen Architektur. Handelt es sich bei dem großen Raum im Westflügel tatsächlich um den »Thronsaal«? Indizien wie Naturdarstellungen sowie die Lage zwischen Heiligtümern sprechen eher für einen weiteren sakralen Raum. Und beim »Megaron der Königin« waren niedrige Sitzbänke der einzige Hinweis, der Evans zu dieser Interpretation veranlasste. Doch die Rekonstruktionen mit Beton haben auch einen Vorteil. Verglichen mit anderen Ausgrabungsstätten tragen sie wesentlich zur dauerhaften Konservierung der Gebäudekomplexe bei. Außerdem verfasste Evans ein vierbändiges Monumentalwerk *The Palace of Minos at Knossos*, das sämtliche Bereiche der minoischen Kultur abhandelt. Darüber hinaus regten Evans' Arbeiten weitere Grabungen an vielen Orten Kretas an. Funde und Forschungen bestätigen: Die Hochkultur der Neuen Palastzeit fand durch zwei aufeinander folgende Katastrophen um 1450 und um 1380 v. Chr. ein Ende. Die meisten Orte auf Kreta wurden durch Feuer zerstört. Lange Zeit glaubte die Forschung, dieses stünde in Zusammenhang mit dem Vulkanausbruch auf Thera/Santorin. Doch mittlerweile wurde mit exakten Methoden – unter anderem einer Bohrkernanalyse des Grönlandeises – der Vulkanausbrauch auf den Zeitpunkt 1644 v. Chr. datiert. Grabungen in minoischen Siedlungen zeigen, dass über der bis zu 10 Zentimeter dicken Schicht Vulkanasche weiter gesiedelt wurde. Neueste Forschungen machen ein Erdbeben für die Feuerkatastrophen verantwortlich. Nach den Zerstörungen übernahmen Mykener die Herrschaft auf Kreta. Das beweisen die Einführung der Linear-B-Schrift und Gräber mit üppiger Waffenausstattung – beides mykenische Merkmale.

EMPFEHLUNGEN

Lesenswert:

Hans-Günther Buchholz (Hg.): *Ägäische Bronzezeit*, Darmstadt 1987

Nikos Kazantzakis: *Im Zauber der griechischen Landschaft*, München 2001

Lambert Schneider: *Kreta. 5000 Jahre Kunst und Kultur: Minoische Paläste, byzantinische Kapellen und venezianische Stadtanlagen*, Köln 2002

Anklickenswert:

Knossos-Seiten des griechischen Kulturministeriums: www.culture.gr/2/21/211/21123a/e211wa03.html

AUF DEN PUNKT GEBRACHT

Die Mischung aus Original und Spekulation gewährt einen spannenden Blick in die sonst fremde Welt der Minoer.

Mykene

Herrschersitz des Agamemnon? (um 1600–1100 v. Chr.)

MYKENISCHE BURGEN
Meterdicke Mauern aus groben Steinen kennzeichnen die mykenischen Burgen, die nicht nur auf der Peloponnes, wie in Tiryns, Pylos, Theben und Mykene, sondern auch in Delphi oder auf der Akropolis von Athen zu finden waren.

Wer sieht beim Stichwort Mykene nicht sofort die ovale Totenmaske aus Goldblech vor sich, die Heinrich Schliemann 1876 fand und als »Maske des Agamemnon« weltberühmt machte? Und das, obwohl es gar nicht die Maske des Agamemnon – wenn der denn überhaupt mehr als eine literarische Gestalt war – gewesen sein kann, da die Maske rund 300 Jahre älter ist als die Geschehnisse, auf die sich die *Ilias* und die *Odyssee* beziehen. Mythen sind eben stärker als Fakten – ganz besonders an einem Ort wie diesem.

Im Laufe des 16. Jahrhunderts v. Chr. entstanden überall auf der Peloponnes autonome Lehnswesen, die Zitadellen errichteten und Bündnisse bildeten. Die Herrscher der größten Zitadelle – Mykene – konnten im 15. Jahrhundert ihre Macht über die ganze Halbinsel ausdehnen und sowohl Kultur als auch Lebensstil vereinheitlichen. Mykene war über fünf Jahrhunderte ein Herrschersitz und verlieh einer ganzen Epoche seinen Namen. Am Scheitelpunkt eines beinahe dreieckigen fruchtbaren Tales, das sich zum Argolischen Meerbusen hin öffnet, thront auf einem Bergvor-

■ Das wohl bemerkenswerteste Bauwerk der Burg von Mykene trägt den nüchternen Namen Schachtgräberrund A.

sprung die Felsenburg. Die ersten noch unbedeutenden Funde auf dem Burgberg stammen aus dem 3. und frühen 2. Jahrtausend v. Chr, danach wurde die Burganlage insgesamt viermal neu aufgebaut oder wesentlich erweitert: 1600 v. Chr. entstand die Burganlage Mykene I, von der noch die prunkvollen Gräber zeugen. Um 1450 entstand Mykene II mit der großartigen Palastanlage, im 13. Jahrhundert wurde die Burg mit der heute sichtbaren Maueranlage und dem Löwentor wesentlich erweitert, Mykene III, und im 12. Jahrhundert wurde die Burganlage noch einmal nach Osten hin vergrößert, Mykene IV.

Die rund 30 000 Quadratmeter umfassende Burganlage ist von einer an abschüssigen Stellen bis zu 17 Metern hohen Mauer aus Kalksteinblöcken umgeben. Der bis zu acht Meter dicke Festungsring wurde von den Einheimischen der nachmykenischen Zeiten Kyklopenmauer genannt; die Menschen dachten, nur diese sagenhaften Riesen hätten derartig große Steinblöcke so perfekt aneinanderfügen können.

■ Eine der fünf Totenmasken aus dem Gräberrund A. Heinrich Schliemann nannte sie die Maske des Agamemnon.

Erbarmungslos brennt die Sonne über der Felsenburg, die Geschichte scheint hier zum Stillstand gekommen zu sein. Seit ihrer Zerstörung um 1100 v. Chr. ist die unwirtliche Anhöhe nicht mehr bebaut worden. Wer in dieser Sonne die in Jahrhunderten abgetretene, glatte Steinrampe und die sich anschließenden Treppen emporsteigt, denkt vielleicht voller Bewunderung an Agamemnon und Heinrich Schliemann, doch ist dies kein Ort romantischer Besinnung, sondern eine Stätte vielfältigen Blutvergießens.

Heute wie einst erfolgt der Zugang zur Burganlage durch das berühmte Löwentor am Ende eines von hohen Mauern flankierten Korridors. Zwei riesige Steinquader an den Seiten stützen einen über 20 Tonnen schweren Querbalken. Das Wahrzeichen der Burg, der Kalksteinblock, in den zwei Löwen eingemeißelt sind, die sich zur Rechten und Linken einer Säule aufrichten, ist ei-

DAS GESCHLECHT DER ATRIDEN

In der Sage durchziehen Inzest und Verwandtenmord die Geschichte der Herrscher von Mykene, den so genannten Atriden. Aigisthos tötet seinen Stiefvater Atreus und macht sich zum König von Mykene. Doch Agamemnon, Sohn des Atreus und Enkel von Pelops, verjagt Aigisthos vom Thron. Agamemnons jüngerer Bruder Menelaos ist König von Sparta und mit der schönen Helena verheiratet. Als diese vom troianischen Prinzen Paris entführt wird, vereint Agamemnon die Heere der Achäer hinter sich. Für den Sieg opfert er seine Tochter Iphigenie der Göttin Artemis, segelt mit der Kriegsflotte nach Troia, belagert die Stadt zehn Jahre lang und gehört am Ende zu den Siegern. Während dessen nimmt Agamemnons Frau, Klytämnestra, den verjagten Aigisthos zum Geliebten. Dieser tötet Agamemnon bei seiner Rückkehr. Doch Agamemnon wird gerächt, indem seine Tochter Elektra ihren Bruder Orest dazu anstiftet, die Mutter zu ermorden.

■ Die Burg von Mykene auf dem 278 Meter hohen Berg. Ihren Mauerring von über 900 Meter Länge erhielt die Burg zu Beginn des 13. Jahrhunderts. Der Zwinger im Vordergrund führt zum Löwentor. Rechts davon liegt das Schachtgräberrund A.

gentlich ein so genanntes Entlastungsdreieck, das den Druck auf den Querbalken minimiert. Hinter dem Tor liegt auf der rechten Seite das bemerkenswerteste Bauwerk der mykenischen Burg, das den höchst nüchternen Namen »Schachtgräberrund A« erhielt. Es handelt sich um einen 27,5 Meter großen Kreis – umrandet von zwei Ringen aus geglätteten Sandsteinen –, in dem Grabstelen errichtet wurden. Hier fand Schliemann unter sieben Metern Schutt die Gräber mit dem sagenhaften Schatz: mit Goldplättchen verzierte Totengewänder, Schmuck aus Gold und Bernstein, Waffen aus Bronze und natürlich die goldene Totenmaske. Doch nur das oberirdische Kultzentrum stammt aus dem 13. Jahrhundert v. Chr. – die Gräber stammen von früheren Herrschern aus dem 16. Jahrhundert, die hier weiter verehrt wurden.

An diesem Kultplatz vorbei führt eine breite Steintreppe den Hügel bergan, westlich davon erstreckt sich ein Ruinenareal ehe-

»Gegen die Angriffswaffen seiner Zeit hätten weit weniger dicke Mauern ausgereicht. Der König wollte mit der Burg seine Macht demonstrieren, nicht nur gegenüber seinen Feinden, sondern auch gegenüber seinen Untertanen, die er zwang, für ihn ein solches Werk zu errichten.«

Karl Rosen

Unter den Trümmern von Mykene befinden sich das Grab des Atreus und die Gräber von Agamemnons Gefährten, die bei ihrer Rückkehr von Ilios durch Aigisthos beim Gastmahl getötet wurden. Es ist dort das Grab Agamemnons und das seines Wagenlenkers Eurymedon … Klytämnestra und Aigisthos aber wurden etwas entfernt von der Mauer begraben, denn sie wurden für unwürdig gehalten, innerhalb derselben begraben zu werden, wo Agamemnon ruht und diejenigen, die mit ihm zusammen getötet wurden.

Pausanias

maliger Wohnhäuser. Viele Rekonstruktionen gehen von der Annahme aus, dass nur ein Teil des ummauerten Burgberges bebaut gewesen sei. Doch wäre es höchst unökonomisch gewesen, ungenutzte Flächen zu ummauern und zu verteidigen, außerdem wird bei dieser Darstellungsweise die Funktion der Burg verkannt: Die Burg war nicht nur Zentrum aller politischen, kulturellen und wirtschaftlichen Aktivitäten, sie diente zugleich als Waffenlager, Archivgebäude, Kultzentrum und Schatzhaus.

Bis um 1600 v. Chr. entwickelte sich eine gemeinsame Sprache und Kultur des mykenischen Herrschaftsraumes, die vieles aus der im Ägäisraum vorherrschenden minoischen Kultur übernahm, so die Bronzeherstellung, die Linearschrift und den farbigen Verzierungsstil. Der Reichtum Mykenes gründete sich vor allem auf Handel und Piraterie; das viele Gold stammt vermutlich aus den rumänischen Karpaten, die Kontakte reichten sogar, wie der Bernsteinschmuck beweist, bis zur Ostsee.

Weiter geht es die Treppen bergan, nun in nördlicher Richtung. Auf dem höchsten Hügel – 35 Meter über dem Löwentor – lag ungefähr in der Mitte des Burgberges der einstige Palast. Leider zeugen nur noch klägliche Fundamentreste von seiner einstigen Pracht. Doch da die Ausgräber noch im 19. Jahrhundert farbig bemalte Säulen- und Stuckteile fanden, können wir zumindest versuchen, uns ein Bild dieses Herrschergebäudes zu machen, dessen Stil stark von der minoischen Kultur beeinflusst war. Im Megaron, der großen Halle des Palastes, die von vier zentralen, im Zick-zack-Stil bunt bemalten Säulen sowie der in der Mitte qualmenden runden Feuerstelle und dem Herrscherthron dominiert wurde, hielt der König Hof; die mykenischen Herrscher waren Priesterkönige, in deren Händen sich weltliche und religiöse Macht vereinten. Die Seitenwände des Megaron waren mit Fresken bemalt, die Streitwagen, schöne Paläste, aber auch Tiere und Fabelwesen zeigten, den Boden zierten Mosaikfliesen, die Decken gemalte Ornamentik. In der Nordostecke des Palastes gab es einige Räume, die als Schreine dienten und zylindrische Altäre aufwiesen. Hier opferte der König der Erdgöttin Potnia, der Vorläuferin der griechischen Erdgöttin Gaia.

Wie wichtig den Mykenern die Ahnenverehrung

»Die Geschichte des alten Hellas ist ein einziger großer Verwandtenmord, und nicht umsonst ist seine Sagenwelt angefüllt mit Familiengräueln. Die Überlieferung hat nur die Erinnerung an die großen Kämpfe aufbewahrt; aber ganz offenbar war der Krieg aller gegen alle, von Dorf zu Dorf, von Tal zu Tal, von Landschaft zu Landschaft in Griechenland der Normalzustand.«
Egon Friedell

■ Das berühmte Löwentor bildet noch heute das Eingangstor zur Burg. Der obere Teil des Tores wurde bereits 1840 von griechischen Archäologen freigelegt; Heinrich Schliemann begann seine Ausgrabungen erst 1874.

■ Der Eingang zum so genannten Schatzhaus des Atreus

»Mit unendlich großer Freude kündige ich Ihnen, Eure Majestät, an, dass ich die Gräber gefunden habe, die der Überlieferung gemäß dem Agamemnon, der Kassandra, dem Eurymedon und deren Gefährten zugeordnet werden. In den Grabgruben habe ich riesige Schätze gefunden, alles sehr alte Gegenstände aus purem Gold.« Schliemann an den griechischen König Georg I.

war, belegen weitere Grabfunde. Ein zweites Gräberrund liegt südlich des Burgbergs, und in der näheren Umgebung wurden neun Kuppelgräber gefunden. Am eindrucksvollsten ist das nahe der heutigen Zufahrtsstraße gelegene Schatzhaus des Atreus. Ein 35 Meter langer, gemauerter Zugang führt zu dem majestätischen Tor des Kuppelgrabes, das mit einem rund 100 Tonnen schweren Querblock und dem darüber frei gelassenen Dreieck an das Löwentor erinnert. Vor allem jedoch das 13,2 Meter hohe und 14,5 Meter breite Gewölbe – die Wölbung wurde aus sich nach oben verjüngenden Ringen überstehender Steine geschaffen – bildet eine Glanzleistung bronzezeitlicher Architektur.

Zurück zur Burg: Vom Palast führt der Weg östlich in den tiefer gelegenen östlichen Burgbereich, der vor allem Werkstätten beherbergte. Hier endete die Burgfestung Mykene I bis III. Erst in der letzten Bauphase im 12. Jahrhundert v. Chr. wurde der äußerste östliche Bergvorsprung in die Burganlage integriert. Hier finden sich Magazine und am Nordtor eine überwölbte Treppe, die zu einer unterirdischen Wasserstelle führt. Doch auch die autonome Wasserversorgung konnte nicht verhindern, dass die Festung um 1100 v. Chr. endgültig aufgegeben wurde.

Warum Mykene letztlich unterging, ist bis heute nicht geklärt. Am wahrscheinlichsten erscheint, dass Naturkatastrophen, Erdbeben und anschließende Feuersbrünste den Untergang auslösten. Zudem verschlechterten sich die Handelsbeziehungen im östlichen Mittelmeerraum im 13. Jahrhundert, bedingt durch Angriffe von Seevölkern und den Krieg um Troia. Von diesen Rückschlägen konnten sich auch die mykenischen Herrscher nicht mehr erholen.

Man muss hier herauf, auf Agamemnons Burg steigen, das Herz voller Leidenschaft – Hass, Liebe, Krieg, Schrecken –, um die Argivische Ebene und die Berge und das Meer etwa so zu sehen, wie es die Atriden sahen. So müsste man auch die Tragödien von Aischylos sehen und aufführen. Mit dem Auge eines wilden Tieres; alles andere, klassisches Gleichgewicht und rhythmische Chorschritte sind Philologie und monologische Opfer an die abwesende Aphrodite.

Der Nationaldichter Nikos Kazantzakis über den Geist der Atriden-Zeit

MYKENE

FORSCHUNGSGESCHICHTE

Im Gegensatz zu vielen anderen antiken Stätten verschwand die Burg von Mykene nie unter der Erde, sondern blieben trotz ihrer Aufgabe oder Auflassung vor über 3000 Jahren weiterhin in der Landschaft sichtbar. In der Antike verbanden die Menschen mit dem Ort noch die Homerischen Helden, wie Pausanias, der »Baedecker« seiner Zeit, berichtet. Er war der erste Forschungsreisende in Griechenland, von dem wir wissen. In seinem antiken Reisebericht *Periegesis* aus dem 2. Jh. n. Chr. lädt er die Leser zu einer Rundreise zu den interessantesten Kulturstätten Griechenlands ein. Die Menschen der nachantiken Zeit brachten die mykenische Burg nicht mehr in Beziehung zu den Erzählungen der *Ilias* und *Odyssee*. Sie wurden zum Bereich der Sagen gezählt, die mykenischen Bauwerke wie Mykene und Tiryns dagegen konnten wegen ihrer gewaltigen Steine nur das Werk einstiger Giganten sein. Erst mit der Hellenismusrenaissance im 19. Jahrhundert wurde auch die Suche nach Agamemnons Burg wieder aufgenommen. 1838 besuchten die deutschen Gelehrten Ernst Curtius und Karl Otfried Müller Mykene. Sie entdeckten rote und grüne Säulenschäfte und Tafeln, die mit Spiralen, Fächern und Muscheln verziert waren. 1840 legten griechische Archäologen den oberen Teil des Löwentors frei. 1874 und 1876 führte Heinrich Schliemann auf dem Burgberg Grabungen durch. Immer wieder überschritt er die strengen Auflagen. So grub er nicht nur wie vereinbart auf dem Burgberg, sondern legte auch Gräber unterhalb der Akropolis frei. Schliemann war ein Schatzjäger und ein sehr erfolgreicher dazu. 1876 stieß er auf das Gräberrund A mit seinen reichen Grabbeigaben. Doch Schliemann zeigt, wie man sich durch das starre Festhalten an einer Idee kolossal irren und gleichzeitig etwas Großartiges bewirken kann. Schliemann wollte mit Pausanias' Beschreibung in der Hand die Gräber der Helden des 13. Jh. v. Chr. finden, entdeckte jedoch 300 Jahre ältere Gräber, denn die ganze Grabanlage war in zwei Bauphasen errichtet worden. Im 16. Jh. v. Chr. waren die ursprünglichen Gräber noch außerhalb der Burgmauer auf dem damaligen Hügelniveau in den Fels geschlagen und mit Grabstelen versehen worden. Was wir heute sehen, ist das oberirdische Kultzentrum aus dem 13. Jh. v. Chr. Um die Burg zu vergrößern, wurde das abschüssige Gelände im Süden aufgeschüttet, auch die Stelle mit den Gräbern. Auf dem neuen Niveau wurde der Kultplatz mit weiteren Grabstelen errichtet. Nach dem Fund verlor Schliemann das Interesse an Mykene, publizierte jedoch über seine Ausgrabungen schnell und vorbildlich. 1877/78 setzte der Grieche Stamatakis die Arbeiten von Schliemann fort. 1886 bis 1902 führte die Griechische Archäologische Gesellschaft unter der Leitung des Archäologen Tsountas weitere Untersuchungen durch. 1920 bis 1939 leitete die British School of Athens weitere Ausgrabungen auf dem Burgberg, die 1950/51 wieder aufgenommen wurden. Dabei legten sie den äußeren Plattenring frei, eine runde Gräberanlage, die dem Gräberrund A innerhalb der Burg entspricht. Fast alle Funde aus Mykene befinden sich heute im Nationalmuseum in Athen.

AUF DEN PUNKT GEBRACHT

Helle Bewunderung und dunkles Unbehagen – die Kyklopenmauern von Mykene beeindrucken den Besucher auch nach mehr als 3000 Jahren auf fast archaische Weise.

EMPFEHLUNGEN

Lesenswert:

Heinrich Schliemann: *Mykenae*, Leipzig 1878

John Chadwick: *The Mycenaen World*, 1976

Nikos Kazantzakis: *Im Zauber der griechischen Landschaft*, München 2001

Aischylos: *Orestie*

Goethe: *Iphigenie auf Tauris*

Sehenswert:

Appunti per una Orestiade Africanaj; Regie: Pier Paolo Pasolini, I 1970.

Hörenswert:

Liza Lim: *The Orestaia*. 1999. Audio-CD.

Besuchenswert:

Das Nationalmuseum in Athen

Anklickenswert:

Rundgang durch Mykene: www.gottwein.de/Hell2000/pal_mykene1.htm

Delos

Insel der Götter, Insel der Sklaven (1400 v. Chr. bis 400 n. Chr.)

Über die alle fünf Jahre durchgeführten Ionischen Festspiele auf Delos heißt es im Apollon-Hymnus (8. Jh. v. Chr.): »Wer da käme und sähe, wie die Ioner versammelt, wähnte, er sehe Unsterbliche dort in ewiger Jugend.«

Warum ausgerechnet das kleine Delos in der Antike zu einem religiösen und wirtschaftlichen Mittelpunkt der an Inseln nicht gerade armen Ägäiswelt wurde, hat geographische und mythische Gründe. In der Mitte des Ägäischen Meeres, auf halbem Weg zwischen dem griechischen Festland und der Küste Kleinasiens, liegt eine Inselgruppe, die einen Kreis zu bilden scheint: die Kykladen (von griechisch kyklos, Kreis). Und in der Mitte dieses Kreises liegt das nur sechs Kilometer lange und einen Kilometer breite Delos mit seinem gut geschützten Hafen. Da die mythische Bedeutung eines Ortes oft mit einer hervorragenden strategischen Lage einhergeht, galt Delos schon in der archaischen Zeit als Geburtsort gleich zweier der bedeutendsten griechischen Götter: Artemis und Apollon. Schon bevor der Apollon-Mythos die Insel um 800 v. Chr. erreichte, verehrten die Inselbewohner der mykenischen Epoche (14. bis 12. Jahrhundert v. Chr.) hier in einem Heiligtum eine Vegetationsgöttin, die später mit Artemis verschmolz. Fundamente eines rechteckigen Tempels und Grabtumuli aus dieser Zeit sind noch inmitten der überwiegend aus klassischen und hellenistisch-römischen Ruinen bestehenden antiken Stätte erhalten.

Nahe am Zentrum des Ruinenfeldes befand sich der Heilige See, an dessen Ufer Apollon und Artemis das Licht der Welt erblickt haben sollen. Auf den See herab blickten die zum Sprung bereiten brüllenden Löwen aus Naxosmarmor.

■ Rekonstruktion der Frontansicht des Apollon-Tempels der Athene

Seit Jahrhunderten unbewohnt, stellt Delos nach mehr als hundert Jahren archäologischer Forschungen und Restaurierungen heute ein einzigartiges Freilichtmuseum dar; eine ganze Insel scheint in ihrem antiken Zustand erhalten geblieben zu sein, überall leuchtet antiker Marmor im grellen Ägäislicht. Gleich am Hafen stehen noch etliche Sockel, auf denen in hellenistischer Zeit gestiftete Kunstwerke ruhten – hier befand sich die Agora der Compitaliasten, reicher italischer Kaufleute. Der Weg zum nahe gelegenen Apollon-Heiligtum wird von den Fundamenten zweier langgestreckter Gebäude flankiert – rechts die Stoa der At-

■ Gesamtansicht des Grabungsgeländes. Heute ist Delos eine reine Museumsinsel, auf der nur die Wächter übernachten.

taliden von Pergamon, Mitte des 3. Jahrhunderts v. Chr., und links die Stoa Philipps V. von Makedonien, 200 v. Chr. Im Heiligtumsbezirk selbst wurden für Apollon gleich vier Tempel nebeneinander errichtet. Der erste dieser Apollon-Tempel war der langgestreckte Oikos (das Haus) der Naxier aus dem frühen 6. Jahrhundert v. Chr.; aus der zweiten Hälfte des 6. Jahrhunderts stammt Apollon-Tempel Nummer zwei, eine einfache Cella mit Säulenvorhalle. Der dritte wurde 478 v. Chr. erbaut – der einzige Ringtempel auf Delos – und 470 v. Chr. zum Schatzhaus des Attisch-Delischen Seebundes umfunktioniert. Allerdings stellten die Handwerker ihn gar nicht fertig, was sich noch heute an den nicht beseitigten Positionierungsdreiecken der Wandblöcke ablesen lässt. Der Grund: Die Athener hatten 454 v. Chr. die Bundeskasse auf ihre Akropolis verlegt. 420 v. Chr. begannen die Athener mit dem Bau des vierten Apollon-Heiligtums, eines dorischen Tempels mit Säulenreihen auf der Vorder- und Rückseite (Amphiprostylos) und einer halbkreisförmigen Basis im Inneren für sieben Statuen. Doch vorher erwirkten sie eine Reinigung der Insel: Apollon dulde keine gebärenden und sterbenden Menschen auf der Insel. »Das ist nichts für den Lichtgott«, mutmaßt der Schriftsteller Erhart Kästner, »der strahlt und allenfalls da ist für strahlende, leuchtende Jugend, die für ihn wettkämpft und singt. Aber die Leiden dieser viel zu vielen

■ Von der Löwenterrasse aus dem 6. Jahrhundert v. Chr blickten die Löwen aus Naxosmarmor herab auf die See. Sie sind zum Symbol der archäologischen Stätte von Delos geworden.

■ Isis-Tempel mit der Statue der Göttin im Hintergrund

Geschöpfe, ihre Plage, ihr Altern?« Ausgerechnet von der Insel, die als Einzige Leto Unterschlupf gab, damit sie gebären konnte, wurden die Gebärenden verbannt.

Die delischen Tempel sind ohne Planung nebeneinander gestellt. Und nicht nur in Bezug auf den Tempelbau, auch sonst war Delos alles andere als eine Vorzeigepolis – hier wurde wild drauflos gebaut, besonders seit die Makedonen nach Alexanders Siegeszug Ende des 4. Jahrhunderts v. Chr. die Herrschaft über die Ägäis ausübten und Delos zum Wirtschaftszentrum und zentralen Heiligtum ihres Ionischen Seebundes machten. Einheimische wie Zugewanderte aus vieler Herren Länder errichteten im südlich des Heiligtums gelegenen Theaterviertel um die Wette Tempel, Schatzhäuser und imponierende Wohnhäuser. Was einst verwinkelte Gassen mit meist zweistöckigen Wohnhäusern waren, ist heute ein Labyrinth aus halbhohen Mauern und Säulenstümpfen. Mitten darin liegen der wunderbar restaurierte säulenumstandene Innenhof des Hauses der Kleopatra und die fabelhaften Mosaikböden im Haus der Delphine. Am Hang des über der Stadt thronenden Hügels Kynthos befinden sich die Ruinen von Heiligtümern syrischer und ägyptischer Gottheiten, darunter der Isis-Tempel mit seiner schön restaurierten Front. Ein herrlicher Ausblick bietet sich von hier auf den Hafen und die kleinere Nachbarinsel Rhenia, zu der die gebärenden Frauen und die Sterbenden übergesetzt wurden.

Am Hafen, im Schatten der Heiligtümer, hatte sich in der hellenistischen Epoche skrupelloser Kommerz breitgemacht. Direkt nördlich an das Heiligtum angrenzend ließen italische Kaufleute 120 v. Chr. das größte Monumentalbauwerk der Insel errichten. Die Agora der Italer hatte nur zwei schmale Ausgänge, so ließen sich die Sklaven, die dort den Besitzer wechselten, gut kontrollieren. Bis zu zehntausend von ihnen sollen an manchen Tagen angeliefert, feilgeboten und verkauft worden sein; dies berichtet jedenfalls der griechische Historiker Strabon. Die Insel, die ihrer Gründungslegende nach ein Ort der Zuflucht für eine verfolgte und unverheiratete Mutter war, wurde zum größten Umschlagplatz der Geknechteten und Unfreien in der Antike.

Heiliges und Schäbig-Profanes waren auf dieser kleinen Insel aufs Engste benachbart. Als heiligstes Zentrum der gesamten Ägäis verehrt, als Sklavenmarkt missbraucht, von Piraten im 1. Jahrhundert v. Chr. zerstört, geriet Delos ab dem 4. Jahrhundert in Vergessenheit.

DELOS, DIE OFFENBARTE

Leto, Tochter der Titanen Koios und Phoibe, wurde von Zeus verführt und geschwängert. Zeus' eifersüchtige Gattin Hera befahl daraufhin, dass Leto nicht auf festen Land niederkommen dürfe. Die schwimmende Insel Othygia war von diesem Verbot ausgenommen; dort gebar Leto die Zwillinge Artemis und Apollon. Anschließend verankerte Poseidon die Insel am Meeresboden. Sie heißt seitdem Delos, die Offenbarte.

DELOS

FORSCHUNGSGESCHICHTE

Von den Überfällen der Pontos-Krieger und Piraten im 1. Jh. n. Chr. sollte sich Delos nicht mehr erholen, die Insel geriet abseits der Schiffsrouten langsam in Vergessenheit. Als Wiederentdecker der Insel gilt der italienische Kaufmann und Antikenhändler Cyriacus von Ancona, Er kam 1445 nach Delos, fertigte Skizzen der Statuen und Tempelruinen an und kopierte Inschriften – die ersten archäologischen Dokumentationen der Neuzeit überhaupt. Im 18. und 19. Jh. wurden etliche Skulpturen auf Delos geborgen und abtransportiert, viele ins Ausland, andere in griechische Museen, während der Marmor von den Bewohnern der Nachbarinseln als Baumaterial genutzt wurde. Mitte des 18. Jh. n. ließ der englische Architekt Nicolas Revett in der Nähe von Salisbury einen Portikus von Delos nachbauen. Ab 1872 gruben und restaurierten französische Archäologen systematisch auf Delos. 1873 begannen sie mit der Freilegung des Apollon-Heiligtums. Doch die Arbeiten zogen sich hin. Ab 1904 finanzierte der Herzog von Loubat die Grabungen, woraufhin die Arbeiten intensiviert werden konnten. Es gelang den Archäologen, das Heiligtum sowie viele Häuser der Stadt des 2. und 1. Jh. v. Chr. wieder aufzubauen, sodass beim heutigen Besuch ein lebendiger Eindruck der damaligen Polis entsteht. Doch gleichzeitig wurde den Franzosen vorgeworfen, Delos systematisch geplündert zu haben, da sie einen großen Teil der kostbaren Funde nach Frankreich gebracht hatten. Trotz dieser Vorbehalte konnten französische Archäologen weitere intensive Ausgrabungen und Restaurierungen in den Jahren 1958 bis 1975 durchführen, vor allem im Zentrum der Polis und in den Wohnhäusern des Theaterviertels. Mehrere Säulen wurden wieder aufgerichtet und einige der antiken Wohnhäuser überdacht, um die Mosaikböden zu schützen, so das Haus des Dreizackes, das Haus der Masken und das Haus von Hermes. Das Theater selbst wurde zwar freigelegt, aber nicht rekonstruiert. Die Sitzreihen bilden entlang des hufeisenförmigen Hanges ein von allerlei Pflanzen durchsetztes Steinmeer. 1990 wurde Delos zum UNESCO–Weltkulturerbe ernannt. Von den ehemals neun delischen Marmorlöwen waren zu Beginn der 1990er Jahre lediglich fünf erhalten, wobei ihre Gestalt durch die salzhaltigen Winde auf Delos stark erodiert war. Schon 1992 forderten Archäologen, sie zum Schutz ins Museum nach Athen zu bringen, doch das Projekt scheiterte am Transportproblem. 1999 wurden die Löwen in das Inselmuseum umgesiedelt und können somit, wenn auch in etwas mitgenommener Verfassung, noch vor Ort besichtigt werden.

WISSENSWERTES

Götter und Geld

Seit dem 3. Jahrtausend v. Chr. besiedelt, lag in mykenischer Zeit (14.–12. Jh. v. Chr.) auf Delos ein Heiligtum. Ab 1000 v. Chr. wurden Artemis und Apollon verehrt. Nach dem ersten Perserkrieg wurde Delos 478 v. Chr. Kult- und Verwaltungszentrum des Attisch-Delischen Seebundes. 454 v. Chr. holten die Athener die Bundeskasse auf ihre Akropolis. Im späten 4. Jh. v. Chr. gaben die Makedonier Delos ihre Unabhängigkeit, Handel setzte ein. Die Römer erklärten Delos 166 v. Chr. zum zollfreien Hafen. 88 v. Chr. wurde Delos vom Pontos-Heer, 69 v. Chr. von Seeräubern verwüstet.

EMPFEHLUNGEN

Lesenswert:

Valeria Manferto De Fabianis, Fabio Borubon: *Griechenland. Archäologischer Reiseführer,* Köln 2000

Erhart Kästner: *Die Lerchenschule. Aufzeichnungen von der Insel Delos,* Frankfurt/Main 1997

Anklickenswert:

Delos-Seite des griechischen Kulturministeriums:
//holidays-in-greece.com/cyclades/del/mainge.htm

AUF DEN PUNKT GEBRACHT

Intensive Sonne und blau funkelnde Ägäis lassen den weißen Marmor von Delos strahlen und versetzten den Besucher in die Antike.

Olympia

Das Siebte Weltwunder und die heilig-unheiligen Spiele (1100 v. Chr. bis 400 n. Chr.)

»Was nützt der Menschheit ein Sieg in Olympia?«
Vitruv, römischer Architekturtheoretiker um die Zeitenwende

Im Nordwesten der Peloponnes, zwölf Kilometer von der Küste entfernt am Fuße des Kronos-Hügels in einer der fruchtbarsten Regionen Griechenlands, liegt der heilige Bezirk Altis, was soviel wie Wäldchen oder Hain bedeutet. Platanen und Olivenbäume säumten den friedlichen Ort, an den zu Glanzzeiten Athleten aus der ganzen griechischen Welt strömten, um ihre Kräfte zu messen. Vom 11. bis zum frühen 8. Jahrhundert v. Chr. war Olympia Heiligtum und Orakelstätte zugleich, jedoch noch kein Wettkampfplatz, denn weder Votivgaben noch bauliche Anlagen aus dieser Zeit weisen auf einen Sportbetrieb hin.

Olympias Seher waren berühmt, selbst in der *Ilias* wird von Ratsuchenden berichtet, die sich an die Seher Olympias wandten, so Nestor, der Fürst von Pylos. Seher begleiteten auch griechische Kolonisten, die nach Unteritalien und Sizilien auswanderten (s. S. 84), und so wurde Olympia zur Anlaufstelle der im Ausland lebenden Griechen, und diese »Heimattreffen« zogen auch Athleten an. Anfangs waren Wettkampfstätten wie Delphi bedeutender, doch die überregionale Bedeutung Olympias erwuchs aus der Verbindung von Exilantentreff und Zeus-Heiligtum. Außerdem wurde Olympia durch die alle vier Jahre abgehaltenen Spiele zum zeitlichen Taktgeber, denn die Sieger der Spiele wurden seit 776 v. Chr. aufgezeichnet, und diese Chronik vereinheitlichte die bis dahin regional unterschiedlichen Zeitrechnungen in der griechischen Welt.

Der Besucher gelangt entlang einer Säulenallee, wo einmal das spätgriechische Gymnasium stand, direkt ins Zentrum von Olympia. Hier befinden sich die zugleich sakralsten und ältesten

DORISCHE BAUORDNUNG

Die dorische Bauordnung entstand im 8. und 7. Jahrhundert v. Chr. auf der Peloponnes und bildete ein System mit strengen Regeln. Das Fundament wurde nicht durchgehend, sondern nur unter den Wänden und Säulenreihen des Gebäudes ausgeführt. Dorische Tempel haben einen dreistufigen Unterbau, dessen obere Stufe, der Stylobat, in der klassischen Zeit eine leichte Krümmung aufweist. Darauf stehen ohne Zwischenglied die Säulen, die zumeist aus Trommeln bestehen, die sich nach oben verjüngen und in schmucklosen Kapitellen enden. Das Gebälk unterteilt sich folgendermaßen: Auf einem schlichten Querbalken, Architrav genannt, ruht eine umlaufenden Manschette, Fries genannt. Auf dieser wechseln sich dreigegliederte Ornamentblöcke, Triglyphen, und mit Reliefs oder Malereien verzierte Zwischenplatten, Metopen, ab. Darüber verläuft eine leicht überstehende Abschlussborte, Geison genannt. Die Giebel des Spitzdaches sind meist mit imposanten Friesen ausgefüllt.

Bauwerke der Stätte. Kaum sichtbar ist die Stelle, an der das Grab des Pelops, des mythischen Olympiagründers, gewesen sein soll. Es bestand aus einem schlichten Erdhügel, der im 5. Jahrhundert v. Chr. von einer Mauer und einem Säulentor umfriedet wurde (s. S. 205).

Nordöstlich schließt sich das Fundament des Heraion an. Dieser Hera-Tempel aus der Zeit um 600 v. Chr. ist einer der ältesten griechischen Tempelbauten überhaupt. An ihm lässt sich der Übergang von der Holz- zur Steinbauweise nachvollziehen. Ursprünglich bestanden nur Fundament und Sockel der Cella, des Innenraums, aus Steinquadern, während die Wände aus Lehmziegeln und die Säulen sowie das Gebälk aus Holz gefertigt waren. Im Laufe der folgenden Jahrhunderte wurden die Holzsäulen Stück für Stück durch Steinsäulen ersetzt. Die Steinsäulen waren von Stadtstaaten oder einzelnen Geldgebern zu unterschiedlichen Zeiten gestiftet worden, was sich an den verschiedenen Baustilen der wieder aufgerichteten Säulen sehr gut ablesen lässt.

Nordöstlich, am Fuße des Kronos-Hügels, sind Überreste der zwölf Schatzhäuser freigelegt, die im Auftrag einzelner Städte oder auch Kolonien der griechischen Welt erbaut worden waren, um kostbare Weihegeschenke und Trophäen aufzunehmen.

Weiter südlich erhebt sich zwischen Bäumen die Ruine des Tem-

■ Rekonstruktion des heiligen Bezirks von Olympia mit dem großen Zeus-Tempel

■ Computeranimation der Seitenansicht des Hera-Tempels. Die Fraunhofer-Gesellschaft ist an dem Projekt »ArcheoGuide« beteiligt, das derzeit ein neuartiges Multimedia-System entwickelt, das Besuchern der Ruinenstätte einen virtuellen Blick in die antike Welt erlaubt.

pels des Olympischen Zeus. Er bildet nicht nur den heute noch erkennbaren Mittelpunkt der Anlage, sondern wurde auch zum Maßstab des dorischen Tempelbaus überhaupt, und er beherbergte eines der Sieben Weltwunder der Antike: die Sitzstatue des Gottvaters Zeus. Heute überragt nur noch das zweieinhalb Meter hohe und 27,66 mal 64,10 Meter große Fundament den Platz; wie Dominosteine sind die Säulentrommeln zu den Seiten hin umgestürzt. Nach nur fünfzehn Jahren Bauzeit war der Zeus-Tempel 457 v. Chr. fertiggestellt worden. Getragen wurde er von sechs Säulen in der Breite und 13 Säulen in der Länge. Sie waren aus grauem, porösem Muschelkalk, der von einer elfenbeinfarbenen Stuckschicht bedeckt war. Die sich nach oben verjüngenden Säulen waren rund 10,50 Meter hoch. Darüber erhob sich das Gebälk mit umlaufenden Querbalken, die teilweise mit Ornamentik verziert waren. Gekrönt wurde das Gebäude von einem Dach aus korinthischen Ziegeln.

Die beiden Giebel des Zeus-Tempels waren mit Friesen ausgestattet – der Ostgiebel zeigt das mythische Wagenrennen zwischen Pelops und Oinomaos. Restaurierte Teile des Giebelfrieses sind gemeinsam mit vielen anderen Funden im neuen Museum unweit der Grabungsstätte zu sehen. Exakt nach der für die griechische Klassik so typisch strengen Symmetrielehre ist der innere Bau des Tempels, die Cella, in den Säulenkranz eingefasst. Auch sie wies in ihrem Inneren zwei Säulenreihen auf, die zum Kopf des Gebäudes führten, wo die zwölf Meter hohe Sitzstatue des Zeus stand: Sie zeigte einen väterlichen und keinen zürnenden Zeus, war aus Holz, Gips und Ton konstruiert, die sichtbaren Körperteile, wie Kopf, Brust, Arme und Beine, aus Elfenbein, der Rest war mit Gold bedeckt.

Die Entzündung des olympischen Feuers durch Frauen in Gewändern ist pseudoantikes Ritual der Neuzeit. Tatsächlich waren Frauen und Fremde von Olympia ausgeschlossen.

Fertiggestellt wurde sie von dem berühmten Bildhauer Phidias. Die so genannte Werkstatt des Phidias befindet sich östlich vom Zeus-Tempel. Heute sieht man davon nur eine byzantinische Basilika, die in ein älteres Gebäude hineingebaut wurde. Ob Phidias' Werkstatt wirklich hier war – wie Pausanias versichert wurde –, ist sehr fraglich, denn Statuen dieser Größe wurden normalerweise im Freien gefertigt; eine überdachte Werkstatt hätte nicht nur wegen der Statuengröße, sondern schon allein wegen der Lichtverhältnisse Probleme bereitet.

Das eigentliche Stadion schließlich lag etwas südöstlich von dem heute freigelegten Stadion aus hellenistischer Zeit. Beide waren wenig komfortabel; so hatten sie keine steinernen Ränge, sondern nur Sitzmulden in der Böschung. Beide waren rund 200 Meter lang, denn die erste und für längere Zeit einzige Disziplin war der Wettlauf über ein Stadion, das sind exakt 192,28 Meter. Später kamen der Lauf über 2 und dann über 24 Stadien sowie der Fünfkampf, bestehend aus Lauf, Weitsprung, Ringkampf, Diskus- und Speerwurf, dazu. Gekrönt wurden die Spiele schließlich durch die Wagenrennen – ein Metier für protzende Adelige.

»Griechenland kennt viele Übel – am schlimmsten aber ist das Volk der Athleten!«
Euripides

Angesichts der kommerzialisierten Spiele unserer Zeit mag mancher mit romantischer Sehnsucht auf die antiken Spiele zurückblicken, doch sie waren bereits »heilig-unheilige« Spiele. Neben den vielen Lobpreisungen der Athleten und ihres Könnens wurden immer wieder auch kritische Stimmen laut. Und das nicht erst – wie die Forschung lange glaubte – seit dem Niedergang der athletischen Ideale im 4. Jahrhundert v. Chr. Bereits Homer schilderte das Treiben der Athleten als geprägt von gnadenloser Härte, Betrug und Missgunst.

In der klassischen Zeit war die Altis, der heilige Hain, ein offener Platz, der mit Statuen und Weihegeschenken angefüllt war. Nur Sockel und vereinzelte Stelen mit Inschriften erinnern heute an die rund 500 Statuen der als Helden verehrten Sieger, die hier aufgestellt waren. In hellenistischer und römischer Zeit wurde die-

▪ Mit Hammer und Meißel fertigen Handwerker nach strengen Vorgaben Säulentrommeln für eine Teilrekonstruktion des Zeus-Tempels.

ser Platz immer weiter von Gebäuden zugebaut: darunter die wegen ihres siebenfachen Echos so genannte Echohalle, mehrere Thermen, ein Gymnasium für die eifrige Jugend und etliche Villen, die sich Herrscher hier errichten ließen, etwa die Nero-Villa. Doch fällt es dem heutigen Besucher, während er durch diesen Antikenpark schlendert, schwer, sich das hektische Treiben – Opferungen und Versprechen an die Götter im Falle eines Sieges, schweißtreibendes Training und nervenaufreibendes Intrigenspiel, hitzige Wettkämpfe und heroenhafte Siegerverehrung – vorzustellen. Die beschaulichen Ruinen, die von zahlreichen Eichen, Pinien und Olivenbäumen beschattet werden, strahlen zu viel Friedlichkeit aus.

■ Säulenreste der ionischen Kolonnade des Leonidaions, der Luxusherberge der Athleten (4. Jahrhundert v. Chr.)

Nun kann der Phantasie auf zweierlei Weise geholfen werden: Eine komplette Säule des Zeus-Tempels wird in ihrer ursprünglichen Größe und Beschaffenheit, mit elfenbeinfarbener Stuckschicht, wieder errichtet. Und im Jahre 2004 kommt in Olympia weltweit erstmals ein neues Projektionssystem virtueller Realität zum Einsatz. Mithilfe einer durchsichtigen Datenbrille wachsen vor den Augen der Nutzer Tempel und Gebäude der Antike an ihren Originalplätzen wieder in die Höhe, während Athleten gleichzeitig ihrem geschäftigen Treiben nachgehen. Die neuen Visualisierungen können dazu anregen, an der Ursprungsstätte über Sinn und Zweck der Wettkämpfe nachzudenken, die doch so viele Hoffnungen und Enttäuschungen der Menschheitsgeschichte spiegeln.

ZEUS-STATUE

Von ihr sind nur Nachbildungen auf Münzen und die Beschreibungen antiker Autoren geblieben. Pausanias schildert sachlich: »Der Gott sitzt auf einem Thron und ist aus Gold und Elfenbein gemacht; ein Kranz liegt auf seinem Haupt, der Ölbaumzweige nachahmt. In der Rechten trägt er eine Nike, auch sie aus Elfenbein und Gold; sie trägt eine Siegerbinde und auf dem Kopf einen Kranz. In der linken Hand hält der Gott ein Zepter, das mit lauter Metalleinlagen verziert ist; der Vogel aber, der auf dem Zepter sitzt, ist ein Adler. Aus Gold sind auch die Sandalen des Gottes und ebenso sein Gewand; das Gewand ist mit Figuren und Lilien eingelegt. Der Thron ist in abwechslungsreicher Arbeit aus Gold und kostbaren Steinen und Ebenholz und Elfenbein gemacht. Gemalte und plastische Figuren sind an ihm angebracht.« Strabon dagegen lästert: »Das Bildwerk ist in solcher Größe verfertigt, dass der Künstler trotz der Größe des Tempels doch einen Verstoß gegen das richtige Verhältnis gemacht zu haben schien, indem er Zeus sitzend und doch beinahe mit dem Scheitel die Decke berührend dargestellt hat, sodass er die Vorstellung veranlasste, der Gott werde, wenn er aufstände und sich gerade aufrichtete, den Tempel abdecken.«

OLYMPIA

FORSCHUNGSGESCHICHTE

Der griechische Schriftsteller Pausanias hat Olympia noch in seiner Blüte erlebt und ausführlich beschrieben. 394 n. Chr. verbot Kaiser Theodosius der Große die Olympischen Spiele als heidnisch. Die Stätte geriet in Vergessenheit, wurde 522 und 551 durch Erdbeben zerstört und vom Fluss Alphaios mit einer bis zu fünf Meter dicken Schlammschicht überdeckt. Erst 1766 lokalisierte der Engländer Richard Chandler mithilfe von Pausanias' Beschreibungen den Ort und fand Teile des Zeus-Tempels. 1768 schwärmte Johann Joachim Winckelmann davon, Olympia auszugraben. 1806 fertigten die Engländer Edward Dodwell und William Gell einen ersten Grundriss der Anlagen. 1829 führte die französische Expédition Scientifique de Morée eine erste sechswöchige Grabung im Bereich des Zeus-Tempels durch. Die dabei geborgenen Metopen wurden nach Paris gebracht. 1840 kam der junge deutsche Gelehrte Ernst Curtius nach Olympia. 1852 berichtete er in der Berliner Singakademie von der Möglichkeit, Olympia wieder auszugraben. Doch erst 1875 konnte er diese Idee verwirklichen. Die griechische Regierung hatte aus dem Abtransport ihrer antiken Schätze gelernt: Die Deutschen hatten alle Unkosten zu tragen, durften keine Originale ausführen, und ein Aufsichtsbeamter wurde ihnen zur Seite gestellt. »Haben wir das nötig?«, fragte Otto von Bismarck. Was heute in Olympia zu sehen ist, ist im wesentlichen das Resultat dieser ersten systematisch-wissenschaftlichen Ausgrabung (1875–1881). Die Mühe, die ganze Stätte von einer dicken Erdschicht freizulegen, zahlte sich nur teilweise aus. Die Skulpturen und Friese wanderten ins örtliche Museum, große Schätze, wie zur gleichen Zeit in Troia und Mykene, wurden jedoch nicht gefunden. Doch Griechen und Bildungsreisende aus aller Welt waren so begeistert, dass eigens eine Eisenbahnlinie zur Grabungsstätte verlegt wurde. Die Antikenbegeisterung in Deutschland gipfelte in einer baulichen Kolportage zur Jubiläumsausstellung der Königlichen Akademie der Künste 1886 in Berlin: Auf den Nachbau des hellenistischen Pergamon-Altars wurde eine Kopie des frühklassischen Zeus-Tempels von Olympia montiert. Zur selben Zeit wurde die Idee eines internationalen Wettkampfes geboren und resultierte 1896 in den ersten Olympischen Spielen der Neuzeit. 1906 bis 1929 wurden die Grabungen unter Wilhelm Dörpfeld wieder aufgenommen und die Frühzeit der Stätte erforscht. 1936 und 1952 machte das Deutsche Archäologische Institut Grabungen; seit 1987 leitet der Würzburger Archäologe Ulrich Sinn die Untersuchungen der römischen Epoche Olympias.

AUF DEN PUNKT GEBRACHT

Aufgrund seiner Bedeutung, des interessanten Museums und der schönen Lage unbedingt besuchenswert – die flachen Ruinen erfordern jedoch viel Phantasie.

WISSENSWERTES

Pelops-Mythos
Pelops wird in der griechischen Mythologie als Sohn des Tantalos und Enkel des Zeus eingeführt. Um die Götter auf die Probe zu stellen, ließ Tantalos ihnen den geschlachteten Pelops als Speise vorsetzten. Doch die Götter durchschauten die List und belebten Pelops wieder. In jungen Jahren begab dieser sich in die Altis und gewann durch Betrug gegen König Oinomaos im Wagenrennen. Er erhielt dessen Tochter Hippodameia zur Frau. Seinen Mitwisser Myrtilos ließ er ins Meer werfen, woraufhin dieser vor seinem Tod Pelops und seine Nachkommen verfluchte. Zwar wurde Pelops ein mächtiger König über die südgriechische Halbinsel, die nach ihm Peloponnes genannt wird, doch der Fluch sollte sich besonders an seinem Sohn Atreus und seinem Enkel Agamemnon erfüllen (s. S. 51).

EMPFEHLUNGEN

Lesenswert:

Ulrich Sinn: *Olympia. Kult, Sport und Fest in der Antike*, Würzburg 1996

Lambert Schneider: *Peloponnes*, Köln 2001

Egon Bauer: *Die Sieben Weltwunder*, München 2001

Anklichenswert:

Olympia-Seite des griechischen Kulturministeriums
www.culture.gr/2/21/211/21107a/e211ga02.html

Delphi

Orakelstätte des Apollon (800 v. Chr. – 400 n. Chr.)

Delphi liegt einmalig schön: Auf halber Höhe zwischen dem Golf von Korinth und den Hügeln des Parnass-Gebirges erstreckt sich die Anlage über mehrere Terrassen. Den Griechen jedoch war dieser ästhetische Sinn für Landschaft fremd, die Natur galt ihnen als bedrohliche, weil unkontrollierbare Kraft. Praktische Gesichtspunkte in Verbindung mit einem Naturphänomen und den sich daraus entwickelnden Ursprungsmythen bestimmten die Auswahl herausragender Plätze. Das Besondere an Delphi war ein Erdspalt, aus dem Dämpfe aufstiegen, die die Menschen angeblich berauschten und zu Tranceerfahrungen führten. Bereits in mykenischer Zeit war hier eine Burg errichtet worden – doch gab es noch keinen kultischen Bezug zu Apollon.

Im 8. Jahrhundert v. Chr. stieg Apollon kometenhaft in den »Olymp«, der griechischen Götterwelt auf, und fast genauso schnell wurde Delphi zum bedeutendsten Heiligtum der griechischen Welt. Heute fahren Reisebusse die Grabungsstätte aus westlicher Richtung an, in der Antike näherten sich die Pilger aus Athen, Theben und Kleinasien dem Heiligtum von Osten her. Dabei passierten sie zunächst das gut einen Kilometer unterhalb des Apollon-Heiligtums in südöstlicher Richtung liegende Marmaria-Heiligtum der Athene Pronaia, der Wächterin des Heiligtums. Zum Wahrzeichen dieser Stätte wurden die drei wieder aufgerichteten Säulen des einstigen Tholos-Rundbaus aus dem 4. Jahrhundert v. Chr. Er war einer der wenigen griechischen Rundtempel aus weißem Marmor, der außen zwanzig dorische Säulen und innen zehn korinthische Säulen aufwies. Als nächstes gelangten die Pilger zur Kastalia-Quelle, wo sie sich rituellen Reinigungen unterzogen. Das Brunnenhaus ist aus dem Fels gehauen und wies einst sieben Marmorsäulen auf.

Der auf mehreren Terrassenstufen angesiedelte heilige Bezirk des Apollon hatte eine Ausdehnung von 190 mal 135 Meter und war von einer Mauer umschlossen. Noch heute betritt man diesen Bereich über den antiken Haupteingang und einen gepflasterten Platz. Der Weg führt an römischen Gebäuden vorbei, deren verbliebene Mauern halbrunde Muster aus Stein- und Ziegelschichten bilden. Diese Läden bildeten den Markt, und schon in der griechi-

■ Diese monumentale Sphinx, die einst eine Säule bekrönte, gelangte um 570 v. Chr. als Weihgeschenk der Bewohner von Naxos nach Delphi. Delphi, Museum

schen Antike wurden hier Lorbeerzweige, Opferkuchen, Räucherwerk und Weihegaben aus Ton und Bronze verkauft.

■ Das Theater von Delphi ist im 2. Jahrhundert v. Chr. für die musischen Wettbewerbe gebaut worden. Sein Zuschauerraum hat 35 Sitzstufen – Platz für etwa 5000 Menschen.

Um die erste Biegung des Serpentinenweges gruppieren sich die Ruinen einiger Schatzhäuser der griechischen Stadtstaaten wie Sparta und Böotien; das Schatzhaus der Athener wurde gerade aufwendig restauriert. Diese Gebäude gleichen kleinen Tempeln mit reich verzierten Giebeln, umlaufenden Friesen und Vorhöfen, die von Säulen oder kostbaren Stützfiguren geschmückt waren. Im Inneren wurden wertvolle Weihegeschenke aufbewahrt. Einige dieser Kunstwerke sind im nahe gelegenen Museum ausgestellt. Außerdem befanden sich rund 3000 Statuen innerhalb des Heiligen Bezirks, die vor allem in spätrömischer Zeit geraubt wurden. Wie kunstvoll die Gebäudeteile gearbeitet waren, zeigt ein reich verziertes Marmorkapitell, das ohne Bezug zu seiner Fundstelle als Wegmarke an der nächsten Biegung liegt. Und dann steht

APOLLON

Obwohl Apollon in der Mythologie als Sohn des Zeus und der Titanentochter Leto ausgegeben wird, galt er eigentlich als Gott, der aus der Ferne (Asien) kam und sich gegen Rivalen erst durchzusetzen hatte. So musste er den Drachen Pythia, die Beschützerin der in Delphi ansässigen Göttin Gaia, bezwingen. In Pythia, der Orakelpriesterin des Apollon-Tempels, lebte diese Tradition fort. Als schöner, ewig junger, übermütiger, ja arroganter Gott bestrafte Apollon die Menschen für ihre Unzulänglichkeiten ohne Erbarmen. In Delphi wurde er als Verkörperung des Reinen und Hellen, der Ordnung und Zügelung verehrt. Daneben ist er jedoch auch der Vieldeutige, gleichsam Grausame und den Musen Zugewandte. Diese Ambivalenz – jenseits von Gut und Böse – zeichnet die griechischen Götter letztlich alle aus.

Merksprüche der Sieben Weisen im Apollon-Tempel: »Erkenne dich selbst!« Thales »Nichts zu sehr!« Solon »Maß ist das Beste!« Kleoboulos

EINE VERHÄNGNISVOLLE WEISSAGUNG

Der Lyderkönig Kroisos aus Kleinasien stellte das Orakel zunächst auf die Probe. Nachdem es Kroisos' ungewöhnliche Lieblingsspeise – Schildkröte mit Lammfleisch – erraten hatte, vertraute er dem Orakel in der Frage, ob er gegen die Perser kämpfen solle. Er erhielt die Antwort: »Wenn Kroisos den Fluss Halys überschreitet, wird ein großes Reich zerstört.« Er überschritt den Grenzfluss zu Persien und wurde geschlagen. Prompt beschwerte er sich beim Orakel und bekam zur Antwort, er habe vergessen nachzufragen, welchem Reich der Untergang prophezeit wurde.

der Besucher vor der Rampe des Apollon-Tempels und dem östlich davor errichteten großen Altar aus weißem und schwarzem Marmor, einem Weihegeschenk der Bewohner der Insel Chios. Der Tempel aus der Zeit um 330 v. Chr. hatte zwei Vorgänger: Der erste Tempel aus Kalkstein war um 600 erbaut und Ende des 6. Jahrhunderts v. Chr. durch ein Feuer zerstört worden, der zweite entstand kurz darauf und wurde 373 v. Chr. durch ein Erdbeben zerstört. Doch wieder wurde der Tempel in kürzester Zeit dank vieler Spenden aufgebaut, auch das zeigt die große Bedeutung Delphis für die Griechen. Durch das Überbauen des Vorgängerfundaments auf dieser engen Terrasse entstand mit 21 mal 58 Metern Grundfläche ein ungewöhnlich lang gestreckter Tempel, der sechs mal fünfzehn Säulen im dorischen Stil aufweist statt des üblichen Maßes 1:2+1, was sechs mal dreizehn Säulen wären. Heute gleicht die Tempelruine einem virtuellen Anschnitt: Während der Ostteil restauriert wurde und die Säulenfront des Eingangs zeigt, fällt im westlichen Teil der Blick in das Innere des Fundamentes. An dieser Stelle weissagte Gott Apollon durch sein Medium, die Pythia-Priesterin.

■ Im Heiligtum der Athene Pronoia in Delphi errichtete der Architekt Theodoros aus Phomkaia um 380 v. Chr. einen prächtigen marmornen Rundbau, die Tholos.

■ Das frisch restaurierte Schatzhaus der Athener besticht durch seine Harmonie und Beweglichkeit.

Ihr Platz war in einem vertieften Raum auf jenem berühmten Dreifuß, der neben dem Omphalos – dem symbolischen Nabel der Welt – und einer goldenen Apollon-Statue stand. Einmal im Monat oder wenn Gesandte großer Mächte mit dringenden Fragen kamen, konnte das Orakel befragt werden. Die Pythia-Priesterin unterzog sich kultischen Reinigungsbädern in beiden Quellen, dann wurde ein weißes Zicklein geopfert und die Priesterin in Trance versetzt. Die Ratsuchenden wurden zunächst von einigen Priestern nach ihrer Situation befragt. Das so gewonnene Wissen ließen die Priester in die oft nur bruchstückhaften Sätze der Pythia einfließen und gaben die so ausformulierten und interpretierten Aussagen weiter. Die Antworten wurden immer in Rätselform gegeben, wie es in einem Fragment des Heraklit treffend heißt: »Der Herr, dem das Orakel gehört, verkündet nichts und verbirgt auch nichts, sondern er zeigt an.« Die Auslegung wurde dem Ratsuchenden selbst überlassen. So bekamen die Athener im Krieg gegen die Perser zur Antwort, »hölzerne Mauern« böten ihnen Schutz; der attische Politiker Themistokles deutete diese als Schiffe, und tatsächlich wurden die Perser in der berühmten Seeschlacht bei Salamis von den Griechen vernichtend geschlagen.

Westlich vom Apollon-Tempel liegt auf der nächst höheren Terrasse das im 4. oder 3. Jahrhundert v. Chr. in den Hang gebaute Theater. Die aus Kalkstein errichteten Sitzreihen fassen 5000 Zuschauer, doch vom einstigen Bühnengebäude ist nur das Fundamentplateau erhalten. Der Serpentinenweg führt den Besucher über das Theater vorbei an weiteren Schatzhäusern nach oben; hier wird es still und erhaben. Der Blick reicht über den grünen

EINE WEITSICHTIGE WEISSAGUNG

Als die Megarer eine Kolonie gründen wollten, erhielten sie den Orakelspruch: »Glücklich sind jene, die in der Heiligen Stadt an der Küste des meerumgürteten Thrakiens und der Mündung des Pontus wohnen werden, wo Fische und Hirsche sich nähren.« Sie siedelten an der beschriebenen Stelle und gründeten Byzantion, das später als Konstantinopel, Hauptstadt des Byzantinischen Reiches, in die Geschichte einging und heute als Istanbul die mit Abstand größte und bedeutendste Stadt der Türkei ist.

»In Hellas einst erkannt als Himmelsgabe / Warst Muse, du, gestaltet im Gesang! / Beschämt von spät'rer Lieder Kunstgehabe, / Ruft dich das meine nicht vom heil'gen Hang: / Doch ging ich am gepries'nen Bach entlang, / Beseufzte Delphis lang verlass'nen Schrein, / Wo nur ertönt die schwache Quelle bang … / Ist von Apoll die Grotte auch verwaist, / Ihr Grab geworden nun der Musen Thron, / Belebt die Stätte doch ein sanfter Geist, / Schweigt in der Höhle, seufzt im Sturmesgedroh'n, / Schwebt auf des Baches Welle im kristall'nen Ton.«

Lord Byron, *Childe Harold's Pilgrimage*, 1812

Delphi hatte als Orakelort schon lange vor Apollon eine Geschichte. Was immer auch seine Etymologie sein mag, die Griechen jedenfalls brachten den Namen mit »delphys«, Gebärmutter, in Verbindung. Die geheimnisvolle Höhle wurde als Mund bezeichnet, »stomion«, und dies ist auch die Bezeichnung für die Vagina. Der »Omphalos«, Nabel von Delphi, ist ebenfalls schon in vorhellenischer Zeit bezeugt.

Mircea Eliade

Teppich aus Olivenbäumen des Amphissa-Tales bis hin zum Meeresblau des Golfs von Korinth. Nachdem der Besucher die baulich eingefasste Kerna-Quelle passiert hat, betritt er am Berghang das von Nadelbäumen umstandene antike Stadion. Delphi war neben Olympia (s. S. 60), Isthima und Nemea einer der vier Austragungsorte der panhellenistischen Spiele, neben dem Wettlauf gehörten auch Ringen, Boxen, Diskus- und Speerwurf zu den Disziplinen. In Delphi jedoch wurden auch musische und schauspielerische Wettkämpfe ausgetragen, denn die Griechen liebten es, ihre Kräfte und Fertigkeiten zu messen. Doch vor allem war Delphi vom 8. bis ins 4. Jahrhundert n. Chr. die »Orakelstätte«. Ob neue Kolonien gegründet werden sollten oder Stadtstaaten vor wichtigen politischen oder militärischen Entscheidungen standen, die Pythia wurde befragt.

■ Marmorsäule mit ionischem Kapitell aus dem 4. Jahrhundert v. Chr.

Delphi kann als eine Art panhellenistischer hoher Gerichtshof der Antike bezeichnet werden. Wie Politiker heute die Urteilssprüche von Richtern als Maßstäbe akzeptieren, so ließen sich die griechischen Stadtstaaten von der Pythia-Priesterin das Schicksal oder den Götterwillen aufzeigen, um Unheil zu verhindern. Diese Möglichkeit der Einflussnahme verdankte Delphi wohl nur zum kleinen Teil den seherischen Fähigkeiten der Orakelpriesterinnen, zum großen Teil jedoch dem interpretatorischen Geschick der diplomatischen Priesterschaft.

DELPHI

FORSCHUNGSGESCHICHTE

Noch in römischer Zeit reisten die Mächtigen wie Caesar, Augustus und Hadrian ratsuchend oder aus Repräsentationsgründen nach Delphi. Von den Christen wurde die Kraft der Pythia zwar anerkannt, aber dem Teufel zugeschrieben. Der letzte bekannte Orakelspruch ging 362 n. Chr. an den byzantinischen Kaiser Julianus: »Sage dem König, der schön gefügte Tempel ist zerfallen, der heilige Lorbeer verwelkt, die Quellen schweigen für immer.« Delphi zerfiel tatsächlich. Im Laufe der Zeit wurde es vom Dorf Kastri überbaut. Reisende bekamen bis weit ins 19. Jh. nur wenig vom einstigen Heiligtum zu sehen, da der Großteil der Ruinen unter der Erde lag. Erst 1840 unternahm der deutsche Gelehrte Karl Otfried Müller erste bescheidene Versuche, in Delphi zu graben; daraus leiteten die Deutschen ihren Anspruch, dort zu graben, ab. Doch auch französische Archäologen meldeten Interesse an und untersuchten 1861 und 1880 Teile des Apollon-Tempels. Die Griechen versuchten, wirtschaftliche Vorteile mit der Grabungslizenz zu verbinden, und am Ende erhielten die Franzosen den Zuschlag. Die 1892 begonnenen Grabungen wurden teuer für sie, da das ganze Dorf Kastri mit etwa 1000 Häusern geräumt und weiter unterhalb wieder aufgebaut werden musste – was nur unter Armeeaufsicht gelang. Von 1893 bis 1903 wurde unter Leitung des Archäologen Théophile Homolle der ganze Heilige Bezirk systematisch ausgegraben. 1902 wurde das Museum von Delphi eröffnet, in dem großartige Grabungsfunde wie die Sphinx, der Omphalos und etliche Friesteile ausgestellt sind. In der Folgezeit gab es noch kleinere Grabungsprojekte. 1938 wurden die drei Säulen des Tholos-Rundbaus wieder aufgerichtet, die das häufigste Photomotiv Delphis wurden. In den letzten Jahren wurde das Athener Schatzhaus aufwendig restauriert. Teile der Bereiche östlich und westlich des Apollon-Bezirks sind zwar ausgegraben, jedoch noch nicht für Besucher geöffnet.

WISSENSWERTES

Besucher des Orakels
Zu der Zeit, als die griechischen Mythen ihre heute bekannte Gestalt erhielten, muss der Einfluss des delphischen Orakels enorm gewesen sein, denn kein Held begann ein Abenteuer, ohne vorher die Pythia zu befragen, kein Konflikt ließ sich ohne das Orakel lösen: Herakles ging nach Delphi ebenso wie Jason vor seiner Fahrt mit der Argos ins ferne Kolchis; Ödipus suchte in seiner Verzweiflung ebenso Rat wie der von den Erinnyen verfolgte Muttermörder Orest. In klassischer Zeit litt die Reputation von Delphi etwas darunter, dass die Priester dort die pro-persische und antidemokratische Linie der meisten Konservativen in Griechenland verfolgten; doch in der römischen Kaiserzeit, vor allem unter Trajan und Hadrian, stand das Orakel wieder in voller Blüte. Erst nach dem Sieg des Christentums wurde es geschlossen.

EMPFEHLUNGEN

Lesenswert:

Pausanias: *Reisen in Griechenland Band III: Delphi*, Düsseldorf 2001

Mircea Eliade: *Schamanen, Götter und Mysterien. Die Welt der alten Griechen*, Freiburg i. Br. 1992

Michael Maaß: *Das antike Delphi. Orakel, Schätze und Monumente*, Darmstadt 1993

Das Orakel von Delphi, Geschichte und Text in griechisch und deutsch, Stuttgart 2001

Sehenswert:

Frieder von Käsmann: *Schauplätze der Weltkulturen* Teil V: *Delphi – Nabel der Welt*, München 2001, Video

Anklickenswert:

Offizielle Delphi-Seite des griechischen Kulturministeriums: http://www.culture.gr 2/21/211/21110a/e211ja01.html

Führung durch die Antike Stätte Delphi: www.graeca.de/start_graeca.htm?http%3A//www.graeca.de/Archaeologie.htm%7CHauptframe

AUF DEN PUNKT GEBRACHT

Die wunderbare Lage, der Aufstieg über Terrassen und der gut restaurierte Zustand der Ruinen machen Delphi zu einem Erlebnis, das der Bedeutung der Stätte mehr als gerecht wird.

Epidauros

Antiker Kurbetrieb (800 v. Chr. bis 500 n. Chr.)

■ Statue des Asklepios mit Stab und Schlange. Römische Kopie nach einer griechischen Statue aus der Zeit um 350 v. Chr. Berlin, Antikensammlung

In Erinnerung an die Heilkunde der Antike führen viele Gesundheitsdienste und Apotheken noch heute das Zeichen des Asklepios, den Stab mit der sich darum windenden Schlange, in ihrem Wappen. Dabei begann die antike Medizin als Opferkult; Krankheiten wurden von den Menschen als schicksalhaft, von Gott auferlegt angesehen und sollten durch gottgefällige Riten und Opfer beeinflusst werden. Ansprechpartner dafür war zunächst Apollon, der jedoch bald vom Halbgott und Wunderheiler Asklepios abgelöst wurde.

Das Hauptheiligtum des Asklepios lag in Epidauros inmitten der Argolis, des Nordostzipfels der Peloponnes. Genaugenommen befand es sich nicht in der eigentlichen Stadt Epidauros, die direkt am Meer lag und über einen wichtigen Hafen verfügte, sondern zehn Kilometer weiter landeinwärts am Rande einer Hochebene. Heute steuern die Reisebusse den mitten im südlichen Teil des antiken Geländes liegenden Parkplatz an, damit die Besucher ohne große Anstrengung Theater, Museum und einen Ausschnitt des Antikengeländes sehen können. Der ursprüngliche Eingang zum Heiligtum lag jedoch ganz im Norden, wo die Straße von Epidauros endete. Die Heilsuchenden der Antike passierten zunächst die im 4. Jahrhundert v. Chr. errichteten monumentalen Propyläen, einen Torbau, durch dessen ionisch (s. S. 86) gestaltete Front Rampen in den korinthisch (s. S. 75) gestalteten Innenraum führten. Knapp einhundert Meter weiter südlich breitet sich, von einer

ASKLEPIOS

Asklepios war anfangs kein Gott, sondern wird von Homer als Heros beschrieben, der von den Kentauren ausgebildet worden war und ein guter Arzt gewesen sein soll. Weil er Tote zum Leben erwecken konnte, und sich damit zum Gott erhob, wurde er von Zeus durch einen Blitzstrahl getötet. Im 5. Jahrhundert v. Chr. breitete sich seine Verehrung im ganzen Ägäisraum aus, und er galt bald als Sohn des Apollon, dessen Rolle als Heilgott, stets mit Stab und Schlange abgebildet, er schließlich übernahm. In der frühen Kaiserzeit wurde er zu einem der meistverehrten Götter.

Mauer abgegrenzt, der Heilige Platz aus. Erst nachdem sich der Heilsuchende drei Tage rituellen Reinigungen unterzogen und erste Opfer dargebracht hatte, durfte er das Heiligtum betreten. Der Weg führte ihn zwischen der Stoa, einer länglichen Säulenhalle, und dem Aphrodite-Tempel hindurch.

Der Besucher muss schon seine Phantasie bemühen, wenn er sich vorstellen will, welchen Eindruck das Heiligtum auf die damaligen Gäste machte. Es hatte weder Ähnlichkeit mit einem Kurbetrieb à la Karlsbad, noch vermitteln die verbliebenen Fundamentmauern eine Vorstellung von der einstigen Herrlichkeit. Der offene Heilige Platz wurde im Laufe des 4. Jahrhunderts v. Chr. von einer Vielzahl von Tempeln, Wandelhallen und Thermen umbaut, die alle prachtvolle Säulenvorhallen aufwiesen. Die dazwischen liegenden Freigelände waren von Podesten mit Statuen von Göttern, Tieren und Helden sowie mit Votivgaben übersät; Danktafeln erinnerten an erfolgte Heilungen. Links und rechts des Platzes liegen die Überreste von Thermen, die auf der linken Seite stammen aus späterer Zeit, denn die Römer ließen den Asklepios-Kult im 2. Jahrhundert n. Chr. noch einmal aufblühen.

Richtung Südwesten weist der Platz eine Ausbuchtung auf, in der sich die allerheiligsten Bauwerke befanden. Im Hintergrund standen ein Altar und kleine Tempel für Themis und Artemis. Davor erhob sich der Tempel des Asklepios, ein sehr schmaler, do-

■ Die Tholos von Epidauros, ihr Architekt war Polykleitos der Jüngere. Die reiche Ausstattung dieses ungewöhnlichen Rundbaus, dessen Bedeutung unbekannt ist, zeigt sich an der Mamorverkleidung, dem schwarzweißen Rautenmosaik des Fußbodens und der reich bemalten Decke.

»Heraieus hatte auf dem Kopf keine Haare, am Kinn aber sehr viele. Er schämte sich, da er von den anderen ausgelacht wurde, und schlief im Tempel. Der Gott salbte ihm mit einem Heilmittel den Kopf und bewirkte, dass er Haare hatte.«

Säuleninschrift

■ oben: Rekonstruktionszeichnung der Nordseite des Asklepions ; oben die Tholos, dahinter die Krankenhallen;
■ unten: der Asklepeios-Tempel und die Toranlage.

rischer (s. S. 60) Ringhallentempel (12 × 23,2 Meter im Grundriss) mit sechs mal elf Säulen, am Ende des ebenso schmalen Innenbaus stand nach dem Vorbild von Olympia eine aus Gold und Elfenbein gefertigte Kultstatue des Halbgottes Asklepios.

Hinter den allerheiligsten Bauwerken lag ein gleichsam imposanter wie mysteriöser Rundbau, das Tholos aus der Mitte des 4. Jahrhunderts v. Chr. Seine Vorhalle bildete einen Ring aus 26 dorischen Säulen, die mit Rosetten verziertes Gebälk sowie ein Ziegeldach trugen. Von dem Innenbau sind die Grundmauern erhal-

»Krition, wir sind dem Asklepios einen Hahn schuldig. Entrichtet ihm den und versäumt es ja nicht.«

Von Platon überlieferte letzte Sätze des Sokrates, als er den Schierlingsbecher leeren musste

HIPPOKRATES

Inspiriert durch aufklärerische Denker wie Thales von Milet, erklärte der von der Insel Kos stammende Hippokrates Anfang des 4. Jahrhunderts v. Chr., jede Krankheit habe eine organische Ursache, die nicht von den Göttern, sondern von Ärzten geheilt werden könne. Das kam einer Revolution in der bis dahin rituellen Heilbehandlung gleich, doch in der Praxis wurden beide Ansätze miteinander versöhnt. Die Menschen opferten weiter dem Asklepios und unterzogen sich zugleich einer therapeutischen Behandlung.

KORINTHISCHE ORDNUNG

Der von Vitruv eingeführte Name »korinthisch« ist irreführend, denn dieser Stil wurde nicht in Korinth entwickelt, sondern taucht das erste Mal um 400 v. Chr. im Apollon-Tempel von Bassai (Arkadien) auf. Viel besser lässt er sich als »griechischer Barock« charakterisieren, denn er übernimmt die ionische Ordnung, nur das Kapitell ist aufwendig gestaltet: Aus drei übereinander liegenden Blätterkronen wachsen zweiarmige Spiralen.

ten; die äußere – 22 Meter im Durchmesser – verläuft kreisrund, die innere spiralförmig wie in einem Labyrinth. Es wird spekuliert, ob dort »heilige« Schlangen gehalten wurden oder ob es die symbolische Grabstätte des Asklepios war, zu der die Pilger geführt wurden, um Opferrituale zu vollziehen.

Nördlich vom Tholos liegen die Überreste einer länglichen Säulenhalle, des Abton, die als Liegeräumlichkeit genutzt wurde. Nach vollbrachten Riten und Opfern sowie dem Fasten bildete der Heilschlaf, genannt Inkubation, den Kern des Gesundungsrituals. In den Träumen erschien den Patienten der Gott und verkündete die Genesung oder Regeln für die Lebensführung. Sowohl das Ritual als auch der Glaube an die Wirkkraft des Heiligtums, die durch viele Votivgaben bezeugt sind, aktivierten die Selbstheilungskräfte der Pilger. Die Heilung der Hilfesuchenden wurde später auch durch medizinische Behandlungen sowie sportliche und kulturelle Erholungsmöglichkeiten unterstützt und ergänzt.

Zahlreiche Thermen entstanden rund um das Heiligtum, und etwas weiter südlich kann der heutige Besucher das gut erhaltene Stadion besichtigen. Ab 400 v. Chr. fanden hier alle vier Jahre sportliche Wettkämpfe statt. Um 300 v. Chr. wurde das großartige Theater rund 500 Meter weiter südöstlich in den natürlichen Hang hineingebaut. Hier dürften neben kultischen Handlungen auch Tragödien, Komödien und Satyrspiele aufgeführt worden sein. Der Grundriss des Theaters beginnt mit der Orchestra, die rund 20,5 Meter im Durchmesser hat und in der Mitte einen Altar aufwies. Dahinter lag ein zweigeschossiges

■ Die Orchestra des Theaters von Epidauros. Im Hintergrund die Reste des Bühnenhauses

■ Das für seine außergewöhnlich gute Akustik bekannte Theater von Epidauros

Bühnenhaus von 27 Meter Länge mit der eigentlichen Bühne, deren Boden 3,5 Meter über der Orchestra lag. Die ursprünglichen 34 keilförmig nach oben zulaufenden Sitzreihen wurden 100 Jahre später auf 55 erweitert und fassen bis zu 14 000 Zuschauer. Bereits in der Antike galt das Theater als das schönste, heute ist es das besterhaltene und verfügt darüber hinaus über eine ganz außergewöhnlich gute Akustik. Noch ein Flüstern in der Orchestra lässt sich in den oberen Reihen problemlos hören, und so lädt dieses Bauwerk auch heute noch zum Genießen ein: probeweise, wenn der Reiseleiter Verse von Aischylos oder Homer vorträgt, oder besser abendfüllend, wenn im Sommer Opern und antike Stücke aufgeführt werden. Dabei kann der Besucher während des Sonnenuntergangs weit in das anmutige Tal des Asklepios-Heiligtums blicken und etwas von der Ruhe und Kraft des antiken Kurbetriebs in sich aufnehmen.

■ Dieses Kapitell, das als das erste korinthische Kapitell gilt (vor 360 v. Chr.), wird zuweilen dem Polykleitos zugeschrieben. Gefunden wurde es unter den Aufschüttungen, auf dem die Tholos erbaut ist. Offenkundig wurde es damals vergraben, vielleicht als Weihegabe oder, wie spekuliert wurde, um es als perfektes Urbild für die Nachwelt zu erhalten.

EPIDAUROS

FORSCHUNGSGESCHICHTE

Das Asklepion wurde 426 n. Chr. vom byzantinischen Kaiser Theodosius II. als heidnischer Platz geschlossen und verfiel daraufhin allmählich. Im 19. Jahrhundert fingen zunächst französische Archäologen an, zu graben und die Funde abzuschleppen, bis das Antikengesetz dieses verbot. Von 1881 bis 1928 gruben griechische Archäologen unter der Leitung von Panagiotis Kavvadias Epidauros, insbesondere das Heiligtum, frei. Dabei machten sie großartige Funde. So wurden von den sechs Marmorsäulen mit Inschriften, über die der griechische Schriftsteller Pausanias (in seiner zwischen 160 und 180 n. Chr. verfassten Beschreibung Griechenlands) berichtete, tatsächlich vier gefunden. Die Inschriften waren von den Priestern gesammelte Berichte über wundersame Heilungen durch die Hilfe des Gottes Asklepios. Zu den Funden, die heute im Museum von Epidauros ausgestellt sind, zählen auch Votivreliefs, korinthische Kapitelle sowie steinerne Blumen vom Tholos, dem mysteriösen Rundbau. Aber auch chirurgische Instrumente sind gefunden worden. Opferkulte wurden im Laufe der Zeit zunehmend durch medizinische Eingriffe ergänzt. 1907 wurde mit der ersten Restaurierung des Theaters begonnen, die 1954 bis 1963 fortgesetzt wurde. 1946 setzte der griechische Archäologe J. Papadimitriou die Ausgrabungen fort. Er untersuchte auch den nahe auf einem Hügel gelegenen archaischen Tempel des Apollon Maleatas. Dort nahm der Heil- und Opferkult im 8. Jh. v. Chr. seinen Anfang. Zunächst wurde der Heros Maleatas verehrt, später wurde er in Apollon-Maleatas umgetauft. Das Heiligtum ist leider für Besucher gesperrt. Erst Ende des 5. Jh. v. Chr. wurde dieser Kult ersetzt durch die Verehrung des Halbgottes und Wunderheilers Asklepios. Im Laufe der griechisch-römischen Antike entstanden mehr als 200 Asklepieia, darunter die von Korinth, Athen, Kos, Pergamon und sogar Rom. Zentrum des Asklepios-Kultes blieb auch in der römischen Zeit Epidauros, bis das Christentum diesem heidnischen Kult ein Ende setzte. 1988 wurde Epidauros in die Liste des UNESCO-Weltkulturerbes aufgenommen. Seit einigen Jahren werden im Auftrag der Griechischen Archäologischen Gesellschaft in Epidauros Nachgrabungen durchgeführt, und etliche Bauwerke wie beispielsweise das Tholos und die Propyläen werden rekonstruiert.

WISSENSWERTES

Pausanias
Trotz einiger Irrtümer ist die von Pausanias um 180 n. Chr. verfasste *Beschreibung von Hellas* eine Quelle ersten Ranges für die Kunst- und Kulturgeschichte des antiken Griechenlands. Darin bezeichnet der Reiseschriftsteller Pausanias das Theater von Epidauros als ein »besonders sehenswürdiges«. Zwar gebühre den römischen Theatern der Vorrang und gebe es größere, doch übertreffe das Theater von Epidauros alle an Harmonie und Schönheit.

EMPFEHLUNGEN

Lesenswert:

Pausanias: *Beschreibungen Griechenlands*

Lambert Schneider: *Peloponnes – Mykenische Paläste, antike Heiligtümer und venezianische Kastelle in Griechenlands Süden*, Köln 2001

Ernst Künzli: *Medizin in der Antike*, Stuttgart 2002

Armin von Gerkan, Wolfgang Müller: *Das Theater von Epidauros*, Stuttgart 1961

Richard Allan Tomlinson: *Epidauros*, London–Toronto–Sydney–New York 1983

Anklickenswert:

Heiligtum:
www.culture.gr/2/21/211/21104a/e211da03.html

Museum:
www.culture.gr/2/21/211/21104m/e211dm01.html

AUF DEN PUNKT GEBRACHT

Das Theater von Epidauros mit seiner exzellenten Akustik versetzte bisher jeden in Erstaunen und entschädigt dafür, dass von den übrigen Bauten nur noch Grundmauern und einzelne, allerdings großartige Fragmente erhalten sind.

Akropolis von Athen

Jungfrauentempel und Kriegskasse (500 v. Chr. bis 400 n. Chr.)

Athen gilt – ob zu Recht oder Unrecht, darüber lässt sich streiten – als Wiege des Abendlandes und höherer Kultur schlechthin. Über der Stadt thront noch immer majestätisch die Akropolis – wenn sie auch heutzutage immer häufiger von Smogwolken der Sechs-Millionen-Metropole verhüllt wird. Die Bauten der Akropolis erheben sich auf einem 300 mal 150 Meter großen Felsplateau, das an drei Seiten etwa 100 Meter steil abfällt. Dieser sichere Platz wurde schon im Neolithikum besiedelt und in der mykenischen Zeit zu einer Festung ausgebaut.

In der archaischen Zeit (7. und 6. Jahrhundert v. Chr.), als zu den Füßen dieses Burgbergs die Stadt Athen aufblühte, entwickelte sich das Plateau allmählich zum Tempelberg und Kultzentrum. Ein Athene-Tempel wurde errichtet, und ab 566 v. Chr. wurden zu Ehren der Göttin zum ersten Mal Wettkämpfe, die Panathenäen, abgehalten. Der Aufstieg Athens zur Großmacht begann mit dem Sieg über die Perser bei Marathon 490 v. Chr. Zwar wurden Athen und die Akropolis 480 v. Chr. von den Persern geplündert und die Akropolis zerstört, doch bezwangen im selben Jahr die Griechen die Perser und gründeten den Delisch-Attischen Seebund, der ihnen die Vorherrschaft im ganzen ägäischen Raum sicherte.

Die Zerstörung der Akropolis durch die Perser schuf die Voraussetzung für ihre völlige Neugestaltung; der Wunsch der Athener, ihrer Vormachtstellung im Seebund baulich Ausdruck zu ver-

■ Dunstglocke über der Akropolis: Blick über die Altstadt von Athen hinüber zur Akropolis

leihen, gab den Anstoß dazu, und die Verlagerung der gemeinsamen Kriegskasse von Delos nach Athen schließlich gab ihnen auch die finanziellen Mittel an die Hand, diese einmalige Kultstätte bis zum Ende des 5. Jahrhunderts v. Chr. zu errichten.

Auch heute noch besteigt der Besucher die Akropolis über die im 6. Jahrhundert v. Chr. angelegte, 80 Meter lange steinerne Rampe. Zu ihrer Rechten ist der kleine, stark verkürzte Tempel der Athene Nike oder Nike apertos (flügellose Siegesgöttin) dem eigentlichen Tempelbezirk vorgelagert. Der vom Architekten Kallikrates 427 bis 424 v. Chr. erschaffene Tempel ohne Vorhalle hat je vier ionische Säulen an den Giebelseiten und einen umlaufenden Fries, der den Kampf der Griechen gegen Barbaren, Amazonen und Giganten zeigt. Bewusst wurde er an einer Stelle errichtet, die den Blick auf das Meer freigibt, das die Athener damals noch beherrschten. Der Besucher durchschreitet die dorische Säulenfront der Propyläen; das monumentale Eingangsgebäude wurde 437 bis 432 v. Chr. aus Marmor errichtet. Es besteht aus Seitenflügeln und einer aufwendig gestalteten Durchgangshalle, die von einer Trennwand mit fünf

▪ *Die Akropolis von Athen.* Gemälde des berühmten Architekten Leopold von Klenze (1784–1864). München, Neue Pinakothek

GLANZ UND ELEND DER POLISWELT

508/507 v. Chr. stürzte Kleisthenes den attischen Tyrannen Hippias und leitete Reformen für eine demokratische Verfassung ein. 490 v. Chr. drangen die Perser unter Dareios nach Attika vor, wurden jedoch bei Marathon geschlagen. Im zweiten Anlauf unter Xerxes konnten die Perser zunächst die Spartaner und die Athener schlagen, unterlagen jedoch in der Seeschlacht von Salamis und bei Platäa. Zwischen 460 und 429 v. Chr. erblühte Athen unter dem Staatsmann Perikles wirtschaftlich, politisch und kulturell. 431–404 v. Chr. kämpfte Athen im Peloponnesischen Krieg gegen Sparta um die Vormachtstellung in der Ägäis. Nach wechselndem Kriegsglück und einem Zwischenfrieden wurde Athen 404 v. Chr. zur Kapitulation gezwungen und musste ein spartafreundliches aristokratisches Regime einführen. 396–362 v. Chr. konnten Athen, Theben und Korinth im Korinthischen Krieg ihre Unabhängigkeit von Sparta zurückgewinnen, doch Athen erreichte seine einstige Stärke nie mehr.

»Das Kultbild der Athene ist aus Gold und Elfenbein gemacht. Mitten auf dem Helm sitzt die Figur einer Sphinx. Das Kultbild ist aufrecht stehend mit einem Chiton bis zu den Füßen, und an ihrer Brust ist das Medusenhaupt aus Elfenbein angebracht. Und eine Siegesgöttin gegen vier Ellen hoch hat sie in der Hand und eine Lanze, und zu ihren Füßen steht der Schild, und neben der Lanze befindet sich eine Schlange, und diese Schlange mag wohl Erichthonios darstellen. An der Basis des Kultbildes ist die Geburt der Pandora dargestellt.«

Pausanias über das Athene-Standbild

■ Das Erechtheion ist das jüngste klassische Heiligtum auf der Akropolis und steht an jener Stelle, an der sich Athene und Poseidon um die göttliche Schutzherrschaft über Attika gestritten haben sollen. An der Südseite des Erechtheion befindet sich die Halle der Koren, deren Dach von sechs Koren, überlebensgroßen marmornen Mädchenfiguren, getragen wird.

Holztoren durchzogen war. Durch den über vier Meter breiten Mittelgang – auf beiden Seiten von sechs ionischen Säulen flankiert – zogen Prozessionen mit Wagen und Opfertieren. Den Tempelbezirk, auf dem einst zahlreiche Gebäude standen sowie eine neun Meter hohe Bronzestatue der Athene und der mit Hunderten kleiner Weihegeschenke – Statuen, Inschriften, Möbel – geschmückt war, dominieren heute inmitten vieler Trümmerstücke und Ruinen vor allem zwei Bauwerke: der Parthenon und das Erechtheion.

Ersterer erhebt sich im südlichen Bereich als architektonischer Höhepunkt der ganzen Akropolis und letztlich der ganzen griechischen Antike. Mit diesem Tempel der Athene Parthenos – Parthenon heißt »Jungfrauengemach« – wollten die Athener ganz bewusst alles Bisherige, besonders den bis dahin als Maßstab geltenden Zeus-Tempel in Olympia, in den Schatten stellen: Mit 31 mal 70 Metern Grundfläche und acht mal siebzehn Säulen wurde er das größte dorische Gebäude Griechenlands, statt Kalkstein wurde Marmor verwendet, und es wurden für einen dorischen Tempel überreiche Verzierungen angebracht.

Wie erklärt sich die perfekte Harmonie, die dieser Säulentempel ausstrahlt? Was das ästhetische Empfinden vielleicht schon immer unterschwellig verspürte, haben exakte Nachmessungen enthüllt: Das Gebäude weicht in seiner Ganzheit in vielen Punkten subtil von der starren Rechtwinkeligkeit ab. Die Grundfläche ist leicht nach oben gewölbt – exakt zwölf Zentimeter. Diese Kurvatur wurde bis ins Dach hinein fortgesetzt, optisch jedoch da-

durch ausgeglichen, dass Säulen und Cellawände leicht nach innen geneigt wurden. Gebälk und Kassettendecken waren gefärbt, mit Ornamenten bemalt und mit überbordendem Skulpturenschmuck verziert. Alle 92 Metopenfelder des Gebälks waren mit Reliefs geschmückt, die Kämpfe von Göttern und Helden gegen Giganten, Amazonen und Troianer darstellten. Im Westgiebel kämpften Athene und Poseidon um Attika.

»Schon im späteren Altertum war Hellas nur noch eine interessante Ruine. Ovid nennt Athen eine leere Stadt, von der nur noch der Name übrig sei. Marktplätze waren Viehweiden, aus den Kornfeldern ragten die Häupter der Marmorstatuen. Die Haupteinnahmequelle war der Handel mit Ernennungen zum Ehrenbürger.« Egon Friedell

Den Mittelpunkt des Parthenon und der gesamten Akropolis bildete die im Inneren aufgestellte zwölf Meter hohe Statue der kriegerischen Athene Parthenos aus der Werkstatt des Phidias, von der nur antike Beschreibungen und Miniaturabbildungen erhalten sind. Dieses Standbild aus Gold und Elfenbein war keineswegs nur ein politisches und religiöses Wahrzeichen, sondern so etwas wie der attische Vorläufer der Bankenskyline von Manhattan. Denn die abnehmbaren goldenen Gewandplatten bildeten die Reserve der Kasse des Attischen Seebundes, so wie die Wolkenkratzer New Yorks in Immobilien angelegte Kapitalreserven sind. Die Seebundskasse war de facto zum Eigentum Athens geworden und bildete die Grundlage für Wohlstand und Bauboom jener Epoche.

Die Akropolis war nicht nur ein Ort der stillen und erhabenen Repräsentation, sondern auch der volksfestartigen Kulte. In frühen Jahren feierten konkurrierende Adelsgeschlechter, mit zunehmender Demokratisierung jedoch auch breitere Bevölkerungsschichten ihre Götter in Prozessionen, Opfergelagen, Tanz- und Gesangsauftritten. Dabei war der Bezirk im Norden der Akropolis der Mittelpunkt des Kultes, auf dem 421 bis 409/406 v. Chr. das Erechtheion im ionischen Stil errichtet wurde. Dieser Gebäudekomplex ist der jüngste der Akropolis. In Inschriften wird er »Tempel mit der alten Athene-Statue« genannt und vereint Heiligtümer und Kultplätze verschiedener Götter sowie Heroengräber. Hinter der von Säulen gesäumten Vorhalle des Hauptgebäudes erstreckt sich das Athene-Heiligtum. Kleinere Kulträume trennen es vom Areal des Poseidon-Heiligtums. Die Kultorte beider Gottheiten

■ Der Parthenon, Tempel der Athene Parthenos (der jungfräulichen Athene) auf der Akropolis von Athen. Die Oberaufsicht über alle Baumaßnahmen einschließlich der künstlerischen Ausgestaltung wird dem berühmten attischen Bildhauer Phidias zugeschrieben.

sind an dieser Stelle vereint, denn hier sollen Athene und Poseidon um die Schutzherrschaft über Attika gestritten haben. Poseidon schlug seinen Dreizack in den Fels, aus dem daraufhin eine Salzwasserquelle sprudelte. Doch die richtenden olympischen Götter fanden mehr Gefallen an dem Ölbaum, der dort wuchs, wo Athene ihren Speer in den Boden gestoßen hatte. Dreizackmal und Ölbaumstelle gehören als baulich markierte Kultstellen genauso zum Heiligtum wie die Gräber der mythischen Helden Kekrops, Butis und Erechtheus – letzterer gab dem Heiligtum seinen Namen. Zum Erechtheion gehört auch die heute noch beeindruckende Korenhalle, in der sechs Statuen von Mädchen(Koren) als Stützsäulen dienen.

Statuen von Koren und von Kuroi, Jünglingen, die die Würde und Anmut einer aristokratischen Jugend vor der demokratischen Periode Athens zur Schau trugen, fanden Archäologen vielfach im so genannten Perserschutt der Akropolis. Durch die Plünderungen und Zerstörungen der Perser im Jahre 480 v. Chr. waren sie entweiht und wurden von den Athenern als Füllmasse verwendet, um den Boden der Akropolis einzuebenen.

■ Der Tempel der Athene Nike (der siegreichen Athene) erhebt sich im äußersten Südwesten der Akropolis. Mit dem Bau des Tempels dankten die Athener ihrer Göttin für die siegreichen Schlachten gegen die Perser.

Schon zu Beginn des 4. Jahrhunderts v. Chr. endete die Großbautätigkeit auf der Akropolis, denn Athen hatte seine politische Bedeutung und seinen Reichtum weitgehend eingebüßt. Von nun an zehrte die Stadt von dem Ruhm, den sie in den rund 100 Jahren ihrer Blüte (um 510 bis 405 v. Chr.) erlangt hatte. Bereits im 5. Jahrhundert wurde am Mythos gestrickt, Athen sei *die* Wiege von Kultur und Zivilisation. Dieser Mythos wurde von den Römern, die Kunst und Kultur aus Hellas importierten, weitergesponnen. Die Humanisten der Renaissance griffen ihn wieder auf. Die Gründungsväter des griechischen Nationalstaates schließlich kürten bewusst im 19. Jahrhundert das Dorf Athen zu ihrer Hauptstadt. Und der Mythos entfaltet bis heute seine Wirkung, wenn sich die Besucher aus Europa, Amerika und Japan zu den heißesten Tageszeiten den Burgberg hinaufschleppen. Und dann wird es leider doch nichts mit dem Erinnerungsbild *Der Parthenon und ich*, denn seit Jahren gleicht die Akropolis einer Großbaustelle, und es wird noch bis zum Jahr 2010 dauern, bis dem Parthenon sein Restaurierungskorsett wieder abgenommen werden kann.

»Weniger Gebet und Andacht als Geld und Gold waren Motor des Parthenonprojektes. Denn was hier entstand, sah aus wie ein Tempel, war tatsächlich aber ein – wenngleich überdimensioniertes – Schatzhaus.« Lambert Schneider

AKROPOLIS VON ATHEN

FORSCHUNGSGESCHICHTE

Noch bis in die spätrömische Zeit war der Athene-Kult auf der Akropolis lebendig, wie zahlreiche gefundene Weihestatuen beweisen. In byzantinischer Zeit (ab 6. Jh.) wurden Parthenon und Erechtheion in Kirchen umgewandelt. Athen verkümmerte zu einer Provinzstadt. Die Osmanen eroberten 1458 die Akropolis und bauten den Parthenon zu einer Moschee und das Erechtheion zu einem Harem um. Der bis dahin gut erhaltene Parthenon wurde durch eine Munitionsexplosion bei der Belagerung durch die Venezianer 1678 schwer beschädigt. 1762 machten die englischen Bildungsreisenden und Maler James Stuart und Nicolas Revett mit ihren *Antiquities of Athens* den Parthenon in ganz Europa bekannt. 1787 reiste Graf Choiseul-Gouffier mit Erlaubnis der Osmanen nach Athen und sammelte Fundstücke auf der Akropolis ein. Thomas Bruce, bekannt als Lord Elgin, erhielt von der Hohen Pforte in Istanbul freie Hand auf der Akropolis. Im Sommer 1801 ließ er 400 Arbeiter den Parthenon einrüsten und die Hälfte der Friese sowie die 14 besterhaltenen Metopen und 17 Giebelfiguren entfernen. Außerdem nahm er Platten vom Fries des Nike-Tempels mit. Aus der Korenhalle des Erechtheions ließ er eine Mädchenstatue entfernen und durch einen Ziegelpfeiler ersetzen. Die Griechen und Panhellenisten wie Lord Byron waren erbost. 1833, nach dem griechischen Befreiungskrieg, setzte der Strom der Bildungsreisenden ein. Doch diese fanden eine Akropolis vor, deren Parthenon sich den Platz mit byzantinischen, türkischen und albanischen Bauwerken teilen musste. 1834 wurde die Akropolis durch königliches Dekret zum alleinigen Betätigungsfeld der Archäologie erklärt. In den folgenden Jahren wurde der Platz auf der Suche nach der wahren Antike von griechischen und deutschen Archäologen nahezu vollständig umgekrempelt. Jüngere Gebäudeteile wurden entfernt, Klassisches restauriert und rekonstruiert. Bei diesen Aufräumarbeiten stießen die Archäologen auch immer wieder auf Einzelfunde; so entdeckte der Grieche Panagiotis Kavvadias zwischen 1885 und 1891 mehrere Bauwerke und Skulpturen, unter anderem 14 kostbare Marmorstatuen in einem Graben. 1894 beschädigt ein Erdbeben den Parthenon erneut schwer. 1905 wurde auf einem internationalen Archäologenkongress darüber gestritten, wie weit der Tempel restauriert werden dürfe. Künstler kritisierten die Archäologen, die den Parthenon wieder aufbauen wollten. Trotzdem wurden unter der Leitung des griechischen Architekten Nikolas Balanos zwischen 1902 und 1939 Propyläen, Erechteion und Parthenon restauriert. Doch schon in den 1960er Jahren zeigten sich grobe Mängel: Die verwendeten Eisenklammern begannen, den Marmor zu sprengen. Hinzu kamen natürlicher Zerfall und Umweltschäden – besonders durch die in Athen geballte Industrie und den Autoverkehr. Trotz der unübersehbaren Schäden wurde nichts gegen den Smog unternommen, und Flugzeuge durften weiter ihre »Ehrenrunde« über der Akropolis drehen. Seit einigen Jahren wird das 20 Jahre lang diskutierte Sanierungskonzept umgesetzt: Der Parthenon erhält nichtrostende Titanklammern und der Marmor eine gegen Abgase resistente Kunststoffbeschichtung. Für das bloße Auge sind authentische und rekonstruierte Bauteile kaum mehr unterscheidbar.

AUF DEN PUNKT GEBRACHT

Hitze, Smog und ewige Baumaßnahmen – trotzdem führt kein Weg an der Akropolis von Athen vorbei.

WISSENSWERTES

Athene
Die Göttin – eine kriegerische Jungfrau und Tochter des Zeus – zählt zu den großen olympischen Gottheiten. Sie galt als Schutzgöttin des Krieges, der Weisheit und der Künste. Sie fügte sich nicht in die Mutterrolle, sondern begleitete Krieger in die Schlacht – wie die Achaier nach Troia. Deshalb wird sie überwiegend in Kunst und Literatur mit voller Rüstung – Helm, Rundschild und Speer – dargestellt. Ihr Hauptattribut ist die Eule, und ihr größtes Heiligtum das Parthenon.

Lesenswert:
Lambert Schneidern u. Christoph Höcker: *Die Akropolis von Athen*, Köln 1995

Anklickenswert:
Infos, Bilder und Links: www.schaetze-der-welt.de/denkmal.php?id=70

Paestum

Die große Tempelshow (800 v. Chr. bis 500 n. Chr.)

Die amalfitanische Landschaft mit ihren Steilküsten und nestartig angelegten Dörfern endet an der heutigen Industriestadt Salerno. Die Landschaft südlich davon ist trotz ihrer langen Sandstrände wenig touristisch erschlossen, bis ins 19. Jahrhundert hinein war sie stark versumpft; trotzdem nahmen Bildungshungrige seit dem 18. Jahrhundert den Weg in diese unwirtliche Gegend auf sich, denn dort harrte eine antike Attraktion ohnegleichen ihrer Entdeckung. Im ehemaligen Poseidonia, dem heutigen Paestum, stehen drei gut erhaltene griechische Tempel dicht nebeneinander, als wären sie eigens für den Lehrpfad eines Freilichtmuseums errichtet worden.

Kein Geringerer als Johann Wolfgang Goethe, den seine *Italienische Reise* auch hierher führte, gibt offen über seine Lehrstunde in Sachen kulturgeschichtlicher Aneignung Auskunft: »Der erste Eindruck konnte nur Erstaunen erregen. Ich befand mich in einer völlig fremden Welt … Nun sind unsere Augen … an schlankere Baukunst hinangetrieben und entschieden bestimmt, sodass uns diese stumpfen, kegelförmigen, eng gedrängten Säulenmassen lästig, ja furchtbar erscheinen.« Aber Goethe fährt fort: »Doch nahm ich mich bald zusammen, erinnerte mich der Kunstgeschichte, gedachte der Zeit, deren Geist solche Bauart gemäß war, vergegenwärtigte mir den strengen Stil der Plastik, und in weniger als einer Stunde fühlte ich mich befreundet … denn im architektonischen Aufriss erscheinen sie eleganter, in perspektivischer Darstellung plumper, als sie sind, nur wenn man sich um sie her, durch sie durch bewegt, teilt man ihnen das eigentliche Leben mit: Man fühlt es wieder aus ihnen heraus, welches der Baumeister beabsichtigte, ja hineinschuf.«

■ Die Via Sacra trennte das Zentrum Paestums von den Wohnvierteln; im Hintergrund der Poseidon/Neptun-Tempel

Was die Baumeister hier hineinlegten, ist jedoch bis ins letzte Detail auch heute noch nicht

■ Die so genannte Basilika, von der nur noch ein Säulenring steht, war tatsächlich kein öffentliches Gebäude, sondern ein Hera-Tempel.

ganz erforscht. Denn die drei nebeneinander stehenden Tempel von Paestum sind nicht einfache Zeugnisse griechischer Tempelkunst, sondern ihre Konstruktion erweist sich als äußerst kompliziert. Die heute geläufigen Namen, die den Tempeln im 18. Jahrhundert gegeben wurden und noch immer benutzt werden, stiften dabei zusätzliche Verwirrung.

Der älteste, ganz im Süden der heutigen Grabungsstätte gelegene Tempel wurde Basilika genannt, weil man dachte, er sei als öffentliches Gebäude genutzt worden. Tatsächlich war der um 550 v. Chr. errichtete Tempel der Göttin Hera geweiht. Der auf einer Grundfläche von 54,27 mal 24,53 Metern errichtete Bau weist an der Frontseite neun, an den Längsseiten achtzehn dorische Säulen auf. Nicht nur das einfache Verhältnis von 1 : 2, auch die ungerade Anzahl der Frontsäulen ist ungewöhnlich, weil die Mitte so von keinem passierbaren Joch, sondern von einer Säule gebildet wird. Außerdem scheinen dorische und ionische Bauelemente gleichzeitig verwendet worden zu sein. So weist das Gebälk neben den für den dorischen Stil typischen Metopen und Triglyphen auch verzierte Gesimse auf, die eigentlich als ionisches Detail gelten. Doch handelt es sich nicht um ein Mischen der Stile, sondern mehr um einen eigenen, sozusagen westgriechischen Kolonialstil, denn dorische und ionische Bauordnung waren zu dieser Zeit noch nicht gefestigt.

Diese eigenwillige Mischung wird beim Ceres-Tempel noch deutlicher. Der um 500 v. Chr. errichtete und mit 32,88 mal 14,53 Metern kleinere Tempel war eigentlich ein Athene-Tempel, wie Votivfunde im Tempelinneren zeigen. Die sechs mal dreizehn Säu-

■ Blick über das griechische Forum auf den Ceres-Tempel

len der Ringhalle, die wesentlich schlanker als die der Basilika sind, wurden im dorischen Stil erbaut. Dagegen verwendeten die Baumeister für die Vorhalle der Cella, des Innenbaus, vier ionische Säulen. Der äußere Säulenring ist ganz erhalten, leider ist diese Ordnungsmischung im Innenbau nicht mehr direkt vor Ort zu sehen. Teile eines Kapitells des Innenbaus sind im benachbarten Museum zu besichtigen.

DORISCHE UND IONISCHE ORDNUNG

Vereinfacht lässt sich sagen: In der dorischen Ordnung ist das Gebälk aufwendiger, in der ionischen Ordnung sind es die Säulen. Dorische Säulen stehen ohne Zwischenglied auf dem Stylobat, ionische Säulen haben eine Basis mit differenziertem Profil und enden in einem aufwendigen Kapitell, das seitlich in zwei Spiralen ausläuft. Das dorische Gebälk besteht im wesentlichen aus einer umlaufenden Manschette, Fries genannt. Auf dieser wechseln sich dreigegliederte Ornamentblöcke, Triglyphen, mit von Reliefs oder Malereien verzierten Zwischenplatten, Metopen, ab. Das ionische Gebälk weist außer im Giebelbereich keine großen Friese auf, sondern »nur« umlaufende, in unterschiedlichen Formen verzierte Borten. Die dorische Ordnung wurde sehr streng gehandhabt, die ionische eher experimentierfreudig angewendet.

Jüngster und mit seiner Grundfläche von 59,95 mal 24,31 Metern größter Tempel war der Poseidon/Neptun-Tempel. Tatsächlich jedoch wurde Poseidon mit einem Tempel auf dem Vorgebirge Agropoli verehrt, weshalb der Mitte des 5. Jahrhunderts v. Chr. errichtete Neptun-Tempel Hera oder Zeus zugeordnet wird. Er gilt als berühmtester dorischer Tempel der westgriechischen Welt überhaupt, denn bis auf kleine Abweichungen orientiert sich das Bauwerk am Zeus-Tempel in Olympia. Die Abweichungen fallen jedoch zum Teil anders aus, als bis vor wenigen Jahren gedacht. Genaue Nachmessungen haben ergeben, dass die umlaufenden Metopen und Triglyphen in ihren Einzelmaßen stark variieren; sie fallen teils etwas schmaler, teils etwas breiter aus, deshalb weichen auch die Zuordnungen zu den Säulen, die sonst streng geregelt sind, ständig ab. Das Ganze ist keine Fahrlässigkeit, sondern Absicht, denn das Bauwerk wirkt dadurch plastischer.

»In Paestum, dem einstigen Poseidonia, einer zerstörten Stadt, sind die mit Türmen bewehrten Mauern zum Großteil noch erhalten. Im Inneren stehen drei dorische Tempel mit Säulen und mächtigen Steinquadern aus Tivoli.«
Pietro Summonte, 1524

Obwohl die Dominanz der Tempel den Eindruck erwecken könnte, Poseidonia bzw. Paestum sei ein großes Heiligtum gewesen, handelt es sich doch nur um eine Kolonialstadt. Rund um Basilika und Neptun-Tempel lag das südliche Heiligtumareal, um den rund 400 Meter entfernten Ceres-Tempel das nördliche, dazwischen lag das Stadtzentrum, die Agora mit Amphitheater, Bouleuterion und dem Forum als größtem Komplex. Der 150 mal 57 Meter große Platz wurde von Gebäuden umschlossen. Die heute freigelegten Grundmauern gehörten jedoch zu Wohnhäusern, die in der römischen Kaiserzeit errichtet worden sind. Heiligtümer und Agora lagen an der zentralen Nord-Süd-Achse, der Via Sacra, deren Pflaster zum Teil freigelegt ist. Auf der gegenüber liegenden Seite waren die Wohnviertel. Die ganze Stadt wurde von einer 4,7 Kilometer langen Mauer umgeben, die zum großen Teil noch heute erhalten ist.

Eine ummauerte Stadt mit drei Tempeln in nur 100 Jahren erbaut: Was veranlasste die Bewohner zu dieser ungewöhnlichen Anstrengung? Leider erfahren wir aus den antiken Quellen – In-

■ Das kürzlich freigelegte Bouleuterion bildete den Versammlungsort der politisch mündigen Bürger; im Hintergrund der Ceres-Tempel

■ Grundmauern und Bodenmosaike eines Hauses des römischen Forums; im Hintergrund der Poseidon/Neptun-Tempel

schriften und Texten von Geschichtsschreibern – wenig über große Ereignisse im Paestum dieser Zeit. Der einzige Hinweis: Um 510 v. Chr. wurde die Mutterstadt von Paestum, Sybarius, von der Nachbarstadt Kroton erobert. Die Sybariten flohen nach Paestum und brachten der Stadt vermutlich einen wirtschaftlichen Aufschwung, was sich unter anderem an der Einführung eines neuen Geldsystems ablesen lässt. Da Paestum direkt an der Grenze zum etruskischen Einflussgebiet lag und damit Vorposten der griechischen Welt war, lässt sich jedoch auch vermuten, dass die vielen Tempel eine Art Demonstration der Identität und Macht der griechischen Kultur gewesen sein könnten. Ähnlich wie der ägyptische Pharao Ramses II. mit den Monumentalstatuen von Abu Simbel vor allem den Nubiern imponieren wollte, taten es die Griechen mit Poseidonia gegenüber den Etruskern. Doch die Beeinflussung war wechselseitig, denn in Paestum findet sich, einzigartig in der griechischen Welt, eine prachtvolle Grabmalereikultur, wie sie von den Etruskern gepflegt wurde, die von einzelnen Motiven gemalter Grabbeigaben bis zu Szenen aus »Grabspielen« wie Faustkämpfen und Wagenrennen reicht.

Um 390 v. Chr. wurde Poseidonia von den Lukanern, einer Volksgruppe aus der Gegend der 100 Kilometer südöstlich liegenden Basilikata, erobert und sein Name in Paistos umgewandelt. Weil Paistos das unterlegene Pyrrhos im Kampf gegen Rom unterstützt hatte, musste es sich Rom 273 v. Chr. unterwerfen. Die daraufhin Paestum genannte Stadt wurde als latinische Kolonie Flottenstützpunkt und Umschlagplatz für Öl und Getreide. Doch der Hafen versandete, und ab dem 4. Jahrhundert n. Chr. war Paestum nur noch eine ärmliche Siedlung um die in den Athene-Tempel hineingebaute Kirche. Die Ebene wurde immer häufiger überschwemmt, bis sie, inzwischen malariaverseucht, im 8. bis 9. Jahrhundert endgültig aufgegeben wurde. Dieses Unglück der Zeitgenossen war für die Archäologie ein Glücksfall, denn die antiken Tempelbauten gerieten für beinahe tausend Jahre in Vergessenheit und blieben so der Nachwelt erhalten.

PAESTUM

FORSCHUNGSGESCHICHTE

Im Altertum lag Paestum auf einem Plateau, das auf drei Seiten vom Fluss Sele umspült wurde und einen hervorragenden Handelsplatz abgab. Im Frühmittelalter versandete Paestums Hafen, und schließlich versumpfte das gesamte Stadtgebiet. Im 16. und 17. Jahrhundert war Paestum in Adels- und Gelehrtenkreisen von Neapel wieder bekannt, doch seine Bedeutung wurde erst im Zuge des erwachenden Interesses an der Antike im Laufe des 18. Jahrhunderts erkannt. Nun zog Paestum Gelehrte wie Johann Wolfgang Goethe, Johann Joachim Winckelmann und Gittova Battista Piranesi an. 1732 ließ der Bourbonenkönig Karl III. die antike Stätte das erste Mal vermessen. Einer seiner Architekten, Ferdinando Sanfelice, schlug vor, die Tempel abzutragen und sie nach der Mode der Zeit zerstückelt als romantische Ruinen im königlichen Residenzpark von Capodimonte anzusiedeln. Der Vorschlag wurde abgelehnt und die Ruinen daraufhin unter Aufsicht gestellt. 1805 wurden die ersten Gräber entdeckt. Die reichen Grabbeigaben wurden geborgen und ins Museum von Neapel gebracht. Um die Konservierung der Grabmalereien kümmerte sich niemand. Erst in den 1930er Jahren wurde dies vom italienischen Archäologen Claudio Sestieri nachgeholt. Außerdem wurde mit systematischen Erkundungen begonnen. Obwohl schon der griechische Geograph Strabon berichtet hat, dass das große Hera-Heiligtum nicht in der Stadt, sondern 50 Stadien von Paestum entfernt läge, wurde es erst 1934 von dem Archäologen U. Zanotti-Bianco 10 Kilometer nördlich von Paestum an der Mündung des Silaris/Sele entdeckt. 1954 fand Sestieri einen unterirdischen Kultbau. Das als Unterirdische Heiligtum bekannte Bauwerk besteht aus mächtigen Kalksteinblöcken mit einem Dach darüber. An der gleichen Stelle fand sich auch das aus der zweiten Hälfte des 6. Jh. v. Chr. stammende Heroon-Kenotaph, ein symbolisches Grab des Poseidoniagründers. 1968 gelang Sestieris Nachfolger Mario Napoli der sensationelle Fund des Tauchers in der Tomba del Tuffatore. Die Funde wurden im Museum vor Ort ausgestellt. Inzwischen ist damit begonnen worden, die drei Tempel zu restaurieren. Als der Neptun-Tempel eingerüstet war, nutzten die Archäologen des Deutschen Archäologischen Instituts Rom die Gelegenheit und vermaßen sämtliche Details des Tempels. Auch ein Teil des Bouleuterions wurde freigelegt. Der übrige Teil dieses Gebäudes befindet sich bis auf weiteres unter der alten Nationalstraße, die zwar mittlerweile für den Durchgangsverkehr gesperrt ist, jedoch weiter das Agoragelände durchteilt. Und obwohl das Stadtareal durch die Stadtmauer deutlich umgrenzt ist, muss es bisher zum allergrößten Teil unerforscht bleiben, da es Privatgelände ist.

AUF DEN PUNKT GEBRACHT

Ein einzigartiger Lehrpfad des griechisches Tempelbaus in reizvoller Umgebung, etwas abseits der eingetretenen Pfade.

WISSENSWERTES

Griechische Kolonien
Paestum war eine der letzten Kolonien, die von den Griechen in der Zeit vom 8. bis Ende des 6. Jahrhunderts v. Chr. entlang der Mittelmeerküste von Ostspanien bis Kleinasien sowie im Schwarzmeerraum erbaut wurden. Bei diesen Gründungen übernahmen Mutterstädte wie Athen und Milet die Führung. Die typische Kolonie war eine Siedlung in der Umgebung fruchtbarer Böden, die unter den Siedlern aufgeteilt wurden. Hauptgrund der Kolonialisierung war die Überbevölkerung im griechischen Mutterland. Darüber hinaus gründeten die Griechen auch reine Handelsstützpunkte.

Lesenswert:

Johann Wolfgang Goethe: *Italienische Reise*, Frankfurt/Main 1976

Dieter Mertens: *Der alte Heratempel in Paestum und die archaische Baukunst in Unteritalien*, Sonderschriften des DAI Rom, Band 9, 1993

Casa Editrice Bonechi (Hg.): *Kunst und Geschichte in Paestum*, Florenz 2000

Besuchenswert:
Das archäologische Nationalmuseum sowie das Capodimonte-Museum in Neapel

Anklickenswert:
Bilder, Infos und Links: www.antikefan.de/Bilder/paestum/paestum.html

Cerveteri

Heitere Gräberkultur? (700 bis um 200 v. Chr.)

Die frühe Altertumsforschung sparte sie einfach aus, und in der breiten Öffentlichkeit wurden sie lange Zeit bestenfalls im Schatten der glorreichen Römer wahrgenommen. Dabei entfalteten die Etrusker ihre reiche Kultur vor den Römern; es waren die Etrusker, die Rom zur Stadt ausbauten, und die Römer haben vieles von ihnen übernommen: von der Schrift, dem Namensystem und der Architektur der Häuser bis hin zu den Amtsinsignien der Konsuln. In der Kunst haben sich die Etrusker zwar von Griechen, Phöniziern und Kelten inspirieren lassen, doch zeigt der etruskische Hang zur Stilisierung, zur Betonung von Kopf und Gestik und der Modellierung der Oberflächen eine starke eigene Ausprägung. Während von ihren Städten bis auf Stadtmauern keine sichtbaren Ruinen vorhanden blieben, haben viele der ausufernden Nekropolen die Jahrtausende nicht nur recht gut überdauert, sondern spiegeln bis heute im Detail die Wohnhäuser der Lebenden sowie deren soziale Rangordnung, vor allem jedoch den kulturellen Reichtum der Etrusker wider.

■ Das innere der Tomba Scudi e delle Sedie (Grab der Schilde und Sessel, zum Dreizellentypus gehörend) in der Nekropole auf dem Banditaccia. Das Grab ist reich mit steinernen Schilden, Thronsesseln und Totenbetten ausgestattet. Einflüsse der etruskischen Hausarchitektur sind hier deutlich zu erkennen. Das Grab stammt aus der ersten Hälfte des 6. Jahrhunderts.

Das gilt auch für die nur 40 Kilometer nordöstlich von Rom gelegene, einst zur etruskischen Stadt Caere gehörende Nekropolenansammlung Cerveteri. Besonders reizvoll ist die Gräbervielfalt der Banditaccia-Nekropole. Der Besucher sollte zunächst an der Tomba dei Capitelli, dem Grab der Kapitelle, verweilen und am grasbewachsenen, von einem Steinrund eingefassten Grabhügel die Aura dieser Stätte auf sich wirken lassen, von der D.H. Lawrence leicht verklärend schrieb: »Eine sanfte Stille umgibt diese großen Grashügel mit ihren uralten Steinumfassungen, und auf dem Mittelweg ist noch so etwas wie ein schlichtes Glücksgefühl zurückgeblieben. Gewiss war es ein ruhiger und sonniger Aprilnachmittag, und aus dem zarten Gras auf den Gräbern stiegen Lerchen auf. Aber etwas Stilles und Lindes erfüllte die ganze Luft an diesem versunkenen Ort.«

■ Typischer Grabtumulus der Nekropole auf dem Banditaccia

Für eine detaillierte Betrachtung bieten sich die Tumuletti Arcaici an, eine Ansammlung archaischer Grabhügel aus dem frühen 7. Jahrhundert v. Chr. Zu jener Zeit begannen die Etrusker statt einfacher schlauchförmiger Gräber Kammern mit Grabhügeln zu bauen. Diese flachen kegelförmigen Aufschüttungen, Tumuli genannt, die von niedrigen Mauerrringen gestützt werden, waren anfangs noch klein und die aus dem Tuffstein geschlagenen Kam-

Die Etrusker wären infolge ihrer geographischen Lage sehr gut geeignet gewesen, ganz Italien von den Alpen bis zur »Zehenspitze« zu vereinen. Sie scheiterten politisch aus demselben Grund wie die Griechen; sie waren im Gegensatz zu den Kolonialphöniziern nicht willens, sich einem gemeinsamen Kommando zu unterstellen. Ihre Expansionen waren das Werk einzelner Stadtstaaten oder auch nur einzelner militärischer Abenteuer. Und schließlich ließen sich die etruskischen Staaten einer nach dem anderen von Rom bezwingen. Arnold Toynbee

mern schlicht. Gräber der jüngeren Zeit sind häufig in Felswände eingeschnitten und haben architektonisch ausgebildete Fassaden. Gleich neben den Tumuletti Arcaici ist der Höhepunkt der Grabhügelkultur zu sehen, der Große Tumulus II. In ihm wurden im Laufe von 300 Jahren (Anfang des 7. bis Ende des 5. Jahrhunderts. v. Chr.) vier Grabeinheiten unterschiedlicher Typen nach Nordwesten, Richtung Unterwelt auf dem göttlichen Achsenkreuz, angelegt. Die älteste Grabkammer, der Bogentürtypus, stammt aus der Zeit um 690 v. Chr. Auch die italienische Bezeichnung dieses Grabes, Tomba della Capanna, Hüttengrab, erinnert daran, dass die in die Kammerdecke gearbeiteten Strukturen das Dach eines etruskischen Hauses nachahmen.

■ Eingang zu einer älteren von einem Erdhügel bekrönten Grabkammer mit Tuffsteingewölbe in Kragenbautechnik

Im gleichen Stil wurde die benachbarte Tomba dei Dolii, das Grab der Trauernden, im späten 7. Jahrhundert v. Chr. angelegt. Bei der Freilegung fanden die Archäologen diese Grabkammer noch vollständig vor; eine Frau war hier mit ihrem Hausstand, bestehend aus Schmuck und Geschirr, beigesetzt worden. Ebenfalls aus dem 7. Jahrhundert stammt das dritte Grab, die Tomba dei Letti funebri, das Grab der Totenbetten. Sie ist dem Lünettentypus zuzuordnen, das heißt, die kleinen Kammern haben Fenster und Türen in Bogenform.

Das jüngste Grab des Tumulus ist die Tomba dei Vasi attici aus der Zeit um 550 v. Chr.; in ihm wurden etliche antike griechische rot- und schwarzfigurige Vasen aufgefunden. Dieses Grab wird dem Dreizellentypus zugerechnet. Die Gräber dieses Typus er-

Der Unterschied zwischen uns und den Etruskern, deren höchste Kenntnis in der Auslegung der Blitze liegt, ist folgender: Wir meinen, es entstehen Blitze, weil die Wolken zusammenstoßen; jene aber glauben, die Wolken stoßen zusammen, damit Blitze entstehen. Da sie nämlich alles auf die Gottheit zurückführen, halten sie an dieser Meinung fest, als ob die Blitze nicht, weil sie stattfinden, ein Zeichen geben, sondern stattfinden, weil sie Zeichen sein sollen.

Seneca

Aus Formen und Bewegungen der unterirdischen Wände und Räume sprechen eine Schlichtheit und zugleich eine sehr eigenartige ungezwungene Natürlichkeit, die sofort tröstlich stimmt. Die Griechen waren bestrebt, Eindruck zu machen, und in der Zeit der Gotik war man in noch stärkerem Maße bemüht zu beeindrucken. Nicht so die Etrusker. Die Dinge, die sie während der Jahrhunderte ihres Wohlstandes hervorbrachten, sind ebenso natürlich und ungezwungen wie das Atmen. Sie atmen eine ungezwungene Lebensfülle. Das gilt sogar von den Gräbern. Und darin besteht der wahre Vorzug der Etrusker: in ihrer ungezwungenen Natürlichkeit und ihrem Lebensüberschwang.

D. H. Lawrence

reicht man über einen Gang in eine Vorhalle, an deren Rückwand drei Grabzellen angelegt sind.

Die andere Seite der Prozessionsstraße, beginnend bei der Tomba dei Capitelli, ist für den »sozialen Grabbau« reserviert, das sind endlos sich hinziehende Reihenhausgräber, die für die einfachen Leute angelegt wurden. Immer wieder lässt sich dieses Schema entlang der sternförmig auseinander laufenden Gräberstraßen beobachten: Um die Tumulusgräber von Herrschern und Adligen herum sind ganze Zeilen von Reihenhausgräbern angelegt. Nordwestlich der Kreuzung findet sich in der Tomba dei Rilievi der jüngste etruskische Gräbertyp. Das Hypogäum, ein unterirdischer, meist gewölbter Raum, aus dem 4. Jahrhundert v. Chr. Das Hypogäum hat keinen Tumulus, dafür weist die weite Grabkammer auf ihren umlaufenden Sockeln und Nischen insgesamt 32 Grabstelen auf. Noch auffallender sind die farbigen Stuckdekorationen, die Waffen und Werkzeuge, aber auch Tiere und Fabelwesen darstellen.

Die Grabmalereien in Cerveteri wie auch in den Nekropolen von Orvieto und Tarquinia spiegeln die ganze Vielfalt des etruskischen Lebens und der Natur wider, und dank der Sommer wie Winter gleichbleibenden Temperaturen wirken die Naturfarben der Grabmale-

■ Das Innere der Tomba dei Capitelli (Grab der Kapitelle, zum Dreizellentypus gehörend); das Grab stammt aus der zweiten Hälfte des 6. Jahrhunderts und verdankt seinen Namen den zwei mehreckigen Säulen mit äolischen Kapitellen, die die Decke der mittleren Grabkammer stützen.

reien auch nach 2500 Jahren noch frisch. Vor allem aber sind es die »Leichenspiele« mit Wettkämpfen wie dem Ringen sowie die Totenfeiern, wo Frauen und Männer beim Gelage fröhlich beieinander liegen, die den Etruskern bei ihren Feinden das Attribut »Sittenlosigkeit«, bei ihren Bewunderern jedoch die Attribute »Lebensfreude« und »heitere Gräberkultur« eingebracht haben. Doch von diesen fröhlichen Bildern auf den Alltag schließen zu wollen, hat sich als wissenschaftlich unhaltbar erwiesen. Die Motive der Grabmalereien wandelten sich bereits seit dem 5. Jahrhundert v. Chr., wie in der Tomba dei Rilievi zu sehen ist; sie wurden ernster und trauriger. Nicht mehr ausgelassene Totenfeiern, sondern düstere Totenprozessionen, begleitet von dämonischen Wesen, traten in den Vordergrund. Die etruskischen Priester hatten ihrer Kultur zehn Seculae, ein Secula sind hundert Jahre, vorausgesagt, und tatsächlich ging ihre Welt nach einer Zeitspanne von mehr oder weniger tausend Jahren zugrunde. Ob der Auslöser dafür in der zunehmenden Dominanz der Römer lag oder vielleicht doch in der religiösen »Self-fullfilling Prophecy«, soll ruhig weiter ein Rätsel für alle diejenigen bleiben, die die Heiligen Straßen von Cerveteri entlang schreiten.

■ Der berühmte so genannte Ehegatten-Sarkophag befindet sich inzwischen im Louvre in Paris. Die Heiterkeit des Paares verblüfft noch heute.

CERVETERI

FORSCHUNGSGESCHICHTE

Während die Etrusker in der europäischen Kulturgeschichte bis vor wenigen Jahrzehnten nur eine Randrolle spielten, waren sie in der Toskana schon seit der Renaissance Objekt des Interesses, denn dort fanden sich viele erhaltene etruskische Stadttore und Gräber. 1494 wurde das Tumulusgrab von Castellina in Chianti entdeckt, 1553 die Großbronzen der Chimäre von Arezzo. Toskanische Herrscherfamilien wie die Medici sahen sich als Nachfahren der Etrusker. Im 18. Jh. begann mit der Gründung der Accademia Etrusca die wissenschaftliche Auseinandersetzung mit dieser Kultur. Im 19. Jh. wurden überall in den ehemaligen Etruskergebieten Grabungen durchgeführt, vor allem in den Nekropolen, so in Vulci, Tarquinia und Cerveteri. Neben wissenschaftlicher Forschung spielte die Jagd nach den begehrten etruskischen Kunstschätzen eine wesentliche Rolle. 1836 entdeckten der Erzpriester C. A. Regolini und der General V. Galassi die nach ihnen benannte »Fürstengruft, Tomba Regolini-Galassi, südlich der heutigen Stadt Cerveteri. 1850 barg der Antiquar Marquis Campana die berühmte Tonurne mit Ehepaar aus einer Grabkammer auf dem Monte Abetone nahe Cerveteri. Eine ähnliche Urne wurde im 19. Jh. direkt in Cerveteri entdeckt. Im 19. Jh. wurden große Standardwerke über die etruskische Kultur verfasst: 1828 schrieb Karl Otfried Müller *Die Etrusker* und 1848 George Dennis *The Cities and Cemeteries of Etruria*. Ab 1911 wurde unter der Leitung des Archäologen R. Mengarelli die Nekropole Banditaccia freigelegt. Die Arbeiten erstreckten sich über Jahrzehnte, und als D. H. Lawrence 1927 den Ort besichtigte, waren etliche Gräber noch verschüttet, andere lagen unter Wasser. Von 1957 bis 1979 führte der italienische Archäologe M. Moretti die Arbeiten fort, legte Hunderte von Gräbern frei und untersuchte sie mithilfe neuer Techniken. Neue Methoden und kulturübergreifende Ansätze kennzeichnen die Forschungen im 20. Jh. Ihre Ergebnisse wurden 1992 mit der in Paris und Berlin gezeigten Ausstellung *Die Etrusker und Europa* einer breiten Öffentlichkeit zugänglich gemacht. Erst seit einigen Jahren werden an mehreren Orten etruskische Siedlungsplätze systematisch erforscht. In der Po-Ebene wird südlich von Mantua der etruskische Binnenhafen Forcello freigelegt. Dort befand sich im 6. Jh. v. Chr. ein Umschlagplatz für Waren aus der griechischen bis zur keltischen Welt. Am Ufer des toskanischen Lago dell'Accesa wurde die bisher größte etruskische Siedlung ausgegraben. Südlich von Civitavecchia legt ein deutsch-französisch-italienisches Team den etruskischen Siedlungs- und Handelsplatz Castellina frei.

AUF DEN PUNKT GEBRACHT

D. H. Lawrence hat es tatsächlich auf den Punkt gebracht: Die etruskische Gräberkultur strahlt eine tröstliche Ungezwungenheit aus.

WISSENSWERTES

Geschichte der Etrusker

Die Herkunft der Etrusker liegt noch immer im Dunkeln, doch lassen sich Siedlungen, Kunststil und Sprachzeugnisse bis ins 9. Jh. v. Chr. zurückverfolgen. Ihr Kerngebiet zwischen Florenz, Rom und dem Apenningebirge, im wesentlichen also die Toskana, war fruchtbares Land, auf dem sie Oliven, Haselnüsse und Weintrauben anbauten. Schon im 7. Jh. ist der Export von Öl und Weinen sowie Erzeugnissen des Kunsthandwerks belegt. Karthager, Griechen und Etrusker teilten sich die Herrschaft über das Tyrrhenische Meer, bis die Etrusker in Kriegen gegen Griechen und Karthager Anfang des 5. Jh. ihre Flotte einbüßten. Über die Entwicklung der zwölf herrschenden Stadtstaaten wissen wir wenig, da keine etruskische Literatur überliefert wurde. Im 4. und 3. Jh. wird Etrurien mit dem Aufstieg Roms Stadtstaat für Stadtstaat romanisiert.

Lesenswert:

D. H. Lawrence: *Etruskische Orte*, Berlin 1999,

Friedhelm Prayon: *Die Etrusker*, München 1996

Franco Falchetti, Antonella Romualdi: *Die Etrusker*, Stuttgart 2001

Anklickenswert:

Homepage des Ausgrabungs-Teams in Castellina: www.uni-tuebingen.de/CASTELLINA/home.htm

Forum Romanum
(600 v. Chr. bis 475 n. Chr.)

■ Das Forum Romanum vom Kapitol aus gesehen – zahlreiche Repräsentationsgebäude säumen die Via Sacra

Rom wurde unzählige Male zerstört, doch es blieb durchgehend bewohnt und war im ganzen Mittelalter das Ziel von Reisenden und christlichen Pilgern. Sie erblickten allenthalben halb versunkene Ruinen, die in ihnen die Erinnerung an die Größe der Antike wach hielten. Seit dem 15. Jahrhundert traten durch Baumaßnahmen, aber auch durch die systematische Suche der Kalkbrenner nach Marmor immer mehr Areale der bis zu 20 Meter tief verschütteten antiken Stadt zutage.

Nirgends konzentrierte sich eine größere Vielfalt antiker Bauwerke als auf dem Forum Romanum, das erst im Laufe des 19. Jahrhunderts mühsam freigelegt wurde. Die ursprünglich sumpfige Senke zwischen dem Kapitol und dem Palatin-Hügel war im 6. Jahrhundert v. Chr. entwässert worden und entwickelte sich in den folgenden Jahrhunderten zum zentralen Platz Roms für Geschäftstätigkeiten, Triumphzüge, Volksversammlungen und Prozessionen. Das Forum Romanum wuchs Jahrhunderte lang Bauwerk für Bauwerk entlang der zum Kapitol mit seinen Staatstempeln hinabführende Via Sacra, bis Caesar und Augustus gegen Ende des 1. Jahrhunderts v. Chr. den Platz neu gestalten ließen.

»Rom ist unerschöpflich und man macht noch immer neue Entdeckungen und wenn einmahl ein Pabst kommen sollte, der mehr Geschmack, mehr Liebe zu dem Alterthum hat, als dieser der nichts thut, … so würden noch Sachen ans Licht kommen, die besser sind als alles was wir haben.«
Johann Joachim Winckelmann, 1758

Der heutige Besucher kann versuchen, das verwirrende Puzzlewerk aus Tempeln, antiken Repräsentationsbauten und christ-

lichen Kirchen zu entwirren, was viel Muße erfordert, oder er genießt einfach das Kaleidoskop antiker Fragmente im Zentrum dieser überbordenden Stadt. Gleich rechts neben dem Eingang finden sich die Überbleibsel der Basilica Aemilia, einer rechteckigen Halle mit Säulengängen und einer Fassade aus zweistöckigen, auf Pfeilern ruhenden Bögen. Eine Reihe kleiner Räumlichkeiten dienten als Läden – eine Basilica war ein Versammlungsort für Politiker und Geschäftsleute. Geschäfte wurden in der Basilica Aemilia bis zum Untergang des römischen Reiches betrieben, auf dem Boden finden sich die Spuren von Münzen, die sich 410 n. Chr., als plündernde Goten das Gebäude in Brand setzten, in den Boden eingebrannt haben. Gleich nebenan steht der moderne Nachbau der einstigen Curia, in der sich der Senat versammelte. Sie brannte zwischen dem 1. Jahrhundert v. Chr und dem 3. Jahrhundert n. Chr. dreimal ab; die Rekonstruktion zeigt das letzte, von Diokletian errichtete Bau-

■ Der Rekonstruktionsplan des alten Rom zeigt farbig hervorgehoben die Gebäude des Forum Romanum:

1 Basilica Julia
2 Tempel des Saturn
3 Tempel des Vespasian
4 Tempel der Concordia
5 Tabularium
6 Septimius-Severus-Bogen
7 Curia
8 Basilica Aemilia
9 Tempels des Antonius und der Faustina
10 Tempel des Julius Caesar
11 Tempel des Castor und Pollux
12 Tempel der Vesta
13 Haus der Vestalinnen

RÖMISCHER ALLTAG

Rom hatte sich wildwüchsig auf den sieben Hügeln am Tiber ausgebreitet. Erst Caesar und Augustus konnten der Metropole durch Sanierungsmaßnahmen städtebaulichen Glanz verleihen. Ein luxuriöser Alltag in Häusern mit Fußbodenheizung, Wasser- und Kanalisationsanschlüssen blieb den reichen Römern vorbehalten. Demgegenüber lebten arme Römer beengt in fünfstöckigen Mietshäusern und waren nicht selten von der öffentlichen Wohlfahrt abhängig. Doch die luxuriösen Thermen, die Theater und die Schauspiele im Kolosseum waren auch ihnen zugänglich. Ein ständig wachsendes Heer Besitzloser auf der einen Seite – viele Kleinbauern verloren durch langen Militärdienst ihre Existenz – und Großgrundbesitzer sowie reiche Spekulanten auf der anderen Seite führten zu ständigen sozialen Spannungen, die erst von Caesar und den folgenden Kaisern befriedet wurden. Caesar führte auch die erste Verkehrsberuhigung durch. Da die Straßen Roms zu verstopfen drohten, wurden Wagen erst am Abend in die Stadt eingelassen – der nächtliche Verkehrslärm ließ allerdings viele Römer nicht zur Ruhe kommen.

werk, allerdings nur eine »entkleidete Version«. Denn Rom war einst marmorweiß, nicht rot von Ziegelsteinen wie heute; die Ziegelgebäude waren mit Marmorplatten verblendet. Einen Eindruck von der einstigen Marmorpracht vermittelt der herrliche Septimius-Severus-Bogen mit seinen eingearbeiteten korinthischen Säulen, Reliefs von Feldherrn und Sklaven sowie einer Inschrift, die den zehnten Jahrestag der Herrschaft des Septimius Severus ehrt. Das Pendant dieses Triumphbogens am östlichen Ende des Forums, der Titusbogen, war damals schon teilweise überbaut und musste im 19. Jahrhundert stark restauriert werden.

Zwei südlich angrenzende Mäuerchen sind Überbleibsel der römischen »Speaker's Corner« – die Rostra war in der Zeit Caesars und Augustus' eine Rednerbühne, benannt nach den eisernen Schiffsschnäbeln, die die Römer bei der Seeschlacht von Antium (338 v. Chr.) erbeutet und hier aufgestellt hatten. Auf der Rostra wurden manch flammende Appelle an die Römer gehalten, denn bis zur Durchsetzung des Kaisertums 27 v. Chr. befand sich die Stadt in ständigem innerem Aufruhr, bei dem Volkstribune und Diktatoren um die Macht kämpften und Sklavenaufstände die soziale Ordnung bedrohten.

■ Die Trajanssäule stand ursprünglich auf einem Innenhof, der von den mehrstöckigen Säulenhallen des Marktes umgeben war. Von den oberen Stockwerken konnte man die Reliefs auch der oberen Teile der Säule gut betrachten.

In der Forumsecke hinter der Rostra drängen sich mehrere Tempel auf engstem Raum. Während vom Tempel der Concordia (Baubeginn 367 v. Chr.) nur noch Fundamente erhalten sind, stehen vom Tempel des Vespasian, 81 n. Chr. von Domitian errichtet, noch drei Säulen der Nordecke des Pronaos, der Vorhalle. Die eindrucksvollsten Tempelruinen des Forums gehören zum anschließenden Tempel des Saturn. Von dem 497 v. Chr. zuerst errichteten und 42 v. Chr. erneuerten Bau ist eine Reihe von acht ionischen Säulen mit Architrav erhalten, die einen guten Eindruck der damaligen Üppigkeit vermitteln. Westlich, auf dem früheren Forumplatz, sind von den einstigen Standbildern und Gedenksäulen nur einige Sockel und Säulenreste sowie die Phokas-Säule erhalten geblieben. Letztere, eine 13,5 Meter hohe geriffelte Marmorsäule, wurde zu Ehren des Besuches des in Byzanz residierenden Kaisers Phokas 608 n. Chr. errichtet. Sie ist das jüngste

»Das Forum wimmelt von Anwälten und Prozessierenden, Bankiers und Spekulanten, Ladeninhabern und Dirnen, die auf einen hingeworfenen Pfennig hoffen.«
Plautus, römischer Dramatiker

Bauwerk auf dem Forum und blieb seit ihrer Errichtung unversehrt. Demgegenüber sind von der dahinter gelegenen Basilica Iulia lediglich Fundamente und Säulenfragmente erhalten. Die einst 82 mal 18 Meter große, von zwei Säulengängen umgebene Halle diente als Gerichtsgebäude. Von dem sich anschließenden Tempel des Castor und des Pollux – den Zwillingen und Schutzgöttern der Reiter geweiht – stehen drei schöne korinthische Säulen mit Architrav. Diese Überbleibsel stammen jedoch nicht vom ersten, um 484 v. Chr. errichteten Bau, sondern von der letzten Erneuerung 6 v. Chr., die dem späteren Kaiser Tiberius zugeschrieben wird. Gleich nördlich ließ Augustus, der erste römische Kaiser, kurz vor der Zeitenwende dort, wo sich die Via Sacra zu einem Platz weitete, den heute nur noch in Fundamenten vorhandenen Tempel des Julius Caesar errichten. Dieser wurde dem rächenden Kriegsgott Mars Ultor als Zeichen des Sieges des Augustus über die Mörder Caesars geweiht. Wiederum drei Säulen, allerdings rekonstruierte, ragen vom östlich sich anschließenden Tempel der Vesta in den Himmel. Der runde Tempelbau der Göttin des Herdfeuers, der einem der ältesten römischen Kulte geweiht war, bestand ursprünglich aus Holzsäulen und einem Strohdach; der spätere Marmorneubau empfand diese Form mit feingeriffelten korinthischen Säulen nach. Der runde Innenraum war bis auf eine Feuerstelle leer; die dort brennende heilige Flamme wurde von ehrenhaften Jungfrauen gehütet, die gleich nebenan im Haus der Vestalinnen wohnten. Diese Ruine gehört zu den harmonischsten Orten des Forums. Das Haus umschloss rechtwinklig einen Garten mit drei Teichen. Während von dem Gebäude nur noch Ziegelmauern stehen, sind entlang der Teiche die auf Podesten ruhenden Ehrenstatuen der Vestalinnen teilweise wieder aufgestellt worden.

GESCHICHTE ROMS

9./8. Jh. v. Chr. erste Siedlung, der Legende nach durch Romulus
7. Jh. v. Chr. Etrusker beherrschen Rom
509 v. Chr. Vertreibung der Etrusker und Gründung der Republik
340–264 v. Chr. Unterwerfung der Apennin-Halbinsel
264–146 v. Chr. In drei Punischen Kriegen wird Karthago geschlagen und vernichtet. Rom kontrolliert den westlichen Mittelmeerraum.
51 v. Chr. Caesar unterwirft Gallien
44 v. Chr. Caesar wird Diktator auf Lebenszeit, kurz darauf jedoch ermordet
31 v. Chr. Rom beherrscht den gesamten Mittelmeerraum
27 v. Chr. Beginn der Kaiserzeit mit Augustus und Ende der sozialen Unruhen in Rom
65 n. Chr. Christenverfolgung unter Nero
284 n. Chr. Teilung in west- und oströmisches Reich
475 n. Chr. Nach Plünderungen durch Goten und Vandalen bricht das weströmische Reich zusammen.

■ Die Kirche San Lorenzo in Miranda umgeben vom Säulenring des Tempels des Antonius und der Faustina

■ Das riesige Trajans Forum, das in die nördlichen Stadtteile führte, war von Säulenhallen und Apsiden gesäumt, hinter denen lange Reihen von Geschäftsräumen lagen. Es gilt als die wohl eindrucksvollste Erweiterung des Forum Romanum.

Gegenüber, auf der anderen Seite der Via Sacra, erstrecken sich zwischen mehreren Kirchenbauten die wuchtigen Überreste der Basilica des Konstantin und des Maxentius. Dieser Bau mit seinem riesigen Tonnengewölbe – von Kaiser Maxentius begonnen und nach dessen Absetzung von Konstantin vollendet – war mit 100 mal 65 Metern in der Spätantike der größte auf dem Forum. Das 36 Meter hohe Gebäude war ursprünglich mit Marmor verkleidet und mit vergoldeten Ziegeln bedeckt; es beherbergte Gerichtssäle und Geschäfte.

Der sich daran anschließende Tempel des Romulus, ein Rundbau aus Ziegeln mit Kuppeldach aus dem 4. Jahrhundert v. Chr., ist so perfekt in die dahinter liegende Kirche der Heiligen Kosmas und Damian integriert, dass er nur schwer als antikes Bauwerk auszumachen ist. Außerdem ist seine Zuordnung zum legendären Stadtgründer Romulus nicht gesichert. Eine weitere Tempel-Kirchen-Symbiose schließt den Rundgang ab. In den intakten Säulenring des Tempels des Antonius und der Faustina wurde die Kirche San Lorenzo in Miranda hineingebaut, sodass die Säulenreihen zusammen mit den darüber sich flügelförmig erhebenden Barockgiebeln eine skurrile Gestalt ergeben.

Gegen Ende des 1. Jahrhunderts v. Chr. wurde das Forum für das wachsende römische Weltreich zu klein. Caesar ließ ein ergänzendes, von zweigeschossigen Säulenhallen umfasstes Forum in unmittelbarer Nähe des alten errichten, das er 46 v. Chr. einweihen konnte. Damit setzte er Maßstäbe, denen andere Kaiser folgten. So entstanden die Foren des Augustus, des Vespasian, des Nero sowie des Trajan. Augustus, der erste römische Kaiser, ließ gleichzeitig das Forum Romanum von Grund auf restaurieren und instrumentalisierte es für seine Selbstdarstellung als Herrscher.

»Im selben Staub sitzend, versinkt das heidnische Rom in seine Gräber, und das christliche Rom fällt nach und nach wieder in seine Katakomben.«
François Chateaubriand, französischer Botschafter, Beginn des 19. Jh.

FORUM ROMANUM

FORSCHUNGSGESCHICHTE

Gleich zweimal wurde Rom im 5. Jh. n. Chr. geplündert: von den Goten und von den Vandalen. Das christliche Rom, Sitz des Papstes, zerstörte viele der antiken Bauten oder ließ sie umbauen. So wurden das Pantheon ebenso wie die Curia auf dem Forum zu Kirchen umgestaltet. Im Mittelalter nahm die Bevölkerung Roms immer weiter ab. Tempel, Theater und Thermen wurden zu Marmorsteinbrüchen, das Material wurde für den Bau von Kirchen, später auch für den Petersdom verwendet. Marmor wanderte in die berüchtigten Kalköfen. Diese Plünderungen gaben den Ruinen ihre heutige Farbe: Rom leuchtete in der Kaiserzeit in weißem Marmor, nicht in rotem Ziegelstein. In den folgenden Jahrhunderten wurden die antiken Stätten überbaut, versanken in Schutt und Abfall oder wurden von Bäumen und Viehweiden überwuchert. Rom wurde zum Ziel christlicher Pilger, doch das Wissen über die Antike ging verloren. Mit der Renaissance setzte das Interesse an antiken Kunstschätzen ein. Cyriacus von Ancona war im 15. Jh. der erste Antiquitätenhändler, der Aufzeichnungen über die Bauwerke und Topographien machte. Anfang des 16. Jh. wurde in der Domus Aurea, dem Palast des Nero, die berühmte Laokoon-Gruppe entdeckt. Daraufhin wurde der Boden Roms systematisch von Schatzgräbern durchwühlt. Im 18. Jh. richteten weltliche und geistliche Fürsten mit den Funden große Sammlungen ein, besonders Engländer waren unter den Käufern. Richard Boyle und Graf Berlington gründeten 1735 die Society of Dilettanti, den ersten Antikenfreundeskreis. Italienreisen kamen in Mode. Johann Joachim Winckelmann kam 1755 nach Rom, »seine« Kunstgeschichte jedoch richtete er ganz am Ideal der griechischen Klassik aus. Das Forum Romanum war zu dieser Zeit noch eine Weide mit Baumreihen, aus der vereinzelt Fragmente verschütteter Ruinen ragten. Erst Anfang des 19. Jh. wurde mit seiner Freilegung unter Leitung des Archäologen Carlo Fea begonnen. Dabei wurden erstmals Gefangene eingesetzt. Unter französischer Besatzung wurden für die Ausgrabungen bis zu 2000 verarmte Römer eingestellt, bis zu 600 davon arbeiteten auf dem Forum. Französische und italienische Architekten bestimmten die antiken Topographien und sorgten dafür, dass ganze Plätze und nicht nur einzelne Gebäude ausgegraben wurden. Ab 1827 wurde der nördliche Teil des Forums unter der Leitung von Antonio Nibby ausgegraben. Durch den Vergleich von Funden mit Inschriften und alten Texten konnte er einige Korrekturen in der Zuordnung der Gebäude vornehmen. 1845 konnte der deutsche Historiker Theodor Mommsen die Lage des Platzes des Comitiums bestimmen, wo die Volksversammlungen abgehalten wurden. 1850 wurden die großflächigen Ausgrabungen auf dem Forum beendet. 1892 zeichnete der italienische Archivar Rodolfo Lanciani eine Karte des Forums, die von Kleinigkeiten abgesehen bis heute gültig ist. 1899 legte der Archäologe Giacomo Boni im Nordwesten des Forums eine 3 mal 4 Meter große Pflasterung aus schwarzem Marmor frei. Das legendäre Lapis Niger soll den Platz von Romulus' Grab kennzeichnen. Tatsächlich wurde darunter ein Grab mit Stele aus dem 6. Jh. gefunden. Die Ausgrabungen verlagerten sich auf andere Areale des antiken Rom. Bis Anfang des 20. Jh. wurden vor allem Funde aus der Kaiserzeit gemacht. Allmählich drangen die Archäologen tiefer in die Erde und stießen dort auf das archaische Rom. Im Oktober 1988 entdeckte der Archäologe Andrea Carandini am Rande des Forum die Spuren des römischen Stadtwalls aus dem 8. Jh. v. Chr.

AUF DEN PUNKT GEBRACHT

Es gibt viele antike Plätze in Rom. Doch das Forum Romanum ist einfach konkurrenzlos.

EMPFEHLUNGEN

Lesenswert:

Claude Moatti: *Rom–Wiederentdeckung einer antiken Stadt*, Ravensburg 1995

Johann Joachim Winckelmann: *Briefe*, Berlin 1952

Marie Luise Kaschnitz: *Engelsbrücken, Römische Betrachtungen*, München 1975

Sehenswert:

Das alte Rom. Virtuelle Tour durch die antike Stadt. CD-Rom oder DVD-ROM, 2002

Anklickenswert:

Rundgang über das Forum: www.geocities.com/~stilicho/

Pompeji

Pompejis zweiter Untergang? (800 v. Chr bis 24. August 79 n. Chr.)

POMPEJI
1 Villa der Mysterien
2 Villa des Diomedes
3 Haus des Chirurgen
4 Haus der Vettier
5 Haus des tragischen Poeten
6 Haus des Faun
7 Haus der Silberhochzeit
8 Öffentliche Bäder
9 Tempel der Fortuna
10 Temple der antiken Jagd
11 Forum Bäckerei
12 Tempel des Jupiter (Kapitol)
13 Bordell
14 Tempel des Apollon
15 Forum
16 Stabianer Thermen
17 Tempel der Venus
18 Tempel des Jupiter
19 Großes Theater
20 Gladiatoren-Kasernen
21 Odeion
22 Haus des Meander
23 Palaestra
24 Amphietheater
25 Friedhof

Rund 2000 Jahre nachdem in Pompeji durch den Ausbruch des Vesuv das Leben zum Erliegen kam, ergießt sich nun täglich eine neue Flut über die Stadt – bis zu 20 000 Menschen aus aller Welt wollen die aus ihrem Dornröschenschlaf gerissene Römerstadt sehen, durchschreiten, photographieren und leider auch anfassen. 150 Wachleute beaufsichtigen das Gelände und sollen die Gebäude vor Vandalismus schützen. Es sind zu wenig Wachleute, und sie gehen ihrer Arbeit eher sorglos nach. So sitzen einige gerade zur nachmittäglichen Stoßzeit im Schatten und lösen gemeinsam Kreuzworträtsel.

Der Besucher trifft auf Glanz und Elend einer einmaligen Antikenstätte; zum Elend gehört, dass die Areale rund um den Haupteingang arg mitgenommen wirken. Graue Wände und Aschewege erinnern an trostlose Bergbausiedlungen. Die Besucher können inzwischen nur noch einen Bruchteil der einstmals 70 zugänglichen Häuser betreten, Eingänge sind zuweilen mit Eisengittern, aber auch häufig mit schäbigen Bretterverschlägen abgesperrt. Herrenlose Hunde streunen durch die Ruinen, Witterung und wilder Pflanzenwuchs zerstören das Mauerwerk, und Menschenströme treten das antike Pflaster herunter. Trotzdem ist jeder überwältigt von der Vielfalt, Plastizität und den ungeheuren Ausmaßen dieser plötzlich vom Vesuv verschütteten Stadt.

In Eingangsnähe erstreckt sich über 155 mal 38 Meter das an drei Seiten von zweigeschossigen Portiken (Säulengängen) eingefasste Forum, wo sich sakrale mit öffentlichen Bauten abwechseln. Zu letzteren zählen die 55 mal 24 Meter große Basilika, die der Rechtssprechung diente, sowie das benachbarte Comitium, der Versammlungsort der Kaufleute, und das Gebäude der Eumachia, dessen Funktion nicht geklärt ist.

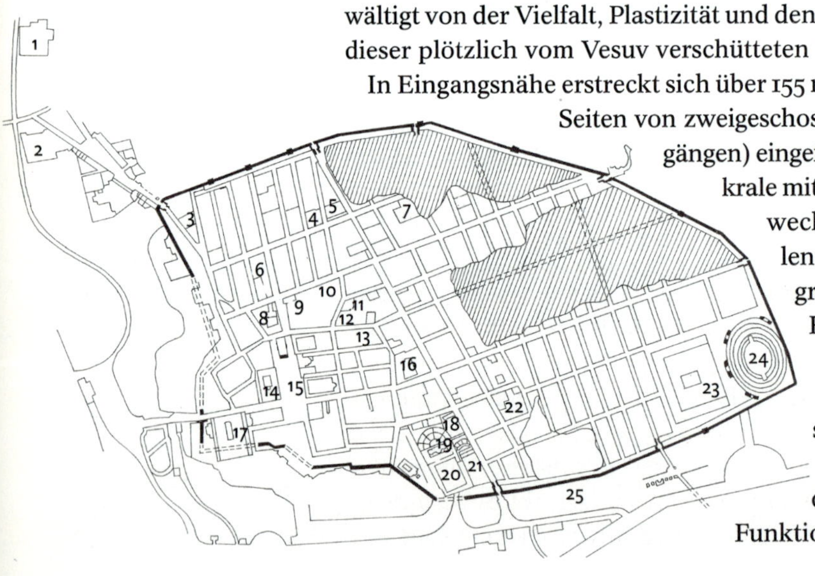

■ Blick vom Forum durch ein Bogentor Richtung Vesuv

Dominiert wird der Platz von dem nördlich auf einem hohen Podium stehenden säulenumrandeten Jupitertempel. In dem östlich davon gelegenen Laren-Heiligtum wurden sämtliche Schutzgötter Pompejis verehrt: Fortuna, Venus, Ceres, Herkules, Merkur und Bacchus. Das älteste Gebäude ist der am südlichen Ende des Forums gelegene Apollon-Tempel, der im 2. Jahrhundert v. Chr. vollständig erneuert worden war und dessen Fundamente aus dem 6. Jahrhundert v. Chr. stammen und auf die hellenistische Vorgeschichte Pompejis verweisen. Einige Schritte die Via Dell' Abbodanza, eine der beiden Hauptachsen der schachbrettartig angelegten Stadt, hinunter liegen die gut erhaltenen Stabianer Thermen. Durch den Eingang betritt der Besucher die zentrale, von einem Säulengang umrundete Palästra, das Sportfeld, von dem das Schwimmbecken und die eigentlichen Baderäume, in Männer- und Frauentrakt getrennt, abgehen. Nur zwei Insulae (Häuserviertel) weiter südöstlich gruppieren sich um das Foro Triangolo, das Dreieckige Forum, das in den Hang gebaute gut erhaltene Theater aus dem 2. Jahrhundert v. Chr. sowie das kleine Odeon (80 v. Chr.) und Reste eines alten dorischen Apollon-Tempels. Doch gut erhaltene Repräsentativbauten gibt es auch in anderen antiken Stätten. Einmalig an Pompeji ist, dass die Stadt mit-

■ Heutzutage schieben sich Menschenmassen über die Via Dell' Abbondanza.

ten im pulsierenden Leben erstarrte – hier lässt sich wie nirgends sonst Archäologie des Alltags in 3-D erleben. Die Besucher laufen auf dem alten Kopfsteinpflaster durch enge Gassen und überqueren diese auf antiken Trittsteinen. Sie kommen an Marktgebäuden vorbei, in denen die intakten steinernen Verkaufstheken auf frische Waren zu warten scheinen. Mindestens ebenso beeindrucken die großen, weitläufig gebauten römischen Stadthäuser, die alle einem bestimmten Aufbau folgten. Dieser lässt sich besonders gut an dem hervorragend erhaltenen Haus der Vettier studieren, dem im 1. Jahrhundert v. Chr. umgebauten Haus zweier reicher Kaufmannsbrüder. Durch das Vestibulum, den Eingang, gelangt der Besucher in den ersten Hof, das Atrium, von dem Seitenräume abgehen, zumeist als Ahnentempel genutzt. Durch das Empfangszimmer geht es in den säulenumstandenen Hof, Peristyl genannt. Weitere Räume wurden symmetrisch an dieser Hauptachse angegliedert. In dem Hof stehen noch Marmortische, zwei Springbrunnen und in jeder Ecke ein Marmorbecken; die Wände erstrahlen in tiefem Rot und dottrigem Gelb. In den Räumen sind zahlreiche gut erhaltene Wandgemälde zu bewundern, darunter ein Fruchtbarkeitsgott, der gerade sein gigantisches Glied auf eine Waage legt.

EROS IN POMPEJI

Nicht nur im Haus der Vettier, sondern überall in Pompeji stießen die Ausgräber auf erotische Darstellungen: Wandmalereien, Bodenmosaike oder Phallusplastiken aus Bronze, Tuffstein und Marmor. Diese wurden von Tugendwächtern konfisziert – über 250 Objekte werden noch heute in der Geheimkollektion des Nationalmuseums in Neapel unter Verschluss gehalten. Im römischen Alltag dagegen wurde der Eros nicht verdrängt. In Graffiti an Hauswänden wiesen Pompejaner auf besonders diensteifrige Prostituierte hin, Phallussymbole wiesen den Weg zu den zahlreichen Bordellen. Phallusobjekte als Statuen, Hängelampen, Tischbeine oder Türglocken sollten Unheil fernhalten.

Übertroffen wird dieses Gebäude nur noch von dem südlich gelegenen Haus des Faun. Das sich mit 2900 Quadratmetern über eine ganze Insula erstreckende Gebäude zeichnet sich durch eine Verdopplung der Struktur der römischen Stadtvilla aus: zwei Atria und zwei Peristyle sowie zwei beheizbare Bäder. Im Hof steht eine Nachbildung der Bronzestatue eines tanzenden Faun, der eigentlich ein Satyr ist. Hier befand sich auch das weltberühmte Mosaik der Alexanderschlacht, das heute, wie der Faun, im Nationalmuseum in Neapel ausgestellt ist. Zum Pflichtprogramm der Besuchermassen gehört auch das Haus des tragischen Poeten, weil es Handlungsort des berühmten Romans *Die letzen Tage von Pompeji* von Edward Bulwer-Lytton ist, dort allerdings wird es Haus des Glaucus genannt.

In Pompeji lässt sich jedoch immer noch etwas abseits der ausgetretenen Pfade entdecken – beispielsweise ganz im Nordwesten die in den letzten Jahren restauriert Casa di Apollo. Der Hof ist wunderbar wiederhergestellt und mit duftendem Oleander und Buchsbaum bepflanzt, im Gartenhaus lassen sich Wandgemälde des Apollon bestaunen. Auch die wissenschaftliche Erforschung der Stadt ist noch längst nicht abgeschlossen, Archäologen aus aller Welt graben und restaurieren hier. Im Zentrum Pompejis erforschen deutsche Archäologen die Casa dei Postumii, die anschließend restauriert dem Publikum zugänglich gemacht werden soll. Das Gebäude mit seiner Mischbebauung – innen ein repräsentatives Haus mit Peristyl, außen Läden und Mietwohnungen – stammt nicht wie bisher vermutet aus dem 2. Jahrhundert v. Chr., sondern wurde erst nach dem Erdbeben von 62 n. Chr. gebaut, nur 17 Jahre vor dem Untergang Pompejis. Vorläufer des Peristyl-Hauses war ein einfaches Gebäude mit Stampflehmboden und unverputzten Wänden, unter denen sich jedoch Säulenfundamente finden. Die Sondage (Probebohrung) endete schließlich in einer

»Da sind die Venusse und Bacchusse und Adonisse, die sich auf den vielfarbigen Fresken an den Wänden der Wohn- und Schlafzimmer lieben und betrinken; und dort sieht man die engen Straßen und die noch engeren Bürgersteige mit Platten guter, harter Lava ausgelegt, die einen tief ausgefahren von den Rädern der Wagen, die anderen von den Füßen der Pompejaner längst vergangener Jahrhunderte ausgetreten.«

Mark Twain 1869 in seiner *Reise durch die Alte Welt*

■ Die kleinen geflügelten Eroten oder Putti aus dem Haus der Vettier symbolisieren die verschiedenen Berufe der pompejanischen Handwerkervereinigungen: in diesem Fall den des Goldschmieds. Der Putto in der Mitte bearbeitet ein Schmuckstück, neben ihm eine Gold- und eine Laufgewichtswaage. Ein anderer Putto hält eine Zange ins Feuer, das er mit einer Art Blasrohr in Gang hält. Ein weiterer Putto legt letzte Hand an eine Goldschüssel.

■ Die Lava verfestigte sich rings um die Körper derart, dass sich sogar kleinste Gewandfalten und feinste Muskeln abzeichneten. Die Körper selbst zerfielen.

Schicht mit Keramikscherben aus dem 7. Jahrhundert v. Chr., Pompejis griechischer Zeit. Darunter stießen die Archäologen auf dünne Vulkanaschelagen, Zeichen für Eruptionen unmittelbar vor dieser ersten Besiedlung.

Üppiges Leben und Katastrophe gingen in Pompeji viel häufiger Hand in Hand als bisher gedacht. Das gilt auch für Pompejis Zukunft, denn der einzigartigen Stätte wird von Medien, Kulturwissenschaftlern und -politikern der zweite, nunmehr endgültige Untergang prophezeit. Zu unrecht, weil sich die Erhaltung der Vesuvstadt tatsächlich noch immer in einer Experimentierphase befindet: Für dieses in seinem Umfang und seiner Vollständigkeit einzigartige Ruinenfeld existieren keine Vergleichsmöglichkeiten. Insgesamt erstreckt sich die antike Stadt über ein Gebiet von mehr als 40 Hektar – ein Drittel davon ist noch nicht ausgegraben. Was wurde nicht alles bis heute angedacht: Pompeji sollte an anderer Stelle als eine Art Disneyland nachgebaut oder zumindest virtuell kopiert werden. Die Besucher sollten kanalisiert werden – beispielsweise über den mittlerweile weitgehend begehbaren Stadtmauerring. Doch die Besucher wollen etwas anderes: Sie wollen eintauchen in eine Welt, die plötzlich aus ihrem Alltag gerissen wurde, eintauchen in faszinierende Kunstwerke und das Gefühl des allgegenwärtigen Memento mori erleben. Folglich kann die Lösung nur in der Harmonisierung von Besucherströmen mit den Erfordernissen der Ruinen liegen, während über alldem der Vesuv droht. Innerhalb der nächsten 50 Jahre rechnen die Vulkanologen mit einem größeren Ausbruch, die Neapolitaner lebten also in jeder Hinsicht am Rande des Vulkans. Anstatt ständig kluge Ratschläge zu geben, sollten alle Antikenfreunde Pompeji einfach mit neapolitanischer Gelassenheit betrachten.

LAVASTROM STATT ASCHEHAGEL

19 Stunden lang sollen am 24. August 79 n. Chr. Ascheregen und giftige Gase über Pompeji niedergegangen sein. Doch italienische Wissenschaftler fanden in einem noch unberührten Areal des Wohnviertels Insula dei Casti amanti, Quartier des züchtigen Liebespaares, oberhalb der dünnen Ascheschicht Ablagerungen, die charakteristisch für pyroklastische Flüsse, also Lavaströme, sind und von sechs verschiedenen Eruptionen herrühren. Daraus ergibt sich folgende Chronologie: In der Vorphase des Ausbruchs ereignen sich am 24. August ab vier Uhr morgens heftige Erdbeben. Statt zu fliehen, beginnen die Pompejianer jedoch unverzüglich mit Aufräumarbeiten. Die erste Phase des Vulkanausbruchs setzt mittags ein. Während rund vier Stunden lang weißer und grauer Bimsstein auf Pompeji hinabregnet, verläuft der Hauptausstoß in östlicher Richtung, nach Herculaneum. In einer darauf folgenden Übergangsphase ereignen sich erneut starke Erdbeben. Erst in den frühen Morgenstunden des 25. August erreichen pyroklastische Flüsse und Giftgaswolken Pompeji.

POMPEJI

FORSCHUNGSGESCHICHTE

Pompeji war am 24. und 25. August 79 n. Chr. zu einer leblosen Wüste geworden und geriet für eineinhalb Jahrtausende in Vergessenheit. Ende des 16. Jh. n. Chr. – wieder nach einer Vesuv-Erschütterung – wurden beim Aushub eingefallener Wassergräben einige Inschriften entdeckt, aber nicht weiter beachtet. Erst 1748 begann der spanische Ingenieur Rocque Joaquin de Alcubierre, der seit 1738 in Herculaneum nach Kunstschätzen suchte, auch an der La Civita genannten Stelle zu graben, zunächst sporadisch, ab 1754 intensiv. 1763 wurde eine Inschrift gefunden, die den Namen dieses bis dahin namenlosen Ortes preisgab. Immer mehr Gelehrte und Kunstliebhaber reisten nach Pompeji, unter ihnen auch Johann Joachim Winckelmann, der anschließend in einem »Sendschreiben« die chaotischen Ausgrabungen kritisierte und damit Pompeji in ganz Europa bekannt machte. Unter den französischen Königen von Neapel (1806–1815) wurden die Ausgrabungen intensiviert, danach stockten sie wieder. 1860 wurde das Königreich Neapel dem italienischen Nationalstaat angeschlossen, König Victor Emanuel ernannte Giuseppe Fiorelli zum Grabungsleiter. Dieser dokumentierte die Ausgrabungen und unterteilte Pompeji in die bis heute gültigen Regiones (Bezirke) und Insulae (Häuserviertel). Die ausgegrabenen Häuser erhielten neue Dächer, und Fiorelli ließ die freigelegten, nur noch aus Hohlräumen bestehenden menschlichen Körper mit Gips ausgießen. Fiorellis Nachfolger Michele Ruggiero ließ 1875 bis 1893 die Zentralthermen ausgraben und über 600 Wandgemälde an Ort und Stelle konservieren. Insula für Insula wurden zwei Drittel der Stadtfläche von Pompeji bis Anfang des 20. Jh. freigelegt. Amedeo Maiurius ließ bei Ausgrabungen von 1924 bis 1961 die Funde subtiler herausarbeiten und verstärkte die Konservierungsmaßnahmen. Trotzdem begann der Verfall von Pompeji. Immer größere Touristenströme (inzwischen 1,5 Millionen jährlich) belasteten die Anlage. Vandalismus und Diebstahl beraubten Pompeji vieler kleiner Kunstwerke. Restaurierungen mit falschen Materialien führte zu noch größeren Schäden, Wildwuchs ließ Mauern und Böden erodieren. In den 1980er Jahren stellten unabhängige Institute eine verheerende Bilanz auf und der Aufruf »Rettet Pompeji!« ging um die Welt. Die Europäische Gemeinschaft stellte 36 Milliarden Lire (ca. 25 Millionen Euro) zur Verfügung, doch Korruption und unsachgemäße Restaurierungen verschlimmerten den Zustand der Stätte. Erst der seit 1993 amtierende Grabungsleiter Pietro Giovanni Guzzo hat ein umfassendes Restaurierungsmanagement eingeführt, das umsichtig vorgeht und statt Stahlbeton die traditionellen Baustoffe Holz, Kalk, und trockenes Gestein verwendet. Nun funktioniert der Verwaltungsapparat trotz sommerlicher Gewerkschaftsstreiks, familiärer Seilschaften unter den Mitarbeitern und der legendären neapolitanischen Baumafia. Ende der 1990er Jahre hat die italienische Regierung ein Gesetz erlassen, das die Eintrittsgelder (8 bis 10 Millionen Euro jährlich) nicht mehr über Rom umlenkt, sondern direkt in die Restaurierung fließen lässt.

AUF DEN PUNKT GEBRACHT

Trotz oder gerade wegen manch erschütternder Eindrücke gehört Pompeji zu den überwältigendsten antiken Stätten der Welt.

WISSENSWERTES

Herculaneum

Noch vor Pompeji wurde 1710 das ebenfalls vom Vesuv vernichtete Herculaneum wiederentdeckt. Die kleine, weniger pompöse Stadt wird erst seit 1927 systematisch ausgegraben. Da sie in bis zu 20 Meter hohen, versteinerten Schlammschichten unterging, sind sogar zwei- bis dreistöckige Wohnhäuser mitsamt ihren bunten Wandgemälden und dem Inventar vollständig erhalten geblieben, darunter das zum Teil mit Marmor ausgelegte Haus mit dem Telephos-Relief oder das mit Atrium und ionischen Säulen ausgestattete Samnitische Haus. Von den öffentlichen Gebäuden konnten bisher nur ein Theater aus dem 1. Jh. v. Chr. und zwei Thermen freigelegt werden, da das antike Herculaneum zum Teil unter der heutigen Stadt Ercolano liegt.

Sehenswert:
Étienne, Robert: *Pompeji, die eingeäscherte Stadt*, Ravensburg 1995

Anklickenswert:
Karten, Bilder und Infos: www.antikefan.de/Bilder/pompeji/pompeji.html

Çatal Höyük

Großstadt der Steinzeit (7600 bis 5600 v. Chr.)

Was der britische Archäologe James Mellaart 1958 rund 50 Kilometer südöstlich von Konya, der zentralanatolischen Stadt des berühmten Derwischklosters, entdeckte, sollte die bis dahin gültige Kulturgeschichte revolutionieren. Der 17,5 Meter hohe und überwiegend aus Siedlungsschichten ehemaliger Lehmhäuser bestehende Hügel liefert den Beweis, dass die erste Stadtkultur weder um 3500 v. Chr. in Ägypten noch um 4000 v. Chr. in Mesopotamien, sondern um 7000 v. Chr. – nach den neuesten exakten Bestimmungen sogar um 7600 v. Chr. – in Zentralanatolien entstanden ist. Und zwar noch in der Steinzeit, denn es gibt keinerlei Anzeichen für eine Revolution im Neolithikum. Weder wurden Metallgegenstände gefunden noch gibt es Anzeichen für Ackerbau und Viehzucht.

Der von den Einheimischen einfach Çatal Höyük – Hügel an der Weggabelung – genannte Ort beeindruckt auf den ersten Blick nicht sonderlich. Bereits im Frühsommer sind die Gräser vertrocknet, und in den ausgegrabenen Arealen stößt der Besucher nur auf graue Erde und rechteckige hüfthohe Lehmmauern. Es gehört eine sehr ausgeprägte Imaginationskraft dazu, um vor dem

■ Grabungsfeld in Çatal Höyük. Die Grabungen des Archäologischen Instituts der Universität Cambridge in Çatal Höyük, die James Mellaart von 1961 bis 1963 begonnen hatte, werden seit 1995 von Ian Hodder fortgesetzt.

■ Die rechtwinkligen Häuser Çatal Höyüks lagen Wand an Wand beieinander. Es gab einzelne Höfe zwischen den Häusern, jedoch keine Straßen und Gassen. Diese Teilrekonstruktion vom Zentrum für Kunst und Medientechnologie der Hochschule für Gestaltung Karlsruhe wurde mit Mitteln der digitalen Bildbearbeitung erstellt.

geistigen Auge aus dieser eintönigen Lehmkulisse die einstige Siedlung wieder erstehen zu lassen, die den Siedlungen der Pueblo-Indianer ähnelt. Hier herrschte auf über 14 Hektar ein Gedränge ineinander verschachtelter Lehmbauten. Es gab zwar vereinzelt Höfe, jedoch keine Gassen und Straßen, und die Menschen gelangten über Holzleitern von tieferen zu höher gelegenen Dächern. Sowohl der Lichteinfall als auch der Einstieg in die Häuser erfolgte durch die Dachluke.

Die Häuser waren rechteckig, meist 6 mal 4,5 Meter im Grundriss und 3 Meter in der Höhe – eine revolutionäre Neuerung, denn bis dahin gab es, soweit wir wissen, nur Rundbauten. Doch damit nicht genug, die Häuser bestanden aus einer zweiteiligen Konstruktion: Ein Holzgerüst stützte die Dachkonstruktion, und davon unabhängig wurden die Lehmmauern außen herum gebaut, sodass jedes Haus seine eigenen vier Wände hatte. Dadurch konnten einzelne Häuser eingeebnet und neugebaut werden, ohne die Nachbarbauten zu gefährden. Die Stadt, die keine Befestigungsmauer besaß, wuchs ständig an ihren Außenrändern, im Zentrum jedoch bildete sich, Siedlungsschicht auf Siedlungsschicht, allmählich ein Hügel. Zur Zeit der größten Ausdehnung lebten dort rund 10 000 Menschen.

Über fast 2000 Jahre in einer so großen Gemeinschaft zu leben, muss entscheidende Vorteile mit sich gebracht haben. So fanden sich hier die ältesten Teppichwebereien überhaupt, die von einer Entstehung fortgeschrittener Arbeitsteilung zeugen. Die Entwicklung differenzierter Bedürfnisse belegen die hochwerti-

Was Çatal Höyük heraushebt, ist nicht die Zahl seiner schätzungsweise 10 000 einstigen Bewohner, ist nicht irgendeine spektakuläre Einzelheit wie in Jericho, sondern der kulturelle Gesamtzusammenhang von Architektur, Plastik, Malerei, Handwerk, von bewusster Stadtgestaltung, Wohnkultur, Ritualen und Gebräuchen.

Heinrich Klotz

■ Durch Dachluken stiegen die Bewohner über Leitern in ihr Haus. Der gesamte Verkehr verlief über die flachen Dächer auf versetzten Ebenen. Diese Teilrekonstruktion vom Zentrum für Kunst und Medientechnologie der Hochschule für Gestaltung Karlsruhe wurde mit Mitteln der digitalen Bildbearbeitung erstellt.

gen Handwerksprodukte von Çatal Höyük: zweizinkige Gabeln sowie Löffel aus Knochen, Ketten und Armreifen, vor allem jedoch Waffen, Werkzeuge und erstaunlich gute Spiegel aus Obsidian, der von dem rund 140 Kilometer entfernten Hasan Dag stammt, einem bis 2000 v. Chr. aktiven Vulkan.

Im Vergleich zu diesen Luxusgütern waren die Häuser der Stadt spartanisch eingerichtet, eine Feuerstelle, ein kleines Heiligtum und Podeste, auf denen getrennt Männer sowie Frauen und Kinder schliefen. Diese Podeste hatten es im wahrsten Sinne des Wortes in sich – sie waren Schlaf- und Grabstätte in einem, denn die verstorbenen Familienmitglieder wurden in ihrem Inneren bestattet. Um die Toten zu konservieren, wurden sie in speziellen Freihöfen den Geiern überlassen, die das Fleisch abfraßen. Das Skelett wurde dann mit den gängigen Farben, gelb-braunem Ocker, rotem Zinnober, grünem Malachit oder blauem Azurit, angemalt, der Schädel abgetrennt und das Gesicht aus Lehm nachmodelliert. Von diesem »Geierritual« wissen die Forscher, weil es Teil der reichen Wandverzierung war. Manche Häuser waren dar-

DER STÜTZPUNKT JERICHO

Schon im 9. Jahrtausend v. Chr. war 15 Kilometer nordwestlich der Mündung des Jordans ins Tote Meer an einer wasserreichen Quelle die Stadt Jericho mit Mauer, Verteidigungsgraben, runden Lehmhäusern und einem Rundturm errichtet worden. Doch stellte diese Stadt kein Zentrum einer neuen, urbanen Lebensform dar, sondern diente Fernhändlern als Stützpunkt und war gleichzeitig ein Bollwerk zum Schutz des Wasservorkommens.

über hinaus auch mit Statuen und Stierschädeln und -hörnern so reich ausgestattet, dass es sich bei ihnen um reine Kulträume gehandelt haben muss.

Unter der Vielfalt der Motive stechen zwei besonders hervor: die Muttergöttin und der Stiergott. Bei der Muttergöttin wurden in der für die Frühzeit typischen Weise die Geschlechtsmerkmale in übertriebener Weise betont. Besonders die plastische Darstellung der Muttergöttin als Idol (s. S. 113) mit ihren extrem großen Brüsten, breiten Hüften und dicken Oberschenkeln ist unserem heutigen Empfinden nach an der Grenze zur Hässlichkeit. Die Häufigkeit dieses Motivs gibt Anlass, über eine Sonderstellung der Frau in der Gemeinschaft zu spekuliere. Doch scheint kein Führungsanspruch der Frau, sondern die Fruchtbarkeit im Mittelpunkt dieses religiösen Denkens gestanden zu haben, denn wir finden ebenso häufig den Gegenpart zum Weiblichen, den männlichen Stier oder Auerochsen, als Motiv. Jüngsten Erkenntnissen zufolge steht er nicht nur für die Jagd, sondern auch für die Beherrschung der äußeren und inneren Natur.

Der Übergang vom Nomadenleben zum engen Miteinander in Çatal Höyük hat sicherlich nur gelingen können, weil das gesamte

MATRIARCHAT

Eine Gesellschaft gilt dann als matriarchalisch geprägt, wenn alle oder mehrere der folgenden Eigenschaften zutreffen: Vorherrschaft der Frauen durch eine weibliche Erbfolge, der Mann wird in die Verwandtschaft der Frau eingegliedert, jegliche Vaterschaftsrechte fehlen, das Weibliche spielt eine dominante Rolle in der Kultur. Nach Evolutionstheoretikern und Marxisten vertreten feministische Wissenschaftlerinnen die Ansicht, in einer historischen Phase des Matriarchats habe eine praktisch herrschaftsfreie Gesellschaft existiert. Die moderne Forschung hält die vorhandenen Beweise jedoch für unzureichend, um diese Theorie zu untermauern.

■ Wandmalereien in Haus VII 8, dem Geierheiligtum. Diese Animation der holländischen Künstlerin Monique Muder und des Kunsthistorikers Heinrich Klotz folgt der Rekonstruktion von James Mellaart.

■ Monique Mulder und Heinrich Klotz haben bei ihrer computeranimierten Rekonstruktion versucht, auch atmosphärische Eindrücke wieder zu geben: So könnte das Innere der Häuser ausgesehen haben: Wandmalereien mit Kelimmuster.

Verhalten der Einwohner streng reglementiert war. Auch die Versorgung der Einwohner dieser großen Steinzeitstadt basierte auf dem Funktionieren der aufeinander eingespielten Gemeinschaft. Denn um die Gazellenherden, die zwischen dem Taurusgebirge und der arabischen Halbinsel hin- und herzogen, zu jagen, waren Hunderte von Menschen erforderlich, die die Tiere in riesige, speziell errichtete V-förmige Absperrungen trieben. Zu dieser Annahme passt auch das Ende von Çatal Höyük. Um 5800/5700 v. Chr. verschwand die Jagd als Bildmotiv, und das Jagdheiligtum wurde nicht mehr erneuert. War die Zeit der großen, gemeinsamen Jagd vorbei? Funktionierte die Gemeinschaft nicht mehr? 5600 v. Chr. wurde die Siedlung nicht etwa durch Erdbeben oder Feuer zerstört, sondern einfach aufgegeben, und es dauerte danach fast 2000 Jahre, bis die Menschen erneut das Experiment »Stadt« wagten.

ÇATAL HÖYÜK

FORSCHUNGSGESCHICHTE

Der auf die Frühgeschichte spezialisierte britische Archäologe James Mellaart fand durch gezielte Suche bereits die anatolischen Frühzeitsiedlungen Beyesultan und Hacilar, bevor er 1958 auf Çatal Höyük stieß. Anhand der Oberflächenfunde – Lehmziegel, Keramikscherben und Obsidianwerkzeuge – schloss er auf eine frühneolithische Siedlung. Dies wurde in den Ausgrabungen von 1961 bis 1963 zwar bestätigt, doch Größe und Alter der Stadt waren eine Sensation. Çatal Höyük erwies sich als die älteste Stadt der Menschheitsgeschichte mit einer ausgeprägten Stadtkultur. Doch Mellaart erhielt für seine Forschungsarbeit nicht nur Anerkennung: Es wurde ihm vorgeworfen, Funde heimlich außer Landes gebracht und verkauft zu haben. Schuld daran war vermutlich seine etwas sorglose Arbeitsweise. Seine Forschungsergebnisse blieben zwar unangefochten, doch wurde es still um die frühe Stadt. Seit 1995 führt Mellaarts Schüler Ian Hodder die Arbeiten in Çatal Höyük fort. Die von mehreren Unternehmen großzügig gesponserte Grabung stützt sich auf fast 100 Mitarbeiter und neueste Grabungsmethoden. Satellitenbilder wurden ausgewertet, der Boden mit dem Magnetometer durchleuchtet und Bodenproben analysiert. Auf diese Weise gelang es, die ersten Lehmziegel von Çatal Höyük auf die Zeit um 7600 v. Chr. zu datierten. DNA-Analysen der menschlichen Skelettreste bestätigen, dass nur Mitglieder einer Familie in den Häusern bestattet wurden. Mit mikroskopisch feiner Analyse der nur millimeterdicken Fußbodenablagerungen wurde das Lauf- und Verweilverhalten der Bewohner untersucht. Nicht nur die Podeste waren streng aufgeteilt, das ganze tägliche Verhalten – wer sich zu welcher Zeit an welchem Ort aufhalten durfte – war streng geregelt. In dieser strengen Reglementierung des Verhaltens sieht Ian Hodder die Ursprünge des Zivilisationsprozesses, denn vor der Beherrschung von Tier und Pflanze stand die Selbstkontrolle. Und mittlerweile ist den Forschern klar, dass das Sesshaftwerden nicht Folge des Ackerbaus war. Die Menschen bauten ihre Dörfer und probierten das Säen von Pflanzen und das Züchten von Tieren zunächst als Zweit- und Dritterwerb aus. Jüngstes Vorhaben der Forscher: Mit einer Spezialtinktur lösen sie die bis zu 120 Farbaufträge auf den Hauswänden Schicht für Schicht ab. Da die Lehmhäuser höchstens 120 Jahre genutzt wurden, eröffnet sich die Möglichkeit, die Entwicklung der jährlichen Bemalung über diesen Zeitraum zu verfolgen. Gleichzeitig hat das Karlsruher Zentrum für Kunst und Medientechnologie in Zusammenarbeit mit der niederländischen Künstlerin Monique Mulder die Aufgabe übernommen, die Grabungsergebnisse in Computeranimationen umzusetzen. So lässt sich die Alltagswelt von Çatal Höyük bildlich begreifen.

WISSENSWERTES

Idole

In der vorgeschichtlichen und archäologischen Terminologie werden stehende, sitzende oder kauernde Statuetten aus Ton, Stein, Bronze, Blei, Elfenbein und Holz, die eine bewußte Betonung oder schematisierende Gestaltung vorwiegend des weiblichen Körpers zeigen, Idole genannt. Nackte Idole sind häufiger als bekleidete; sie dienten als Weihegeschenk und Grabbeigaben. Die fettleibigen weiblichen Idole als »Große Mutter« hatten eine erste Blütezeit im Neolithikum.

EMPFEHLUNGEN

Lesenswert:

James Mellaart: *Çatal Höyük. Stadt aus der Steinzeit*. Bergisch Gladbach 1967

Denis Vialou: *Frühzeit des Menschen*, München 1992

Heinrich Klotz: *Die Entdeckung von Çatal Höyük. Der archäologische Jahrhundertfund*, München 1998

Anklickenswert:

Homepage der Catal Höyük-Forschung mit Grabungs-Rundgang: //catal.arch.cam.ac.uk/catal/catal.html

AUF DEN PUNKT GEBRACHT

Selten ist der Kontrast zwischen der Bedeutung einer antiken Stätte und ihren bescheidenen Überbleibseln so groß wie in Çatal Höyük.

Troia

Tortenhügel aus 3500 Jahren Siedlungsgeschichte (um 3000 v. Chr. bis 500 n. Chr.)

■ Heinrich Schliemann, um 1860

An diesem Ort kämpfte Achill gegen Hektor, vor seinen Toren ließ Odysseus das hölzerne Pferd aufstellen, hier opferte Alexander der Große der Athene, bevor er gen Persien und Indien zog. Wenn die historische Bedeutung die Größe einer Ruinenstätte bestimmte, dann müsste Troia so herausragend wie Pergamon und zugleich so monumental wie Ephesos sein. Tatsächlich jedoch sind nicht wenige der über 300 000 Besucher, die jährlich den Weg an den äußersten Westzipfel Kleinasiens suchen, schlichtweg enttäuscht. Denn der Hisarlikhügel, auf dem Troia einmal lag, hat wenig eindrucksvolle Bauwerke zu bieten. Er ist ein labyrinthartiger Burgberg, in dem Spuren verschiedenster Kulturen über einen Zeitraum von dreieinhalb Jahrtausenden ineinander verwoben und geschoben wurden wie in einer durcheinander geratenen Schichttorte. Die Troianer bauten ihre Häuser mit nicht wiederverwertbaren Lehmziegeln, eine aufgegebene Stadt wurde vor dem nächsten Neubau eingeebnet.

Im Laufe der Jahrhunderte lagerte sich so Schicht auf Schicht, Troia auf Troia ab. Diese 20 Meter dicke Hügelkuppe unterteilen Archäologen mittlerweile in neun Hauptperioden mit 46 einzelnen Bauphasen. Angefangen mit der untersten, Troia I, das ungefähr in der Zeit von 3000–2500 v. Chr. gestanden haben muss, werden die Perioden nach oben bis zu Troia IX, das bis ins 4. Jahrhundert n. Chr. existierte, durchgezählt. Diese Überlagerung von Siedlungen im Zwiebelschalenmuster über einen Zeitraum von 3500 Jahren ermöglicht eine einmalige zusammenhängende Chronologie. Während die Wissenschaftler deshalb von einem »Glücksfall für die Archäologie« sprechen, können die Besucher auf einem Rundgang nur kleine Fundplätze betrachten – Zeitfenster, die einen flüchtigen Blick in die einzelnen Epochen erlauben und den Rest der Vorstellungskraft des Einzelnen überlassen. Wer die Entwicklung dieser so bedeutenden Stätte chronologisch er-

■ Modell der ummauerten Oberstadt von Troia VI, das in der Ausstellung »Troia – Traum und Wirklichkeit« zu sehen war

fassen will, muss einen abenteuerlichen Zickzacklauf in Kauf nehmen.

Da jede Stadt sich wie ein aufquellender Hefeteig über die nächste hinaus ausbreitete, finden sich die Spuren von Troia I nur in der Mitte der Ruine. Freigelegt wurde das Fundament des Südtores der Befestigungsmauer. 40 Meter westlich davon erstreckt sich der gewaltige so genannte Schliemanngraben. Als Heinrich Schliemann 1871 mit der ersten Grabung begann, verfolgte er nur eine Idee: Er wollte den Palast des Priamos finden und die Wahrheit der *Ilias* beweisen. Gesäumt von Hügeln, die die ehemalige Höhe des Burgberges zeigen, zieht sich diese Schlucht noch heute quer durch den halben Burgberg. Sie wird von Steinmauern unterbrochen; die kleineren sind Fundamente lang gestreckter Häuser aus der Zeit 2800 v. Chr., die größeren die Fortsetzung der wallartigen Befestigungsmauer. In den bis zu vier Meter dicken Siedlungsschichten von Troia I (3000–2500 v. Chr.) werden zehn Bauphasen unterschieden. Direkt auf dem Felsboden wurde eine dorfähnliche Anlage errichtet, die von einer nach innen geneigten Befestigungsmauer umgeben war. Die Bewohner der Troia-I-Phase trieben hauptsächlich Ackerbau, Viehzucht und Fischfang.

Direkt in westlicher Richtung schließt sich die Befestigungs-

■ Im Troia-Labyrinth des verlängerten Schliemanngrabens ragen Kulturschichten aus 3000 Jahren wie eine »verwackelte« Schichttorte ineinander.

HOMER UND SEINE *ILIAS*

Als Homer in der *Ilias* vom listigen Odysseus, der schönen Helena und dem Zweikampf zwischen Achill und Hektor berichtete, waren seit der tatsächlichen Zerstörung der Stadt im 12. Jahrhundert v. Chr. bereits 400 Jahre vergangen. Die *Ilias* diente dabei als Göttersaga, Heldenepos und Ahnenchronik zugleich. Helden, die mit den Göttern rangen, sollen die Vorfahren der Griechen gewesen sein. Neben dem Unterhaltungswert hatten die immer wieder erzählten Episoden eine weitere wichtige Funktion: Hunderte von griechischen Kämpfern und deren Familien wurden in den so genannten Schiffskatalogen angeführt, deren Nachfahren aus diesen Erwähnungen Ansprüche auf Land und gesellschaftliche Stellung ableiten konnten.

mauer von Troia II mit ihrem Südwesttor und einer imposanten Steinrampe an. In der Mauer gleich neben der Rampe stieß Schliemann auf seinen Goldfund, den er sofort als »Schatz des Priamos« titulierte. Tatsächlich war der Fund mehr als tausend Jahre älter und gehörte zur Troia-II-Phase (2500–2300 v. Chr.). Die in dieser Zeit entstandene Burganlage verfügte über große, repräsentative Gebäude und war vermutlich eine Residenz oder eine Palastanlage. Weitverzweigte Handelskontakte lassen sich für diese Phase nachweisen. Aus dem Vorderen Orient kam die Töpferscheibe, Steinzepter aus Osteuropa und aus Afghanistan das für die Bronzeherstellung so notwendige Zinn.

Ein ganzes Stück weiter östlich, direkt hinter der Befestigungsmauer von Troia VI, findet sich ein kleines Feld mit chaotischen Mauerwerken, die wie hingewürfelt wirken. Es sind die einzigen sichtbaren Gebäudereste aus Troia IV, das durch Feuer oder Erd-

■ Im restaurierten hellenistisch-römischen Odeion werden im Sommer wieder Konzerte gegeben.

beben zerstört wurde. Für den gesamten Zeitraum 2300 bis 1700 v. Chr. – Troia III bis Troia V – sind nur wenig Baureste erhalten. Trotzdem wissen die Forscher, dass die Wohnhäuser dicht beieinander standen und die Siedlung sich immer weiter ausdehnte. Auch die Städte dieser Epoche waren entgegen früherer Annahmen befestigt. Für Troia IV gilt allerdings das einprägsame Zwiebelmuster nicht, denn diese Siedlung dehnte sich zum Teil weiter über den Hisarlikhügel aus als die von Troia VI.

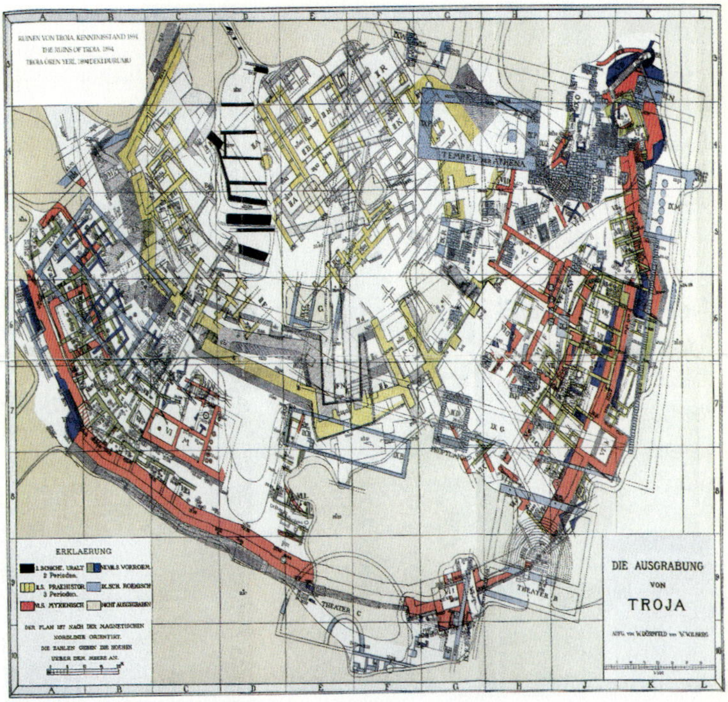

■ Karte der Ausgrabung von Troia, die 1894 von Wilhelm Wilberg und Wilhelm Dörpfeld, dem Nachfolger Heinrich Schliemanns angefertigt wurde. Die verschiedenen Schichten, also Perioden, sind bereits deutlich gekennzeichnet.

Den größten zusammenhängenden Baukomplex bildet die Troia-VI-Festungsmauer, die wie ein Ring die Grabungsstätte umschließt und dem Besucher noch am ehesten einen anschaulichen Eindruck der berühmten Stätte vermittelt.

Die Stadtanlange von 1700 bis 1250 v. Chr. war Homers Troia: Die bisherige Festungsanlage wurde verkleinert und eine weitläufige Unterstadt angelegt. Das strategisch wichtige Troia hatte sich im 13. Jahrhundert v. Chr. mit den Hethitern verbündet – vermutlich ist Troia VI die hethitische Vasallenstadt Wilusa, die dann von den Griechen Ilion genannt wurde. Dieses Bündnis wollten die Griechen auf Dauer nicht akzeptieren. Von der entscheidenden Vernichtungsschlacht erzählen die *Ilias* und Teile der *Odyssee*.

Von Troia VII (1250–1000 v. Chr.) dagegen gibt es wenig Funde, weshalb lange angenommen wurde, es sei in dieser Zeit gar nicht besiedelt gewesen. Neue Entdeckungen in den dicken Lehmschichten am südlichen Ende des Schliemanngrabens jedoch widerlegen diese These. Zwar stammen die gefundenen Tierknochen hauptsächlich von Haustieren, aber auch von Wild. Deshalb schließen die Archäologen auf karge Lebensverhältnisse in dieser Epoche.

Fundstücke aus der Troia-VIII-Phase (um 1000–85 v. Chr.) da-

DAS HETHITERREICH

Den indogermanischen Volksstamm verschlug es im 3. Jahrtausend v. Chr. von der Schwarzmeerregion ins zentralanatolische Hochland; dort verdrängte er die alteingesessenen Hatti. Die Keilschrift lernten die Hethiter von den Assyrern, wandelten sie ab und schufen etwas Neues: die Geschichtsschreibung. Das Hethiterreich hatte expandierenden Charakter – mit dem Streitwagen eroberten sie ein Gebiet, das in der Blütezeit von Smyrna an der Ägäisküste bis zum Euphrat in Syrien reichte. Das Hethiterreich ging um 1200 v. Chr. unter – die Ursachen dafür sind nicht geklärt. Erst Ende des 19. Jahrhunderts, nach dreitausend Jahren, wurde ihre Kultur wiederentdeckt.

gegen lagen bis vor kurzem über den gesamten Burgberg verstreut. Teile der Säulen und der Kassettendecke des einst gewaltigen Athene-Tempels wurden zusammengetragen und liegen heute als anschauliche Fragmente im östlichen Bereich des Burgbergs. Die griechische Stadt Troia VIII war zu einer kleinen Siedlung geschrumpft. Alexander der Große opferte vor und nach seinem Sieg über die Perser hier der Göttin Athene. In Verehrung für Homer und seine Helden ließ er die Stadt wieder aufbauen und Tempel errichten.

Zu diesen Stiftungsbauwerken zählen auch Teile des Heiligen Bezirks von Troia VIII bis IX südöstlich des Burgbergs. Archäologen haben hier Fundamente von Altären und Tempeln freigelegt, die von Griechen sowie den nachfolgenden Römern errichtet wurden. Für die Römer hatte Troia keine strategische, sondern lediglich kultische Bedeutung, denn sie führten ihre Herkunft auf den Homerschen Helden Aeneas zurück. Sie verwandelten Troia IX (85 v. Chr–um 500 n. Chr.) in eine Kultstätte mit Tempeln, Theatern und Bädern. Ein beeindruckendes Zeugnis dieser Zeit ist das beinahe vollständig erhaltene Odeion, ein kleines überdachtes Gebäude für musikalische oder deklamatorische Aufführungen, mit seinen im Halbkreis angeordneten steinernen Sitzreihen. Zum römischen Troia gehörte auch eine gewaltige Unterstadt, die sich südlich des Hisarlikhügels erstreckte und lange Zeit ältere Bauspuren überdeckte. Erst vor einigen Jahren gelang es den Troia-Forschern, die rund 1500 Jahre ältere Unterstadt von Troia VI zu entdecken.

■ Goldgefäße aus dem so genannten Schatz des Priamos, Troia II (2500–2300 v. Chr.)

Troia lag an einem Standort mit einmaliger geopolitischer Bedeutung: der Dardanellen-Meerenge, einem Nadelöhr zwischen der griechischen Ägäis und dem Schwarzen Meer. Gegenwind und starke Strömung machten die Dardanelleneinfahrt zu einem der unwägbarsten Probleme der antiken Seefahrt. Segelschiffe mussten hier auf dem Weg zum Schwarzen Meer ankern und auf die wenigen Tage mit günstigem Wind warten, wofür sie mit Sicherheit einen Tribut an die Bewohner Troias zu entrichten hatten. Das weckte Missgunst und Neid, so hat es auch nicht nur

einen, sondern viele Troianische Kriege gegeben! Doch um die Zeitenwende lernten die Seefahrer, mit ihren Segelschiffen gegen den Wind zu kreuzen. Nun steuerten sie einfach an der Landzunge, außerhalb der Reichweite der troianischen Waffen, vorbei. Nachdem Troia in der römischen Zeit lediglich eine Kultstätte gewesen war, geriet es während der byzantinischen Herrschaft vollständig in Vergessenheit.

Als Heinrich Schliemann Ende des 19. Jahrhunderts den kleinen Burgberg ausgegraben hatte, war er von »seinem« Troia enttäuscht. Heute dagegen erschließt sich die wahre Größe des Homerischen Troias: Mit 200 000 Quadratmetern, auf denen bis zu 6000 Menschen gelebt haben könnten, wäre sie eine der größten Städte Kleinasiens in der Bronzezeit gewesen. Noch ist jedoch umstritten, ob die Unterstadt durchgängig bebaut war, auch ein Hafen für Troia VI ist noch nicht gefunden. Der Streit um die Frage, wie groß und wie bedeutend das spätbronzezeitliche Troia wirklich war, wird wohl noch lange Zeit andauern.

■ Grabungen im Areal des griechisch-römischen Heiligtums mit Blick in die Troas

TROIA

DIE ENTDECKUNG TROIAS UND DIE SCHLIEMANN-LEGENDE

Bis ins 4. Jahrhundert war den Römern die Örtlichkeit Troia bekannt, dann geriet sie in Vergessenheit. Im Mittelalter galt Troia unter Gelehrten als erdachte Stadt. Mit der Renaissance und der Übersetzung von Strabons Erdbeschreibung ins Lateinische erwachte das Interesse an der Geographie der antiken Stätten. Doch erst im 18. Jahrhundert wurde es möglich, den zum Osmanischen Reich gehörende Ägäisraum zu bereisen. Der Engländer Robert Wood 1742 empfahl, die *Ilias* dort zu lesen, »wo Achill gekämpft und Homer gesungen hatte«. Der französische Aristokrat Marie-Gabriel-Auguste-Florent Choiseul-Gouffier, der einige Zeit Gesandter in Konstantinopel war, lokalisierte schließlich 1808 in seiner *Voyage Pittoresque* Troia mithilfe von Einheimischen und den von Homer erwähnten Quellen auf einem Hügel in der Nähe des Dorfes Bunarbaschi. Im 19. Jahrhundert reisten viele Bildungsbürger mit der *Ilias* in der Hand in die Troas. Die Zweifel an der Lokalisierung wuchsen, weil Bunarbaschi unter anderem viel zu weit landeinwärts lag. Dann kam Heinrich Schliemann (6. 11. 1822–26. 12. 1890). Mit der *Ilias* in der Hand durchstreifte er im August 1868 die Troas. Als er akribisch die Ortsangaben Homers mit den geographischen Gegebenheiten vor Ort verglich, erkannte er: Troia konnte nicht, wie einige Zeitgenossen glaubten, landeinwärts auf dem Festungsberg Pinarbasi, sondern musste zwischen den Flüssen Skamander und Simoeis auf dem Hisarlikhügel liegen. Schon als Kind habe der Pfarrerssohn aus Ankershagen dem Vater erklärt, er würde einmal Troia ausgraben. So behauptet Schliemann jedenfalls in zahlreichen Schriften. Dank seines Sprachtalents machte der aus ärmlichen Verhältnissen stammende Schliemann als Kaufmann Karriere. Durch skrupellose Geschäfte während des Krimkrieges wurde er schnell reich, konnte nun von den Zinsen leben und sich der Bildung zuwenden. »Als gewöhnlicher Tourist« – so schrieb er selbst – brach er 1868 zu einer Reise in den Ägäisraum auf. Den größten Teil seiner siebenwöchigen Reise verbrachte er auf Ithaka und der Peloponnes. Nur eine knappe Woche war der Troas zugedacht – und davon verbrachte er die meiste Zeit auf Pinarbasi, ließ von einheimischen Arbeitern kleine Probegrabungen vornehmen und beging immer wieder das Gelände. Am 14. August, nach einem sechstägigen Aufenthalt auf der Troas, wollte Schliemann von Canakkale aus nach Istanbul reisen. Er beabsichtigte die Troas zu verlassen, ohne den Hisarlikhügel näher besichtigt zu haben. Wenn er ihn überhaupt gesehen hat, dann am 9. August im Vorbeireiten, ohne dass er dabei an Troia gedacht hätte. Aber er verpasste sein Schiff und musste zwei Tage warten. Am 15. August traf er mit dem britischen Diplomaten Frank Calvert zusammen. Der Hobbyarchäologe und ausgezeichnete Kenner der Troas wies auf Hisarlik hin. Er zeigte Schliemann seine große Sammlung von Vasen und anderen Funden, die er dort entdeckt hatte, und forderte ihn auf, dort zu graben. Schliemann reiste weiter nach Istanbul, in seinem Kopf reifte eine Idee. Vier Monate nach seiner Rückkehr veröffentlichte er sein Reisetagebuch – mit dem anmaßenden Untertitel *Archäologische Untersuchungen*. Darin behauptete er, eigene Beobachtungen und seine stringente Homer-Interpretation hätten ihn Troia entdecken lassen. Seine ausführlichen Beschreibungen des Hisarlikhügels sind Phantasieprodukte. Seine Detailkenntnisse entnahm er Reisebeschreibungen und den Ausführungen Calverts, mit dem er Briefkontakt hielt. Frank Calvert hat Troia entdeckt. Der britische Diplomat wuchs im Osmanischen Reich auf und nahm bereits mit 21 Jahren (1849) an einer ersten Exkursion in die Troas teil. Spätestens 1860 identifizierte er Hisarlik als die Stätte Troias. Er erwarb Grundstücke, führte Probegrabungen durch und publizierte seine Erkenntnisse. Die Ausgrabungen überforderten aber seine finanziellen und organisatorischen Fähigkeiten. Diese Aufgabe verlangte nach einen Mann vom Format Schliemanns. Es zeichnet Schliemanns Spürsinn aus, dass er die Chance sofort erkannte, mit der Freilegung Troias Ruhm in der Welt der Kultur zu ernten. Parallel zu den Grabungsarbeiten, die er seit 1871 leitete, setzte sich Schliemann selbstgerecht in Szene, versorgte die europäischen Zeitungen mit seinen Berichten und drängte Calvert immer mehr in den Hintergrund. Im Übereifer ließ er sämtliche Spuren anderer Kulturen achtlos beiseite räumen und grub um mehr als tausend Jahre am Troia der *Ilias* vorbei in die frühe Bronzezeit. Statt der Paläste fand er nur eine kleine Burganlage. Kurz vor seinem Tod ahnte er den großen Irrtum. Bei der Grabung 1882 hatten seine Arbeiter eine Mauer durchstoßen, die – wie er notierte – »in höchst solider Weise aus großen lagerhaften Steinplatten ohne Mörtel besteht«. Dieses monumentale Bauwerk ging ihm nicht mehr aus dem Kopf. Als er es 1890 endlich ausgraben lassen wollte, wurde es krank. Heinrich Schliemann starb, bevor er diesen Plan realisieren konnte.

FORSCHUNGS-GESCHICHTE

Erst 1893/94 legte Schliemanns Nachfolger Wilhelm Dörpfeld in zwei Grabungskampagnen die Verteidigungsmauer von Troia VI frei. 1932 bis 1938 fanden Grabungen der Universität von Cincinnati (USA) unter der Leitung des Archäologen Carl William Blegen statt. Dabei wurde die Periode Troia I genau erforscht und die bis heute verbindliche Chronologie der Siedlungen und ihrer Bauphasen von Troia I bis IX aufgestellt. Seit 1988 erforscht jeden Sommer ein internationales Wissenschaftlerteam unter der Leitung des Tübinger Ur- und Frühgeschichtlers Manfred Korfmann den Burgberg und die Umgebung von Troia und weitere frühgeschichtliche Kulturspuren in der Troas. Das Ziel der bis zu 80 am Troiaprojekt beteiligten Wissenschaftler und Techniker, unter ihnen Architekten, Bauingenieure, Geologen, Zoologen, Historiker und Philologen, besteht nicht darin, wissenschaftliche Beweise für die historische Existenz von Priamos und Hektor zu finden, denn deren Kultur (Troia VI) bildet nur einen kleinen Teilbereich des historischen Spektrums. Die Wissenschaftler erforschen vielmehr die Verbindungen zwischen den Kulturen während der Frühzeit in größtmöglicher Breite. Die Troas weist mehr als 60 historisch bedeutende Stätten vom Neolithikum bis zum osmanischen Reich auf, seit 1997 wird das Areal von der Größe des Stadtstaates Bremen als Nationalpark geschützt.

WISSENSWERTES

Magnetometertechnik
Obwohl die Unterstadt zu Troia VI vollständig von der darüber liegenden römischen Unterstadt Neu-Illium verdeckt war, konnte sie von Wissenschaftlern Anfang der 1990er Jahre entdeckt werden. Möglich wurde dies durch die neue Magnetometertechnik. Sie spürt vom Menschen bearbeitete Materialien als Störungen der natürlichen geomagnetischen Felder noch im tiefen Untergrund auf. Ohne einen Spatenstich wurde die Ausdehnung von Troia VI von 180 000 Quadratmetern erfasst.

Simultanes Forschen und Publizieren
Viele Archäologen gruben ihr Leben lang und starben, bevor sie ihre Ergebnisse sichten und publizieren konnten – anders in Troia. Hier sorgt ein modernes Forschungsmanagement dafür, dass die bis zu 80 internationalen Wissenschaftler nicht nur zügig und transparent forschen, sondern ihre Ergebnisse auch rasch veröffentlicht werden. So werden sämtliche Messdaten in eine topographische Simulation des Troia-Geländes mit über 50 000 Messpunkten eingespeist. Die 100 000 Keramik-Scherben, die bei jeder Kampagne freigelegt werden, bestimmen Archäologen unverzüglich im »Scherbengarten« Größe, Form, Stilrichtung und Ornamentik. Ebenso wurden die über 1 Million Knochenfunde ausgewertet; aus Holzkohle bargen Biologen zahllose Pflanzenreste – 180 verschiedene Samenarten sind bereits erfasst. Die wichtigsten Grabungsergebnisse werden jährlich in der *Studia Troica* veröffentlicht.

AUF DEN PUNKT GEBRACHT

Keine leicht zugängliche Stätte – doch mit etwas Homer- und Schliemann-Wissen im Hinterkopf werden Troia und seine Umgebung zu einer lohnenden Entdeckungstour!

EMPFEHLUNGEN

Lesenswert:
Homer, *Ilias und Odyssee*, München 1979

Heinrich Schliemann: *Troia. Erkenntnisse meiner neuesten Ausgrabungen* (Reprint der Originalausgabe von 1884), Dortmund 1984

Justus Cobet: *Heinrich Schliemann – Archäologe und Abenteurer*, München 1997

Troia – Traum und Wirklichkeit, Hrsg. vom Archäologischen Landesmuseum Baden-Württemberg, Stuttgart 2001

Manfred Korfmann, Dietrich Mannsperger: *Troia. Ein historischer Überblick und Rundgang*, Stuttgart 1998

Sehenswert:
Troia. 3000 Jahre Geschichte im Modell, CD-Rom von Wolfgang Zöller, Stuttgart 2001

Die Troerinnen (The Troian Women). Regie: Michael Cacoyannis; mit Katharine Hepburn, Vanessa Redgrave. GB/USA 1971

Anklickenswert:
Homepage des Troia-Forschungsteam:
http://www.uni-tuebingen.de/troia/

Bergmetropole Pergamon
Die ewig Zweite (um 700 v. Chr. bis 1400 n. Chr.)

ANTIKES ROKOKO?
Die plastischen Skulpturen des Pergamon-Altars haben wenig mit dem Schlichtheitsideal der griechischen Klassik gemein, besonders wenn man bedenkt, dass die Figuren im Originalzustand bunt angemalt und mit metallenem Zierrat bestückt waren.

Heute weiß niemand, wer diese zwei Pinien gepflanzt hat, die genau an der Stelle der südlichen Spitze des Burgberges stehen, an dem einst der Zeus-Altar weit in die antike Landschaft strahlte und den Sieg Pergamons über die brandschatzenden keltischen Galater verherrlichte – ein erstklassiger Tempel für einen drittklassigen Sieg. Die Bäume spenden den Besuchern in der Mittagshitze nicht nur Schatten, sondern verleihen dieser berühmten »Baulücke« eine ganz besondere Würde und regen an, über Sieg und Niederlage, Andenken und Vergessen nachzusinnen. Die anderen Areale der hellenistisch-römischen Akropolis von Pergamon lassen nur Staunen zu: über das steile Theater, die mächtigen Tempel, die weitläufigen Säulenhallen und die Gewagtheit, mit welcher hier Monumentales direkt am Abgrund errichtet wurde. Weithin sichtbar dokumentiert die Akropolis von Pergamon, die sich über dem heutigen Bergama in der westlichen Türkei erhebt, den Führungsanspruch der Stadt, die jedoch dazu verdammt war, immer nur Zweite zu bleiben.

Zwar rief Philetairos – aus dem Gefolge Alexanders des Großen – hier das Königreich von Pergamon aus und gründete die Dynastie der Attaliden (283–133 v. Chr.), doch Pergamons Machtbereich wurde von dem ebenfalls hellenistischen Königreich der Seleuki-

■ Eumenes II. (197–159) ließ auf einer Terrassenstufe unterhalb des Athene-Heiligtums den Großen Altar errichten, der sich jetzt in Berlin befindet; am Ort verblieben nur die Fundamente.

■ Blick auf das Pergamon-Theater aus dem 2. Jahrhundert v. Chr. an dessen Fuß das heutige Bergama liegt.

den auf den westlichen Rand Kleinasiens begrenzt. Erst als die Seleukiden von den Römern geschlagen wurden, konnte Pergamon unter Eumenes II. für kurze Zeit seinen Machtbereich auf große Teile Anatoliens ausdehnen. Doch in der nachfolgenden römischen Zeit rangiert Pergamon trotz der beachtlichen Zahl von zeitweise 150 000 Einwohnern wiederum nur auf Platz zwei – dieses Mal hinter Ephesos; was Pergamons architektonischen Geltungsdrang umso mehr anfachte. Es ging so weit, dass die dem Berg abgerungenen Terassen um Stützgewölbe erweitert werden mussten.

Die Dimension dieser gestuften Stadt erschließt sich jedoch nicht den wie gemeinhin üblich mit dem Bus anfahrenden Besuchern, sondern nur denjenigen, die wie zu alten Zeiten von der Talsohle aus zu Fuß der alten Prachtstraße bergan folgen. Die Grenze der antiken Bergmetropole markieren noch Reste des Haupttores der einstigen hellenistischen Stadtmauer, die ursprünglich von drei Türmen flankiert wurde. Ebenfalls im 2. Jahrhundert v. Chr. war die wenige Schritte bergan liegende untere Agora angelegt worden. Welch prachtvolle Kulisse für den Gemüsehandel: Der 34 mal 64 Meter große Marktplatz war an allen vier Seiten von zweistöckigen dorischen Säulenhallen umgeben. Mindestens genauso imposant muss der auf drei Terrassen gelegene Gymnasienkomplex gewirkt haben. Hier wurde die Jugend nach Alter gestaffelt unterrichtet und gedrillt. Weiter bergan trifft der Besucher nun auf Ruinen von Werkstätten, Wirtshäusern und Wohnhäusern, die teilweise über eigene kleine Hausheiligtümer verfügen. Zahlreiche im Boden versenkte Vorratsamphoren zeugen von der Bedeutung des Weinhandels. Vereinzelt wurden gut erhaltene Bodenmosaike und sogar eine hellenistisch-römische Stuckwand freigelegt – alles Zeichen für den Reichtum der Bürger.

Natürlich war ein wirtlicher Hügel in so guter Lage – nur wenige Stunden Fußmarsch von der Küste entfernt – bereits vor den Hellenen besiedelt, nämlich seit dem 7. Jahrhundert v. Chr. Trotzdem kann die Archäologie die Gründungschronik bestätigen, in der es heißt: »Als im 3. Jahrhundert Lysimachos, Feldherr Alexanders des Großen, seinen Vertrauten Philetairos mit einem

Goldschatz hier zurückließ, wurde Pergamon gegründet.« Das gesamte Wohngebiet mit seinem Gassensystem – so zeigen die Ausgrabungen – muss vor der Bebauung geplant worden sein, um dann einheitlich umgesetzt werden zu können. Denn obwohl die Stadt an einem steilen Berghang errichtet worden war, gab es keine krummen Altstadtgassen – sämtliche Straßen verlaufen geradlinig. Unteriridische Kanäle, die unter die Gassen gelegt waren, leiteten die Massen an winterlichem Regenwasser ab.

Die der Antike folgenden rund eintausend Jahre (4. bis 14. Jahrhundert) höchst dramatischer Geschichtsentwicklung (Christianisierung, Eroberungen durch Araber, anschließende Rückeroberungen und Angriffe der türkischen Seldschuken) hinterließen unzählige Spuren in Pergamon. Dutzende byzantinischer Kirchen liegen verstreut über dem Burgberg. Mehrfach wurden dabei bereits vorhandene Anlagen, so das Athene-Heiligtum, einfach umgebaut. Die Archäologen entdeckten, wie das wechselhafte Schicksal Pergamons sich im Pulsieren der Stadtgrenzen widerspiegelte: In sicheren Zeiten ließen sich die Menschen am Fuß des Berges und als Bauern in den umliegenden Tälern nieder; bei Gefahr zogen sie sich auf den Burgberg zurück und verbauten für die Verteidigungsmauer ohne Zögern Teile der Paläste und Tempelanlagen. So fanden die Friese des Zeus-Altars, die heute im Pergamonmuseum in Berlin zu sehen sind, eine neue Bestimmung.

Auch der höher gelegene Marktplatz, die obere Agora, war von dorischen Säulenhallen mit dahinter befindlichen Kammern umgeben und verfügte zur Talseite hin über einen Markttempel. Die obere Agora und Akropolis werden in atemberaubender Weise durch das in den Hang gebettete, extrem steile Theater miteinander verbunden. Die restaurierten Sitzstufen führen 37 Meter hoch und bieten rund 10 000 Menschen Platz. In hellenistischer Zeit wurde der Burgberg durch das Athene-Heiligtum aus der Zeit Philetairos' – frühes 3. Jahrhundert v. Chr. – dominiert. Der eigentliche Athene-Tempel ist eines der wenigen erhaltenen Beispiele dorischer Tempel in Kleinasien. Zum Athene-Komplex gehörte auch die berühmte Bibliothek von Pergamon.

■ Blick auf das große Gymnasium, das sich über drei Terrassen erstreckt.

Sie hatte den Ruf, derjenigen von Alexandria ebenbürtig zu sein, weshalb die Ägypter die Ausfuhr des als Schreibpapier benötigten Papyrus stoppten. Fortan nutzte man in Pergamon gegerbte Tierhäute, die nach der Stadt Pergament genannt wurden. Als die Bibliothek von Alexandria abbrannte, schenkte Mark Anton seiner Kleopatra zum Trost die Bestände aus Pergamon. Doch dies war nicht die einzige Schenkung: Attalos III., der sich lieber um seine Kräutergärten und das Grab seiner Mutter als ums Regieren kümmerte, vererbte sein ganzes Königreich 133 v. Chr. den Römern. Die Strategie, auf diese Weise Pergamons Macht zu erhalten, ging nur bedingt auf: Pergamon behielt zwar für einige Zeit einen freien Status, konnte sich aber nicht als Hauptstadt der römischen Provinz Asia durchsetzen. Die Rivalität mit Ephesos und Smyrna um die Würde der ersten Stadt in Asia trieb seltsame Auswüchse, immer mehr Prunkbauten wurden errichtet. Die Bürger finanzierten Tempel, die den römischen Kaisern Augustus, Trajan und Hadrian geweiht wurden. Trotzdem: Pergamon blieb Zweite hinter Ephesos, durfte sich jedoch »Metropolis von Asia und erste Stadt, die zweifache Tempelpflegerin wurde« nennen. Architektonisch schlug sich dieser Wettstreit in einer Überfrachtung der

■ Der Zeus-Altar bestand aus einem etwa quadratischen Unterbau (36,44 zu 34,20 m), den ein 120 m langer und 2,30 m hoher Fries mit einer Darstellung des Kampfes der Götter und Giganten schmückte.

DIE ENTDECKUNG DES ZEUS-ALTARS

Viele Reisebücher erzählen noch immer die beliebte Legendenfassung: Der deutsche Ingenieur Carl Humann habe 1873 beim Straßenbau in der Nähe von Bergama zufällig in einem Bauernkarren eine Marmorplatte mit einem Relief entdeckt. Er kaufte dem Bauern die Platte, die zu Kalk gebrannt werden sollte, ab und schickte sie nach Berlin, von wo er den Auftrag zur Grabung erhielt. Die Wahrheit sieht jedoch anders aus (s. S. 127). Nach einem aufopfernden Leben für die Archäologie hat auch Humann seinen Platz auf dem Burgberg gefunden. Sein Grabstein steht heute mitten auf der Oberen Agora.

■ Die so genannte Rote Halle steht mitten im heutigen Bergama am Fuße des Pergamonhügels in der ehemaligen römischen Unterstadt.

Bauwerke, einem römischen Rokoko nieder. Dessen Höhepunkt bildete dabei zweifelsohne das Trajaneum: Der sakrale Baukomplex thronte einmal über der ganzen Akropolis, Säulenhallen umrahmten an drei Seiten den Hof mit dem aus Marmor errichteten Heiligtum. Trajan und sein Nachfolger Hadrian ließen sich hier als Götter – Zeus ebenbürtig – verehren.

Von dieser Stätte der Ehrfurcht war zu Beginn des 20. Jahrhunderts nur noch ein Trümmerfeld übrig. Stein auf Stein wurden Teile der Hallen und des Tempels wieder errichtet, wobei die Archäologen und Bauingenieure bis an die Grenze des Möglichen gegangen sind. Die Originalbauteile standen nicht vollständig zur Verfügung, doch nach der »Venezianischen Charta« zur Restaurierung antiker Stätten darf der Anteil der Kunststeine nicht mehr als ein Viertel betragen. Entstanden ist deshalb ein anschauliches »Fragment«. Die hintere Säulenreihe und der Anschnitt des eigentlichen Heiligtums vermitteln die Größe der früheren Gebäude, ohne das Gelände zu dominieren, und geben gleichzeitig einen Einblick in die bei vollendeten Gebäuden nicht sichtbare Baukonstruktion. Vom Sockel aus betrachtet, scheinen die Säulenreihen in den Himmel zu reichen. Pergamon – ein aus Stein und Marmor errichteter Griff nach den Sternen, ein Griff nach der Herrschaft über das westliche Kleinasien.

Rings um uns hoben sich die Leiber aus dem Stein, zusammengedrängt zu Gruppen, ineinander verschlungen oder zu Fragmenten zersprengt, mit einem Torso, einem aufgestützten Arm, einer geborstnen Hüfte, einem verschorften Brocken ihre Gestalt andeutend, immer in den Gebärden des Kampfs, ausweichend, zurückschnellend, angreifend, sich deckend, hochgestreckt oder gekrümmt, hier und da ausgelöscht, doch noch mit einem freistehenden vorgestemmten Fuß, einem gedrehten Rücken, der Kontur einer Wade eingespannt in eine einzige gemeinsame Bewegung ... Die Eingeweihten, die Spezialisten sprachen von Kunst, sie priesen die Harmonie der Bewegung, das Ineinandergreifen der Gesten, die andern aber, die nicht einmal den Begriff der Bildung kannten, starrten verstohlen in die aufgerissnen Rachen, spürten den Schlag der Pranke im eignen Fleisch.

Peter Weiß in *Ästhetik des Widerstands* über den Zeus-Altar

PERGAMON

FORSCHUNGSGESCHICHTE

Carl Humann war zwar Ingenieur, aber dennoch kein archäologischer Laie, als er 1867 die ersten Friese des Zeus-Altars fand. Wegen eines Lungenleidens war der damals 23-jährige 1861 auf die Insel Samos gereist, wo sein Bruder Franz mit dem Ausbau des Hafens beschäftigt war. Zum Zeitvertreib fertigte Carl einen Grundriss des erst teilweise freigelegten Hera-Tempels an. Spätere Ausgrabungen bestätigten die Korrektheit dieses Grundrisses. Im Anschluss an ihre Arbeit auf Samos führten die Brüder Humann für die Regierung des Osmanischen Reichs Vermessungsaufträge aus und erhielten 1867 den Auftrag für den Bau von Straßen in Kleinasien. Bereits 1864 hatte Carl die Akropolis von Pergamon besucht und dafür gesorgt, dass ein Verbot ausgesprochen wurde, transportablen Marmor zu Kalk zu brennen. Glücklicherweise war der größte Teil der Friesplatten des Zeus-Altars, die Humann später finden sollte, fest in die byzantinische Stadtmauer verbaut. Zunächst musste sich der Mann, der Kleinasien für die deutsche Archäologie erschließen sollte, dem Deutschen Reich regelrecht aufdrängen. 1871 hatte er dem Direktor der Berliner Antikensammlung, Ernst Curtius, die Akropolis und die ersten Friesfunde gezeigt. Doch in der Reichshauptstadt zeigte man anfangs wenig Interesse: Das waren keine schlichten Kunstwerke griechischer Klassik, sondern viel zu plastische Darstellungen irgendeines Götterkampfes. Erst Curtius' Nachfolger Alexander Conze zeigte Interesse, schickte sich das vereinte Deutsche Reich doch an, Kulturnation zu werden. Und das hieß: große Kunstwerke in großen Museen. Bereits während der ersten Grabungskampagne 1878 konnte Humann 39 Friese freilegen und nach Berlin schicken. Dort entwickelte sich eine regelrechte Pergamon-Euphorie, die darin gipfelte, dass zur Jubiläumsausstellung der Königlichen Akademie der Künste 1886 ein »Tempel von Pergamon« errichtet wurde: auf den Nachbau des hellenistischen Pergamon-Altars wurde eine Kopie des frühklassischen Zeus-Tempels von Olympia montiert. Antike Baukunst wurde zum Spiegel reichsdeutscher Herrlichkeit kolportiert. Wilhelm Dörpfeld und Theodor Wiegand setzten Humanns Werk fort und erforschten das gesamte Stadtgebiet der Akropolis. Obwohl sie erste Schutzmaßnahmen für den Erhalt der Bauwerke einleiteten, blieben ihre Arbeiten jedoch in erster Linie Suchgrabungen. Um die Jahrhundertwende glich die Akropolis von Pergamon einem Trümmerfeld. Erst mit der 1971 beginnenden neuesten Grabungskampagne wandelte sich die Zielsetzung völlig. Unter der Leitung von Wolfgang Radt steht nun das Bewahren an erster Stelle. Eine umfassende Restaurierung der Anlage kombinieren die Wissenschaftler mit der Sicherung von Funden (z. B. Mosaikböden) und der Erforschung der Unterstadt.

AUF DEN PUNKT GEBRACHT

Die Ruinen von Pergamon bilden als zu Stein gewordener Geltungsdrang das beeindruckendste Beispiel hellenistischer und römischer Herrschaftsarchitektur in Kleinasien.

WISSENSWERTES

Pergamenische Kunst
Neben dem Berliner Pergamonaltar gehören auch die berühmten »Sterbenden Gallier« in den Kapitolinischen Museen in Rom zu den auf uns gekommenen großen Werken pergamenischer Kunst. Wie der Altar, so erinnern auch sie an den Sieg des Königs von Pergamon über die in Kleinasien eingedrungenen Galater Ende des 3. Jahrhunderts v. Chr. Selten sind besiegte Feinde mit solcher Würde dargestellt worden. Die »Sterbenden Gallier« sind in den Kriegsdenkmälern des 19 Jh. oft nachgeahmt worden – aber immer nur als Denkmal für die eigenen Gefallenen.

EMPFEHLUNGEN

Lesenswert:

Friedrich-Karl Dörner: *Von Pergamon zum Nem-rud Dag. Carl Humanns Lebensweg*, Mainz 1981

Wolfgang Radt: *Pergamon*, Darmstadt 1999

Peter Weiß: *Die Ästhetik des Widerstands*, Frankfurt 1988

Sehenswert:

Pergamon, CD-Rom, Stuttgart 2000

Besuchenswert:

Das Pergamonmuseum in Berlin und die Kapitolinischen Museen in Rom

Ephesos

Wiedererstandene Prachtstraßen (800 v. Chr. bis 700 n. Chr.)

EPHESOS
1 Vedius-Gymnasium
2 Stadion
3 Hafentherme
4 Hafengymnasium
5 Hafen
6 Theatergymnasium
7 Großes Theater
8 Marmorstraße
9 Marktplatz (Agora)
10 Celsus-Bibliothek
11 Serapis-Tempel
12 Scholastikatherme
13 Hadrian-Tempel
14 Hanghäuser
15 Traianisches Nymphaeum
16 Odeion
17 Staatsagora
18 Domitian-Tempel
19 Ostgymnasium
20 Magnesiator
21 Stadtmauer
22 Grotte der Siebenschläfer

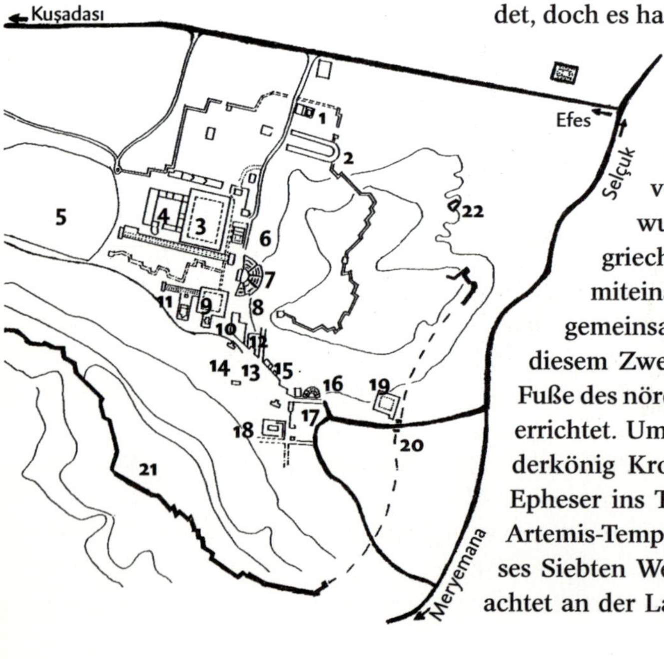

Ihr Artemis-Tempel gilt als eines der Sieben Weltwunder der Antike, über die Marmorplatten ihrer Prachtstraßen wandelte einst Kleopatra, bevor sie zur Schönheitskur nach Hierapolis aufbrach, und vor dem Theater predigte der Apostel Paulus wider den Artemiskult. Wie vor 2000 Jahren schieben sich im Sommer auch in unseren Tagen Zehntausende Besucher täglich über die marmorgepflasterten Straßen. Ausländische Touristen, christliche Pilger und auf die Geschichte ihres Landes stolze Türken kommen so zahlreich, weil ganze restaurierte Straßenzüge mit wieder errichteten Tempel- und Hausfassaden das rund 50 Kilometer südlich von Izmir gelegene Ephesos zur eindrucksvollsten antiken Stätte Kleinasiens machen.

Rund acht Kilometer trennen die Ruinen heute vom Meer; das war nicht immer so. Die heutige Ruinenstätte umfasst lediglich die hellenistisch-römische Zeit, von Archäologen als Ephesos III klassifiziert. Darüber hinaus gab es noch die klassische Stadt, Ephesos II, die durch ihren Artemis-Tempel berühmt wurde. Deren ionische Vorläuferin – Ephesos I – wurde laut Geschichtsschreibung von griechischen Kolonialisten im 8. oder 7. Jahrhundert gegründet, doch es handelte sich vermutlich um mehrere kleine, von Griechen und Einheimischen bewohnte Dörfer, die sich am Rande des Panayir-Hügels verteilten, der damals noch von der Meeresbucht umschlossen wurde. Im Kybele-Artemis-Kult, der griechische und orientalische Elemente miteinander verschmolz, zelebrierten sie gemeinsam ihre gegenseitige Toleranz. Zu diesem Zweck wurde der Artemis-Tempel am Fuße des nördlicher gelegenen Ayasoluk-Hügels errichtet. Um 560 v. Chr. soll der legendäre Lyderkönig Kroisos angeordnet haben, dass die Epheser ins Tal zum weiter nördlich gelegenen Artemis-Tempel umsiedelten. Die Überreste dieses Siebten Weltwunders liegen heute wenig beachtet an der Landstraße, die Ephesos mit Selçuk verbindet. Was Erdbeben und die Nutzung der Ruine als Steinbruch für die Johannes-Basilika durch Justitian im 6. Jahrhundert übrig ließen, war von acht Meter dicken Schlammschichten bedeckt und wurde erst Mitte des 19. Jahrhunderts freigelegt. Auch die Ruinen von Ephesos II liegen noch irgendwo in der Nähe in acht Metern Tiefe.

■ Embolos, Keil, wurde die säulengesäumte Kuretenstraße genannt, die Ober- und Unterstadt miteinander verbindet.

Bereits im 5. Jahrhundert v. Chr. verlandete die Bucht zwischen Ayasoluk- und dem Panayir-Hügel, in der die Stadt und der Artemis-Tempel lagen, und der Hafen wurde an die Küste westlich des Panayir verlegt. Rund einhundert Jahre später ordnete der Diadoche Lysimachos an, die gesamte Stadt dorthin zu verlagern. Eingebettet zwischen den Abhängen des Bülbül-Dag im Süden und des Panayir-Dag im Nordosten, entfaltete sich Ephesos III in den kommenden Jahrhunderten, erst als hellenistische, später als römische Stadt.

Der Großteil der freigelegten Ruinen liegt in einem weit gestreckten V um den Panayir-Dag und lässt sich am besten vom östlichen Eingang des Grabungsgeländes aus, in der Oberstadt, erschließen. Der Besucher erblickt als Erstes die Ruinen einer großen Thermenanlage, das Ober- oder Kaiserbad, nicht wie häufig geschrieben das Variusbad. Zu sehen ist das Warmbad-Areal mit sieben beheizbaren Wannen und großen Fensterhöhlen. Der Weg führt eine restaurierte, mit Steinplatten ausgelegte Straße hinunter zur westlich gelegenen Unterstadt. Unterhalb der Thermen führt eine marmorne Bogentür zu einem in den Hügel gesetzten, kleinen Amphitheater. Es wird oft unzutreffend als Odeion bezeichnet, ist jedoch das Bouleuterion, also der Versammlungsplatz

des Stadtrates. Die 13 breiten und 10 schmalen Sitzreihen konnten rund 1400 Menschen aufnehmen, und das gesamte Gebäude war vermutlich überdacht. Zum politischen Areal der Stadt gehörte auch die schräg gegenüber liegende Staatsagora. Der 160 mal 58 Meter große Platz war zu römischer Zeit an drei Seiten von Säulenhallen umgeben, deren nördlich gelegene zu einer langen, dreischiffigen Basilika ausgebaut und dem Kaiser Augustus gewidmet war. In der Mitte des Platzes befand sich ein Tempel, vermutlich dem damals beliebten Isis-Kult gewidmet.

An dieser Stelle macht die Straße einen Knick Richtung Nordwest, und es wird deutlich, warum sie in der Antike umgangssprachlich Embolos, Keil, genannt wurde: Sie wurde zwischen dem Panayir-Dag und dem Bülbül-Dag durchgerammt.

Von Säulenstümpfen flankiert führt die Straße bergab, bis sich auf der rechten Seite eine der gelungensten Rekonstruktionen von Ephesos erhebt – der Eingangsbereich des Hadrian-Tempels. Säulen und Eckpfeiler im korinthischen Stil tragen ein üppig verziertes Gebälk mit einem bogenförmigen Giebel. Die Reliefs stellen Szenen aus der Stadtgründungslegende dar und werden in der Mitte des Bogens von einer Büste der Stadtgöttin Artemis unterbrochen. Gegenüber erstreckten sich Wohnhäuser den Hang hinauf, die hinteren ragten in der römischen Kaiserzeit vier- bis fünfstöckig empor. Direkt an der Prachtstraße lagen die geräumigen und prunkvoll ausgestalteten Häuser der städtischen Elite. Im »Hanghaus 2« lassen sich Boden- und Wandmosaike sowie Marmorböden und gut erhaltene Freskomalereien bewundern.

Der Embolos mündet direkt zu Füßen des Wahrzeichens von

■ Die wieder errichtete Celsus-Bibliothek, eine Stiftung des Tiberius Julius Celsus Polemaeanus, der zwischen 103 und 105 n. Chr. Statthalter der Provinz Asia war. Der stützenfreie Büchersaal maß 11 mal 17 Meter und konnte in den Wandnischen im Erdgeschoss und in zwei weiteren Geschossen, die über Galerien zugänglich waren, etwa 12 000 Schriften aufnehmen.

Von Anfang an großzügig angelegt, erreichte die Stadt als römische Metropole der Provinz Asia 200 000 bis 300 000 Einwohner und eine Dichte wie in Berlin-Kreuzberg Ende des 19. Jahrhunderts.

VON EPHESIA ZU MARIA

Ephesos erhielt seinen Namen von der vorgriechischen Göttin Ephesia, die hier von den Einheimischen verehrt wurde. Den Kult der allgewaltigen Muttergottheit übertrugen die Griechen auf ihre Artemis. Die jagende, rachsüchtige, aber auch beschützende Schwester des Apollon mutierte in Kleinasien zur Göttin der Fruchtbarkeit. Ihr Kult war im Volk so verwurzelt, dass die Christen ihn in Gestalt der Marienverehrung tolerierten.

Ephesos: der wiederhergestellten Frontfassade der Celsus-Bibliothek. Dieses von dem Proconsul Tiberius Iulius Celsus gestiftete Gebäude beeindruckt durch seine römische Prachtfassade, die sich durch Säulenvorbauten auf zwei übereinander liegenden Stockwerken, Nischen mit Statuen, reichlich verziertes Gebälk und Kasettendecken auszeichnet. So herrlich ihr Aussehen, so gering ihre Funktion, denn sie führte schon in der Antike ein Dasein als Ruine. 120 n. Chr. als Bibliothek und Grabmal errichtet, brannte sie bereits 262 aus. Allein die Fassade, zu einem Brunnen umfunktioniert, blieb rund tausend Jahre erhalten.

Auch das benachbarte Agora-Tor ist nach langer Restaurierungsarbeit wiedererstanden. Das Tor mit drei Durchgangsbögen, die über dem Gebälk hohe Inschrifttafeln tragen, wurde von den beiden Freigelassenen Mazaios und Mithridates ihrem Patron Agrippa, dem Feldherrn des Augustus, gewidmet. Durch das Tor gelangt man auf die untere, 110 Meter im Quadrat messende Agora, den Lebensmittelmarkt. Von ihm ist, bis auf Säulenreste der umrandenden Säulenhallen und Fundamente einiger Standnischen, wenig erhalten. In einem ganz anderen Zustand dagegen präsentiert sich die Marmorstraße. Ihr marmorner Straßenbelag aus dem 5. Jahrhundert n. Chr. wurde wieder freigelegt und viele Säulen der linksseitigen Kolonnade und der rechtsseitigen Stoa wieder aufgerichtet. Die Prachtstraße endet am großen Theater, das Lysimachos im 3. Jahrhundert v. Chr. anlegen ließ und das im 1. und 2. Jahrhundert n. Chr. einige Umbauten erfuhr. Mit 66 Sitzreihen für insgesamt 24 000 Zuschauer ist es eines der größten in Kleinasien; vom einst prächtigen, säulengeschmückten Bühnenhaus sind allerdings nur die Fundamente geblieben.

DIE GESCHICHTE VON EPHESOS

Der Ort, wo Ephesia verehrt wurde, war seit dem 4. Jahrtausend v. Chr. besiedelt. Um 1000 v. Chr. wanderten Griechen ein. Im 6. Jahrhundert v. Chr. eroberte der Lyderkönig Kroisos die Stadt. In der Folgezeit wechselte der Besitzanspruch über die Stadt ständig zwischen Persern und Griechen, bis Alexander der Große Kleinasien überrannte und der Stadt ihre Selbstständigkeit gab. Doch schon unter seinen Nachfolgern, den Diadochen, lösten sich die Herrscher in Ephesos wieder rasch ab: Seleukiden, Ptolemäer, Pergameser. Erst die Eroberung durch die Römer brachte Kontinuität, und Ephesos stieg zum Sitz der Zentralverwaltung der Provinz Asia auf. Nach dem Untergang des Römischen Reiches, Zerstörungen durch Erdbeben und Einfällen der Goten im 3. und 4. Jahrhundert n. Chr. erlebte die Stadt als christliches Zentrum im 5. und 6. Jahrhundert eine neue Blüte und hielt als Festung auf dem Ayasoluk-Hügel noch bis ins 12. Jahrhundert Arabern und später Seldschuken stand.

■ Der zu Ehren des Kaisers Hadrian errichtete Hadrians-Tempel aus dem 2. Jh. n. Chr.

»Mit dem Erdbeben von 262 n. Chr. endete die großräumige Nutzungstradition der Hanghäuser, die Eliten haben offensichtlich das Stadtzentrum von Ephesos verlassen.«
Ephesos-Grabungsleiter Fritz Krinzinger

DAS WELTWUNDER UND DER ATTENTÄTER

Das um 560 v. Chr. begonnene, nach 120 Jahren Bauzeit vollendete Artemis-Heiligtum war mit 55 Metern Breite, 115 Metern Länge und 25 Metern Höhe nicht nur der größte Tempel der Alten Welt, sondern auch einer der schönsten. In der Ringhalle erhob sich eine doppelte Reihe ionischer Säulen, die zusätzlich mit Reliefs geschmückt waren. Über dem Architrav folgte eine knapp 1 Meter hohe Gesimsleiste, die auf den über 300 Metern Umlauf eine endlose Reliefszene mit mythischen Kämpfen, Kentauren, Giganten und Sphingen trug. Im nicht überdachten Innenhof stand in einer geschützten Nische die Kultstatue der Artemis. Die Dachkonstruktion von Vorhalle und Umgängen bestand aus Holz – so konnte der erste Attentäter der Geschichte das Artemision mit einer Fackel in Schutt und Asche legen: Herostrat, der so Weltruhm erlangen wollte.

Vom Theater führt die Arkadiané zum Hafen, die im 4. Jahrhundert n. Chr. zur Prachtstraße mit säumenden Säulenhallen ausgebaut wurde und Teil des christlichen Ephesos IV ist. Als christliches Zentrum und Bischofssitz blühte Ephesos im 5. und 6. Jahrhundert noch einmal auf – davon zeugen auch die nördlich der Arkadiané gelegenen Ruinen der Marienkirche. Nach Araber-Überfällen im 7. Jahrhundert verlagerte sich die gesamte Siedlung unterhalb der Johannes-Kirche auf dem Ayasoluk-Hügel, der zur Festung ausgebaut wurde. Die Arkadiané führt weiter am Hafengymnasium und den noch nicht ausgegrabenen Thermen vorbei zum alten, versandeten Hafen, der das Ende von Ephesos dokumentiert.

Der Untergang von Ephesos kam schleichend. Starke Rodungen im Hinterland führten zu heftiger Erosion, die das Delta verlanden ließ. Schon im Laufe des 3. Jahrhunderts v. Chr. war auch der westliche Hafen von der Küstenlinie abgeschnitten, und nur ein ständig verlängerter Kanal sicherte Ephesos bis zum 6. Jahrhundert n. Chr. einen direkten Zugang zum Meer. Ephesos bereitete sich durch Raubbau an der Natur seinen eigenen Untergang.

■ In römischer Zeit in den Boden der Marmorstraße gemeißelte Anzeige des »Freudenhauses«. Eines der weltweit ersten bekannten Beispiele graphischer Reklame

EPHESOS

FORSCHUNGSGESCHICHTE

Endgültig aufgegeben wurde Ephesos als Siedlung erst 1403 beim Ansturm der Mongolen. Die mächtigen Ruinen der Hafenthermen, Teile der hellenistischen Stadtmauer sowie das Theater waren weiterhin sichtbar in der Landschaft. Bereits die ersten Reisenden im 18. und 19. Jh., versuchten die sichtbaren Ruinen den antiken Texten zuzuordnen. Erst der englische Ingenieur John T. Wood führte 1869 im verlandeten Tal des Kaystros erste Grabungen durch und ließ 1871 bis 1874 die spärlichen Reste des Artemision freilegen. Gleichzeitig ließ er das Theater frei graben, wobei er jedoch für den Transportweg eine Bresche durch das Bühnengebäude schlagen ließ. Auch sein Nachfolger, der Deutsch-Österreicher Wilhelm Wilberg, ließ durch die Marienkirche und die Hafenthermen Gräben ziehen. Außerdem legte er Teile der Agora sowie die Fundamente der Markttore und der Celsus-Bibliothek frei. Doch die Freilegungen versanken wieder im sumpfigen Boden. Ein österreichisches Grabungsteam legte zwischen 1894 und 1913 einen großen Teil der Ephesos-III-Stadt dauerhaft frei. Die Vorarbeiten dafür leistete der Pergamonentdecker Carl Humann. Er gab Anweisungen für die ersten Suchgräben, und ließ das sumpfige Gelände mit Kanälen großräumig entwässern. Die ersten Versuche, die antiken Gebäude zu erhalten, wurden während der griechischen Okkupation der kleinasiatischen Küsten zwischen 1919 und 1922 unternommen. Für die Griechen legitimierte die Existenz hellenistischer und christlicher Denkmäler ihre Gebietsansprüche. Zwischen 1926 und 1935 und ab 1953 arbeiteten wieder österreichische Archäologen in Ephesos. Ab 1953 ließ Franz Miltner ganze Straßenzüge freilegen und viele Fugen in den freigelegten Ruinen schließen. 1956 fanden Miltners Mitarbeiter die berühmte »Große Artemis-Statue« in den Thermen am Hang des Panayir-Hügels. 1959 ließen sie den Eingang des Hadrian-Tempels wieder errichten. Zwischen 1970 und 1993 wurde der Bibliotheksplatz mit dem angrenzenden Markttor intensiv erforscht. Die Überreste der Bibliothek und des Tores – 1600 Bausteine – waren schon 1903/04 freigelegt worden und lagen seither ungeschützt in der Landschaft. Seit 1969 widmete sich besonders der Bauhistoriker Friedmund Hueber ihrer Erforschung. Um die 700 Einzelteile der Celsus-Bibliothek wiederaufbauen zu können, befestigten die Architekten sie an einem erdbebensicherem Gerüst aus Stahlbeton. Zwischen 1980 und 1989 wurde das Südtor der Agora aus den vorhandenen Einzelteilen rekonstruiert. Seit den 1990er Jahren erforschen Archäologen vor allem die Wohnstadt Ephesos. Während im Hanghaus 1 die ursprünglich repräsentative Ausstattung nur in wenigen Ausschnitten erhalten geblieben ist, hatten die Archäologen im Hanghaus 2 »Glück«: Eine große Erdbebenserie 262 n. Chr. beschädigte den rund 4000 m^2 umfassenden Gebäudekomplex dermaßen, dass er unrenoviert zugeschüttet wurde. In den Räumen der sieben Wohneinheiten stießen die Ausgräber praktisch überall auf Boden- und Wandmosaike, Marmorböden, Marmorwandvertäfelungen und auf viele überraschend gut erhaltene Freskomalereien. Als eines der wichtigsten Zeugnisse antiker Wohnkultur im ganzen Mittelmeerraum sollte dieses Haus gleichzeitig vor dem Verfall geschützt als auch den Besuchern zugänglich gemacht werden. Dies gelang nur mithilfe eines im Sommer 2000 errichteten auffälligen Schutzdaches. Diese moderne Konstruktion erfüllt sowohl alle technischen und klimatologischen Bedingungen als auch ästhetische Ansprüche: Die textile Dachfläche wird von einer leichten Stahlkonstruktion getragen, im Inneren lenken Stege und eine Galerie den Besucherstrom. Die genaue Topographie der in den Hang gebauten Wohnstadt wird seit Beginn des 21. Jahrhunderts mithilfe geomagnetischer Messungen des Erdreiches rekonstruiert.

AUF DEN PUNKT GEBRACHT

Keine andere antike Stätte bietet entlang freigelegter Prachtstraßen so viele restaurierte Marmorfassaden.

EMPFEHLUNGEN

Lesenswert:
Friedmund Hueber: *Ephesos. Gebaute Geschichte*, Mainz 1997

Egon Bauer: *Die Sieben Weltwunder. Archäologie und Mythos*, München 2001

Anklickenswert:
Homepage der Gesellschaft der Freunde von Ephesos: www.ephesos.at/

Priene

Mustersiedlung der »griechischen Kolonialbau GmbH« (400 v. Chr. bis um 1300)

»Die Stadt ist verhältnismäßig klein, aber die feinste des Ionischen Bundes.«
Carl Humann

■ Das Bouleuterion, der Ratssaal, von Priene wurde in hellenistischer Zeit erbaut. Im Bouleuterion tagte die Bule, der Rat. Die nach drei Seiten ansteigenden marmornen Sitzreihen des 20 Meter breiten und 30 Meter tiefen Versammlungsgebäudes boten 300 Bouleuten oder Ratsherren Platz. Der Marmorblock in der Mitte war ein Opferaltar.

Es gibt antike Stätten, die erst durch ihren Verfall einen besonderen Charme, ja etwas Liebenswertes entwickeln. Priene, an der westtürkischen Küste südlich des heutigen Izmir, ist dafür ein bestechendes Beispiel. Priene ist eine der reizvollsten antiken Stätten in Kleinasien, weil Natur und Kultur eine perfekte Harmonie einzugehen scheinen. Auf den Ausläufern des Mykalegebirges errichtet, wird Priene von einem massiven 400 Meter hohen Felsvorsprung geradezu bewacht, und von dort eröffnet sich der Blick auf die südlich angrenzende Ebene des Mendresdeltas. Da eine römische Überbauung nicht stattgefunden hat, liefern die frei gelegten Ruinen das Bild einer perfekten kleinen hellenistischen Stadt des 4. und 3. Jahrhunderts v. Chr. »Ein hellenistisches Pompeji!«, entfuhr es dem Ausgräber Theodor Wiegand.

Der heutige Besucher schreitet durch das alte Osttor, an das sich rechtwinklig angelegte Wohnblöcke anschließen. Hier zeigt sich die Eigentümlichkeit dieser Stätte, denn kaum jemand würde angesichts dieser beschaulichen Ruinen annehmen, er blicke auf mus-

tergültige Reihenhaussiedlungen. Doch genau die formten einst das Stadtbild von Priene, wie uns Modellrekonstruktionen zeigen: Ein Meer identischer Häuser erstreckte sich wie eine heutige Trabantensiedlung über das gesamte Stadtgebiet. Priene war eine Mustersiedlung der »griechischen Kolonialbau GmbH«. Zweigeschossige Einfamilienhäuser mit Spitzdach – vier im Block, vorn der Wohnbereich, hinten der eingeschossige Wirtschaftstrakt. Später wurde diese strenge Gleichförmigkeit aufgelöst. So entstand zum Beispiel das Haus des Stephanophoren – ein Herrscherhaus mit 26 Zimmern und Zeusaltar – durch die Zusammenlegung von zwei Reihenhausblöcken, sechzehn Zimmer mit einem Hof bildeten den Frauentrakt, zehn Zimmer plus Hof den Männertrakt. Die Straßen waren rechteckig angelegt, streng nach der Hippodamischen Stadtplanung, obwohl Priene auf einem ansteigenden Hügel errichtet worden war. Manche der Straßen konnten daher nur als Treppen angelegt und nicht von Karren befahren werden.

Die ganze Ruine und insbesondere das inzwischen von Pinien umrandete Theater wirken heute geradezu romantisch. Doch wie die Reihenhaussiedlung war auch das Theater von Priene, das einst halbkreisförmig perfekt in den steilen, nackten Fels eingepasst wurde, nach streng funktionalen Kriterien erbaut worden. Die Zuschauerarena ist durch schmale Treppenaufgänge in fünf

■ Die Straßen, teilweise mit Kanälen für Regen- und Schmutzwasser, sind an abschüssigen Stellen als Treppenstraßen angelegt. Nicht einmal die 7 Meter breite Hauptstraße, die den Hang entlang die Stadt vom Westtor schnurgerade nach Osten durchzieht, war mit Wagen befahrbar.

HIPPODAMISCHE STADTPLANUNG

Obwohl die schachbrettartige Anlage von Städten vermutlich schon 200 Jahre vor Hippodamos in Ephesos, Milet oder auch in Oblia am Schwarzmeer praktiziert wurde, hat die Antike die Idee an seiner Person festgemacht und den Begriff Hippodamische Stadtplanung geprägt. Hippodamos von Milet war kein Architekt oder Baumeister, sondern Theoretiker und Philosoph. Seine genauen Lebensdaten sind unbekannt, doch es gilt als sicher, dass er an der Neugestaltung der Athener Hafenstadt Piräus beteiligt war. Er verband die Prinzipien der Demokratie (alle Planquadrate sind gleich groß) mit den Erfordernissen der Geometrie. Das gitterförmige Straßennetz begünstigte den freien Verkehr und die funktionale Gliederung der Stadt. Ob es Hippodamos' Verdienst war oder nicht: Ab Mitte des 5. Jh. v. Chr. bestimmte das ionisch-hippodamische Raster die Neugestaltung der Städte in Kleinasien.

■ Das Theater von Priene liegt oben am Hang, wo der Stadtberg bereits steiler zur Akropolis ansteigt. Es wurde Ende des 4. Jahrhunderts v. Chr. in Marmor errichtet.

Bereiche unterteilt, Pfostenlöcher in den Sitzreihen lassen erkennen, dass einzelne Abschnitte überdacht werden konnten. Das Orchestrarund ist von einer steinernen Sitzbank mit fünf darin eingelassenen Marmorthronen umgeben – ein beliebtes Photomotiv für Besucher. In der Mitte steht ein Altar für Dionysos, den Gott der Leidenschaft und Mentor der Musen. Das Theater fasst 5000 Menschen, so viele wie die gesamte damalige Einwohnerschaft Prienes.

Oberhalb des Theaters beginnt ein Weg, der sich in einer Treppe fortsetzt, die während der Antike in den fast senkrecht abfallenden Felsen eingeschnitten wurde. Sie führt zu der auf dem Bergplateau errichteten Akropolis, die keine festen Gebäude aufwies, sondern nur den ständigen Sitz einer Garnison bildete. Und der Priene-Ausgräber Theodor Wiegand wusste zu erzählen: »Über dieser Akropolis erhebt sich nochmals ein solcher Kegel, dem zwei Quellen entströmen und auf dessen höchster Spitze ein Wachturm liegt.«

UNTER WECHSELNDEN HERRSCHERN

Die griechische Kolonie Priene fühlte sich immer ihrer Mutterstadt Athen verbunden – was sich auch im Athene-Kult zeigte. Gleichzeitig war Priene von Anfang an Mitglied des Ionischen Bundes, dessen Heiligtum, das Panionion, auf Prienes Territorium lag. Um 545 v. Chr. wurde Priene vom persischen Feldherrn Kyros erobert. 499–494 v. Chr. nahm Priene am Ionischen Aufstand teil und wurde daraufhin von den Persern zerstört. Nach den Perserkriegen wurde Priene Mitglied im Attisch-Delischen Seebund, und Mitte des 4. Jh. v. Chr. wurde die Stadt an sicherer Stelle neu aufgebaut. Nach dem Feldzug Alexanders des Großen geriet die Stadt unter seleukidische, dann unter ptolemäische und pergamenische und schließlich unter römische Herrschaft.

Unterhalb des Theaters schließt sich das gut erhaltene, quadratische Bouleuterion an. Das 20 mal 21 Meter große Gebäude diente den Ratsversammlungen; seine an drei Seiten treppenförmig angelegten Sitzreihen boten 640 Personen Platz, den freien und stimmberechtigten Bürgern der Stadt. Südlich davon erstreckt sich über 112 Meter die Heilige Stoa, eine arkadenartige Wandelhalle, deren Front von 49 dorischen Säulen gebildet wurde und deren Rückwand viele offizielle Inschriften barg. Die aus der Mitte des 2. Jahrhunderts v. Chr. stammende Halle war, wie viele der üppig vorhandenen Repräsentationsbauten in Priene, eine Stiftung des wenig bekannten Orophernes. Er war um 150 v. Chr. König des inneranatolischen Kappadokien, wurde jedoch von seinem Bruder gestürzt, woraufhin er nach Priene floh – den Staatsschatz hatte er dabei. Deshalb wundert es nicht, dass auch der Marktplatz, die Agora, für diese kleine Stadt mit 75 mal 35 Metern relativ groß ausfällt. Im Norden wird die Agora durch die Hauptstraße begrenzt, an den drei anderen Seiten von Säulenhallen im dorischen Stil. Diese Hallen führten jedoch nur teilweise zu Läden, der eigentliche Lebensmittelmarkt befand sich weiter westlich. Auf der Agora waren Altäre und Ehrenstatuen aufgestellt. Von hier führen Treppen in nördlicher Richtung zum religiösen Mittelpunkt der Stadt, dem Athene-Tempel. Sein Fundament ruht auf einer eigens dafür errichteten Terrasse. Fünf in den blauen Himmel ragende Säulen geben noch eine Vorstellung von der einstigen Größe die-

■ Kaiserlicher Empfang mit Teppichen am Bootssteg: Kaiser Wilhelm II. besuchte während seiner Reise nach Istanbul und Jerusalem 1898 auch die Ausgrabungen in Milet und Priene.

■ Rekonstruierte Ansicht der Stadtanlage von Priene. Das steile Gelände hinderte nicht an der rasterartigen Aufteilung in gleich große »Insulae«. Nicht nur die Baublöcke mit jeweils 8 Typen Häusern, sondern auch die öffentlichen Gebäude wurden konsequent in das städtebauliche Netz einbezogen.

■ Wieder aufgerichtete Säulen des Athene-Tempels. Der berühmte ionische Peripteros wurde ebenso wie der kleinere Zeus-Tempel östlich der Agora von dem Architekten Pytheos entworfen, der die Planung der gesamten Stadt konzipierte.

ses Tempels, der so ausgewogen proportioniert war, dass er von dem römischen Architekturtheoretiker Vitruv als Vorbild des ionischen Tempels schlechthin gewertet wurde. Entworfen vom berühmten Architekten Pytheos, der auch das Mausoleum von Halikarnassos, eines der Sieben Weltwunder, erbauen ließ, wurde zwischen 350 und 330 v. Chr. mit dem Bau des Athene-Tempels begonnen. Alexander der Große weihte ihn 334 v. Chr. bei seinem Feldzug gen Persien ein, doch vollendet wurde der Tempel erst im Laufe des 2. Jahrhunderts v. Chr. Nach dem Vorbild in Athen wurde im Inneren eine Athene-Statue aufgestellt – auch diese von Orophernes gestiftet.

Der Rückweg über das südliche Areal bietet einen Blick auf das untere Gymnasium, das angrenzende Stadion und in die weite Landschaft der fruchtbaren Mendres-Ebene. Kein Wunder, dass den Ausgräbern Humann und Wiegand für Priene der Vergleich mit Pompeji häufig über die Lippen kam: Eine Musterstadt wurde zur Mustergrabungsstätte.

»Wir fingen am westlichen Stadttor systematisch an und deckten eine Reihe Wohnungen aus dem 4. und 5. Jahrhundert v. Chr. auf, ein altes Pompeji, und fanden in den Wohnungen die herrlichsten Kleinfunde an Terrakotten und kleinen, halblebensgroßen Marmorstatuen.«

Carl Humann

Über der Terrasse der antiken Stadt Priene erhebt sich jäh ein rostbrauner, ins Bläuliche spielender Felsklotz von etwa 1000 Fuß Höhe, um den ständig die Adler kreisen. Darauf liegt die Oberburg, zu der nur eine halb zertrümmerte, in den Felsen eingeschnittene Treppe emporführt.

Theodor Wiegand

PRIENE

FORSCHUNGSGESCHICHTE

Das archaische Priene, an der westtürkischen Küste südlich des heutigen Izmir, war vermutlich eine Halbinsel im Mendresdelta mit zwei Häfen. Der einzige Fund aus der Stadt ist eine Münze, die den Kopf der Athene trägt, gefertigt 500 v. Chr. Nach dem Ionischen Aufstand (499–494 v. Chr.) wurde Priene von den Persern zerstört. Da der Standort außerdem vom Mendres mit Überflutung bedroht wurde, legten die Neugründer das hellenistische Priene auf eine Anhöhe am Rande des Mendresdeltas. In der römischen Kaiserzeit erfuhr Priene noch eine kleine Renaissance, doch der 15 Kilometer entfernte Hafen Naulochos war inzwischen verlandet, möglicherweise der Grund dafür, dass die Stadt nicht römisch überbaut wurde. In christlicher Zeit war sie eine Zeitlang Bischofssitz, doch ein Erdbeben erschütterte die Stadt, und mit dem Eindringen der Seldschuken wurde die Siedlung im 13. Jh. n. Chr. ganz aufgegeben. Schon im 17. Jh. wurde Priene wieder entdeckt. Englische Gelehrte erforschten im 18. und 19. Jh. den Athene-Tempel, dessen Bauteile noch vollständig beieinander lagen. Um 1870 fanden die Erkunder im Fundament des Altars einige Silbermünzen des Orophernes. Daraufhin wurde der gesamte Tempelbereich von Schatzsuchern der Umgebung durchwühlt; Kalkbrenner, die den Marmor verwerteten, besorgten den Rest. 1895 kam Carl Humann: Der Pergamon-Retter, der 1891 bis 1894 Magnesia erforschte, legte auch in Priene den Grundstein für eine systematische Ausgrabung. 1895 wurde ein Grabungshaus errichtet, im September begann die Grabung. Doch Humann erkrankte und starb im April 1896. Sein Nachfolger konnte die mustergültige Ausgrabung bis 1899 abschließen: Die Archäologen legten alle öffentlichen Bauten, über 50 Häuser und Teile der Stadtmauer frei. Die gesamte Stadt war ursprünglich von einer 2,5 Kilometer langen Mauer umgeben, die sich auch den Bergrücken hinaufzog und die Akropolis schützte. Die zahlreichen Fundstücke der einzelnen Grabungen sind verstreut auf Museen in Berlin, London, Paris, Istanbul und Milet. Im Berliner Pergamonmuseum wurde ein Säulenpaar des Athene-Tempels mit Gebälk aufgestellt. Das türkische Kulturministerium ließ Ende der 1960er Jahre die fünf aus Trommeln zusammengesetzten Säulen des Tempels, die bis in die Ebene des Mendresdeltas herabgerollt waren, vor Ort wieder aufrichten. Allerdings fehlerhaft: Die Säulen sind um eine Trommel zu kurz. Seit 1993 wird der Bereich des Athene-Tempels unter der Leitung des Bauhistorikers Wolf Koenigs neu erforscht. Auch an einen Wiederaufbau des Tempels – weitestgehend ohne die Verwendung von Kunststein – wird gedacht.

WISSENSWERTES

De Architectura
Vitruv, Militärtechniker und Ingenieur unter Caesar und Augustus, ist bekannt durch seine zwischen 33 und 14 v. Chr. verfassten zehn Bücher über Architektur. Diese Bücher sind das einzige erhaltene architekturtheoretische Werk des Altertums. Sie sind eine unschätzbare Quelle für die Kenntnis antiker Baukunst und gaben Architekten und Künstlern seit der Renaissance entscheidende Impulse.

EMPFEHLUNGEN

Lesenswert:
Martin Schede: *Die Ruinen von Priene*, Berlin 1964

Theodor Wiegand: *Halbmond im letzten Viertel.* Archäologische Reiseberichte, Mainz 1985

Anklickenswert:
Priene-Informationen der Region Bodrum:
http://www.bodrumpages.com/deutsch/Priene.html

AUF DEN PUNKT GEBRACHT

Die koloniale Mustersiedlung hat sich nach ihrer Freilegung zu einer der romantischsten Grabungsstätten an der Ägais gemausert.

Tempel von Didyma

Das unvollendete Weltwunder (300 v. Chr. bis 300 n. Chr.)

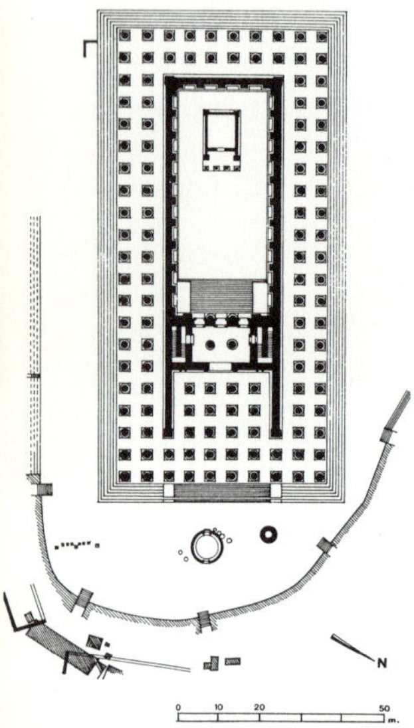

■ Bemerkenswerter Grundriss: Während die Ringhalle dicht mit Säulen bestückt wurde, blieb das Tempelinnere bis auf das Quellhaus unbebaut.

Architektonische Gigantomanie wird gern als besonderes Symptom gerade unserer Epoche gesehen, die Antike dagegen gilt als Zeit des rechten Maßes in den Bauwerken. Doch das stimmt nicht immer! In Kleinasien, zwanzig Kilometer südlich von Milet, finden wir das wohl beeindruckendste noch erhaltene Beispiel für antiken Größenwahn. Um 300 v. Chr. hatten sich die kleinasiatischen Griechen um Didyma vorgenommen, alle bis dahin erbauten Tempel der hellenistischen Welt in den Schatten zu stellen. Doch nach 600 Jahren Bauzeit, und obwohl sich inzwischen auch potente römische Kaiser wie Hadrian des Bauwerkes angenommen hatten, musste das Mammutprojekt eingestellt werden. Zu diesem Zeitpunkt standen nicht einmal die Hälfte aller 122 geplanten Säulen. Während andere Tempel in der Regel nur einen Säulenring haben, sollten es in Didyma zwei werden. Während die Säulen des Athener Parthenon zehn Meter hoch sind, wurden sie in Didyma doppelt so hoch (19,4 Meter) gebaut, natürlich aus allerfeinstem Marmor.

Ein Paar dieser mächtigen Säulen überragt das heutige Dorf Yenihisar (Didim) und führt den sich nähernden Besucher zum antiken Tempel. Heute ist der zwar von modernen Gebäuden umstellt, doch fällt es nicht schwer, sich vorzustellen, wie dieser riesige Tempel, obwohl nie vollendet, einst die Umgebung dominiert haben muss. Kaum betritt der Besucher den Tempel, verliert er sich zwischen den gewaltigen, 2,30 Meter dicken Säulenstümpfen und -trommeln wie in einem Wald urzeitlicher Mammutbäume. Dazu zählen nicht nur zwei Reihen mächtiger Säulen, sondern auch die dahinter liegende Eingangshalle, der Pronaos, ist mit drei Reihen von jeweils vier Säulen gleicher Größe, heute noch fast mannshoch, bebaut. Dahinter öffnet sich das dreitorige Portal zum Tempelinneren hin – doch nur scheinbar, denn es endet gut 1,50 Meter über dem Bodenniveau der Halle. Vergeblich haben die Ausgräber nach einer Treppe gesucht – es gibt keine. Die mangelnde Anbindung des Portals, in dem die Priester erschienen, um das Orakel zu verkünden, dokumentiert architektonisch: Kein Zutritt für normal Sterbliche.

■ Gigantomanie in Stein – die gewaltige Mauer des Innenhofs

■ Während ein Großteil des Tempelfundaments unter gewaltigen Erd- und Schuttmassen begraben war, blieben die beiden mit Architrav errichteten Säulen seit der Antike intakt.

Nur über zwei seitliche Tunnelgänge war der eigentliche Kulthof zugänglich, an den restlichen drei Seiten war er wie ein Gefängnishof von einer gewaltigen Mauer umschlossen. Über das Aussehen dieses abgeschirmten Heiligtums gibt es zwei Auffassungen. Die eine ist die von Ausgräbern im romantischen 19. Jahrhundert aufgestellte Theorie, die besagt, dass in dem Hof nur ein kleiner Tempel stand, der einzig eine Statue des Apollon barg, und vor dem Tempel wuchsen Lorbeerbäume neben einer heiligen Quelle. Doch spätere Ausgräber stießen im hinteren, tiefer gelegenen Hofteil auf ein Wasservorkommen, das darauf hindeutet, dass der kleine Kultbau nur ein Quellhaus war. Der erste der insgesamt drei an dieser Stelle errichteten Tempel wurde im 7. Jahrhundert v. Chr. errichtet und umfasste mit 10 mal 24 Metern gerade den Quellbereich. Der zweite, im 6. Jahrhundert v. Chr. errichtete Tempel, wies bereits den gleichen Grundriss wie der hellenistische Neubau auf, war jedoch mit 85 mal 38 Metern gegenüber den 109 mal 51 Metern des dritten Baus weitaus kleiner – dafür jedoch reich bestückt, denn hier sammelte sich Gold und Geld an. Besonders seit der legendäre Lyderkönig Kroisus das Heiligtum in der zweiten Hälfte des 6. Jahrhunderts v. Chr. mit Weihegeschenken überhäuft hatte, war Didyma eine pralle Bank. Ein großes Heiligtum zeichnete sich jedoch auch dadurch aus, dass dort Informationen zusammenflossen,

DIE IONISCHE SÄULE

Die ionische Säule mit ihren Hohlkehlen und Eierstäben, Palmetten und Zwickelblumen und all den anderen Zierden und Raffinements wirkt neben der dorischen, deren strenger Lakonismus nur das Notwendigste sagt, dies aber mit unvergleichlicher Wucht und Präzision, wie die erlesen toilettierten Parthenoi neben den nackten Apollines: feminin und mondän, redselig und schmuckfreudig, grazil und geistreich und ein bisschen frivol.

Egon Friedell

■ Beim Grabungsbeginn 1906 stand eine Windmühle auf dem Schuttberg, der den Tempel überragte.

Meinungen ausgetauscht, und Intrigen gesponnen wurden. Beim großen, aber gescheiterten Ionischen Aufstand gegen die Perserherrschaft (499–494 v. Chr.) waren die Branchiden, die Priester der Orakelstätte in Didyma, maßgeblich beteiligt und mussten teuer dafür bezahlen: Didyma wurde von den Persern zerstört und die Priester wurden nach Susa im innerasiatischen Baktrien in die Verbannung geschickt.

Zwar wurde das Heiligtum weitergeführt und die zerstörten und entweihten Statuen wieder aufgestellt, doch die Orakelstimme schwieg, und die Quelle versiegte für mehr als 150 Jahre – so die Umschreibung antiker Autoren. Dann trat Alexander der Große auf den Plan: 334 v. Chr. zog er bei seinem Feldzug gen Persien auch durch Didyma. Die später verbreitete Legende besagt, dass genau zu diesem Zeitpunkt die Quelle wieder zu sprudeln begann und eine neue Seherin Alexander den Sieg über Asien voraussagte. Dieser antike »PR-Coup« rechnete sich für beide Seiten: Alexander, der das Bild des didymischen Medusenhauptes auf der Brust trug, konnte mit göttlichem Beistand siegen, und Didyma selbst gelangte indes zu neuer Bedeutung.

Didyma war jedoch dem Gründungsmythos folgend nicht nur Kultstätte des Apollon, sondern auch der Artemis. Nur 300 Meter nordwestlich vom Apollon-Tempel fanden die Archäologen in den 1970er Jahren eine weitere Quelle und Fundamente eines Heiligtums, das vom 7. Jahrhundert v. Chr. bis zum 7. Jahrhundert n. Chr. genutzt wurde. In dieser Zeit verwandelte sich das Artemis-Heiligtum von einem umbauten Quellbecken zu einer mehrgebäudigen Tempelanlage. Beide Heiligtümer entwickelten sich parallel. Während der Artemis-Tempel nur regionale Bedeutung hatte und im traditionellen Sinne weitergeführt wurde, erlangte der Apollon-Tempel überregionale Bedeutung. Diese wurde unterstrichen durch eine 20 Kilometer lange gepflasterte Heilige Straße von Milet nach Didyma, die von vielen Statuen, Inschriften und tempellosen Heiligtümern gesäumt war. Mit dem Apollon-Tempel wollten die Milesier mit dem Artemis-Tempel in Ephesos gleichziehen, doch sie hatten sich finanziell und architektonisch übernommen. Schon der Geograph Strabon spekulierte um die Zeitenwende, dass der Tempel viel zu groß sei, um ein Dach tragen zu können – und er sollte Recht behalten. Didyma blieb nach 600 Jahren Bauzeit für alle Zeiten eine grandiose Ruine.

Didyma soll die Stelle einer Süßwasserquelle auf dem ansonsten wasserarmen Kalksteinplateau bezeichnen, an der die Titanentochter Leto ein Rendezvous mit Zeus hatte. Daraufhin empfing Leto die Zwillinge Artemis und Apollon – »didymoi« ist das griechische Wort für Zwillinge. Nach einer anderen Erzählung wurden Artemis und Apollon an dieser Stelle geboren. Als Orakelstätte wird der Ort eingeführt, weil Apollon hier einem einheimischen Hirten names Branchos die Sehergabe verlieh. Der gründete die Priesterfamilie der Branchiden.

Gründungsmythos

TEMPEL VON DIDYMA

FORSCHUNGSGESCHICHTE

Die antiken Historiker Herodot und Pausanias geben an, die Gründung des Heiligtums reiche weit in die vorgriechische Zeit zurück, also ins 2. Jahrtausend v. Chr. Die ältesten Funde im Heiligtumbereich datieren jedoch erst aus der Zeit um 700 v. Chr. Als Apollon-Heiligtum wurde der Tempel bis ins 4. Jh. n. Chr. genutzt. Ganz ging der gewaltige Bau nie unter; der Hauptbereich des Tempels versank jedoch unter einem bewachsenen Schutthügel. Die beiden Säulen mit dem Architrav aus dem Eingangsbereich wiederum blieben die ganze byzantinische, seldschukische und osmanische Zeit hindurch weithin sichtbar. Deshalb gehörte der Tempel auch zu den ersten Bauwerken, die das Interesse der Society of Dilettanti, einer der ersten archäologischen Interessensgemeinschaften überhaupt, fand. In die erste Veröffentlichung über die ionischen Bauwerke, *Ionian Antiquities*, 1769, nahmen James Stuart und Nicolas Revett Didyma mit auf. Zwischen 1873 und 1895/96 versuchten französische, englische und deutsche Wissenschaftler vergeblich, den Tempel freizulegen. Man grub häufig an den falschen Stellen, weil sich mangels Vorbild niemand die genauen Ausmaße des Riesenbaus vorstellen konnte. 1906 bis 1913 gelang es schließlich dem deutschen Archäologen Theodor Wiegand und seinem Architekten Hubert Knackfuß, den gesamten Tempel freizulegen. Während der Ausgrabung wurde gleichzeitig die Konservierung der Ruine sichergestellt – ein wegweisendes Novum. Im Mittelpunkt der Forschung standen Baugeschichte und Funktion als Orakelheiligtum. Im Kulthof fanden die Forscher die einzigen Baureste der Vorläuferbauten. Der erste Tempel aus geometrischer Zeit (8./7. Jh. v. Chr.) ist recht einfach und umfasst mit rund 10 mal 24 Metern gerade den Quellbereich. Der zweite, im 6. Jh. v. Chr. errichtet, wurde auf 85 mal 38 Meter erweitert. Er wies bereits, wie sein hellenistischer Nachfolger, Kulthof und zwei Säulenringe auf. Die Quelle, der der ganze Branchiden-Kult seine Existenz verdankte, verurteilte die Bauherren jedoch dazu, den Tempel in einer Senke zu bauen. So war für den gigantischen hellenistischen Neubau ein siebenstufiger Unterbau notwendig, um das Plateau für die Säulenringe zu schaffen. Vielleicht war dies sogar der Hauptgrund dafür, dass der Tempelbau trotz großer Anstrengungen nie vollendet werden konnte. Als die Grabungen 1969 wieder aufgenommen wurden, war den Archäologen klar, dass der Tempel bisher zu sehr als isoliertes Bauwerk erforscht worden war. In den folgenden Jahrzehnten – seit 1975 unter der Leitung des deutschen Archäologen Klaus Tuchelt – werden die Umgebung des Tempels und die weitere Landschaft erforscht. Bereits 1909 war die Heilige Straße entdeckt, aber für den Teil eines Stadtnetzes gehalten worden. Ab 1975 wurde die Straße freigelegt, dabei stieß man auch auf das Artemis-Heiligtum. Im weiteren Straßenverlauf wurde viele Statuen, Inschriften und tempellose Heiligtümer wiederentdeckt.

AUF DEN PUNKT GEBRACHT

Zu Recht gilt Didyma als achtes, unvollendetes Weltwunder – schiere Gigantomanie in Marmor.

WISSENSWERTES

Von der Kultquelle zur Windmühle

Im 2. Jh. n. Chr. wurde Didyma von den römischen Kaisern gefördert. Sie ließen die Heilige Straße pflastern, und 177 n. Chr. wurden die »Didymeia«, vormals griechische Wettspiele, als Kaiserspiele wiederbelebt. Trotzdem wurde nach rund 600 Jahren der Bau des Apollon-Tempels um 250 n. Chr. aufgegeben. Im Jahre 262 mauerte man die Tempelfront zur Verteidigung gegen die Goten zu. Im 4. und 5. Jh. bauten Byzantiner Teile des Tempels zu einer Kirche, im 7. Jh. den ganzen Tempel zu einer Festung gegen die Araber um. Im Mittelalter wurde Didyma Bischofssitz, bis ein Erdbeben 1493 die Einwohner vertrieb. Gerade als im 18. Jh. das archäologische Interesse an dem Heiligtum erwachte, wurde das Areal um den Tempel wiederbesiedelt. Das Heiligtum diente als Steinbruch für den Häuserbau, und auf dem Schutthügel der Tempelmitte wurde eine Windmühle errichtet.

Lesenswert:

Klaus Tuchelt: »Branchadai-Didyma«. *Antike Welt*, Sonderheft, Mainz 1991

Phillip Vandenburg: *Das Geheimnis der Orakel*, Bergisch Gladbach 2000

Anklickenswert:

Didyma-Informationen der Region Bodrum:
www.bodrumpages.com/deutsch/Didyma.html

Kappadokien

Das Tal der eifrigen Kirchenbauer (400 bis 1400 n. Chr.)

Breite Zuckergusshügel ruhen neben schlanken Säulen, die eigentlich schon längst hätten einstürzen müssen; steinerne Fliegenpilze wachsen neben aus der Form gelaufenen Tortenhügeln. Im zentralanatolischen Kappadokien, zwischen Ürgüp und Nevsehir, am Fuß der Vulkanberge Erciyes und Hasan, hat das Spiel der Erosion auf rund 300 Quadratkilometern eine einmalige Landschaftsformation erschaffen. Während man in Wüstenlandschaften über einzelne bizarre Gesteinsformationen entzückt staunt, ist man in Kappadokien von den Hunderten von Felskuppeln, Tortenhügeln und grotesken Figuren ganz einfach überwältigt. Hinzu kommt, dass der weiche Tuffstein an allen möglichen und scheinbar unmöglichen Stellen angebohrt wurde, um Altäre und Einsiedlerzellen, Wohngrotten und ganze Kathedralen anzulegen; weit über eintausend Höhlenkathedralen befinden sich hier. Eine Ansammlung der aufwendigsten und besterhaltenen, wegen ihrer geringen Ausmaße Kapellen genannten Gotteshäuser steht im Zentrum Kappadokiens in der Nähe des bisher noch weitgehend ursprünglichen Dorfes Göreme. Die 27 dicht beieinander stehenden Kapellen wurden zu einem Kulturpark zusammengefasst und

■ Die Tufflandschaft von Kappadokien, deren Felsformationen einer Mondlandschaft gleichen, entstanden durch Erosion, wobei Wind und Wasser die unterschiedlich harten Gesteinsschichten verschieden weit abgetragen haben. Die Häuser des 3000-Seelen-Dorfes Göreme fügen sich harmonisch zwischen die unzähligen Felskegel; einer natürlichen Stadtmauer gleich umschließt eine Hügelkette den Talkessel des Dorfes.

1985 von der UNESCO zum Weltkulturerbe ernannt.

Den Eingang in das Tal des Freilichtmuseums Göreme weist der freistehende Nonnenfelsen, in dem die Kapellen 16 und 17 angelegt wurden. Weil die ursprünglichen Namen unbekannt sind, wurden die Kapellen durchnummeriert, nur einige tragen Namen, die ihnen von den Einheimischen gegeben wurden. Kapelle 16, deren Seitenwände teilweise eingestürzt sind, ist von außen einsehbar. Wandmalereien, die die Kindheitsgeschichte von Jesus und die Georgslegende zeigen, sind gut zu erkennen. Andere Kapellen wie die Elmali-Kilise (Apfelkirche) bleiben den Besuchern verschlossen, da ihre baulichen Strukturen und die Wandmalereien sich in schlechtem Zustand befinden und erst restauriert werden müssen. Den volkstümlichen Namen Apfelkirche soll die Elmali-Kilise bekommen haben, weil die Einheimischen den vom Erzengel gehaltenen Globus für einen Apfel hielten.

■ Wohnungen, aber vor allem reich mit Fresken verzierte Kirchen wurden im Bergland von Kappadokien in den weichen Tuffstein hineingegraben.

Zum einen glänzen die Kapellen durch ihren unvergleichlichen Formenreichtum, der von der einfachen Einraum- über die Breitraum- bis zur Kreuzkuppelkirche reicht. Zum anderen ist hier die gesamte Entwicklung der byzantinischen Freskenmalerei von einfachen ikonographischen Zeichen des 7./8. bis zu den Malereien des 12./13. Jahrhunderts zu bestaunen. Für den Formenreichtum ist die Barbara-Kilise typisch, eine kreuzförmige Kuppelkirche mit simplem geometrischen Dekor und Ornamen-

ENTSTEHUNG DER FORMATIONEN

Da viele der kappadokischen Felshügel ausgehöhlt wurden, nennen die türkischen Reiseführer sie ausschließlich Chimneys, Kamine. Der Begriff weckt die Assoziation einheitlich schlanker und hohler Felskegel, tatsächlich jedoch herrscht eine unglaubliche Gestaltenvielfalt. Die Vulkane streuten während ihrer aktiven Zeit verschiedene Gesteine über die Landschaft, mal weiches Tuffgestein, mal harten Basalt. An einigen Stellen hat sich der Basalt als eine Art Schutzschicht über kleine Tuffareale gelegt, wohingegen die ungeschützten Partien ausgewaschen wurden.

■ Einfachste christliche Ornamentik in einer Mönchszelle

ten aus Schilden und Tierdarstellungen. Während für die bisher genannnten Kapellen vorhandene Tuffkegel ausgehöhlt wurden, sind über zehn Kapellen nebeneinander aus dem Felsmassiv heraus geschlagen. Von diesen verdient die Karanlik-Kilise (Dunkle Kirche) besondere Beachtung, da ihre Malereien als einer der Höhepunkte byzantinischer Kunst gelten. Die sonst eher stereotypen Darstellungen von Menschen und Heiligen wirken hier durch zahlreiche Nuancen an Gesichtern, Armen und Gewändern

GAUDÍ IN KAPPADOKIEN

Der phantastische Raum, in dem der Reisende sich hier bewegt, führt ihn unvermeidlich zur frühzeitlichen Schöpfung Gaudís ... Säulen mit Hauben oder spitzen Kapuzen, wie emblematische, alphabetisierende Bleistifte in einer Reihe stehend; Wälder aus Kegeln, Turmspitzen, Pfeilen, Obelisken, fossilen Quallen; unvorhergesehene Farbvariationen; Bruch der normativen Funktionalität; mystische Weißglut; reines, rationales Architekturdelirium ... Kirchen ohne Gläubige, in unwegsame Steilhänge getrieben oder eingepasst ins Innere der Kegel, verlassene Klöster, Eremitenzellen, riesige Höhlenbienenstöcke, in denen Christus, die Jungfrau und die Apostel in stetem Wechsel auf den heiligen Georg und den Drachen, die heilige Katharina und die heilige Barbara folgen.

Juan Goytisolo

Bei Kara-In ist der Steilabfall der Thalwand von einer offenen Schlucht unterbrochen und eben hier, zur Seite dieser Schlucht, löst sich vom Fuss der Felsen eine überaus imposante Gruppe hoher Tuffpyramiden ab, von Grottenwohnungen und Gräbern durchhöhlt, und selbst unsere keineswegs sophistischen Begleiter, Indje und sein Genosse, gerieten ausser sich über diese wunderbare Erscheinung und hatten eine lange Unterhaltung unter einander über die Frage, ›angenommen, dass es kein Teufelswerk sei, ob die Urheber dieser eigentümlichen Arbeiten aus Armut oder Überfülle an Reichthum diese Felswohnungen eingerichtet hätten‹.
Heinrich Barth

individuell und lebendig. Da die Kapelle lange Zeit verschüttet war, sind ihre Fresken nicht von Muslimen zerstört worden noch konnten Farben ausgebleichen.

Wenn es nach dieser Kapelle überhaupt noch eine Steigerung gibt, dann vielleicht die abschließende Besichtigung der etwas außerhalb des Kulturparks gelegenen Tokali-Kilise. Sie besteht aus drei ineinander verschachtelten Kapellen. Die erste befand sich im heutigen Untergeschoss, über dem die Alte-Tokali-Kilise mit ihrem längsgestrecktem Tonnengewölbe ausgehöhlt wurde. Diesen Raum durchschneidet eine Breitraumkirche mit vorgelagertem Arkadengang und drei Apsiden: die Neue-Tokali-Kilise. Ihre Fresken zeigen auf blauschimmerndem Grund neben einem Christuszyklus, der von seiner Kindheit bis zur Himmelfahrt reicht, das Wirken der Evangelisten.

Auch die an den Kulturpark angrenzenden Täler sind angefüllt mit Hunderten von Höhlenkathedralen. Je nach Geschmack kann es schöner sein, die bedeutendsten Kirchen im Freilichtmuseum präsentiert zu bekommen oder aber in einem der zahlreichen Täler selbst auf Entdeckungstour zu gehen. In die dicken Felskegel im Tal der Mönche beispielsweise wurden reihenweise Wohn- und Betgrotten mit Altären geschlagen, und an unzähligen Wänden haben die Mönche, die hier seit dem 6. Jahrhundert lebten, ihre Zeichen hinterlassen: von primitiven, einfarbigen Kreuzen und Ornamenten bis hin zu ausladenden Wandmalereien.

Während der Wanderung bei sommerlichen

■ So hoch die Arme ragten, schlugen islamische Eiferer die christlichen Bilder von den Wänden.

30 bis 35 Grad im Schatten fragt man sich irgendwann zwangsläufig, wie sich dieser fanatische Bohreifer erklären lässt. Wie die Ameisen müssen die Mönche hier zwischen dem 8. und 12. Jahrhundert umhergeeilt sein. Anstatt ihre Zeit im Gebet zu verbringen, tobten sie ihre Energie mit dem Ausstemmen von Kapellen und Grabkammern aus. Vielleicht war ihr Credo: »Je mehr Kathedralen es gibt, desto näher rückt die Erde zu Gott.« Da es in anderen Teilen der Welt Jahrzehnte bis Jahrhunderte dauerte, um Gotteshäuser zu errichten, sorgten die Gottesfürchtigen hier für einen christlichen Ausgleich. Doch die weltweit größte Kathedralenkonzentration hat weder die Welt im allgemeinen gerettet noch die Region der Mönche vor islamischen Eroberern bewahrt. Geblieben ist eine Traumlandschaft, die gleichzeitig Gefühle von Geborgenheit und Furcht auslöst. Wenn die Dämmerung hereinbricht, wird es gruselig, denn mit den wandernden Schatten scheinen die Felskegel zum Leben zu erwachen – man versteht, warum stehende Steine, Stelen genannt, seit der Steinzeit als Gnome und Götter gefürchtet und verehrt wurden. Doch noch stärker ist der Eindruck des archaisch Vertrauten, den die Landschaft auslöst, denn manch einer wähnt sich vor den märchenhaften Pilzhäusern und Feenbehausungen, die der Phantasie seiner Kindertage entsprechen.

■ Da es keine Überlieferung gibt, lässt sich bei vielen Darstellungen nur raten: vermutlich ein Apostel

■ Schwer zugängliche ehemalige Einsiedlerzellen werden heute zum Teil als Taubenschläge benutzt.

KAPPADOKIEN

FORSCHUNGSGESCHICHTE

Bereits die Hethiter siedelten im 2. Jahrtausend v. Chr. in Kappadokien und begannen, so vermuten Historiker, mit der Anlage der zahlreichen unterirdischen Städte. Zum Schutz vor Eroberern, die diese Region im Laufe der Geschichte immer wieder heimsuchten, waren neben Wohnräumen auch Vorrats- und Produktionsstätten sowie sanitäre Anlagen in den Untergrund gegraben worden. Im 8. Jh. v. Chr. siedelten die griechischen Phryger hier, im 7. Jh. v. Chr. die Lyder, im 6.–4. Jh. die Perser, die ein Straßennetz anlegten. Die Perser wurden von Alexander dem Großen vertrieben. Dessen Nachfolger gründeten das Königreich Kappadokien. Von 129 v. Chr. bis 330 n. Chr. war das Gebiet die römische Provinz Cappadocia. Die nächsten siebenhundert Jahre hindurch gehörte Kappadokien zum byzantinischen Reich. Im Laufe des 4. Jh. n. Chr. wurde das Gebiet von den ersten Mönchen besiedelt. Sie gruben im Laufe der nächsten Jahrhunderte unzählige Einsiedeleien und Kirchenbauten in das Tuffgestein. 1071 eroberten die muslimischen Rumseldschuken Kappadokien, doch sie tolerierten das Treiben der Mönche. Deshalb entstanden auch im 12. und 13. Jh. noch zahlreiche Kapellen mit Freskenmalereien auf dem Höhepunkt byzantinischer Kunst. Um 1100 wurde die Barbara-Kirche angelegt, die Neue-Tokali-Kirche mit ihren großartigen Malereien entstand im Laufe des 13. Jh. Obwohl auch die Osmanen, die Mitte des 14. Jh. ganz Anatolien eroberten, die Christen tolerierten, verschwanden diese im Laufe des 14. Jh. aus der Region. Die Muslime hatten eine wahre Flut – dem Koran nach ketzerischer – Bilder geerbt. Darum bemüht, diese Sünden zu tilgen, meißelten sie die Bilder, so weit ihre Arme reichten, von den Wänden. Oft blieben nur die oberen Grottenregionen verschont: Heilige, Madonnen und das Jesuskind blickten einige Jahrhunderte lang auf Schafe, Weizenvorräte und einfache Bauernkaten hinab. Von den Christen wurde diese Region erst im 19. Jh. wiederentdeckt. Expeditionen führten den französischen Orientalisten Charles F. M. Texier, den britischen Geologen William J. Hamilton und den deutschen Geographen Heinrich Barth nach Kappadokien. Mit ihren Berichten machten sie die Region in Europa bekannt. 1924/25 siedelten die Bewohner von Göreme von den bisher bewohnten Kirchen- und Wohngrotten ins heutige Dorf um. 1980 wurde die Restaurierung der Tokali-Kirche abgeschlossen. 1981 wurde mit der Restaurierung der Karanlik-Kirche begonnen. 1985 wurde das Göreme-Tal zum UNESCO-Weltkulturerbe ernannt.

WISSENSWERTES

Unterirdische Städte
In Kappadokien gibt es auch zahlreiche, zum Teil durch Tunnel mit einander verbundene unterirdische Städte. In Derinkuyu sind Hunderte von Räumen auf sieben Etagen labyrinthartig in den Fels geschlagen.

EMPFEHLUNGEN

Lesenswert:

Juan Goytisolo: *Gaudí in Kappadokien*, München 1996

Peter Daners/Volker Ohl: *Kappadokien*, Köln 1996

Franz Köhler: *Heinrich Barths Reise durch Kleinasien*, Stuttgart 2000

AUF DEN PUNKT GEBRACHT

Die Spurensuche in dieser einmalig bizarren Landschaft lässt garantiert niemanden unberührt.

Kommagene
West-östliches Gottkönigtum (62 v. Chr. bis 17 n. Chr.)

»Nach Antiochos I. hat die astrale Epiphanie der Göttlichkeit des Herrschers in Vergleich, Metapher und Symbol in der römischen Kaiserideologie und abgeschwächt sogar im Kaiserbild des christlichen Mittelalters und anschließend in der Gestalt des neuzeitlichen Roi Soleil fortgelebt.«
Wolfgang Haase

Viele Menschen träumen von der fruchtbaren Verbindung westlicher Vernunft und östlicher Reife. Bereits vor über 2000 Jahren unternahm Antiochos I., 69 bis 36 v. Chr. König von Kommagene, den bewussten Versuch einer Verschmelzung von östlichem und westlichem Kult. Die monumentale Hinterlassenschaft dieser Verschmelzung zieht heute Scharen von Besuchern in die weit abgelegene Region des nordöstlichen Taurusgebirges im östlichen Anatolien. Noch in der morgendlichen Dämmerung oder am späten Nachmittag erklimmen sie den am Ende eines Gebirgskamms in 2100 Metern Höhe liegenden Berg Nemrud Dag. Die ersten und letzten Sonnenstrahlen eines Tages tauchen aber nicht nur das umliegende Hügelmeer, sondern auch die steinernen Riesenköpfe auf dem Nemrud Dag in warme rot-braune Töne. Diese Köpfe sind von den acht bis zehn Meter hohen Sitzstatuen herabgestürzt, die zu fünft in einer Reihe auf einer sieben Meter ansteigenden Terrasse stehen. Während die Köpfe individuelle Züge im hellenistischen Stil haben, sind die Körper aus Kalkblöcken stereotyp gehalten. Flankiert von einer Adler- und einer Löwenstatue, verkörpern sie – wie griechische Inschriften auf der Rückseite besagen – fünf kombinierte Inkarnationen west-östlicher Gottheiten. In der Mitte ruht Zeus-Oromasdes, zu seiner Rechten Apol-

▪ Statuenköpfe auf der Westterrasse bei Sonnenaufgang: im Vordergrund ein Adlerkopf, rechts dahinter Zeus Oromasdes

■ Monumentalkopf von Antiochos I.

lon-Mithras-Helios-Hermes und Herakles-Ares-Artagnes, zu seiner Linken eine weibliche Göttin als Personifikation Kommagenes sowie König Antiochos I. selbst. Diese gut erhaltene Göttergruppe findet sich auf der Ostterrasse. Auf der gegenüber liegenden Westseite wurde auf einer kleineren Terrasse eine gleiche Reihe Götterstatuen errichtet, die jedoch in weniger gutem Zustand sind. Dazwischen erhebt sich die Spitze des Nemrud Dag, ein 50 Meter hoher, künstlich aufgeschütteter Hügel (Tumulus), in dem das Grab von Antiochos I. vermutet, bisher jedoch nicht entdeckt wurde. Die Nordterrasse ist nur rudimentär vorhanden und diente als Versammlungsplatz. Auf der Ostterasse befindet sich – gegenüber den Götterstatuen – der Hauptaltar, seitlich von Reliefreihen flankiert, auf denen etwa Antiochos neben den Göttern sowie ein Löwe dargestellt sind. Letzteres, das so genannte Löwenhoroskop, symbolisiert das himmlische Zeichen für Antiochos' Gottwerdung am 7. Juli 62 v. Chr., denn an diesem Tag standen Jupiter (für Zeus), Merkur (für Apollon) und Mars (für Herakles) in besonderer Nähe zum Stern Regulus (für Antiochos), eine äußerst ungewöhnliche Konstellation am Sternenhimmel. Zudem führte Antiochos seine Herkunft kraft einer Ahnengalerie auf jeweils einen Heroen der westlichen und östlichen Welt zurück: auf Alexander den Großen und den mächtigen Perserkönig Dareios I. Durch die Sterndeutung, die dargestellte Genealogie sowie die Zusammenführung der Götter in dieser gewaltigen Kultanlage erhob sich Antiochos selbst zum Gottkönig an der Schwelle von Ost und West. Während er bis zum 7. Juli 62 v. Chr. vor allem der griechisch-hellenistischen Götterwelt huldigte, überwiegen danach Elemente aus orientalischer Tradition. Die Inschriften, die die guten Werke des Königs aufzählen, erinnern an den zoroastischen Totenkult, der Name Kommagene wurde aus dem assyrischen Kummuhu abgeleitet, die Bildersprache und Sitzgruppenpaare erinnern an die syrische Tell-Kultur. Und nicht zuletzt der Kopfschmuck von Antiochos zeigt asiatische Tradition, denn die von fünf Federn gekrönte

Die Anstrengung des äußerst beschwerlichen, nur durch die kühle und erfrischende Gebirgsluft erträglich gemachten Weges, … die dem Auge nicht weniger als den Füßen schmerzhaften Zacken der Felswüste, daneben einerseits kleine oasenartige Flächen mit spärlichem, aber saftiggrünem und aromatischem Gras, andererseits blendende Schneeflecken, … endlich die überraschende Aussicht hier auf zahllose Berggipfel und unentwirrbare Täler, … dort in die grausige Tiefe des Gerger-tschai-Tales und in die endlose Ebene jenseits des Euphrat – das alles erzeugt in der Seele des auf die Kuppe klimmenden Wanderers einen Schauer, der dem erstaunlichen Menschenwerk, das sich auf ihrer höchsten Höhe plötzlich ausbreitet, eine eigentümlich feierliche Weihe verleiht.

Otto Puchstein

■ Statuengruppe auf der Ostterrasse v. l. n. r.: Antiochos, Kommagene, Zeus Oromasdes, Apollon Mithras und Herakles Ares

Tiara war vor allem in iranischen und nordindischen Kulturen beheimatet.

Das Hierothesion war eine Art Stift. Umliegende Ländereien sollten für den Unterhalt der Priester ihrer Kultrituale sorgen, die im Wesentlichen aus zwei monatlichen Prozessionen bestanden, die eine jeweils am 10. Tag eines Monats zum Krönungstag Antiochos', die andere jeweils am 16. Tag zum Geburtstag des Gottkönigs. Die Prozession führte zur Kultstätte, um Opfer darzubringen.

Nemrud Dag war keine, wie es heute wirkt, isolierte Kultanlage in den Bergen, sondern wurde von anderen Heiligtümern wie den Königsgräbern von Karakus umgeben und lag nur rund zehn Kilometer von der kommagenischen Stadt Arsameia entfernt. In dem erst 1951 entdeckten Ort fanden Archäologen zahlreiche in den Fels geschlagene griechische Inschriften. In ihnen erklärt Antiochos, dass er eine weitere Kultstätte für seinen Vater Mithridates I. einrichten ließ. Während von ihr nur Fragmente übrig blieben, konnten Teile einer einstigen Felsenhalle sowie ein 158 Meter abschüssig in den Fels führender Gang freigelegt werden.

Bis in die 1970er Jahre war der Nemrud Dag schwer zu erreichen. Heute führt eine Fernstraße in nur zehn Kilometern Entfernung am Berg vorbei, in unmittelbarer Nähe befinden sich der Atatürk-Stausee und zahlreiche Ölfördergebiete.

Doch allen Vorbereitungen für die Ewigkeit zum Trotz zerfielen die Kultstätten gleich nach Antiochos' Tod 34 v. Chr. Das Hierothesion wurde nie vollendet und vermutlich auch nie als Kultstätte genutzt, denn nicht nur der Kopf des Antiochos auf der Ostterrasse ist unvollendet, auch unbearbeitete Stelen liegen noch heute auf der Nordterrasse, und es finden sich weder Opfertische noch irgendwelche Kleinfunde, wie sie für jeden Zeremonienplatz typisch sind. Schon Antiochos' Sohn Mithridates II. wandte sich lieber anderen Projekten wie den Königsgräbern von Karakus zu. 17 n. Chr. schließlich gab Antiochos III. den Gottkönigkult ganz auf.

König Antiochos I. hatte seinen neuen Kult bewusst nicht an lokale Mythen und Götter angeknüpft, und nur die Oberschicht an den Riten beteiligt, während das Volk zu wenig in diesen Kult einbezogen wurde, um ihn fortzuführen. Doch gerade die Oberschicht orientierte sich nach Antiochos' Tod stärker gen Rom, in dessen Abhängigkeit Kommagene immer mehr geriet, um 17 n. Chr. Teil der Provinz Syrien zu werden. Zugleich jedoch ließen sich der römische Kaiserkult in seiner religiösen Überhöhung und später der Herrscherkult der Mittelalterkaiser stark vom Gottkönigtum Kommagenes auf dem entlegenen Nemrud Dag beeinflussen.

KOMMAGENE

FORSCHUNGSGESCHICHTE

Erste Erwähnung findet Kommagene im 9. Jh. v. Chr. als tributpflichtiges Kummuhu in Schriften der Assyrer. 709 v. Chr. fiel es ganz unter assyrische, um 600 v. Chr. unter babylonische und 539 v. Chr. unter persische Herrschaft. Nach dem Feldzug Alexanders des Großen regierten die armenischen Orontiden unter Hoheit der Seleukiden. Die politische Geschichte Kommagenes wird vor allem in den Schriften römischer Historiker und Geographen wie Appian, Josephus Flavius und Tacitus beschrieben. Unabhängig wurde Kommagene um 160 v. Chr. unter Ptolemaios. Antiochos I. konnte die Unabhängigkeit Kommagenes gegenüber den Armeniern und den Römern wahren. Doch unter seinen Nachfolgern wuchs der Einfluss Roms, bis Kommagene 17 n. Chr. Teil der Provinz Syrien wurde. In byzantinischer Zeit wurde die Region christliches Zentrum mit vielen Klöstern. Ab Mitte des 7. Jh. fiel Kommagene unter arabische Herrschaft, und das Reich des Antiochos geriet in Vergessenheit. Die erste neuzeitliche Beschreibung der Landschaft stammt vom preußischen Hauptmann Helmut von Moltke, der als Militärberater 1835–1839 im Osmanischen Reich tätig war. Moltke beschrieb einige der Festungen und kommagenischen Inschriften, doch das Hierothesion sah er nicht. 1875 legte Theodor Mommsen eine Studie über die Dynastie von Kommagene vor. 1881 berichtete der Straßenbauingenieur Karl Sester von Kolossalstatuen auf dem Nemrud Dag nach Berlin. 1882 brach er zusammen mit dem Archäologen Otto Puchstein zur Erkundung auf. Bereits im folgenden Jahr rüsteten sich zwei Expeditionen zum Nemrud Dag, eine deutsche unter der Leitung von Karl Humann und Otto Puchstein und eine türkische unter der Leitung des Direktors der Ottomanischen Museen, Osman Hamdi Bey. Die Funde und dokumentierten Inschriften wurden zur Grundlage der Kommagene-Forschung. 1938 unternahm Friedrich Karl Dörner eine erste Expedition nach Kommagene, die zweite erst 1951. Inschriften am Berg Yenikale führten ihn zur Entdeckung von Arsameia am Nymphaios. Dessen Heiligtum erforschte er von 1953–1956. 1955 brachte er Bergarbeiter aus dem Ruhrgebiet mit, die den 158 Meter in den Untergrund führenden Stollen von Sockelanlage III freilegten. 1953–1956 erforschten und restaurierten amerikanische Wissenschaftler unter der Leitung der Archäologin Theresa Goell die Kultstätten auf dem Nemrud Dag. Seit 1970 erforschen türkische und deutsche Archäologen und Geographen gemeinsam die Landschaft Kommagenes. Seit 1987 untersucht ein neues Nemrud-Dag-Projekt unter Leitung des deutschen Archäologen Jörg Wagner die Geophysik des Berges, konserviert und restauriert darüber hinaus die Bauwerke. 1987 wurde Nemrud Dag zum Weltkulturerbe der UNESCO erklärt, 1988 fasste die türkische Regierung das Areal um den Nemrud Dag mit Arsameia, dem Grabmal am Karakus und der römischen Brücke über den Chabinas zu einem Nationalpark zusammen.

AUF DEN PUNKT GEBRACHT

Der Nemrud Dag bei Sonnenauf- oder -untergang stellt das ungewöhnlichste Archäologieschauspiel Kleinasiens dar.

WISSENSWERTES

Inschrift des Antiochos

»Als ich die Anlage dieses Hierothesion unzerstörbar durch die Schädigungen der Zeit, in nächster Nähe der himmlischen Throne zu errichten beschloss, in welchem die bis ins Greisenalter hinein wohlerhaltene Hülle meiner Gestalt, nachdem sie die gottgeliebte Seele zu den himmlischen Thronen des Zeus-Oromasdes entsandt hat, durch die unermessliche Zeit ruhen soll, da nahm ich mir vor, auch diesen heiligen Ort zur gemeinsamen Thronstätte aller Götter zu machen, damit nicht nur die heroische Schar meiner Ahnen, die du vor dir siehst, durch meine Fürsorge hier aufgerichtet sei, sondern auch die auf heiligem Hügel geweihten göttlichen Gestalten der großen waltenden Götter für meine Frömmigkeit an dieser Stelle als Zeugen dienen.«

Lesenswert:

Helmut von Moltke: *Unter dem Halbmond. Erlebnisse in der alten Türkei 1835–1839*, Stuttgart 1997

Friedrich Karl Dörner (Hg.): *Vom Bosporus zum Ararat*, Mainz 1981

Jörg Wagner (Hg.): *Gottkönige am Euphrat. Neue Ausgrabungen und Forschungen in Kommagene*, Mainz 2000

Anklickenswert:

Homepage der niederländischen Komagene-Stiftung. Bilder, Animationen und Informationen: www.learningsites.com/NemrudDagi/nemdagi-2.htm

Ur

Stufenturm, Königsgräber und die Sintflut (5000 bis 2000 v. Chr.)

Ob das alttestamentarische Ur in Chaldäa, der Heimat des jüdischen Stammvaters Abraham, identisch ist mit dem Ur in Südmesopotamien, bleibt bis heute umstritten. Tatsache hingegen ist, dass die mehrtausendjährige Geschichte dieser Stadt am Unterlauf des Euphrat überquillt von historischen und legendären Fakten und Geschehnissen. So soll in Ur der ersten Stufenturm errichtet worden sein, und es soll der Ort der Sintflut gewesen sein.

Die ersten Städte entstanden zwischen Wüsten und Flüssen, die regelmäßige Überschwemmungen brachten. Die lebensfeindliche Umgebung drängte die Menschen an die fruchtbaren Flussufer, und die Organisation der zur Landwirtschaft notwendigen Kanalsysteme verlangte neue Formen gesellschaftlicher Kooperation. Karl Wittfogel nannte dies »die orientalische Produktionsweise«. So entstanden die über das Zweistromland verteilten großen Siedlungen Uruk, Kisch und Lagasch. Der Ursprung von Ur lässt sich anhand von Siedlungsspuren und einem Grabfeld bis ins 5. Jahrtausend v. Chr. zurückverfolgen.

■ Rekonstruktion der Zikkurat des Mondgottes Nanna in Ur. Die Zikkurat bezeichnet einen Hochtempel auf einer künstlichen Terrasse. Die Zikkurat-Terrassen des 2. und 1. Jahrtausends v. Chr. waren rechteckig oder quadratisch; seit 2000 v. Chr. sind auch Stufentürme bezeugt. Die Aufgänge waren meist dreiteilige Freitreppen. In Babylonien hatte jede größere Stadt eine oder mehrere Zikkurate; die besterhaltene ist die von Ur.

Ur lag äußerst verkehrsgünstig am Unterlauf des Euphrat und verfügte über zwei Häfen. Die Vielzahl der hier zu Kunstwerken verarbeiteten Metalle und Edelsteine – Gold, Silber, Kupfer, Bronze, Lapislazuli, Karneol, Achat, Chalzedon sowie Perlmutt – zeigen, wie weit ihre Handelsbeziehungen reichten. Um 2500 v. Chr. löste Ur die Königsresidenzen Kisch und Uruk (1. Dynastie) ab, wurde seinerseits jedoch schon um 2440 v. Chr. von einem Vasallenfürsten aus Lagasch besiegt. Nach Jahrhunderten der Fremdherrschaft wurde der Herrscher von Ur, Urnammu, 2064 v. Chr. König von Sumer und Akkad. In dieser 3. Dynastie erlebte die Stadt über einen Zeitraum von mehr als hundert Jahren ihre größte Blüte. Das Reich mit seinen 23 Stadtstaaten und 90 Vasallentümern wurde straff verwaltet, wie die rund

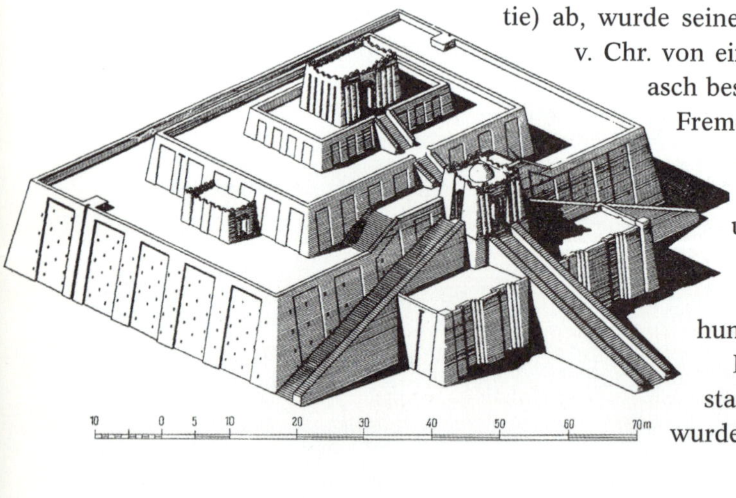

24 000 Verwaltungsurkunden – Tontäfelchen mit Keilschrift – beweisen. Urnammu führte auch den ersten bekannten Rechtskodex ein, zum Beispiel: »Wenn ein Mann einem anderen seine Zähne ausgeschlagen hat, wird er zwei Schekel Silber pro Zahn zahlen.«

■ Das Basismassiv mit der von Osten herausgeführten Freitreppe und den beiden an die Flanken angelehnten Seitentreppen wurde mustergültig renoviert.

Das befestigte Stadtgebiet selbst hatte die Form eines Ovals und maß der Länge nach 1300 Meter, in seiner Mitte erhob sich das große Heiligtum. Obwohl die Bauwerke der Sumerer eine mindestens ebenso wichtige Innovation darstellten wie die Pyramiden in Ägypten und ähnliche Ausmaße erreichten, sind die erhaltenen Baureste enttäuschend. Das liegt am Material; im Zweistromland fehlte es an hartem Gestein, dafür gab es tonhaltige Erde im Überfluss. Die Sumerer lernten, selbst größte Gebäude aus unge-

DIE SUMERISCHE STADT

Der sumerisch-orientalische Stadttyp ist seit dem frühen 4. Jahrtausend v. Chr. ein von einer Mauer umschlossenes Oval. Den Mittelpunkt bildet eine Tempelanlage, Straßen, Stadtviertel und Wohnblöcke enstanden darum herum naturwüchsig und ohne Planung. Ähnlich verwinkelte Häuserviertel und enge, gebogene Gassen sind bis heute in den Souks orientalischer Städte anzutreffen.

■ Ein Sandsturm kündigt sich an: Blick von der Zikkurat in die monotone Landschaft, die keinen anderen Baustoff bietet als Lehm.

brannten Lehmziegeln zu errichten, bedeutende Bauwerke wurden zusätzlich mit gebrannten Ziegeln ummauert.

Eines der größten Bauwerke war mit einer Grundfläche von 62 mal 43 Metern die Zikkurat von Ur, Vorbild aller späteren mesopotamischen Türme. Von den vermutlich fünf bis sieben Stufen seiner vollendeten Form (während der 3. Dynastie) wurden in unserer Zeit die ersten beiden Stufen rekonstruiert und vermitteln etwas von der einstigen Monumentalität. Von drei Richtungen aus

SUMER UND AKKAD

An der Wende vom 4. zum 3. Jahrtausend v. Chr. wanderten die Sumerer in Südmesopotamien ein, verschmolzen mit den dortigen Ureinwohnern und bildeten die erste Hochkultur aus. Bewässerte Landwirtschaft, Metallverarbeitung, erste Keilschrift, Mathematik, Verwaltung und Rechtsprechung sowie monumentale Tempel kennzeichneten die Kultur der Stadtstaaten im Zweistromland. Sie lagen in ständigem Streit um die Vorherrschaft, wovon das Gilgamesch-Epos berichtet, bis König Sargon I. aus Nordmesopotamien um 2330 v. Chr. das Land eroberte und das erste Großreich, genannt Akkad, errichtete.

führt jeweils eine Rampentreppe zum Turmvorbau auf der ersten Stufe. Das gesamte Heiligtum war dem sumerischen Mondgott Nanna-Sin und seiner Gemahlin Ningal geweiht. Im Osten grenzte der von Gebäuden umsäumte Hof des Nanna-Sin an, im Süden das Egiparku, ein Gebäudekomplex für die oberste Priesterin des Nanna-Sin, im dem auch eine Statue der Ningal ruhte. Von beiden Gebäuden sind nur noch die Grundrisse im Boden erkennbar, genauso wie von dem südöstlich angrenzenden, fast quadratischen Palast des Urnammu. Keine fünfzig Meter weiter in südöstlicher Richtung lag der königliche Friedhof, wo Charles Leonard Wooley die Königsgräber des frühdynastischen Ur (um 2600–2300 v. Chr.) freilegen ließ. Diese Entdeckung war eine riesige Sensation, denn die Grabbeigaben machten mit einem Schlage deutlich, über welch eine Hochkultur die bis dahin weitgehend unbekannten Sumerer verfügten.

Die Gräber stellten einen direkten Kontakt zu den vor viertausend Jahren lebenden Menschen her. So lassen die Details des Königinnengrabes noch heute die Zuneigung, die ihr bis über den Tod hinaus entgegen gebracht wurde, erahnen. »An dem einen Ende lag auf den Resten einer Holzbahre die Leiche der Königin, neben ihrer Hand ein goldener Becher. Ihr Oberkörper war gänzlich unter einer Menge Perlen aus Gold, Silber, Lapislazuli, Karneol, Achat und Chalzedon verborgen … Über dem eingedrückten Schädel lagen die Reste eines Kopfputzes, der ein sorgfältig gearbeitetes Gegenstück zu dem der Hofdamen war. Als Unterlage diente ihm ein Goldband, das mehrfach um das Haar geschlungen war. Die Abmessungen dieser Windungen zeigen, dass es sich nicht nur um das natürliche Haar, sondern um eine zu fast grotesker Größe aufgepolsterte Perücke gehandelt haben musste«, schrieb Sir Wooley über seine Entdeckung. Doch gleichzeitig waren die Gräber auch Dokumente des Grauens. In den Zugangsrampen lagen zahlreiche Skelette von Soldaten, Höflingen und Frauen. So fanden sich in einer bereits geplünderten und von Wooley »Großer Totenschacht« genannten Grabanlage die Überreste von 68 Frauen und 6 Männern. Weil Archäologen neben allen Leichen Schalen aus Ton, Stein oder Metall fan-

■ Die Ur III- und altbabylonische Tontafeln, einige in sumerischer Schrift (2112–1600 v. Chr.)

■ Die ganze Epoche der Sumerer war bis Mitte des 19. Jahrhunderts in Vergessenheit geraten, Mesopotamien wurde nur mit Assyrien und Babylonien in Verbindung gebracht.

den, gingen sie davon aus, dass die Betreffenden Gift genommen hatten, um ihrem König oder ihrer Königin ins Jenseits zu folgen.

Die Gräber der späteren Epoche (3. Dynastie) dagegen waren längst ausgeraubt. Aus Urkunden kennen wir das Ende der 3. Dynastie jedoch genau. Ibbisin, der letzte von 2027 bis 2003 v. Chr. regierende König, wurde von nomadischen Amurritern bedroht, als ihn Isbierra, Statthalter von Mari am mittleren Euphrat, als Herrscher von Sumer und Akkad ablöste. Ibbisin konnte sich noch 14 Jahre auf kleinstem Territorium halten, bevor eindringende Elamiter die Stadt eroberten.

Doch Ur wurde nicht ganz aufgegeben; Archäologen fanden Siedlungsschichten aus dem 19. Jahrhundert v. Chr. Das Zentrum mit seiner Zikkurat galt auch nach dem langsamen Niedergang der Stadt als heilige Stätte; Nebukadnezar II. ließ es im 6. Jahrhundert v. Chr. wiederaufbauen, doch es zerfiel wieder. Im 20. Jahrhundert wurde es erneut rekonstruiert, und damit blieb der für die mesopotamische Geschichte so bedeutenden Stätte zumindest ein symbolträchtiges Bauwerk erhalten.

UR

FORSCHUNGSGESCHICHTE

Anfang des 2. Jahrtausends v. Chr. verlor Ur seine herausragende Bedeutung, unter anderem weil der Lauf des Euphrat sich änderte. Die Stadt überlebte noch einige Jahrhunderte lang als Pilgerstätte, bevor sie vollends in Vergessenheit geriet. Die Bauwerke wurden von der Erosion in schlichte Lehmhügel zurückverwandelt. 1853 identifizierte der englische Konsul in Basra, J. G. Taylor, den Tell al-Maqajjar anhand von Inschriften als den Ort, an dem die Stadt Ur gelegen hat. Noch im 19. Jh. unternahm die Universität von Pennsylvania erste Forschungen. 1918 und 1919 schickte das British Museum zwei Forscher nach Ur, um dort nach kostbaren Funden zu suchen. Erst als die beiden Institute in den USA und England ihre Projekte zusammenlegten, konnten richtige Ausgrabungen mit intensiver Forschung durchgeführt werden. Die Leitung wurde dem britischen Archäologen Charles Leonard Wooley übertragen, der zuvor auf dem Sinai und im nordsyrischen Karkemisch gegraben hatte. Von 1922 bis 1934 legte er einen Großteil des ehemaligen Ur frei, wobei er umsichtige Planung mit neuartigen Konservierungsmethoden verband. Er grub Heiligtümer wie Wohnsiedlungen aus. Sein größter Coup gelang ihm jedoch, als er von 1927 bis 1929 die Königsgräber freilegte. Sie werden auf die Zeit zwischen 2600 und 2300 v. Chr. datiert und bargen kostbare Schätze. Sie geben teilweise auch Einblick in die Alltagswelt der Sumerer, so mit der Mosaikstandarte von Ur, auf deren einem Teil das Kriegswesen, auf dem anderen das Leben in Friedenszeiten abgebildet ist. In den Folgejahren wurde allerdings auch Kritik an der Arbeit von Wooley laut, nämlich dass die Ausgrabungen zu eilig vorgenommen worden waren, sodass es heute schwierig ist, die genaue Lage der Gräber zu bestimmen. Überwiegend arbeitete Wooley jedoch äußerst umsichtig; so ließ er durch die mehrtausendjährigen Siedlungen Schächte bis hinunter auf den jungfräulichen Boden anlegen. Dabei stieß er auf eine mehrere Meter dicke Schicht vom Wasser abgesetzter Sinkstoffe – Zeugnis einer Überflutung. Wooley glaubte einen Nachweis für die biblische Sintflut gefunden zu haben, sein Buch darüber wurde zum Bestseller. Doch sein amerikanischer Kollege Ernest Wright wies darauf hin, dass nur zwei von fünf Schächten diese Ablagerungen aufwiesen und dass die Besiedlung fast lückenlos fortgesetzt worden war. Seit den 1990er Jahren suchen nun Geoarchäologen an anderen Siedlungshügeln im Nahen Osten nach vergleichbaren Überschwemmungsschichten. Die Zikkurat von Ur ist von der irakischen Regierung zum Teil rekonstruiert worden; die ersten beiden Stufen wurden wieder errichtet und mit gebrannten Ziegeln ausgekleidet.

AUF DEN PUNKT GEBRACHT

Die Überbleibsel der einst so bedeutenden Stadt aus Lehm stellen trotz des rekonstruierten Zikkurats das Vorstellungsvermögen der Besucher auf eine harte Probe.

WISSENSWERTES

Die Sintflut

Die alternative Theorie der Geologen Walter Pitman und William Ryan siedelt die Sintflut am Schwarzen Meer der Nacheiszeit an. Dieses Meer war vor 7500 Jahren noch ein Süßwassersee, bis der Spiegel der sich erwärmenden Weltmeere um 120 Meter stieg und sich das Mittelmeer durch den Bosporus in das Schwarzmeerbecken ergoss. Doch kann nicht von einer Katastrophe ausgegangen werden, da sich die Überschwemmung mit maximal 1000 Metern pro Tag viel zu langsam vollzog.

EMPFEHLUNGEN

Lesenswert:

Leo Deuel (Hg.): *Das Abenteuer Archäologie. Berühmte Ausgrabungsberichte aus dem Nahen Osten*, München 1982

Das Gilgamesch-Epos, Stuttgart 1986

Barthel Hrouda (Hg.): *Der Alte Orient*, Gütersloh 1991

Sabatino Moscati: *Woran erkenne ich Mesopotamische Kunst?*, Bindlach 1991

Barthel Hrouda: *Mesopotamien*, München 2000

Anklickenswert:

Homepage des Vorderasiatischen Museums in Berlin: http://www.smb.spk-berlin.de/vam/s.html)

Babylon

Mutter aller Städte? (um 2200 v. Chr. bis 300 n. Chr.)

Die Legende von dem an der Verständigung scheiternden Turmbau zu Babel entstand aller Wahrscheinlichkeit nach aus Versehen. Die Juden verwechselten Babylons Namen Babilum mit dem hebräischen Wort balal, verwirren.

Als »Sündenbabel« verurteilen wir allzu freizügiges Stadtleben, als »babylonische Sprachverwirrung« bezeichnen wir ein sprachliches Durcheinander. Und unter »Sterben in Babylon« verstehen gebildete Abendländer den vermeintlich glücklichen Umstand, auf der Höhe seines Schaffens aus dem Leben gerissen zu werden – so wie Alexander der Große. Wie keine andere Stadt verdichtet sich Babylon mit seinen Legenden für uns zum Symbol der Stadt schlechthin; doch was wissen wir wirklich?

Gegen den Titel »Mutter aller Städte« spricht, dass Babylons Geschichte viel später begann als die vergleichbarer Städte in Mesopotamien. Während die Ursprünge von Uruk, Kadesch und Ur im 4. oder gar 5. Jahrtausend v. Chr. zu suchen sind, wird Babylon das erste Mal in Quellen um 2200 v. Chr. erwähnt. Eine überragende Bedeutung bekam die Stadt gar erst um 1750 oder 1700 v. Chr. Hammurapi, der Herrscher von Babylon, unterwarf zunächst die benachbarten Stadtstaaten und dann das mächtige Assyrien. Damit katapultierte er die Provinzstadt Babylon zur Hauptstadt eines Großreiches, das vom Persischen Golf bis nach Aleppo reichte. Die Stadt blieb bestehen, das Reich nicht, denn im 16. Jahrhundert v. Chr. wurde Babylonien zunächst von den Hethitern aus Anatolien und dann von den Kassiten aus dem Zagros-Gebirge erobert, wobei der Kassitenkönig Agum Kakrime den babylonischen Thron übernahm, jedoch vom wiedererstarkten Assyrien bedrängt wurde. Diesen ständigen Machtwechsel zwischen Assyrien und Babylonien konnte erst der babylonische

■ Modell des legendären Turms von Babylon

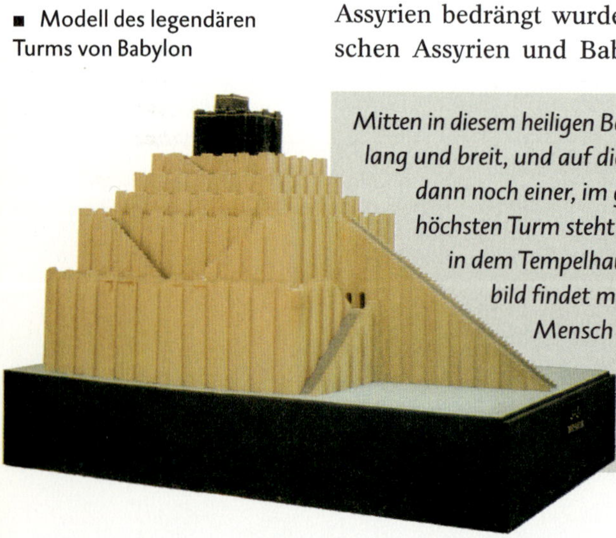

Mitten in diesem heiligen Bezirk ist ein fester Turm errichtet, ein Stadion lang und breit, und auf diesem Turm steht wiederum ein Turm und dann noch einer, im ganzen acht Türme übereinander. In dem höchsten Turm steht erst das eigentliche große Tempelhaus, und in dem Tempelhaus steht ein großes Ruhebett … kein Götterbild findet man dort aufgestellt, auch nächtigt kein Mensch in dem Tempel, bloß eine einzige aus Babylon stammende Frau, die sich der Gott unter allen Frauen des Landes erwählt.

Herodot

Herrscher Nabupolassar (626–606 v. Chr.) klar für sich entscheiden. Sein Sohn Nebukadnezar II. (605–562) ließ die mehrmals geplünderte Stadt vermutlich nach dem Grundriss aus der Zeit von Nebukadnezar I. (um 1225) wiedererrichten.

Die heute erforschten Bereiche von Babylon stammen aus dieser späten Glanzzeit, in der die Stadt sich über 12 Quadratkilometer erstreckte. Der rechteckige, 2600 mal 1500 Meter umfassende Stadtkern wurde von einer doppelten Lehmziegelmauer mit Graben umgrenzt. Ein herrlicher Boulevard, die Prozessionsstraße, verlief von Norden nach Süden durch die Stadt und wurde auf ihrem ersten Abschnitt von Mauern flankiert, die mit Löwenreliefs aus Glasurziegeln verkleidet waren. In das Zentrum der Stadt führte ein prachtvolles Tor, das aus zwei unterschiedlich hohen Tortürmen gebildet wurde. Sie waren mit blauen Kacheln bedeckt, die abwechselnd mit Stieren und dem Fabelwesen Musch-Chusch verziert waren – dem Symboltier des Stadt- und Reichsgottes Marduk oder Baal. Das Tor selbst war Ischtar geweiht, der Göttin der fruchtbaren Erde und des Krieges – und ist im Pergamonmuseum in Berlin wieder errichtet worden.

Gleich hinter der Kopie des Ischtar-Tores, Richtung Euphrat, erstreckt sich heute der große, teilweise rekonstruierte Gebäudekomplex des Königspalastes. Durch Torbauten gelangt der Besucher in einen großen Innenhof, an den sich vier weitere Höfe anschließen. Im mittleren von ihnen, der mit 55 mal 60 Metern der größte ist, lag auch der Thronsaal. Die Wände dieses Hofes waren mit Kachelmosaiken reich geschmückt. Der auf Geheiß

■ Die zum nüchtern rekonstruierten Palast führende Prozessionsstraße, der man den Glanz vergangener Zeiten nicht anmerkt

»Babylon ist nicht nur eine recht große, sondern auch die schönste Stadt von allen, von denen wir wissen.« Herodot

■ Teilrekonstruktion des Ischtar-Tores; das Original steht in Berlin.

DIE BABYLONISCHE STADT

Der babylonische Stadttyp vereint sumerische mit assyrischen Elementen. Ausgegangen wird von einer geometrischen Gesamtordnung. Die ganze Stadt war rechtwinklig angelegt, das Hauptheiligtum lag zentral in der Mitte, die Hauptstraßen bildeten ein geometrisches Netz. Nur die einzelnen Wohnviertel breiteten sich naturwüchsig sumerisch-orientalisch aus.

des irakischen Diktators Saddam Hussein nüchtern rekonstruierte Palast strahlt eine kalte Monumentalität aus. Einen gänzlich anderen Eindruck muss er in der Antike gemacht haben, als seine »Hängenden Gärten« die Phantasie der gesamten Alten Welt beflügelten. Sie wurden zu einem der Sieben Weltwunder gerechnet, doch bis heute konnten Archäologen sie nicht eindeutig lokalisieren; wir bleiben auf antike Beschreibungen angewiesen. »Bei diesem Palast ließ er aus Steinen Anhöhen errichten, denen er die Gestalt von Bergen geben ließ und die er mit allerlei Bäumen bepflanzen ließ. Ferner legte er einen so genannten Hängenden Garten an, weil seine Gattin, die aus Medien stammte, danach verlangte, da das bei ihr zu Hause so üblich war«, berichtet der jüdisch-römische Geschichtsschreiber Josephus Flavius.

Klarheit dagegen besteht über den Turm von Babylon, der von den Babyloniern Etemenanki, Tempel des Grundsteines von Himmel und Erde, genannt wurde. Er war eines der größten Bauwerke der Alten Welt. 90 mal 90 Meter umfasst die Zikkurat im Grundriss und maß, Stufe für Stufe nach oben schmaler werdend, ebenfalls 90 Meter in der Höhe. Der Tempel war auf der obersten Stufe errichtet, damit der Gott Marduk eine Wohnstätte bei den Menschen hatte. Doch vom Turm ist nicht viel mehr geblieben als der rechtwinklige Stumpf des einstigen Lehmziegelkerns, der heute leicht erkennbar ist, weil er von einem Graben umgeben ist, in dem sich das Grundwasser gesammelt hat.

Zerstört wurde der Turm zusammen mit der Stadtmauer 479 v. Chr. auf Befehl des Perserkönigs Xerxes, weil sich die Stadt gegen die seit 60 Jahren dauernde Fremdherrschaft auflehnte. Als Alexander der Große am 24. oder 25. Oktober 331 v. Chr. in Babylon einzog, war die Stadt bereits etwas heruntergekommen, trotzdem imponierte sie den Makedoniern mit ihren über 20 großen Boulevards und über 40 Tempeln. Diesen ruhmreichen Ort wollte Alexander zur Hauptstadt seines europäisch-asiatischen Großreiches machen, und er ließ die Trümmer des großen Turmes wegräumen, um ihn neu zu errichten. Doch es sollte anders kommen. Auf dem Rückweg von Indien erkrankte der Eroberer in Babylon und erlag am 10. Juni 323 v. Chr. im Palast des Nebukadnezar, so will es die Legende, einer mysteriösen Fieberkrankheit. Babylon starb demgegenüber einen langsamen Tod und versank allmählich in die Bedeutungslosigkeit. Doch ihr Name und ihre Bedeutung als Archetypus der Stadt schlechthin werden der Menschheit auch in Zukunft erhalten bleiben.

■ Ein Schild weist auf das nicht mehr vorhandene Weltwunder der »Hängenden Gärten« hin.

BABYLON

FORSCHUNGSGESCHICHTE

Die hellenistische Gründung der Stadt Seleukia in der Nähe von Babylon läutete das Ende ein; Babylons Tempel wurden endgültig im 3. Jh. n. Chr. aufgegeben, doch einzelne Viertel der Stadt waren bis in die frühislamische Zeit hinein bewohnt. Bodenversalzung und die Zerstörung der Bewässerungssysteme durch die Mongolen im 13. Jh. vertrieben auch die letzten Bewohner. Als erster Europäer besuchte im 12. Jh. der Rabbi Benjamin von Tudela die Ruinen. Im 16. Jh. bereiste der Augsburger Arzt Leonhart Rauwolff den Orient und schrieb über Babylon, dass dort die »alten und herrlichen Antiquitäten so hierumb ganz öd stehen«. Der erste wissenschaftliche Erkunder Mesopotamiens war 1616 der Italiener Pietro della Valle, der auch Babylon besuchte und Kopien von Keilinschriften nach Europa brachte. Im 18. Jh. bereiste der deutsche Geograph Carsten Niebuhr Arabien und fertigte vor Ort exakte Kopien altpersischer Inschriften an. Der Engländer Claudius Rich brachte erste ausführliche Aufzeichnungen über die Ruinen von Babylon zu Papier. In der zweiten Hälfte des 19. Jh. wurde mehrmals begonnen, in Babylon zu graben, doch die gewaltigen Erdmassen und die vergleichsweise wenigen Funde führten schnell zur Aufgabe. Erst die 1898 gegründete Deutsche Orient-Gesellschaft beschloss die systematische Ausgrabung eines Teiles der gewaltigen Stadt. Zum Grabungsleiter wurde Robert Koldewey ernannt. Der Etat der Deutschen Orient-Gesellschaft wurde von Kaiser Wilhelm II. persönlich aufgestockt. Zu Grabungsbeginn erfassten die Forscher die sichtbaren Konturen von Gebäuden und Mauern und entwickelten daraus einen Stadtplan. Die von 1899 bis 1915 dauernden Ausgrabungen wuchsen sich zu den aufwendigsten aus, die je in Vorderasien stattfanden. In rund 15 Jahren legten 200 bis 250 Arbeiter tagtäglich mithilfe einer Feldbahn große Teile der Stadt frei. Dabei mussten bis zu 20 Meter dicke Sand- und Lehmschichten abgetragen werden. Bei diesem Projekt legten die deutschen Ausgräber zum ersten Mal großen Wert auf die wissenschaftliche Erforschung der Stätte selbst. Baugeschichtliche und stratigraphische, also die Schichtfolgen betreffende Merkmale wurden genau festgehalten. Koldeweys Mitarbeiter entwickelten Methoden, um die freigelegten Lehmziegel zu konservieren. 1902 begann die Freilegung des Ischtar-Tores, dessen glasierte Ziegel zur Rekonstruktion des Tores im Vorderasiatischen Museum in Berlin benutzt wurden. Die Freilegung der Südburg, des Stadtpalastes Nebukadnezars II., dauerte sechs Jahre, von 1900 bis 1906. Bei der Ortsbestimmung der Hängenden Gärten allerdings irrte Koldewey. Er glaubte sie in einem Gewölbebau im Nordosten des Palastes gefunden zu haben. Doch dann wäre der Blick der Königin auf die Stadtmauer gefallen. Eher könnten die Gärten auf dem gewaltigen Vorwerk errichtet worden sein, das zur Umlenkung der Flussströmung in den Euphrat erbaut wurde. In den letzten 30 Jahren haben irakische Archäologen die Ausgrabungen und Restaurierungen in Babylon fortgesetzt. Zwischen 1978 und 1988 veranlasste der seit 1979 amtierende irakische Diktator Saddam Hussein, dass 1000 Arbeiter mit rund 70 Millionen Backsteinen einzelne Bereiche von Babylon wieder aufbauten, besonders den Palast von Nebukadnezar II. Saddam Hussein sieht sich als legitimer Nachfolger des Herrschers Nebukadnezar II., der Jerusalem zerstört hat.

AUF DEN PUNKT GEBRACHT

Babylon hatte viele Gesichter. In den rekonstruierten Ruinen spiegelt sich eher die damalige Herrschermetropole wider, weniger die pulsierendste Großstadt ihrer Zeit.

EMPFEHLUNGEN

Lesenswert:

Herodot: *Historien*, Stuttgart 1955

Robert Koldewey: *Das wiedererstandene Babylon*, München 1990

Gottfried Kirchner (Hg.): *Terra-X – von Babylon zum Bernsteinzimmer*, München 2000

Gernot Wilhelm (Hg.): *Zwischen Tigris und Nil. 100 Jahre Ausgrabungen der Deutschen Orient-Gesellschaft in Vorderasien und Ägypten*, Mainz 1998

Besuchenswert:

Das Vorderasiatische Museum im Pergamonmuseum auf der Berliner Museumsinsel

Anklickenswert:

http://www.mesopotamien.de

http://www.smb.spkberlin.de/vam/s.html

Palmyra

Oase am westlichen Ende der Seidenstraße (2000 v. Chr. bis 900 n. Chr.)

Palmyra entwickelte sich im 1. Jh. v. Chr. zur Drehscheibe des Ost-West-Handels zwischen dem römischen und dem persischen Parther-Reich und bewahrte diese Autonomie, als Syrien 64 v. Chr. römische Provinz wurde. Erst als Mitte des 3. Jh. n. Chr. die Sassaniden, die Nachfolger der Parther, die Handelsniederlassungen Palmyras am Persischen Golf besetzten, schlug sich Palmyra militärisch auf die römische Seite. Von Rom zum Regenten des Ostens ernannt, konnten Palmyras Fürst Septimus Odainatus und nach seinem Tod seine Frau Zenobia ein Reich von Kleinasien bis nach Ägypten errichten. Doch Zenobia stellte sich gegen die Römer, die Palmyra daraufhin 272/73 eroberten und als Grenzlager nutzten.

■ Der Bel-Tempel dominierte einst Palmyra und tut es noch heute.

»Palmyra ist die größte heroische Landschaft, die ich je gesehen habe«, urteilte 1917 der Archäologe und Antikenkommissar Theodor Wiegand, der ganz Kleinasien und den Nahen Osten gut kannte. »Nichts stört den Anblick. Kommt man von ferne, so fallen die langen Reihen der Säulenstraßen und der Grabtempel auf … An den kahlen Bergrändern stehen Dutzende großer brauner Grabtürme und erinnern an Bergfriede des Mittelalters.« Daran hat sich bis heute wenig geändert, denn weder die südöstlich gelegene eigentliche Palmenoase noch die nordöstlich angesiedelte, moderne syrische Stadt Palmyra mit ihren Luxushotels stören den erhabenen Anblick, wenn sich der Besucher unserer Tage auf der asphaltierten Wüstenstraße der antiken Stätte nähert.

Palmyra – der römische Name leitet sich von den Palmen ab, die hier dank der Efqa-Quelle seit Urzeiten wachsen. In Tadmor, so der semitische Name der Oase mitten in der syrischen Wüste, rasteten und siedelten mindestens seit dem frühen 2. Jahrtausend v. Chr. Beduinenstämme. Doch, so fragt sich jeder Besucher irgendwann, warum konnte gerade in dieser unwirtlichen Gegend eine Stadt erblühen, die während der römischen Zeit fast den gesamten Ost-West-Handel mit Luxusgütern kontrollierte? Um das zu verstehen, muss man eine Karte des gesamten Nahen Ostens zur Hand nehmen, in der die alten Handelswege eingezeichnet sind. Palmyra liegt genau auf halber Strecke zwischen Euphrat und Mittelmeer, von hier führten Wege nach Damaskus und Bostra, nach Bactra und Samarcanda, hier endeten Seiden- und Weihrauchstraße. Nicht nur der Landweg, auch den Seeweg zum Fernen Osten kontrollierten die Wüstenbewohner dank ihrer Niederlassungen am Persischen Golf. Über Palmyra gelangten Pfeffer und Safran, Seidenstoffe und Schmuck aus Gold und Edelsteinen in den Westen, Salz, Glas und Keramikwaren sowie Purpurwolle in den Osten. Diese Mittlerstellung zwischen Orient und Okzident,

die Palmyra mit Handel reich machte, verschaffte ihr auch in kulturell-religiöser Hinsicht eine ganz eigene Entwicklung.

Dies wird besonders deutlich bei dem größten, zugleich zentral am Eingang der heutigen Antikenstätte gelegenen Bauwerk, dem 32 n. Chr. eingeweihten Tempel des höchsten Gottes Bel (Baal). Der 210 mal 205 Meter große Tempel ist von einer hohen Mauer umgeben, an deren Innenseiten sich Kolonnaden mit doppelten Säulenreihen anschlossen. Der eigentliche Tempelbau im Innenhof stellt eine Verschmelzung west-östlicher Baustile dar: Auf einem griechischen Säulentempel wurde ein mesopotamischer Turmaufbau mit seinen typisch abgetreppten Zinnen errichtet. Der Tempel steht nicht genau in der Mitte des Innenhofes, sondern etwas östlicher; noch klarer weicht sein Treppenaufgang vom abendländischen Symmetrie-Ideal ab – diese orientalische Bautradition hat den Sinn, den Blick nicht sofort auf das Allerheiligste freizugeben.

Vom Bel-Tempel aus erstreckt sich die heute freiliegende späthellenistisch-römische Stadt wie ein von Ost nach West spitz zulaufendes Oval. Im Süden wird es von einem Wadi begrenzt, der nur nach sintflutartigen Regenfällen Wasser führt, und im Norden wird die einstige Stadt von der Schutzmauer des Diokletian umfasst. Auch heute führt der Weg durch Palmyra über die alte zentrale Prachtstraße, deren Säulenreihen, wie Wiegand schrieb, von weitem wie hochbeinige, weidende Tiere aussehen. Die Straße musste seinerzeit wegen bereits bestehender Bebauungen mit zwei Knicken angelegt werden, die jedoch durch ein mit arabesken Ornamenten verziertes Bogentor und das Tetrapylon, eine Art antike Verkehrsinsel mit vier Säuleneckbauten, geschickt aufgefangen werden. Lediglich Fundamente und Säulenstümpfe zeugen von dem einstigen Nabu-Heiligtum (mehrere Bauphasen zwischen 100 v. Chr und 300 n. Chr.), einem Tempel mit einem säulenumstandenen, trapezförmigen Hof. Er war einer der Tempel, in denen die einzelnen Stammesgruppen ihre jeweiligen lokalen Götter verehrten. Es

■ Testsondage im Zentrum der hellenistischen Wohnstadt

»Das Bild Palmyras wäre nicht vollständig, wenn ich nicht die in höchster Romantik auf einem kahlen Berggipfel thronende arabische Burg mit ihren Türmen und Zinnen erwähnte – ein Bild stolzer Unzugänglichkeit – und doch bezwungen und vergessen.«
Theodor Wiegand

■ Die von Säulenreihen gesäumte Prachtstraße mit dem Bogentor im Vordergrund führt durch Palmyras Zentrum.

gehört zu den Besonderheiten Palmyras, dass die einst nomadischen Palmyrer trotz Reichtum, neuer Kultur und großer Bauwerke ihre tradierten Stammesstrukturen lange Zeit beibehielten. Gleiches gilt auch für die Herrschaftsstrukturen; erst im 3. Jahrhundert n. Chr. gelang es Odainatus, zum allein herrschenden Fürsten aufzusteigen.

Die Säulenstraße führt an den Diokletians-Thermen vorbei zum Theaterplatz, der bogenförmig die halbkreisförmige Aufführungsstätte umgibt. Besonders die gelungene Restaurierung der Bühnenwand vermittelt eine gute Vorstellung antiker Kulissen. Die abzweigende Querstraße führt zu der mit korinthischen Säulen umgrenzten Agora. Einzelne Basiliken entlang der Großen Säulenstraße zeugen davon, dass die Stadt auch nach der Christianisierung des Römischen Reiches bewohnt war. Der gesamte Westzipfel der Stadt schließlich wird vom Diokletian-Lager mit seinen Wohn- und Wirtschaftsgebäuden und den Tempelgräbern eingenommen. Obwohl die Römer Palmyra erobert und weitgehend zerstört haben, wurde das Lager so errichtet, dass der hier befindliche Allat-Tempel nicht in Mitleidenschaft gezogen wurde.

Westlich der Stadt, entlang des Wadi, das sich zwischen zwei Hügeln hindurchschlängelt, haben die Palmyrer ihre große Nekropole mit den typischen Grabtürmen errichtet. In ihnen fanden sich weitere Eigenheiten palmyrischer Sakralkunst. Zum einen wurden die Wände und Decken reichlich mit Ornamenten bemalt, die eindeutig auf Webmuster zurückgehen. Außerdem waren an den Wänden und in den Nischen zahlreiche, in ihren Details perfektionierte Reliefdarstellungen angebracht – die meisten in Augenhöhe. »Stets sind die Figuren dem Betrachter zugewandt, binden ihn in das Bildgeschehen ein«, urteilt der Archäologe Erwin M. Ruprechtsberger, »fordern ihn durch bedeutungsvolle Gesten zur Teilhabe und zum Dialog auf.« Die Gräbertürme wiederum sind so positioniert, dass sie auf die Stadt hinabzuschauen scheinen. Auf dem Hügel thront die arabische Festung Kal'at ihn Ma'an, die das Ende des antiken Palmyra im 7. Jahrhundert symbolisiert. Endgültig wurde die Stadt aufgegeben, als 796 der abbassidische Kalif Harun al Raschid 150 Kilometer nördlich direkt am Euphrat die Stadt Raqqa gründete. Doch bereits im späten 3. Jahrhundert hatten die Römer den Ost-West-Handel an Palmyra vorbeigeleitet; permanente Kriegsführung ließ die römische Bevölkerung verarmen. Gleichzeitig ging der Absatz von Luxusgütern über die Seiden- und Weihrauchstraße erheblich zurück.

PALMYRA

FORSCHUNGSGESCHICHTE

Erstmals wird Tadmor/Tadmar im 2. Jahrtausend v. Chr. in assyrischen Keilinschriften erwähnt, archäologische Funde bestätigen die frühe Besiedlung der Oase. Für das 1. Jahrtausend bis in die späthellenistische Zeit (100 v. Chr.) gibt es dagegen wenig literarische und archäologische Quellen. Im 17. Jh. wurde Palmyra von englischen Kaufleuten aus Aleppo »wiederentdeckt« allerdings blieb die Ruinenstätte bis in die 1920er Jahre besiedelt. Schon im 18. Jh. wurden zahlreiche Kunstobjekte aus Palmyra entfernt und landeten in europäischen Museen. 1902 und 1917 – mitten im ErstenWeltkrieg – führte Theodor Wiegand in Palmyra erste Untersuchungen durch. 1917 wurde das gesamte Gelände zum ersten Mal vermessen. Ab 1929 machten französische Archäologen Ausgrabungen. Nach der Unabhängigkeit Syriens 1946 wurden die Grabungs- und Restaurierungsarbeiten erstmals koordiniert durchgeführt. Syrische, polnische, schweizerische, deutsche, österreichische und japanische Archäologen wurden in Palmyra tätig. 1947 ließ der syrische Antikendirektor Emir Jafa al-Hasani das Grab des Marona restaurierten. 1952 führte sein Nachfolger Selim Abdulhak Grabungen in der Südostnekropole durch und legte außerdem das Theater frei. 1957 begannen die Archäologen unter der Leitung von Adnan Bounni mit der Erforschung des Tales der Gräber. Seit 1957 legten die syrischen Ausgräber Stück für Stück die Große Säulenstraße und Bauwerke im Zentrum der römischen Stadt frei: 1957 bis 1962 den mittleren Abschnitt der Großen Säulenstraße, 1963/64 den Abschnitt zwischen Bel-Heiligtum und Tetrapylon, 1963 bis 1970 das Nabu-Heiligtum. Von 1959 bis 1990 haben polnische Archäologen auf dem Areal des Diokletian-Lagers gegraben und dabei römische Bauten und Tempelgräber sowie das Allat-Heiligtum freigelegt. 1991 wurde die gelungene Restaurierung des Theaters abgeschlossen. Wenig erforscht ist das Ende des antiken Palmyra. In den 1990er Jahren erbrachten Grabungen westlich des Tetrapylons den Nachweis, dass Palmyra zumindest teilweise bis ins 9. Jh. bewohnt war. Da auch die hellenistische Stadt Palmyra – südlich des Wadi – bis in die 1990er Jahre völlig unerforscht war, werden dort seit 1998 jährlich im Frühling Grabungskampagnen unter Leitung des Schweizer Archäologen Andreas Schmidt-Colinet durchgeführt. Die Archäologen haben Suchgräben durch das Stadtareal gezogen und dabei entlang der Hauptstraße und diverser Gebäude mehrere Bauphasen identifizieren können. Erste bauliche Aktivitäten lassen sich eindeutig in der zweiten Hälfte des 3. Jh. v. Chr. nachweisen. Größere Umbauten fanden im späten 2. und im 1. Jh. v. Chr. statt. Die Nutzung dieses Stadtareals endete offenbar mit der Einrichtung des Militärlagers durch Diokletian.

AUF DEN PUNKT GEBRACHT

Majestätisch erheben sich die Säulenreihen, die Grabtürme und die arabische Festung aus der syrischen Wüstenlandschaft – Palmyra gleicht einer Stein gewordenen Fata Morgana.

WISSENSWERTES

Steinbrüche

Die Steinbrüche für Bauwerke, Säulen und Skulpturen lagen 10 bis 15 Kilometer nordöstlich der Stadt, wo Archäologen in den 1990er Jahren neben den Bruchwänden auch halbfertige Säulen und antikes Werkzeug fanden. Als der Bauboom zu Beginn des 2. Jh. n. Chr. einsetzte, tauschten die Steinbrucharbeiter die leichte griechische Spitzhacke gegen den schweren römischen Schlaghammer ein.

Textile Handelswaren

In den Grabbauten konnten die Archäologen eine Vielzahl gut erhaltener Textilien bergen. Die überwiegend aus Seide bestehenden Stoffe wurden intensiv untersucht. Ihr Material stammt aus China, die Farbstoffe aus dem Mittelmeer- und dem Nahostraum, gefärbt und gewebt wurden sie in Syrien.

Lesenswert:

Theodor Wiegand: *Halbmond im letzten Viertel. Archäologische Reiseberichte*, Mainz 1970

Andreas Schmidt-Colinet (Hg.): *Palmyra. Kulturbegegnung im Grenzbereich*, Mainz 1995

Jörg Wagner: *Syrien. Reiches Erbe einer Kulturlandschaft*, Gütersloh 1999

Anklickenswert:

Rundgang durch Palmyra: http://www.archaeologie-online.de/magazin/thema/2000/05/b-abb1.php3

Tempelberg in Jerusalem

Salomos Tempel, Mohammeds Fußabdruck (1000 v. Chr. bis heute)

Jährlich werden bis zu 120 Besucher aus aller Welt in die Psychiatrische Klinik von Jerusalem eingeliefert, weil sie unter religiösen Wahnvorstellungen, dem Jerusalem-Syndrom, leiden.

»Jerusalem verkörpert die Macht der Erinnerung über das Schicksal der Menschheit.«
Amos Elon

Einer Legende zufolge soll Gott einen Stein ins große Wasser geworfen haben, und dort befindet sich seitdem Jerusalem: der Mittelpunkt der Menschheit und die Kontaktzone mit dem Göttlichen. In ihrem Zentrum soll der Tempel des Salomo (Regierungszeit etwa 975–922) auf dem Moria-Hügel gestanden haben. Durch Jerusalems Gassen führte Jesus Christus' Gang zu seiner Kreuzigung, und von Jerusalems Felsplateau aus startete Mohammed zu seinem Ritt in den Himmel. Doch ließ der Allmächtige die Gläubigen durch den Propheten Sacharja warnen: »Ich werde Jerusalem zur steinernen Last aller Völker machen.« Die drei monotheistischen Religionen Judentum, Christentum und Islam haben zwar gemeinsame Ursprünge, doch ihr jeweiliger Absolutheitsanspruch verwickelte sie in einen seit Jahrhunderten währenden Kampf, der immer wieder in erbarmungslosen Kriegen eskalierte.

In besonderer Weise konzentriert sich diese Konkurrenz der drei großen Religionen auf dem Hügel Moria. Das abgeflachte Felsplateau im Osten der Altstadt wird von den Juden Tempelberg genannt, Muslime nennen den Tempelplatz Harem esch Scherif, erhabenes Heiligtum. Heute thronen auf dem Plateau zwei muslimische Heiligtümer, der achteckige Felsendom (Qubbet es Sakhra), das größte Heiligtum der Mohammedaner nach Mekka und Medina, und die Al-Aksa-Moschee. An der Westseite des Felsplateaus, quasi eine Etage tiefer, liegt die Klagemauer, an der orthodoxe Juden beten. Hier kommen sie dem Jahwe-Tempel Salomos am nächsten, und hier soll der Prophezeiung nach der dritte Tempel entstehen. Zwar will nur eine radikale jüdische Minderheit jedes Jahr zum Gedenktag der Tempelzerstörung den Berg stürmen und die muslimischen Bauwerke beseitigen, doch auch den anderen Juden gilt die historische Existenz der Stadt Davids und des Tempels Salomos als Absicherung ihrer nationalen Ansprüche auf Je-

■ Noch Mitte des 19. Jahrhunderts waren die Fundamentmauern des Tempelberges in Jerusalem völlig zugeschüttet.

■ Direkt über der Klagemauer thront die Kuppel des Felsendoms.

rusalem als Hauptstadt. Die Muslime wiederum verbieten einerseits aus religiösen Gründen jede archäologische Forschung auf dem Tempelberg, bemängeln gleichzeitig jedoch das Fehlen sämtlicher historischer Beweise für Israels Ansprüche. Jeder spricht dem anderen die Legitimation ab – ein Teufelskreis, in den sich auch die Archäologie hoffnungslos verstrickt hat.

Es gibt bis heute auch nicht den geringsten archäologischen Beleg für die Existenz von Salomos Tempel, doch muss das nicht heißen, dass es ihn nie gegeben hat. Die bekannten Rekonstruktionen jedoch beruhen alle auf den Angaben der Bibel. Demnach war der Tempel Salomos ein typischer syrischer Langhaustempel von etwa 31,5 Metern Länge und 10,5 Metern Breite. Das Lehmziegelwerk war in drei Räume unterteilt: in die Vorhalle, das Heiligtum und das Allerheiligste, in dem unter anderem die Bundeslade (s. S. 171) aufbewahrt wurde. Die Dachkonstruktion, Fußböden und Innenwände waren aus Zedernholz, geschmückt mit Flachreliefs von Cheruben, Palmetten und Blumengirlandenreliefs und mit Gold überzogen. Doch das Alte Testament ist natürlich keine historisch-exakte Quelle.

Das archäologisch erforschte Umfeld des 10. Jahrhunderts v. Chr. lässt auf viel bescheidenere Verhältnisse schließen – deshalb urteilt der israelische Archäologe Israel Finkelstein: »Jerusalem war zu Salomons Zeiten ein armseliges Loch, und der Tempel war vermutlich lediglich ein kleines Bauwerk.« Gleiches gilt für den nach der babylonischen Gefangenschaft erfolgten Wiederaufbau. Die ersten archäologisch nachweisbaren Spuren finden sich vom Tempel Herodes' des Großen (37–4 v. Chr.). Den Unterbau des riesigen Tempelplatzes ließ Herodes für seinen Tempel im griechisch-römischen Stil errichten

GESCHICHTE JERUSALEMS

Unter David eroberten die Israeliten im 10. Jh. v. Chr. Jerusalem von den Jebusitern, unter Salomo (961–932 v. Chr.) wurde der erste Tempel errichtet. 587 v. Chr. eroberte Nebukadnezar II. die Stadt, zerstörte den Tempel und führte einen Teil der Bevölkerung in Gefangenschaft (538–520 v. Chr.). Nach einer Zeit unter hellenistischer Besatzung eroberten die Makkabäer 164 v. Chr. Jerusalem. Herodes (37–4 v. Chr.) regierte Judäa mit römischer Hilfe und ließ einen neuen Tempel errichten. Nach einem Aufstand gegen die Römer eroberte der römische Feldherr Titus Jerusalem und zerstörte den Tempel, nach einem weiteren Aufstand ließ Kaiser Hadrian 135 n. Chr. alle Juden aus Jerusalem vertreiben.

■ Die heute freigelegte Südwestecke des Tempelberges mit Fundamentmauern, die bis ins 12. Jahrhundert v. Chr. zurückreichen.

(Westseite 485 Meter, Nordseite 321 Meter, Ostseite 474 Meter, Südseite 283 Meter) und mit Stützmauern von bis zu 55 Metern Höhe absichern. Die Klagemauer, vor der die Juden die Zerstörung ihres Tempels beweinen, war Teil der gewaltigen herodianischen Stadtmauer. Der Tempel selbst war mit 45 mal 9 Metern Grundfläche nur wenig größer als seine Vorläufer. Doch Herodes ließ prächtige, von Säulenhallen umrandete Vorhöfe anlegen, da Kult- und Opferhandlungen im Freien stattfanden. Freigelegte Fundamente der Herodes-Stadt sind heute in einem Archäologiepark unterhalb der Südwest-Ecke des Tempelberges zu sehen.

Als die Araber 638 n. Chr. Jerusalem einnahmen, entdeckte ihr Führer Kalif Omar, dass der Tempelberg von den Byzantinern als Müllhalde benutzt wurde. Damit hatten sie den heiligen Felsen Sakhra, der einen Fußabdruck Mohammeds trägt, entweiht. Von hier war der Prophet in einer Vision auf dem Rücken seines geflügelten Pferdes Buraq zu einem Himmelsritt aufgestiegen – vorbei an Jesus Christus, David, Moses, Abraham, Adam und an dem Erzengel Gabriel; Letzterer erkannte Mohammed als Propheten des Allmächtigen an. Omar ließ die Stätte rituell reinigen und eine Moschee, eine Vorläuferin der Al-Aksa-Moschee, anlegen. Über dem Sakhra wurde der Felsendom errichtet, dessen Kuppel der Kalif Abd al-Malik 691 vergolden ließ. Ob dies nun geschah, um über Christen- und Judentum zu triumphieren oder um Mekka und seinem Schutzherrn, Abd al-Maliks Rivalen Zobeir, Konkurrenz zu machen, lässt sich nicht mehr sagen. Die Chronik ließe sich mit den höchst unheiligen Kreuzzügen des Mittelalters fortsetzen.

Geschichte und Religion gehen in Jerusalem bis auf den heutigen Tag eine unheilbringende Allianz ein. Obwohl der Absolutheitsanspruch der drei monotheistischen Religionen ihrem gemeinsamen Erbe entspringt, versuchen sie aus jeweils anderen Teilen dieser Vergangenheit ihren vorrangigen Anspruch abzuleiten.

In der Tat steht Jerusalem auch heute im Mittelpunkt weltweiter Aufmerksamkeit; ein Frieden zwischen West und Ost, zwischen Arm und Reich, zwischen Juden, Christen und Muslimen scheint ohne eine Lösung der Probleme in Jerusalem nicht möglich – doch nirgendwo scheint der Frieden weiter entfernt zu sein als in dieser Stadt.

GEHEIMER UNTERGRUND

Geheimgänge, verborgene Kanäle und versteckte Kammern will Charles Warren Mitte des 19. Jh. während seiner Forschungen am Tempelberg entdeckt haben. Damit löste er Spekulationen aus – unter anderem über den Verbleib der Bundeslade –, die bis heute anhalten. Tatsächlich ist Jerusalems Kalksteinuntergrund sowohl von natürlichen Spalten als auch – nach über 3000 Jahren Stadtgeschichte – von zahlreichen Kanälen durchzogen.

TEMPELBERG IN JERUSALEM

FORSCHUNGSGESCHICHTE

Der 1865 in England gegründete Palestine Exploration Fund (PEF) schickte Charles Wilson nach Jerusalem, um die antike Wasserversorgung zu erkunden. Er entdeckte einen Tunnel entlang der gesamten Westmauer des Tempelberges, den Eingang bildet der nach ihm benannte Wilson-Bogen an der Klagemauer. 1867 kam der britische Ingenieur Charles Warren für den PEF nach Jerusalem mit dem Auftrag, die Mauern des Tempelberges zu erforschen. Da die türkischen Behörden ihm das Graben direkt an der Tempelbergmauer verboten, legte er in einigen Metern Abstand Schächte an, die in 10 bis 20 Metern Tiefe zur Mauer geführt wurden. Warren ging davon aus, in dieser Tiefe die Mauer des salomonischen Tempels gefunden zu haben, später jedoch wurde sie dem Tempel Herodes' des Großen zugeordnet. Warren entdeckte auch einen Schacht, der von der David-Stadt zum rund 300 Meter südlich gelegenen Siloah-Teich führt. Zahlreiche Grabungen in der Folgezeit legten ebenfalls an, indem sie Schächte in Richtung Tempelberg anlegten. 1961 begann die britische Archäologin Kathleen Kenyon in der mittlerweile zwischen Israel und Jordanien geteilten Stadt eine Grabung. Sie entdeckte die älteste Stadtmauer Jerusalems aus dem 18. Jh. v. Chr. (mittlere Bronzezeit) sowie eine Stadtmauer aus der Eisenzeit, etwa 10. Jh. v. Chr. Doch ihre Grabungsareale waren zu klein, um Aussagen über die Größe der jeweiligen Stadt machen zu können. Seit der Wiedervereinigung Jerusalems unter israelischer Führung 1967 können die Archäologen besser arbeiten – ausgenommen am Tempelberg, der weiter unter muslimischer Verwaltung steht. Den Wiederaufbau der jüdischen Altstadt nutzen die Archäologen zu intensiven Forschungen im Untergrund der einstigen Stadt Davids. Dabei konnte auch das Rätsel des Warren-Schachts gelöst werden. Er entstand auf natürliche Weise, erklärte der Geologe Dan Gill. Jerusalem ist auf wasserdurchlässigem Kalkstein errichtet; vermutlich haben bereits die Jebusiter den durch Sickerwasser entstandenen Schacht genutzt, indem sie einige Stufen in den oberen Fels schlugen und so die Gihon-Quelle umleiteten. Auch an der südwestlichen Ecke des Tempelbergplateaus wird seit den 1980er Jahren gegraben, zuletzt unter Leitung des israelischen Archäologen Ronny Reich. Dabei haben die Archäologen Nischen freigelegt, die im 1. Jh. v. Chr. Händlern als Stände dienten. Neben byzantinischen Häusern mit Zisternen legten die Archäologen aber auch Mauerreste und Fundamente aus der Eisenzeit (1200–587 v. Chr.) frei.

WISSENSWERTES

Die Bundeslade
Auch Gesetzeslade, Lade Gottes und Lade Jahwes genannt, war (laut Altem Testament) ein tragbarer Kasten aus Akazienholz, später mit zwei goldenen Cherubgestalten auf dem Deckel, der vielleicht den Thron Jahwes darstellen sollte. Sie war das Zentralheiligtum des israelitischen Stämmebundes, wurde durch David nach Jerusalem gebracht und von Salomo im Allerheiligsten des Tempels aufgestellt, bei dessen Zerstörung sie verloren ging. Heute geht man davon aus, dass die Bundeslade zur Aufbewahrung der Gesetzestafeln Mose diente.

AUF DEN PUNKT GEBRACHT

Obwohl von den berühmten antiken Bauwerken nur wenig erhalten ist, wird kaum eine andere bewohnte Stadt so sehr von der Geschichte ihrer antiken Bauten bestimmt wie Jerusalem.

EMPFEHLUNGEN

Lesenswert:
Die Bibel, Einheitsübersetzung, mit dem Kommentar der *Neuen Jerusalemer Bibel*. 1. Könige, Kapitel 1, Vers 1 – Kapitel 9, Vers 28, Freiburg im Breisgau 2000.

Gottfried Kirchner: *Terra X – Von Babylon zum Bernsteinzimmer*, München 2000

Hanna Blok, Margreet Steiner: *Jerusalem – Ausgrabungen in der heiligen Stadt*, Gießen 1996

Richard Andrews: *Tempel der Verheißung*, Bergisch Gladbach 2001

Sehenswert:
Das Jesus-Video. Regie: Sebastian Niemann; mit Matthias Koeberlin, Naike Rivellí. 2tlg. TV-Film, D 2001

Anklickenswert:
Virtueller Tempelberg-Rundgang der Jerusalemer Hebrew-University:
www.md.huji.ac.il/vjt/

Petra
Aus dem Sandstein gemeißelte Metropole (um 300 v. Chr. bis 700 n. Chr.)

Der Name Petra stammt von den Griechen und bedeutet »Fels«. Die Nabatäer nannten ihre Stadt Rekem, die Römer machten sie zur Hauptstadt der Provinz Palaestina tertia und die Byzantiner zum Bischofssitz.

Die ersten Sonnenstrahlen erreichen nur die obere Kante der Schlucht des Wadi Musa, trotzdem strahlen Säulen und Giebel des Felsentempels in allen Schattierungen von Rottönen. Zwei Jahrtausende vor Antonio Gaudí und Frei Otto trotzten antike Steinmetze, die ehemals nomadisierenden Nabatäer, nicht einfach der Natur, sondern sie kooperierten mit ihr.

Aufblühen konnte die Stadt in dieser unwirtlichen Gegend in der südjordanischen Wüste nur, weil sich hier die wichtigen Handelswege nach Alexandria und nach Syrien mit der Weihrauchstraße kreuzten und es den Nabatäern gelang, einige Jahrhunderte lang den Ost-West-Handel mit diesen kostbaren Baumharzen, aber auch mit Gewürzen und Silber zu kontrollieren. In der Wüste überleben konnten die Einwohner von Petra, weil sie das Wasser der legendären Moses-Quelle vom östlichen Ende des Wadi Musa zu ihrem Wohngebiet, einem zwei Kilometer weiter westlich liegenden, geschützten Talkessel umleiteten. Die antike Wasserleitung lässt sich noch heute entlang des Siq erkennen, einer Schlucht, die sich durch bis zu 70 Meter hohe Felswände schlängelt. Sie bildet noch immer den spektakulären Zugang zur antiken Stadt. An einer der engsten Stellen erblickt der Besucher durch einen nur zwei Meter breiten Spalt plötzlich Säulen und Giebelelemente, die in vollendeter Form aus dem roten Sandstein geschlagen sind: das Kazhne. »Die zarte Farbe des Felsens zusammen mit dem perfekten Erhalt des kleinsten Details«, urteilte der Landschaftsmaler David Roberts, »vermitteln den Eindruck, es sei kürzlich erst vollendet worden.«

■ Die ehemalige Nabatäer-Hauptstadt liegt in einem fast unzugänglichen Felsenkessel 300 Kilometer nördlich von Amman und ist nur durch ein Wadi zu erreichen.

Die 39,6 Meter hohe und 28 Meter breite Fassade wird auf der unteren Ebene von einem Portikus gebildet, dessen sechs korinthische Säulen einen reich verzierten Giebel tragen. Der zweite Stock – ein in zwei Halbgiebeln eingepasster Tholos (Rundgiebel), alle drei von Ecksäulen getragen – scheint darüber zu schweben. In den Nischen der

■ Blick auf in Fels gehauene Bauten in Petra

Eckgiebel stehen Amazonen, in der Mitte des Tholos eine Frauengestalt, die eine Schale und ein Füllhorn hält. Ist es die griechischen Schicksalsgöttin Tyche oder die ägyptische Isis oder die syrische Al-Uzza oder aber eine Verschmelzung aus allen dreien? Wir wissen es nicht. Ebenso ungeklärt ist die genaue Entstehungszeit, vielleicht zwischen 100 und 500 n. Chr., und die eigentliche Funktion des Kazhne, Grabstätte oder Tempel. Während sich in diesem Bau vor allem hellenistische Einflüsse zeigen, wird bei den weiter nordwestlich gelegenen so genannten Königsgräbern deutlich, wie die Nabatäer hellenistische und römische Stilelemente frei mit syrischen und ägyptischen verbunden haben. So besticht das Seidengrab nicht nur durch seine an Seide erinnernden Farbmaserungen, die von weiß über lachsgelb bis zu dunkelrot reichen, sondern auch durch die typisch assyrische Treppenfassade. Die Fassade des benachbarten Palastgrabes imitiert auf 49 Metern Breite und 45 Metern Höhe einen hellenistischen Palast mit mehreren von Säulenkolonnaden getragenen Stockwerken. Das Urnengrab wiederum fällt durch seine Unterbauten im Gewölbestil, die stark in den Fels zurückspringenden Fassade sowie die ihm den Namen gebende Urne an der Giebelspitze auf.

Es gibt keinen Beweis dafür, dass hier nabatäische

NABATÄER

Die semitischen Nomadenstämme der Nabatäer wurden im 6. Jahrhundert v. Chr. durch die Babylonier von der arabischen Halbinsel in das Gebiet des heutigen, südlichen Jordanien verdrängt. Anfangs raubten die Nabatäer Karawanen aus, dann boten sie ihnen Wasser, Nahrung und Schutz und im Laufe des 4. Jahrhunderts v. Chr. stieg das Volk zu Händlern auf. Unter griechischem, syrischem und ägyptischem Einfluss schufen sie zwischen 200 v. Chr. und 200 n. Chr. ein Königreich mit einer hohen Stadtkultur.

■ Fassade des sagenumwobenen Schatzhauses El Kazneh, auch Chasna genannt, in der Felsenstadt Petra

Herrscher bestattet wurden, doch die aufwendige Bauweise und die exponierte Lage lassen kaum einen anderen Schluss zu. Die Gräber reihen sich entlang einer Felswand, die die östliche Begrenzung eines 1000 mal 1500 Meter großen Talkessels bildet: das Zentrum von Petra. Bis Ende des 2. Jahrhunderts v. Chr. bestand Petra noch überwiegend aus einer Zeltstadt. Den Übergang zu einem festen Wohnsitz bildeten Wohnhöhlen, wie sie am südöstlichen Rand des Tales zu sehen sind. Dort wurde auch das gut erhaltene Theater mit rund 4000 Sitzplätzen aus dem Fels geschlagen.

Kaum Spuren hinterlassen haben hingegen die Tausende von weiß verputzten, ein- und zweigeschossigen Wohnhäuser des von den Nabatäern und ab 106 n. Chr. von den Römern systematisch bebauten Zentrums. Petra soll bis zu 30 000 Einwohner gehabt haben. Die nur noch in ihren Fundamenten vorhandenen Repräsentativbauten werden seit rund fünfzig Jahren Areal für Areal freigelegt.

Petras Hauptachse bildet heute wieder die ehemals durchgängig von zwei Säulenreihen flankierte Säulenstraße. Sie beginnt im Osten an einem einst monumentalen Brunnen, der mit dem hierher geleiteten Wasser der Moses-Quelle gespeist wurde. An der Hauptstraße lagen drei große, auf gestuften Terrassen angelegte Marktforen, Geschäfte, Paläste und öffentliche Gebäude, drei Tempel sowie die im 6./7. Jahrhundert erbauten byzantinischen Kirchen. Am westlichen Straßenende gelangt der Besucher durch ein ehemals dreibogiges Tor schließlich an ein großes sakrales Areal, in dessen Zentrum sich ein freistehender Altar und der Qasr el-Bint befinden. In diesem restaurierten Tempel liegen hinter einem Säulenportikus eine große und davon abgehend drei kleine Kammern, die Heiligtümer.

Nachdem die Byzantiner die Stadt im 7. Jahrhundert aufgaben, zerfiel das Zentrum aufgrund von Erdbeben und der starken Erosionskraft der Wüste schnell. Demgegenüber blieben die in den Sandstein geschlagenen Tempel- und Grabanlagen erstaunlich gut erhalten. Die auf einer Fläche von über 20 Quadratkilometern verteilt liegenden 800 historischen Denkmäler führen sozusagen eine eigene Existenz, denn jedes Sandkorn, das der Wüstenwind an die Wände der Felsarchitektur treibt, verändert diese Symphonie aus Natur und Kultur erneut.

Tierstatuetten sowie Schalen und Teller aus hauchdünnem Ton, von nabatäischen Kunsthandwerkern mit individueller Ornamentik bemalt, wurden im ganzen Orient geschätzt.

PETRA

FORSCHUNGSGESCHICHTE

Bis vor einigen Jahren wurde angenommen, dass zwei Erdbeben im 4. und im 6. Jh. n. Chr. die Stadt so stark beschädigten, dass sie endgültig verlassen wurde. Doch 1993 wurden in der byzantinischen Kirche verkohlte Papyrusrollen gefunden, die Experten in Helsinki und Michigan entziffern konnten. Demnach war Petra im 6. und 7. Jh. eine blühende Bischofsstadt, die vom Handel und vom Anbau auf bewässerten Feldern lebte. Im 12. Jh. errichteten hier Kreuzfahrer die Festung Li Vaux Moise, das Mosestal; erst danach geriet die Stadt für rund 600 Jahre in Vergessenheit. 1812 machte der Schweizer Orientalist Johann Ludwig Burckhardt, als Muslim verkleidet, während einer Expedition in Amman halt. Dort hörte er von der »rosaroten Stadt«, ließ sich hinführen und war überwältigt. Durch Burckhardts Bericht neugierig geworden, machten sich die Briten Charles Irby, James Mangles und der Maler William Bankes 1818 unter dem Schutz des Sultans von Konstantinopel nach Petra auf. Die ersten realitätsnahen Abbildungen fertigte jedoch der französische Graf Léon de Laborde an, der 1828 zusammen mit dem erfahrenen Orientalisten Louis Linant de Bellefondes Petra erreichte. Ihr 1830 erschienener Reisebericht *Voyage de l'Arabie Petrée* machte Petra berühmt und lockte den Abenteurer und späteren Maya-Entdecker John Lloyd Stephens an, dessen Reisetagebuch ein Bestseller wurde und Petra dem breiten Publikum in Amerika und Europa bekannt machte. 1839 konnte der Landschaftszeichner David Roberts 14 Lithographien in Petra anfertigen, die durch ihre Genauigkeit bestechen. Die wissenschaftliche Erschließung wurde von Alfred Domaszweski um 1900 eingeleitet, systematische Grabungen wurden jedoch erst um 1929 von britischen Archäologen begonnen. 1955 bis 1957 legte die jordanische Antikenbehörde 200 Meter des antiken Straßenpflasters der Säulenstraße frei, dabei wurde eine Inschrift aus dem 1. Jh. n. Chr. entdeckt, die die Stadt als »Metropolis von Arabia« ausweist. 1958 bis 1964 wurden die Ausgrabungen entlang der Säulenstraße von amerikanischen Archäologen fortgesetzt. 1964 bildete sich nach heftigen Regenfällen im Siq eine Sturzflut, die 28 Menschen in den Tod riss. Danach wurde der alte Damm am Eingang wieder errichtet, der schon in der Antike das Sturzwasser umlenkte. 1973 bis 1983 gruben amerikanische Archäologen den Löwen-Greifen-Tempel aus. 1992 bis 1996 wurde die byzantinische Kirche erforscht, in der auch die Papyri gefunden wurden. 1997/98 legten Archäologen weitere Teile des antiken Aquäduktes und der antiken Straße im Siq frei. Seit 1997 graben amerikanische Archäologen wieder im Bereich der Säulenstraße, nun mit den Marktforen als Schwerpunkt.

AUF DEN PUNKT GEBRACHT

Nicht nur einmalige in Sandstein gemeißelte Bauwerke der Nabatäer erwarten die Besucher in Petra. Jeder wird hier zum Zeugen einer sich ständig weiter entwickelnden Symbiose aus Natur und Kultur.

WISSENSWERTES

Nabatäische Götter
Zwar hatten die Nabatäer ihren Gott Duskara, den Herrscher über die Berge und die Naturphänomene, später mit Dionysos und ihre Göttin Al-Uzza, Herrin des Lebens, mit Aphrodite gleich gestellt, doch verliehen sie ihnen keine figürliche Gestalt. Erst ab 100 v. Chr. kamen mit griechischen und ägyptischen Götter wie beispielsweise der Göttin Isis auch bildliche Darstellungen auf.

EMPFEHLUNGEN

Lesenswert:
Fabio Bourbon: *Petra – die geheimnisvolle Felsenstadt*, Köln 1999

Jane Taylor: *Petra und die Nabatäer*, Düsseldorf 2001

Peter Haff: *Die ungenaue Lage des Paradieses. Eine Reise zu den verlorenen Städten*. München 2001

Sehenswert:
Indiana Jones und der letzte Kreuzzug, Regie: Steven Spielberg; mit Harrison Ford, Sean Connery. USA 1989

Anklickenswert:
Homepage der amerikanischen Petra-Expedition: //todacosa.com/petra/aep.htm

Homepage der Petragrabung der amerikanischen Brown-University: www.brown.edu/Departments/Anthropology/Petra/temple/temple.html

Persepolis

Die bestgehasste Stadt der Welt? (509 bis 330 v. Chr.)

»Das Gold wurde von Sardes und Baktrien gebracht … Silber und Elfenbein wurden von Ägypten gebracht. Die Ornamente, mit denen die Wände geschmückt wurden, waren von Ionien gebracht … Die Steinsäulen (stammen) aus einem Dorf namens Abiradush in Elam.«

Aus der Burgbau-Inschrift von Dareios

Wenige Farbreste überzeugten die Archäologen davon, dass alle Gebäude, Reliefs und Statuen bunt bemalt waren.

■ Steinerner Pferdekopf im Ruinenfeld von Persepolis. Trotz Alexanders Zerstörung der Stadt sind auch zahlreiche Reliefdarstellungen sowie Stier- und Vogelkapitelle und Keilschrifttexte in elamischer Sprache erhalten.

Im Januar 330 v. Chr. eroberte das Heer Alexanders des Großen in einer brutalen Schlacht die persische Königsstadt Parsa, die von den Griechen Persepolis genannt wurde. Der griechische Gelehrte und Schriftsteller Plutarch berichtete, dass der Herr des persischen Weltreiches, der König der Könige Dareios III., gerade noch fliehen konnte und dass Alexander, nachdem er 20 000 Maultiere, 5000 Kamele und den riesigen Staatsschatz in Sicherheit hatte bringen lassen, die Stadt niederbrennen ließ. Anderen Quellen zufolge zündeten seine Soldaten die nach 200 Jahren Dauerkonflikt mit den Persern »bestgehasste Stadt der Welt« im Siegesrausch an. Doch hatten die Griechen Recht – waren die Perser wirklich die Barbaren?

Die Perser hatten nicht nur innerhalb von fünfzig Jahren 28 Völker von Zentralasien bis zum Mittelmeer unterworfen, sondern verstanden es auch, diese Völker mit Toleranz zu regieren. Sämtliche Verwaltungsakte wurden aufgezeichnet und archiviert; das ganze Land war von einem Poststationennetz überzogen, zwischen denen Reiter Nachrichten weiterleiteten. Dareios I. ließ um 495 v. Chr. einen antiken Vorläufer des Suezkanals ausheben, der auf 180 Kilometern das Rote Meer mit dem Mittelmeer verband – ein Projekt, an dem Pharao Ramses II. gescheitert war. Die persische Wüste wurde mittels eines Systems unterirdischer Kanäle bewässert. Persepolis schließlich, das Dareios I. 509 v. Chr. auf der Hochebene des Zagrosgebirges im iranischen Kernland nicht weit von der Stelle einer siegreichen Schlacht erbauen ließ, galt zu Recht als die prächtigste Palaststadt der antiken Welt.

Auch heute noch umgibt die freigelegten und zum Teil restaurierten Überreste der Stadt eine ganz eigene Aura; die gesamte Ruine wirkt wie eine einzige riesige Theaterkulisse. Dieser Eindruck entsteht vor allem deshalb, weil Persepolis auf einem 455 mal 300 Meter großen und 15 Meter hohen natürlichen Kalksteinplateau errichtet worden ist, das durch Ziegelwerk und Steinblöcke erweitert wurde. Diese Ter-

■ Blick über die Ruinen von Persepolis. Auf der künstlichen Terrasse befanden sich die Audienzhalle, die Apadana, und der Thronsaal, auch Hundertsäulensaal genannt, mit dem Schatzhaus.

rasse erreicht der Besucher über den einzigen Zugang, eine zweiläufige, L-förmig verlaufende Treppe, die am »Tor aller Länder« mündet. Überlebensgroße Stiere mit Menschenköpfen bewachen die drei Tore dieses quadratischen Bauwerkes, die in das Palastareal führen. Sein Zentrum bildet die Apadana, die große Audienzhalle, deren quadratischer Mittelsaal eine Seitenlänge von 60,5 Metern hat und über drei Vorhallen sowie zwei monumentale Treppenaufgänge verfügt, deren Randmauern mit aufwendigen Flachreliefs verziert sind. Das nördliche Relief, das die so genannten Unsterblichen, die Elitesoldaten der königlichen Leibgarde, zeigt, ließ Dareios' Sohn Xerxes anfertigen. Der ursprüngliche Eingang im Osten wurde von einem Relief geschmückt, das Dareios I. auf dem Thron zeigte, während eine endlose Reihe Tributpflichtiger ihm die jährliche Aufwartung macht. Die Abgesandten müssen sich in der 10 000 Menschen fassenden Halle klein und verloren vorgekommen sein. Über 20 Meter ragten die sechs mal sechs Säulen empor, die an den Kapitellen mit sitzenden Stierskulpturen geschmückt waren und das Flachdach aus Holz trugen. Im Osten schließt sich ein weiteres, 75 Meter langes und ebenso breites Empfangsgebäude an: die Halle der Hundert Säulen. Von diesem Prachtbau zeugt heute nur noch ein Meer von Säulenstümpfen. Bemerkenswert ist auch, dass es gleich mehrere repräsentative Hallen, jedoch keine eigentlichen Tempelanlagen gab. Alles war auf die Verherrlichung des Königs zugeschnitten, obwohl dieser sich nicht in der Rolle eines Gottkönigs sah. Dareios I. hatte die monotheistische Religion des Zarathustra zur Staatsreligion gemacht. Gleichzeitig jedoch ließ er Schicksals- und Glücksgöttern, Naturgottheiten sowie babylonischen Göttern

ZARATHUSTRA

Lange vor dem Christentum verkündete Zarathustra, irgendwann zwischen 1000 und 500 v. Chr., eine monotheistische Religion, die Gerechtigkeit mit Barmherzigkeit verband. Dem alleinigen Gott Ahura Masda (weiser Herr) stehen gute Geister (Spata Mainyu) zur Seite, während ihn böse Geister (Aha Mainyu) bekämpfen. Ein Strafgericht entscheidet anhand des Lebenswandels des Verstorbenen, ob ihn im Jenseits »jubelndes Glück« oder »langes Schmachten in der Finsternis« erwartet.

■ Felsengrab Dareios I. Die anderen Höhlengräber sind nicht zuzuordnen.

opfern. Das alles wurde minutiös auf Tontafeln festgehalten, die in der Schatz- und Archivkammer gefunden wurden, einem Gebäudekomplex aus Säulenhallen in der südöstlichen Ecke des Palastareals.

Gegenüber der Schatzkammer befindet sich der rekonstruierte so genannte Harem, in dem heute das Museum untergebracht ist. Die Grundrisse von 22 kleinen Zwei- und Dreizimmerwohnungen legen die Vermutung nahe, dass hier Frauen mit ihren Kinder lebten – schließlich soll der König Artaxerxes II. (405–359 v. Chr.) allein 115 Söhne gezeugt haben. Der eigentliche Wohnbereich im Nordwesten der Terrasse ist erst teilweise ausgegraben. Von den Palästen, die sich Dareios I., Xerxes und Artaxerxes I. neben dem Apadana bauen ließen, beeindruckt heute vor allem der des Dareios mit seinen Wandreliefs und den zyklopisch anmutenden Tür- und Fensterrahmen. Diese bis zu 75 Tonnen schweren Steinkonstruktionen fertigten einheimische Handwerker an, für die meisten anderen Kunstwerke ließ Dareios die besten Handwerker aus dem mächtigen Großreich kommen.

Trotzdem übernahmen sich die Könige bei ihren Bauprojekten: Dareios erlebte die Fertigstellung seiner Apadana nicht, Xerxes starb, bevor sein Palast vollendet wurde. Bestatten ließen sich die Herrscher in Felsengräbern, die mit ihren Prachtfassaden aus dem östlich angrenzenden Bergmassiv des Kuh-e Rahmat geschlagen wurden.

Mitte des 4. Jahrhunderts v. Chr. war das Persische Reich in seiner Verwaltung erstarrt. Palastintrigen und häufige Herrscherwechsel hatten zur Handlungsunfähigkeit geführt, als ein junger, dynamischer Makedonier eine neue Zeit einläutete. Alexanders Heer eroberte das Perserreich und vernichtete Persepolis, und das Land wurde nach Alexanders Tod vom Seleukidenreich geschluckt. Doch die Sassaniden (224–637 n. Chr.) belebten das persische Weltreich wieder, und die persische Kultur konnte sich auch in der darauf folgenden islamisch-arabischen Welt behaupten.

DIE PERSER

Aus den indoeuropäischen Nomaden, die im 10. und 9. Jahrhundert v. Chr. aus dem Gebiet südwestlich des Kaspischen Meeres vertrieben worden waren und sich in der weniger wirtlichen Region östlich des persischen Golfes niederließen, gingen die Perser hervor. Im 6. Jahrhundert v. Chr. besiegten sie unter ihrem König Kyros die Meder, Lyder und Babylonier. In nur fünfzig Jahren errichtete die Dynastie der Achaimeniden, benannt nach dem legendären König Achaimenes, vor allem unter Dareios I. (522–486 v. Chr.) ein Weltreich, das gut 200 Jahre überdauerte.

PERSEPOLIS

FORSCHUNGSGESCHICHTE

Mit dem Untergang des Sassanidenreiches ging auch das Wissen über die persische Vergangenheit verloren; Berichte über Persepolis gelangten erst im 16. Jh. nach Europa. Die erste umfassende Beschreibung der Stadt und einzelner Inschriften stammt von dem Dänen Carsten Niebuhr, der im 18. Jh. eine große Expedition durch den Nahen Osten bis nach Indien antrat und ausführlich über geographische und kulturelle Beobachtungen in seinen *Reisebeschreibungen nach Arabien und anderen Ländern* berichtete. Im 19. Jh. wurden zahlreiche Zeichnungen von Persepolis angefertigt, und bereits 1882 erschien ein erster Photoband über Persepolis in Berlin, erstellt von F. C. Andreas und E. Stolze. Wunderbare Rekonstruktionszeichnungen erstellte Ch. Chipiez für sein 1890 erschienenes Werk *Histoire de l'art dans l'antiquité*. 1878 versuchte der Gouverneur der Provinz Fars, die Ruinen freilegen zu lassen – doch vermutlich war er nur an Schatzfunden interessiert. Die wissenschaftliche Erforschung der Stadt begann 1931 bis 1934, als der Deutsche Ernst Herzfeld ein Team des Oriental Institute der University of Chicago leitete. Die Archäologen trugen eine bis zu acht Meter dicke Sand- und Ascheschicht ab – Indiz dafür, dass die Stadt mit ihren Holzkonstruktionen tatsächlich den Flammen zum Opfer gefallen war. Sie legten die gut erhaltene monumentale Freitreppe am nördlichen Eingang der Apadana frei. Von 1935 bis 1938 übernahm Herzfelds Kollege Erich F. Schmidt die Grabungsleitung. Er setzte als Erster ein Flugzeug für die archäologische Bestandsaufnahme ein. In nur 13 Flugstunden wurden auf der Ebene von Persepolis über 40 antike Bauwerke registriert. Schmidts Team legte unter anderem die Schatzkammer von Persepolis frei. Dort fand sich neben Waffen und Haushaltsgeräten auch ein ganzes Archiv von Tontäfelchen aus der Zeit Dareios' I. Ihre Entzifferung erlaubte einen Einblick in die Verwaltung und den Aufbau des persischen Großreiches. Nach dem Zweiten Weltkrieg führte Schmidt seine Forschungen weiter; ab 1960 leitete der Iranische Altertümerdienst die Arbeiten. 1964 beauftragte dieser das Italienische Institut für den Mittleren und Fernen Osten mit der Restaurierung von Persepolis. Unter anderem wurden Säulen der Apadana und des Hundertsäulensaales wieder aufgerichtet und teilweise mit den großen schweren Stierkopfkapitellen ausgestattet. Fehlende Stücke wurden durch Steine aus den Steinbrüchen der Antike ersetzt. Der ab 1967 in Persepolis forschende amerikanische Archäologe William Sumner fand eine antike, 60 Kilometer lange Bewässerungsanlage sowie die antike Straße nach Susa. Der iranische Schah Resa Pahlewi (1919–1980) sah sich als Nachfolger der antiken Perserkönige und förderte die Archäologie. Im Jahre 1971 ließ er das Jubiläum »2500 Jahre Persische Reichsgründung« pompös feiern. Die eigens dazu angelegte Zeltstadt für Staatsgäste aus aller Welt steht noch heute in der Nachbarschaft der antiken Stätte. Nach der islamischen Revolution 1979 wollten geistige Führer des Gottesstaates die Ruinen von Persepolis zerstören, doch die einheimische Bevölkerung verhinderte dies. Inzwischen wurden die archäologischen Tätigkeiten wieder aufgenommen, 2001 durften erstmals wieder ausländische Archäologen im Iran graben.

AUF DEN PUNKT GEBRACHT

Zwischen den verbliebenen riesigen Säulen von Persepolis zu wandeln, lässt den Besucher etwas von der einstigen Demonstration grenzenloser Macht verspüren.

EMPFEHLUNGEN

Lesenswert:

Carsten Niebuhr: *Reisebeschreibungen nach Arabien und anderen umliegenden Ländern*, Zürich 1993

Versunkene Kulturen: Das Persische Weltreich, Köln 2001

Heidemarie Koch: *Persepolis. Glänzende Hauptstadt des Perserreiches*, Mainz 2001

Holger Sonnabend: *Wie Augustus die Feuerwehr erfand. Große Errungenschaften der Antike*, Düsseldorf 2002

Michael Wood: *Auf den Spuren Alexanders des Großen*, Stuttgart 2002

Anklickenswert:

Persepolis-Seiten der Chicagoer Archäologen:
www.oi.uchicago.edu/OI/MUS/PA/IRAN/PAAI/PAAI.html

Pyramiden von Giseh und Sakkara
Bollwerke gegen dies- und jenseitiges Chaos (um 2600 bis 2450 v. Chr.)

Wie konnten Menschen vor rund 4500 Jahren so gewaltige Monumente erschaffen? Was wollten die Pharaonen der Nachwelt mitteilen? Ist es mehr als Zufall, dass von allen antiken Weltwundern nur die Pyramiden von Giseh überdauert haben?

Solcherlei Fragen stellt sich der Reisende, der westlich von Kairo vor diesen gewaltigen Steinbauten steht und doch, obwohl er sie schon aus Büchern und dem Fernsehen zu kennen glaubt, von den Originalen überwältigt wird. Allein diese Ausmaße: Die quadratische Grundfläche der Chephren-Pyramide hat eine Seitenlänge von 214,5 Metern, und mit 143,5 Metern Höhe überragt das Bauwerk sogar den Petersdom in Rom um einige Meter. Die Cheops-Pyramide war ursprünglich sogar 146 Meter hoch und 230,3 Meter breit, bevor ihre Kalksteinummantelung für Moscheen und Bürgervillen in Kairo abgeschlagen wurde. Sie besteht aus etwa 2,6 Millionen Quadersteinen aus Kalkstein, die im Schnitt einen Kubikmeter Volumen haben und 2,5 Tonnen schwer sind. Heute wären rund 7000 Eisenbahnzüge mit je 1000 Tonnen Ladekapazität notwendig, um diese Gesteinsmassen dorthin zu transportieren. Damals waren rund 25 000 Menschen – keine Sklaven –, das war ein Prozent der damaligen Bevölkerung, rund dreißig Jahre damit beschäftigt, die Steine aus einem zehn Kilometer entfernten Steinbruch heranzuschleppen und in 201 Stufen aufzuschichten. Auch Napoleon, den ein erfolgloser Feldzug nach Ägypten führte, war von den Pyramiden beeindruckt, und er rechnete aus, dass die Steine der drei Giseh-Pyramiden ausgereicht hätten, ganz Frankreich mit einer Mauer von drei Metern Höhe und dreißig Zentimetern Dicke zu umgeben.

■ Aus der Sphinx scheint die Cheops-Pyramide herauszuwachsen. Tatsächlich bildet die Sphinx jedoch den Vorbau für die Chephren-Pyramide.

Zum Pyramidenfeld von Giseh, das sich auf einem Felsplateau genau zwischen dem fruchtbaren Niltal und der Libyschen Wüste erhebt,

■ Cheops und Chephren-Pyramide von Westen her gesehen

gehören nicht nur die drei Grabbauten der 4. Dynastie, also die Cheops- und Chephren-Pyramide und die viel kleinere ihres Nachfolgers Mykerinos, sondern auch die ihnen vorgelagerten Kultbauten: Eingangstempel, von denen lange Prozessionsstraßen zu den Verehrungstempeln führen, die dicht vor den eigentlichen Pyramiden erbaut wurden.

Den bekanntesten Kultbau bilden sicherlich die Statue der Sphinx und ihr Tempel. Die Sphinx ist eigentlich männlich, denn sie stellt einen liegenden Löwen mit Königskopf dar; ob es sich dabei um Chephren handelt, ist umstritten. Mit zwanzig Metern Höhe und über siebzig Metern Breite ist sie die größte Skulptur des Alten Ägypten. Es war ihre Aufgabe, das Pyramidenfeld zu schützen und Ungläubige abzuwehren. Und heute? Oh weh, arme Sphinx! Sie wird bedrängt von Stützkonstruktionen, die ihren Verfall aufhalten, und von Bretterverschlägen und Gitterzäunen, die verhindern sollen, dass sie von ganzen Touristen-Armeen und Schulklassen erklettert und beschmiert wird. Die zerstörerische Antikenbegeisterung ist übrigens nicht erst eine Entwicklung unserer Zeit. Schon vor rund 150 Jahren ärgerte sich hier bereits Gustave

■ Der berühmte Zeichner David Roberts fertige dieses Bild während seiner Reise nach Ägypten (1838–1839) an. Damals brauchte man den Nil nur mit einer Fähre zu überqueren und war schon im Dorf Giseh.

Flaubert: »Die Zahl der an die Wände gekritzelten Namen irgendwelcher Idioten macht einen ganz konfus. Oben auf der Pyramide erblickt man in schwarzen Lettern den eines gewissen Buffard, 79 Rue Saint-Martin, seines Zeichens Tapetenfabrikant.« Früher mussten sich die Besucher von Kairo aus durch diverse Bewässerungskanäle schiffen lassen oder einen längeren Eselsritt in Kauf nehmen – heute hat der 20-Millionen-Moloch bereits eine seiner Vorstädte um das Pyramidenfeld gelegt. Und Industrie- und Autoabgase werden die Pyramiden innerhalb der nächsten zweihundert Jahren zugrunde richten – wenn nichts geschieht.

▪ Ausgrabungen im nur 15 Kilometer von Giseh entfernten Sakkara-Pyramidenfeld

Trotz alledem: Etwas von der geheimnisumwitterten Aura lässt sich auch heute noch erahnen, wenn der Besucher das Areal der belebten Durchgangsstraße mit den feixenden Bakschischjägern und Touristenströmen verlässt und die gegenüberliegende Seite der Chephren-Pyramide erreicht. Plötzlich ist er allein mit dem gewaltigen Bauwerk und spürt vielleicht etwas von der ihm entspringenden Kraft, dem so genannten Ka. »Die Pyramide galt als Kraftwerk für geistige Energie«, erklärt der Ägyptologe und Romancier Christian Jacq, »sie stellte die Nahtstelle zwischen der Welt der Götter und der der Pharaonen dar; sie wandelte Zeit in Ewigkeit um.«

Um dieses Ziel zu erreichen, war absolute Präzision erforderlich. Wissenschaftler, die mit modernster Technik die Pyramiden vermessen, staunen über die nur geringen Abweichungen, die den Baumeistern mit ihren einfachen Mitteln unterliefen. Die Pyramiden, auch deren Zugänge, sind genau auf die Nord-Süd-Achse ausgerichtet, und sie weisen auf den Polarstern, um den sich – das wussten die astronomisch begabten Ägypter – die ganze Welt

ISIS UND OSIRIS

Osiris, der das regelmäßige Steigen und Sinken des Nilwassers garantierte, wurde von seinem neidischen Bruder Seth, dem Gott der Wildnis und Gewalt, erschlagen und zerstückelt, und seine Leichenteile wurden über ganz Ägypten verstreut. Doch Osiris' Schwester und Gemahlin Isis durchstreifte das Land so lange, bis sie alle Glieder fand, und setzte den Leichnam wieder zusammen. Durch ihr Klagen erreichte sie, dass Osiris vorübergehend wiederbelebt wurde und mit ihr ein Kind zeugte. Ihr Sohn Horus setzte sich gegen seinen bösen Onkel Seth durch und wurde König von ganz Ägypten.

dreht. Die drei Grabkammern der Giseh-Pyramide stellen die Weiterentwicklung des Schemas der Aufeinanderfolge von drei Räumen dar, die Snofru (Regierungszeit um 2570–2545 v. Chr.) in seinen Daschur-Pyramiden erstmals anwandte. Der beste Beweis: Alle drei Grabkammern liegen exakt auf einer Achse – das muss vorher genau so geplant worden sein.

Die Pyramiden von Giseh sind der architektonische Höhepunkt einer politischen, ökonomischen, religiösen und baugeschichtlichen Entwicklung, deren ungeheure Anstrengungen sich nur vor dem Hintergrund der Einmaligkeit der ägyptischen Kultur und ihrer Grundlagen verstehen lassen. Ägypten liegt eigentlich mitten in der Wüste, nur der Nil verwandelt einen schmalen Landstrich in eine mehr als 1000 Kilometer lang gestreckte Oase. Bevor das Nilwasser durch Staudämme reguliert wurde, waren die Menschen auf die rhythmischen Überschwemmungen des Flusses angewiesen. Fiel das jährliche Hochwasser zu niedrig aus, wurden die Felder nicht ausreichend mit Nilschlamm gedüngt und bewässert. Fiel es zu hoch aus, waren die Menschen und ihr Besitz in Gefahr. Das südliche Niltal in Oberägypten und das nördliche

■ Viele Pyramiden erlitten das gleiche Schicksal wie die im Vordergrund zu sehende Userkaf-Pyramide: sie zerfielen. Die im Hintergrund stehende stufige Djoser-Pyramide ist zwar die älteste ihrer Art, aber dennoch sehr gut erhalten.

Nildelta in Unterägypten bildeten konkurrierende Bezirke, hinzu kamen Übergriffe von Nubiern im Süden und Beduinen im Osten und Westen. Erst geeint unter einer starken Führung konnte Ägypten sich der Gefahren erwehren, große Bewässerungssysteme unterhalten und zu einem Kulturreich aufsteigen. Gegen diese allgegenwärtige Bedrohung schufen die Ägypter eine Religion, deren magische Rituale und starke Götter die kosmische Ordnung garantierten. Der Sieg über das Chaos manifestierte sich im Urmythos von Isis und Osiris, der in immer neuen Varianten weitererzählt wurde. Die Götter griffen jedoch nicht, wie in der griechischen Mythologie, direkt ins Geschick der Welt ein. Der Kontakt zwischen Diesseits und Jenseits benötigte eine vermittelnde Sphäre: Der Pharao wurde zum personifizierten Mittler und nahm nach seinem Tod einen festen Platz in der kosmischen Ordnung ein. Sein Grabmal sollte als Bollwerk wider dies- und jenseitiges Chaos bis in alle Zeiten wirken.

Wie sich der Pyramidenbau entwickelte, lässt sich im 15 Kilometer weiter südlich gelegenen Pyramidenfeld Sakkara erkunden, das fernab moderner Siedlungen in seiner ursprünglichen Umgebung liegt. Es umfasst Grabbauten von mehr als 20 Königen aus Epochen, die von den ersten Pyramiden bis zum koptischen Ägypten reichen. In Unterägypten, dessen Areal regelmäßig vom Nil überschwemmt wurde, ließen sich die Fürsten einst nicht in Gruben bestatten, sondern knapp unter der Erdoberfläche – bedeckt von einer Ziegelbank, heute Mastaba genannt. Diese Grabbänke waren der Ausgangspunkt für den späteren Pyramidenbau. Der letzte Herrscher der ersten Dynastie, König Qaa, ließ sich in einer zweistufigen Mastaba bestatten. Auch die Pyramide für Djoser, *den* König der 3. Dynastie, war ursprünglich als zweistufige Mastaba geplant. Doch dann ereignete sich eine jener Initialzündungen, die Neues in der Welt entstehen lassen. Die Idee wird dem Gelehrten und Baumeister Imhotep zugesprochen, der später sogar als Gott verehrt wurde. Imhotep ließ um 2600 v. Chr. über der Mastaba eine symbolische Treppe aus Stein errichten, die dem toten Pharao den Aufstieg zu Gottvater Re, der Sonne, erleichtern sollte. Die anfänglich drei Stufen wurden später auf sechs Stufen erweitert. Erstmals entstand damit in Ägypten ein Baukomplex ganz aus

ALTES REICH

Obwohl Unter- und Oberägypten schon in der 1. und 2. Dynastie (3100–2670 v. Chr.) vereint wurden, zählen zum Alten Reich nur die 3. bis 6. Dynastie (2670–2184 v. Chr.). Mit König Djoser begann eine explosionsartige Entwicklung der Kultur, die erste Steinpyramide wurde errichtet, und das Reich expandierte nach Süden und Osten. In den folgenden eineinhalb Jahrhunderten wurden die großen Pyramiden erbaut – Zeichen der Zentralgewalt des Pharaos. In der 6. Dynastie löst sich diese auf; das Land versinkt für einige Zeit im Chaos.

Stein. Zwar hatten die aus dem Fels gehauenen Steine noch die Größe luftgetrockneter Lehmziegel, doch die Stufenpyramide, die dazugehörigen Kultbauten sowie die eineinhalb Kilometer lange Umfassungsmauer sind handwerklich perfekt ausgeführt.

Die mittlerweile schön restaurierte Anlage macht noch etwas deutlich: Eine Pyramide war nicht einfach ein Grabmal, sondern sie wurde angelegt wie ein Klosterstift – als Zentrum einer ganzen Welt. Die hier lebenden Priester verfügten über große Ländereien und zelebrierten täglich Rituale. In einem kleinen Tempel nördlich der Stufenpyramide ist die Statue eines sitzenden Pharaos untergebracht: Es ist Djoser, der seine Pyramide bewacht, während sie ihm ununterbrochen neues Leben einhaucht. In den folgenden hundert Jahren wurde die Form der Pyramide durch glatte Seitenwände perfektioniert. So symbolisieren die Pyramiden von Giseh noch stärker die Zentralisierung aller politischen und religiösen Macht auf eine Person, den Pharao. Doch trotz der Pyramiden büßten die Könige zumindest im Diesseits nach ihrem Tod allen Respekt ein: Obwohl die Eingänge gut vermauert waren, sind sämtliche Pyramiden ausgeraubt worden. Das gleiche Schicksal widerfuhr dem Wunsch, als Pharaonen der Nachwelt in bester Erinnerung zu bleiben – ausgerechnet von Cheops, dem Bauherrn

■ Die riesigen Ausmaße der Chephren-Pyramide werden erst durch die davor stehenden Menschen und Kamele deutlich.

des größten Bauwerks, ist uns nur eine daumengroße Statue aus Elfenbein geblieben. Darüber hinaus gingen Cheops und Chephren als Diktatoren in die ägyptische Geschichte ein, denn sie trieben den Bau ihrer Pyramiden in drakonischer Weise voran – der Preis für ihre gigantischen Projekte war wohl zu hoch. Nicht nur die Zahl der Unfallopfer unter den Arbeitern war sicherlich immens. Auch mussten die Arbeiter, die während der Zeiten des Nilhochwassers für den Pyramidenbau zwangsverpflichtet wurden, aus den Getreidekammern des Pharao versorgt werden.

■ Die Alabasterstatue des Pharao Chephren

Chephrens Nachfolger Mykerinos ließ seine Pyramide nur ein Drittel so hoch bauen wie seine Vorgänger und mit nur einem Zehntel des Volumens – er wird in den Annalen als gutmütiger Herrscher geschildert. Nach nur rund 150 Jahren Hoch-Zeit wurden die Pyramidenprojekte immer kleiner, und der Totenkult in den Tempeln gewann an Bedeutung. Die letzten Pyramiden wurden vermutlich in der 13. Dynastie erbaut. Erst spätere Epochen bewunderten diese Bollwerke gegen das Chaos und stellten allerlei Theorien über ihre Funktion und Bauweise auf. Als einziges der Sieben Weltwunder hat die Cheops-Pyramide die Zeiten überdauert, weil ihr Neigungswinkel nicht steiler ist als der eines Schüttkegels gleichen Materials, das heißt, obwohl die Pyramiden zerfallen, behalten sie ihre Form und aus Sicht der alten Ägypter auch ihre Funktion – vielleicht ist das ihr großes Geheimnis.

DIE SIEBEN WELTWUNDER

Pyramiden von Giseh
Hängende Gärten von Babylon
Tempel der Artemis zu Ephesos
Zeus Statue von Phidias in Olympia
Mausoleum zu Halikarnassos
Koloss von Rhodos
Leuchturm von Pharos

PYRAMIDEN VON GISEH UND SAKKARA

FORSCHUNGSGESCHICHTE

Die ersten Erkunder der Pyramiden waren Grabräuber. Dazu zählten nicht nur undankbare Grabarbeiter und finstere Gestalten, sondern auch die Nachfahren der Könige selbst. In den Vorratskammern von Djosers Stufenpyramide wurden Steingefäße mit Pharaonennamen der 2. Dynastie gefunden. Teile der Cheopspyramide wurden vom Pharao Amenemhet I. (12. Dynastie) für seine Pyramide in Lischt benutzt. Was dieses Grabbaurecycling überstand, wurde in den kommenden Jahrtausenden ausgeraubt. Schon in der klassischen Antike kamen die ersten Touristen nach Ägypten. Der Grieche Herodot schilderte in seinen *Historien* ausführlich, was er auf seiner Nilreise gesehen und von den Priestern erfahren hatte. Die systematische Erkundung und wissenschaftliche Erforschung begann mit Napoleons ruhmlosem Feldzug 1798. Der italienische Jahrmarktkraftprotz mit Ingenieurwissen Giovanni Belzoni bahnte sich 1818 den Weg zur Grabkammer der Chephren-Pyramide: Sie war leer. Die erste große deutsche Expedition unter Karl Richard Lepsius 1842–1845 verfolgte eine Doppelmission. Lepsius fertigte Karten von Giseh und Sakkara an und publizierte später das zwölfbändige Werk *Denkmäler Ägyptens und Äthiopiens*. Gleichzeitig schaffte er jedoch auch 15 000 Funde in 194 Kisten außer Landes – den Grundstock für das Ägyptische Museum in Berlin, dessen Direktor er wurde. Erst der Franzose Auguste Ferdinand François Mariette setzte sich für den Schutz der Antiken ein. 1859 gründete er das spätere Ägyptische Nationalmuseum und erforschte unter anderem die Pyramiden von Sakkara. Seit 1902 werden auch die Mastaba-Friedhöfe im Umfeld der Pyramiden erforscht. 1950 begann die Restaurierung der Pyramidenanlage von Djoser. 1954 fand der ägyptische Archäologe M. Zaki Nour die am Südfuß der Cheops-Pyramide unter Steinen versteckten Totenschiffe – zerlegt in etwa 12 000 Teile. Seit 1980 wurden mehrere Versuche unternommen, die Sphinx durch Entsalzung ihres Gesteins und ein unsichtbares Stützgerüst zu retten – doch die Resultate sind fraglich. 1992/93 untersuchten deutsche Archäologen die so genannten Luft- oder Lichtschächte, die von der mittleren und oberen Grabkammer der Giseh-Pyramide aus steil nach oben gehen. Dabei setzten sie zum ersten Mal einen kleinen Roboter mit Kettenantrieb ein, der den Schacht bis zu einem Blockierstein hinauffuhr. Als Luft- oder Lichtkanal können die Schächte nicht gedient haben. Die meisten Archäologen glauben deshalb, die Schächte hätten rituelle Funktion und dienten dem Aufstieg der Seele des Pharao in die himmlische Sphäre. Im Herbst 2002 ließen Wissenschaftler – während einer weltweiten TV-Liveübertragung – einen aufwendig präparierten Roboter den Schacht bis zur Barriere fahren, er bohrte ein Loch hinein und schob eine Minikamera durch das Bohrloch. Dahinter befand sich eine kleine Kammer und ein neuer Blockierstein.

AUF DEN PUNKT GEBRACHT

Trotz Massentourismus überwältigen gigantische Größe und perfekte Bauweise der Pyramiden ausnahmslos jeden Besucher.

WISSENSWERTES

Pharaonen-Dynastien vom Alten Reich bis zur zweiten Zwischenzeit

Altes Reich (um 2628–2134 v. Chr.)
3. Dynastie (um 2628–2575)
Nebka, Djoser, Sechem-chet
4. Dynastie (um 2575–2465)
Snofru, Cheops, Chephren, Mykerinos
5. Dynastie (um 2465–2325
6.–8. Dynastie (um 2325–2134)

Erste Zwischenzeit
(um 2134–2040 v. Chr.)

Mittleres Reich
(um 2040–1650 v. Chr.)
11. Dynastie (um 2040–1991)
Mentuhotep I., Mentuhotep II., Mentuhotep III.
12. Dynastie (um 1991–1785)
Amenemhet I., Sesostris I., Amenemhet III.
13. Dynastie (1785–1650)
14. Dynastie (1715–1650)

Zweite Zwischenzeit
(um 1650–1540 v. Chr.)

Lesenswert:

Rainer Stadelmann: *Die ägyptischen Pyramiden. Vom Ziegelbau zum Weltwunder*, 1991

Christian Jacq: *Die Pharaonen*, München 1998

Guy Rachet: *Die Sonnenpyramide* und *Die unvollendete Pyramide*, München 1998 ff.

Sehenswert:

Land der Pharaonen (Land of the Pharaos). Regie: Howard Hawks; mit Jack Hawkins, Joan Collins; Alexis Monotis. USA 1955

Anklichenswert:

Luftbilder, Infos und historisches Bildarchiv zu Giseh: www.mfa.org/giza/

Tempel von Karnak und Luxor

Ewige Baustelle für Amun-Re (1900 v. Chr. bis 400 n. Chr.)

Plastisch erscheinen die Säulengänge des Tempels von Luxor, wenn sie nach Sonnenuntergang mit gelbem Licht angestrahlt werden. Zwei sitzende und zwei stehende Kolossalstatuen Ramses' II. sowie einer von ehemals zwei Obelisken, der den Abendhimmel zu berühren scheint, empfangen die Besucher gleich am Pylon, dem Eingangstor. Dahinter erstreckt sich der ebenfalls von Ramses II. angelegte große Hof, der von einer Säulenhalle umgrenzt wird. Er bildet den Erweiterungsbau zum eigentlichen Tempelhof, den Amenophis II. (18. Dynastie) errichten ließ. Der an drei Seiten von Säulen flankierte Hof geht in eine Säulenhalle über, hinter der sich das Heiligtum mit Opfersaal und Barkenraum befindet. Bei Tage wirkt der Tempel von Luxor weit weniger imposant: Eingezwängt zwischen der Niluferpromenade und den Zweckbauten der modernen Stadt Luxor beansprucht im ersten Hof die Haggag-Moschee ihren Platz.

■ Der »Säulenwald« im Tempel von Karnak. Die Querbalken und Fenstergitter sind Holzrekonstruktionen.

Besser erging es dem zweieinhalb Kilometer weiter nördlich gelegenen Tempel von Karnak, der sein ursprüngliches Areal zurückgewinnen konnte. Bereits die ersten von diesem Ort angezogenen Reisenden rangen um die richtigen Worte – wie beispielsweise 1802 Vivant Denon in seiner *Voyage*: »Betrachtet man diese Ruine in ihrer Gesamtheit, so lähmt der Gedanke daran, wie man sie schildern soll, die Entfaltung der Phantasie.« Dieser Eindruck wurde noch von dem vorherrschenden Chaos verstärkt: Viele Säulen waren dominosteingleich umgestürzt, die meisten Tore waren zu großen Steinhaufen zerfallen. Die für Ägypten typische Tempelanordnung, Pylon, Säulenhalle, dunkles Heiligtum, wurde in Karnak vielfach variiert. Mehr als zwei Jahrtausende (von 1900 v. Chr. bis ins 4. Jahrhundert) wurde hier zu

Ehren des Gottes Amun gebaut, angebaut, zugebaut und überbaut. Trotzdem ist nach 200 Jahren Forschung und Rekonstruktion ein Ordnungsschema erkennbar.

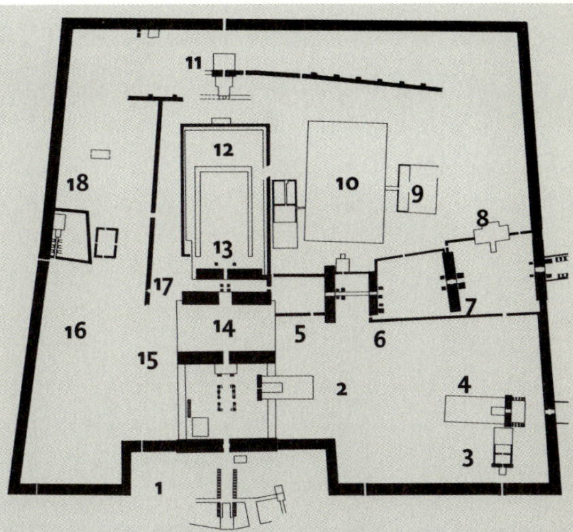

Tempel von Karnak
1 Pylon I
2 Tempel Ramses' III.
3 Apet-Tempel
4 Chons-Tempel
5 Pylon VII
6 Pylon VIII
7 Pylon IX
8 Tempel Amenhoteps II.
9 Opfertempel
10 Heiliger See
11 Sonnenheiligtum
12 Achmenu
13 Pylon IV
14 Hypostyl
15 Pylon II
16 Amun-Bezirk
17 Pylon III
18 Ptah-Tempel

Die freigelegte, mehr als zwei Kilometer lange Umfassungsmauer lässt die einstige Größe dieser Tempelanlage ermessen. Die Baukomplexe sind entlang zweier Achsen errichtet, die die Weltsicht der Ägypter verkörpern: Von Ost nach West verläuft die göttlich-himmlische Achse, die sich nach dem Sonnenauf- und -untergang richtet, Symbol für das Diesseits und das Jenseits. Die irdische Achse verläuft parallel zum Lauf des Nils von Süd nach Nord. Von Ost nach West sind die Bauten auf das Heiligtum des Amun ausgerichtet. Sechs Pylone hintereinander haben einzelne Pharaonen im Laufe der Jahrtausende errichten lassen, indem sie die Anlage nach außen hin vergrößerten. Demzufolge ist das Erste das Jüngste – es stammt vom Pharao Nektanebos I. (30. Dynastie). Es wurde nie vollendet, und an seiner Innenseite erhebt sich noch ein Lehmberg, der als Rampe verwendet wurde. Der sich anschließende Innenhof führt zu einem Tempel Ramses' III. Hinter dem zweiten Pylon erstreckt sich der größte Säulensaal Ägyptens, der so genannte Säulenwald, erbaut von Sethos I. und Ramses II. Die 134 verzierten Säulen, deren Mittelreihen 21 Meter hoch sind, beeindruckten sogar den abgebrühten italienischen »Antikenhändler« Belzoni: »Dieser Wald von Säulen erweckt Ehrfurcht vor dem Volk, das es verstand, solche Bauwerke zu errichten.« Zwischen dem dritten und vierten Pylon befindet sich der Kreuzpunkt der Achsen, den Thutmosis I. und Thutmosis III. durch vier Obelisken kennzeichnen ließen; Pharaonin Hatschepsut ließ zwei weitere Steinsäulen aufstellen. Darunter befindet sich der schönste Obelisk überhaupt: Der 29,5 Meter hohe Kultstein aus Rosengranit ist mit makellosen Hieroglyphen verziert; sein Gewicht von 320 Tonnen hat ihn vor Raub geschützt.

Die Ägypter glaubten, dass die Obelisken mit ihrer goldüberzogenen, die übrigen Bauten überragenden Spitze positive Energien

■ Eingang zum Luxortempel

auf den Tempel lenkten. Hinter zwei weiteren Pylonen schließt sich der Festsaal Thutmosis' III. an, dessen Wände die Heldentaten dieses Militärstrategen zeigen. Erst dahinter folgt das eigentliche Heiligtum, der Tempel des Gottes Amun, der die Bitten erhört. Eigentlich hatten Götter im alten Ägypten lokale Bedeutung. Doch die neuen Herrscher in Theben machten Amun zum Gott des ganzen Neuen Reiches, und er gewann noch an Bedeutung, als er mit dem Sonnengott Re zu Amun-Re verschmolz.

OBELISKEN

Obelisken (grch. »Bratspießchen«) sind hohe, vierkantige, nach oben hin sich verjüngende Steinpfeiler. Sie wurden ab 2500 v. Chr. von den Ägyptern, später auch von Babyloniern und Assyrern zu Kultzwecken angefertigt. Fast immer in einem Stück – als Monolith – wurden sie aus möglichst festem Gestein wie Rosengranit gehauen und den Nil hinunter transportiert. In der Regel waren sie mit Hieroglyphen versehen, das Kopfende pyramidenförmig zugespitzt und manchmal vergoldet. Sie stellten begehrte Trophäen dar: Der zweite Luxor-Obelisk wurde nach Paris transportiert und steht noch heute, gerade aufwendig restauriert, am Place de la Concorde.

■ In Luxor und an anderen Orten rund um Theben stößt der Besucher immer wieder auf Ramses II.

Die Nord-Süd-Achse wird von den Pylonen VII bis X flankiert und führt zum Tempel der Göttergemahlin Muth. Auf der westlichen Seite ließen Sethos I. und Ramses II. auf halber Strecke einen Tempel für Chons, den Mondgott und Sohn von Amun und Muth, errichten. Zu Blütezeiten waren hier allein 20 000 Priester mit dem Amun-Kult beschäftigt, dessen Zweck es war, die Gunst der Götter zu erringen. Diese beruhte nach der Überzeugung der Ägypter auf dem Prinzip der Gegenseitigkeit. Einfache Menschen konnten nur über den König an dieser Gunst teilhaben, den Pharaonen gebot ihre Repräsentationsrolle den Bau oder die Erweiterung der Tempel sowie den Erhalt der Kulte. Dafür erwiesen die Götter ihnen und ihrem Volk Gunst. Zum wichtigsten Kult avancierte das Opet-Fest, das gegen Ende des Sommers, wenn die Nilüberschwemmung ihren Höhepunkt erreichte, gefeiert wurde. Der Festzug zog sich die zweieinhalb Kilometer lange Prozessionsstraße von Karnak nach Luxor entlang, flankiert von den teilweise noch heute vorhandenen Reihen steinerner Sphingen in Widdergestalt, die den Gott Amun symbolisierten. Opet bedeutet im Altägyptischen Frauenhaus, Harem, und der Festzug symbolisierte Amun-Res Reise zu seinem Harem in den Luxortempel. Bevor die Kultstatue Amuns, die das ganze Jahr über im Allerheiligsten stand, in seiner Prozessionsbarke den Karnaktempel verließ, waren zahlreiche Rituale notwendig, dazu zählten Rauch-, Trank- und Speiseopfer. Anfangs erfolgte die Prozession über Land, später wurden eigens Kanäle angelegt, um Amun über den Nil nach Luxor zu fahren. Menschenmassen, Kapellen und junge Tänzerinnen säumten den Weg. Im Allerheiligsten des Luxortempels jedoch wurde es wieder still, denn die Heilige Hochzeit fand im Verborgen statt, und sie war zweifacher Natur: Amun-Re vollzog die Vereinigung mit Muth und zeugte gleichzeitig mit der jungfräulichen Gemahlin des Pharao dessen Thronfolger. Durch diese Verschmelzung göttlicher und menschlicher Macht sollte

Bauphasen des Tempels von Luxor
1 Amenhotep III. Erster Bau –
2 Amenhotep III. Erweiterung
3 Kolonnade Tutanchamuns und Haremhabs
4 Thutmosidische Barkenstation
5 Erweiterung Ramses' II.
6 Weg nach Karnak

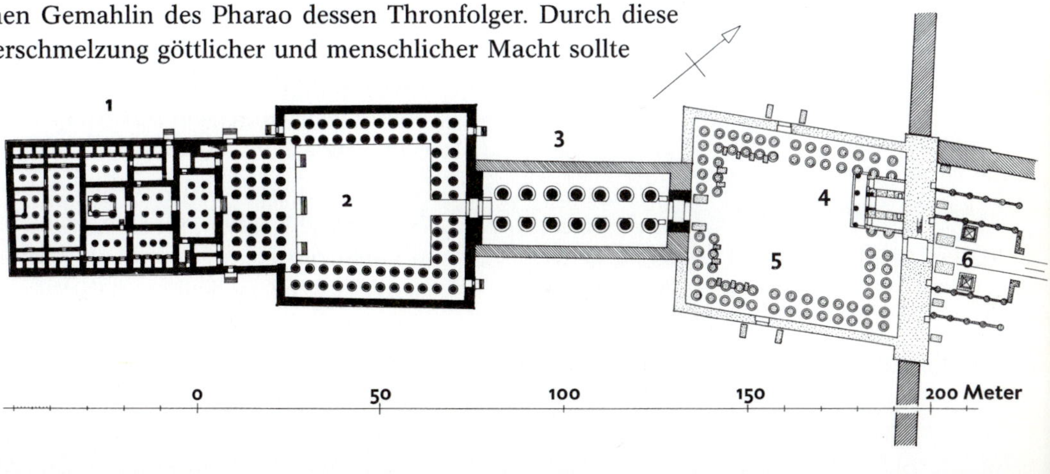

■ Christliche Eiferer schlugen die Bilder der alten Götter bis auf Armeshöhe von den Wänden.

dem Land ewiger Wohlstand gesichert werden. Mit den Festen wuchsen die Tempel des Amun, wuchs seine Priesterschaft und die Macht seiner Diener, was dem Gott nicht nur Freunde verschaffte. Der junge König Amenophis IV. stellte sich an die Spitze der Kritiker. Er machte Aton zum alleinigen Gott – die Sonnenscheibe, die keinerlei menschliche Eigenschaften besaß. Sich selbst nannte er ihr zu Ehren Echnaton und ließ im östlichen Areal von Karnak einen riesigen Aton-Tempel errichten. Den Bau gibt es nicht mehr, aber seine Steine wurden im Pylon IX verbaut entdeckt. Echnatons Nachfolger Tutanchamun hieß eigentlich Tutanchaton. Er änderte nicht nur seinen Namen, um Amun zu ehren, sondern verbot auch den Aton-Kult. Sein Nachfolger Haremhab ließ den Aton-Tempel von Karnak abreißen und verwandte die gut 400 000 Blöcke für seine Pylone (II, IX und X). Als der einsturzgefährdete Pylon IX abgebaut wurde, stießen die Archäologen auf 12 000 reliefgeschmückte Sandsteinblöcke des Aton-Tempels.

Der Amun-Kult lebte weiter, bis ihm die Verbreitung des Christentums durch die Römischen Besatzer im 4. Jahrhundert ein Ende setzte, doch das Opet-Fest lebt noch heute. Vor Beginn des Ramadan verwandeln Tausende Fellachen Luxor für 3 Tage in einen riesigen Jahrmarkt. Höhepunkt ist der Festzug, zu dem ein Barkenmodell aus dem Keller der Haggag-Moschee geholt und durch die Stadt getragen wird – begleitet von tanzenden Jugendlichen.

PHARAONEN-DYNASTIEN VOM NEUEN REICH BIS ZU DEN RÖMERN

Neues Reich (um 1551–1070 v. Chr.)

18. Dynastie (um 1551–1306 v. Chr.)
Ahmose, Thutmosis I. bis IV., Hatschepsut, Amenophis IV. / Echnaton, Tutanchamun, Eje, Haremhab

19. Dynastie (um 1306–1186 v. Chr.)
Ramses I. und II., Sethos I., Merenptah

20. Dynastie (um 1186–1070 v. Chr.)
Ramses III., IV., IX., X., XI.

Dritte Zwischenzeit (um 1070–711 v. Chr.)

Spätzeit (um 720–332 v. Chr.)

Hellenisch-röm. Periode (332 v. Chr.–395 n. Chr.)

TEMPEL VON KARNAK UND LUXOR

FORSCHUNGSGESCHICHTE

Mit dem Verbot jeder heidnischen, das heißt nichtchristlichen Religion durch die Römer im 4. Jahrhundert geriet innerhalb kürzester Zeit auch die Hieroglyphenschrift in Vergessenheit. Götterbilder und Hieroglyphen wurden von Kopten, später von Muslimen von den Tempelwänden geschlagen. Erst dem genialen Jean-François Champollion gelang 1822 die Entzifferung der Hieroglyphen mithilfe des Rosette-Steines – einer Trilingue –, dessen Text parallel in drei Sprachen verfasst ist. Er wurde von den Franzosen im Nildelta gefunden und von den Briten beschlagnahmt. Im 19. Jahrhundert waren die Tempel von Karnak und Luxor zum Teil von Sanddünen zugeschüttet, an anderen Stellen von Lehmhütten übergebaut und im Luxortempel befand sich eine Moschee. In diesem Chaos lieferten sich europäische Expeditionen Kämpfe um die besten Beutestücke. 1843 fand der Franzose Prisse d'Avennes im Tempel von Karnak die berühmte Königstafel von Karnak, auf der die 62 Herrscher vor Thutmosis III. verzeichnet sind. 1885 begann Gaston Maspéro, den Amun-Tempel in Luxor von allen späteren Veränderungen und Überbauungen zu befreien. 1902 begannen unter der Leitung des Franzosen G. Legrain die großen Ausgrabungen von Karnak. Er stieß vor dem siebten Pylon auf eine Nekropole von Statuen. Aus rund vierzehn Metern Tiefe holte er über 20 000 Bronze- und Steinstatuen vor allem der 25. Dynastie hervor. Beim Abbau des Pylons IX fanden die Archäologen Sandsteinblöcke des Aton-Tempels von Echnaton. Anfang der 1970er Jahre wurde ein kleiner Teil davon von Hand zusammengesetzt, zu sehen im Luxormuseum. Seit 1984 werden die Reliefs von den Archäologen des Pariser Centre National de La Recherche Scientifique photographiert und in einer Datenbank verwaltet. Die Puzzlesteine lassen sich virtuell zusammensetzen. Gleichzeitig wird der Pylon IX wieder aufgebaut.

WISSENSWERTES

Das hunderttorige Theben

Zwischen den Tempeln von Karnak und Luxor und auf der westlichen Nilseite bis zu den Totentempeln vor dem Tal der Könige breitete sich einst die mächtige Hauptstadt des Neuen Reiches aus, von den Griechen ehrfurchtsvoll hunderttoriges Theben genannt. Doch von der Hauptstadt ist nicht viel geblieben. Während Tempel aus Stein und Grabkammern in den Stein hinein gebaut wurden, errichteten die Ägypter ihre Häuser weiterhin aus Lehmziegeln und Holz. Schließlich wurden diese nur für kurze Zeit, Tempel und Gräber jedoch für das ewige Jenseits benötigt. Auch nachdem die Hauptstadt ins Nildelta verlegt wurde, blieb Theben wichtigste Kultstätte.

EMPFEHLUNGEN

Lesenswert:

Maurizio Forte, Alberto Siliotti: *Die neue Archäologie – Virtuelle Reisen in die Vergangenheit,* Bergisch Gladbach 1997

Jean Vercoutter: *Ägypten – Entdeckung einer alten Welt,* Ravensburg 1995

Christian Jacq: *Ramses. Der Tempel der Ewigkeit,* Reinbek 1997

Anklickenswert:

Karnak-Seite des französischen Außenministeriums: http://www.france.diplomatie.fr/culture/culture_scientifique/archeologie/karnak/

Virtueller Rundgang und Infotexte zu Karnak: www.pbs.org/wgbh/nova/egypt/explore/karnakgreat.html

AUF DEN PUNKT GEBRACHT

Die Größe der Tempel sowie die Monumentalität ihrer Säulen und Statuen lassen den Besucher ganz in der Welt des Neuen Reiches versinken.

Totentempel und Pharaonengräber in Theben-West

Protzige Verstecke für die Ewigkeit (1500 bis 100 v. Chr.)

Bescheiden ducken sich die Eingänge der Pharaonengräber an die Hangsohlen im Tal der Könige, erst im Inneren entfalten die Gräber ihre Pracht. Der niedrige Gang – die Wände zu beiden Seiten sind mit bunten Hieroglyphen überlsät – führt leicht abschüssig in den Fels und endet zwischen zwei schwarzen Schakalen, der Gestalt des Gottes Anubis, des Einbalsamieres. Er bewacht den Zugang zum Totenreich, er steht dem Pharao beim Übertritt ins ewige Leben bei, und er soll Fremde vor dem Eindringen abschrecken. Die Grabanlage Ramses' IX. aus der 20. Dynastie ist typisch für die 62 bisher entdeckten Gräber im Tal der Könige. Der Gang mit Hieroglyphen leitet hinüber ins Totenreich, dessen Mittelpunkt die eigentliche Grabkammer mit Sarkophag und Mumie bildet. Die Eingänge zu den Königsgräbern wurden nach der Bestattung vermauert, versiegelt und regelmäßig kontrolliert, denn es war die größte Sorge aller Pharaonen, dass ihre ewige Ruhe gestört werden könne, dass ihre üppig ausgestatteten Gräber beraubt und ihre mumifizierten Körper zerstört werden könnten.

■ Blick auf den Eingang (vorne links) zum Kammergrab des Pharao Tutanchamun im Tal der Könige. Das von Grabräubern fast unberührte Grab wurde im Jahre 1922 von dem britischen Archäologen Howard Carter entdeckt.

Kaum hatte ein Pharao den Thron bestiegen, sah er sich schon nach einem Ort für seine Grabkammer um. Der genaue Ort des zukünftigen Grabes wurde schon im ersten Regierungsjahr festgelegt. Starb der Pharao, wurde die Grabkammer vorbereitet, und Barkassen segelten mit dem Leichnam und den kostbaren Grabbeigaben vom Nildelta den beschwerlichen Weg den Nil aufwärts, dessen Ufer von Trauernden gesäumt wurden.

■ Dank einer aufwendigen Restaurierung strahlen die Memnon Kolosse nun wieder im alten neuen Glanz.

Wer sich heute vom Nil aus dem Areal nähert, sieht zuerst die Memnon-Kolosse, zwei 19,5 Meter hohe Sitzfiguren. Sie scheinen

DIE NEKROPOLE THEBEN-WEST

Viele Herrscher der 18. bis 20. Dynastie ließen sich im Tal der Könige bestatten, das den berühmtesten Teil der rund zehn Quadratkilometer großen Nekropole westlich von Theben bildet. Diese umfasst außerdem das Tal der Königinnen sowie Gräberfelder für die Angehörigen der königlichen Familien und für die Oberschicht der ägyptischen Gesellschaft. Weiterhin wurden hier zwei Dutzend größere Tempel, Paläste, Stadtanlagen, griechische und römische Heiligtümer, christliche Kirchen und Klöster errichtet. Das Tal ist an drei Seiten von Bergrücken umgrenzt; der Zugang lässt sich leicht kontrollieren, und es wird von einem 1000 Meter hohen Gipfel, Qurn genannt, überragt, der wie eine natürliche Pyramide aussieht. Deshalb hielten die Pharaonen an diesem Ort fest, selbst als sie ihre Hauptstadt ins Nildelta verlegten.

die Totenstadt zu bewachen, doch eigentlich waren sie Teil des riesigen Totentempels Amenophis' III., dessen Ruinen als Baumaterial für den Totentempel eines seiner Nachfolger dienten. Einen guten Einblick in den Aufbau dieser Kultstätten gewährt noch heute das weiter nordöstlich gelegene Ramesseum. Der Totentempel von Ramses II. umfasst zwei große Eingangstore, die Pylone, die mit Szenen aus dem Leben dieses mächtigen Pharaos wie der Schlacht von Kadesch verziert sind. Sie führen in zwei Höfe; im hinteren waren zwei überlebensgroße Statuen Ramses' II. aus Granit aufgestellt. Übrig geblieben ist ein Kopf, der heute zu Füßen vier aufrecht stehender Osiris-Statuen liegt. Es folgt die Säulenhalle, die zu Barkenraum und Sanktuar führt, wo die Totenkulte der Pharaonen einschließlich ihrer Mumifizierung zelebriert wurden. Noch berühmter ist der von der Pharaonin Hatschepsut (19. Dynastie) angelegte Tempelkomplex Deir-el-Bahari – nicht nur, weil er als erster in Terrassenform angelegt wurde, sondern auch weil er sich so harmonisch in die Umgebung einpasst, dass es scheint, als setzten sich seine Rampen und Säulengänge in die umliegenden Hügel hinein fort.

■ Auch heute werden noch Mumien gefunden, wie hier in den Gräbern der Edlen in Theben-West.

Im Gegensatz zu den Pyramiden sind die Grabkammern weder geographisch noch astronomisch ausgerichtet; die Erbauer unterstellten einfach, dass die Hauptachse von Ost nach West verlief. Demnach führte der Gang von der aufgehenden Sonne zur untergehenden, vom Diesseits ins Jenseits, vom Reich des Re zu dem des Gottes Osiris. Dort stieg die Seele des Pharao empor, um selbst göttlich zu werden. Doch dazu musste auch der Pharao bestimmte Rituale durchlaufen. Die rundum an die Wände geschriebenen Hieroglyphentexte sind verschiedene Varianten des Totenbuchs. Es enthält Anweisungen für die Toten während ihrer Reise in die Unterwelt. Zu sprechen waren Losungen wie: »Ich bin geholt worden, um deine Vollkommenheit zu schauen …

ich kenne dich und deinen Namen … ich kenne die 42 Götter.« Außerdem wurde ausführlich beschrieben, wie sie sich vor dem Gottesgericht verhalten sollten. Anders als bei dem christlichen Sündenbekenntnis sollten sie die Untaten aufzählen, die sie nicht begangen hatten. Auch die Abbildungen, als Reliefs in den Stein gehauen oder nur aufgemalt, sind dem Totenreich gewidmet; das Grab Tutmosis' III. zeigt die Fahrt der Sonne durch die Unterwelt. Die ganze Grabanlage ist L-förmig, typisch für die 18. Dynastie. Das Grab Tutanchamuns hingegen ist rechteckig, klein und wenig verziert. Seine Bedeutung erwächst allein aus dem Umstand, dass sein Grab das einzig nahezu vollständig erhaltene ist, das Archäologen je fanden und das uns einen Einblick in die Üppigkeit der Pharaonenbestattungen verschafft: die Vorkammern vollgestopft mit Statuen, Truhen, Liegen, einem zerlegten Königswagen und in der Grabkammer schließlich mehrmals ineinander verschachtelte Schreine und Sarkophage – sämtlich vergoldet. Alles ist im Ägptischen Nationalmuseum in

■ Die Tempelanlage von Deir el-Bahari. Seit einigen Jahren wird der Tempel der Hatschepsut unter Leitung einer polnischen Archäologengruppe und der Egyptian Antiquities Organization grundlegend restauriert.

MUMIEN

In vorgeschichtlicher Zeit wurden die Verstorbenen in einfachen Gruben beigesetzt, wo sie dem heißen Wüstensand ausgesetzt waren und dadurch auf natürliche Weise mumifiziert wurden. So hat sich die Vorstellung entwickelt, der Körper müsse unversehrt bleiben für das Leben im Jenseits. Mit dem Aufkommen von Grabanlagen und Särgen wurden künstliche Maßnahmen zur Mumifizierung notwendig. Doch häufig wurde die Mumifizierung nur symbolisch durch das Umwickeln des unbehandelten Körpers vollzogen. Erst in der zweiten Hälfte des Neuen Reiches wurde die Mumifizierung perfektioniert: In rund 70 Tagen erfolgten die Entfernung des Gehirns und der Eingeweide, die Entwässerung des Körpers durch Natronlauge, sein Ausstopfen mit Füllstoffen sowie das Einbalsamieren. Doch die Ergebnisse sind unterschiedlich: Als gelungen gilt die Mumie Ramses' II., Tutanchamuns Leichnam wurde schlampig einbalsamiert.

Kairo zu sehen. Die Gräber der folgenden 19. Dynastie waren größer, außerdem gerade, jedoch in Stufen abfallend angelegt. Lange galt die über einhundert Meter lange Grabanlage Sethos' I. als schönste im Tal der Könige. Das Hauptmotiv der zahlreichen bunten Wandreliefs bildet Osiris und seine Rolle im Jenseits. An der Decke erstrahlen die unterschiedlichen Sternbilder – symbolisiert durch Löwe, Stier und Krokodil. Doch leider ist dieses Grab sehr gefährdet; die drei Rettungsaktionen der letzten fünfzig Jahre zeigen wenig Wirkung.

Ein schönes Gegenbeispiel und mittlerweile der Höhepunkt aller Grabbesichtigungen befindet sich im Tal der Königinnen: das Grab von Nefertari, der Lieblingsgattin des Pharao Ramses II., für das nur 150 Besucher täglich zugelassen sind. Es ist die einzige Möglichkeit, Luftfeuchtigkeit und Kohlendioxydgehalt der Luft in den Grabkammern so niedrig zu halten, dass die hier vom amerikanischen Getty Conservation Institute von 1985 bis 1992 durchgeführten Restaurierungen langfristig erhalten bleiben. Dank dieser Maßnahmen lassen sich seit 1995 wieder die lebendigen Darstellungen bewundern, zum Beispiel wie Nefertari auf dem Weg ins Jenseits auf Osiris und Isis trifft. Die intensive Lebendigkeit, Präzision und Fülle der Darstellungen liegt auch an der schlechten Qualität der Wände, die nicht zuließ, Reliefs in den Stein zu schlagen. Dafür haben die Baumeister eine dicke Putzschicht aufgelegt und viel Farbe für die Darstellungen verwendet. Die satte Farbgebung wird durch die bei der Restaurierung aufgetragene Acrylschicht noch verstärkt.

■ Der als Falke verehrte Königsgott Horus, der schon in vorgeschichtlicher Zeit Hauptgott von ganz Unterägypten war. Als letzter der Götterkönige der Urzeit hatte er selbst über Ägypten geherrscht; seither offenbarte er sich in der Person des jeweils regierenden Königs. Daher nannte sich jeder ägyptische König Horus.

Doch ob Nefertari, Ramses I. oder II. oder IX. – mit Ausnahme des Tutanchamun-Grabes wurden alle ausgeraubt, bereits in der Antike. Um wenigstens die Mumien zu retten, wurden die meisten um 1100 v. Chr. in Sammelgräber umgebettet. Doch genauso gut lässt sich vorstellen, dass das eigentliche Ziel der Rettungsaktion die Bergung der kostbaren Grabbeigaben war. Das Reich befand sich in einem wirtschaftlichen Niedergang, und ganz ökonomisch gedacht, wäre es unverantwortlich gewesen, diese beträchtlichen Reichtümer weiter dem allgemeinen Wohl zu entziehen. Verwegene Historiker wagen sich sogar noch einen Schritt weiter und fragen sich: »Waren die Königsgräber am Ende nur große Safes für schlechte Zeiten?«

TOTENTEMPEL UND PHARAONENGRÄBER IN THEBEN-WEST

FORSCHUNGSGESCHICHTE

Um etwa 100 v. Chr. hinterließ ein Grieche im Grab von Ramses VI. folgendes Graffiti: »Ich, Dioskorammon, habe mir diesen Unfug angesehen und finde das alles absonderlich.« Mit mehr Verständnis berichtete der römische Geograph Strabon um die Zeitenwende vom Tal der Könige: 42 Gräber waren bekannt, doch nur zehn davon waren zugänglich. Die Kopten nutzten mehrere Gräber als Einsiedeleien. Danach wurden sie vergessen. Wiederentdeckt hat das Tal der Könige der Jesuit Claude Sicard, der Ägypten zwischen 1707 und 1712 bereiste. 1769 erforschte der Schotte James Bruce das Grab Ramses' III. Die Wissenschaftler der Napoleon-Expedition entdeckten das Grab Amenophis' III. und vermaßen erstmals das gesamte Tal. Der Italiener Giovanni Belzoni legte Anfang des 19. Jahrhunderts sechs Gräber frei – darunter 1817 das berühmte von Sethos I. Doch die Wandbemalungen zerfielen, und so ließ Champollion 1829 in einer »Rettungsaktion« – unter heftigstem Protest englischer Archäologen – Wandreliefs nach Paris bringen. 1821 kam der englische Graphiker John Gardiner Wilkinson nach Ägypten. Er nummerierte die Gräber und kopierte in 12 Jahren unzählige Inschriften und Malereien. Vieles wie Szenen aus etlichen Privatgräbern ist heute zerstört oder nicht mehr zugänglich. Es folgte ein Wettlauf zwischen Archäologen und Grabräubern. 1871 entdeckten die legendären Grabräuberbrüder Abd ar-Rassul das Mumienversteck in Deir el-Bahari. Mumien wurden auf dem Markt in Kairo verscherbelt, in Europa wurde Pulver aus zermahlenen Mumien zu einer begehrten Arznei. Erst 1881 gelang es der Antikenverwaltung, den Grabräubern das Handwerk zu legen und die verbliebenen Mumien zu retten. 1904 entdeckte der Italiener Ernesto Schiaparelli das Grab Nefertaris. 1917 bis 1922 grub der Brite Howard Carter im Tal der Könige. Karge Beute: ein paar Alabastergefäße, die den Namen Ramses' II. trugen. Sein Sponsor, Lord Carnavon, drohte ihm, den Geldhahn zuzudrehen. Am 4. November 1922 jedoch stießen die Arbeiter auf eine Stufe im Felsgestein und legten eine versiegelte Wand frei. Zwar war diese schon einmal aufgebrochen worden, doch die Archäologen stießen auf das weitgehend vollständige Grab Tutanchamuns. 1978 begann der amerikanische Archäologe Kent R. Weeks die erste zuverlässige Karte vom Tal der Könige zu erstellen. Danach suchte er ein seit 150 Jahre verschollenes Grab: KV 5 (KV steht für King Valley). 1995 fand er den Eingang: neben dem heutigen Toilettenwagen, zugeschüttet vom Geröll, das Carter bei der Freilegung des Tutanchamun-Grabes dort abladen ließ. Die Erforschung der Grabanlage der Söhne Ramses' II. dauert an.

AUF DEN PUNKT GEBRACHT

Die Königsgräber und Totentempel sind einer der Höhepunkte archäologischer Forschung. Und wer ganz früh morgens kommt, hat die Stätten fast für sich allein.

WISSENSWERTES

Das Neue Reich
Der Thebaner Ahmose vertrieb um 1544 v. Chr. die fremdherrschenden »Hyksos« und vereinte erneut Unter- und Oberägypten. In der 18. bis 20. Dynastie (1550–1075 v. Chr.) folgte eine unvergleichliche Blütezeit: Unter Tutmosis III. (1504–1450 v. Chr.) wurden Palästina, Syrien und Nubien dem Reich einverleibt. Dann setzte der Fernhandel ein, neue Technologien (Bronze, Streitwagen, neue Frucht- und Gemüsesorten) wurden importiert und Pharaonen wie Ramses II. ließen große Tempel bauen. Ende der 20. Dynastie setzte der Niedergang ein.

EMPFEHLUNGEN

Lesenswert:

Kent R. Weeks: *Ramses II. Das Totenhaus der Söhne*, München 1999

Hartwig Altenmüller (Hg.): *Im Tal der Könige*, München 2001

Christian Jacq, *Ramses II. Der Tempel der Ewigkeit*, München 1999

Sehenswert:
Tod auf dem Nil (Death on the Nile). Regie: John Guillermin; mit Peter Ustinov, Bette Davies, Mia Farrow, Jane Birkin, David Niven. USA 1978

Anklickenswert:
Aktueller Stand der Forschung im Tal der Könige:
www.KV5.com

Alexandria

Von Alexander bis Kleopatra (331 v. Chr. bis 365 n. Chr.)

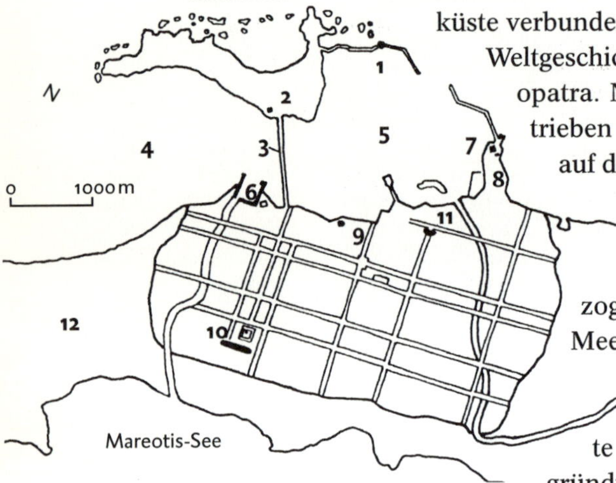

ALEXANDRIA
1 Leuchtturm
2 Insel Pharos
3 Heptastadion
4 Westhafen
5 Osthafen
6 Kibotoshafen
7 Königspalast auf Lochias
8 Königshafen
9 Museion/Bibliothek
10 Serapion/Pompeius-Säule
11 Theater
12 Nekropolis

Unzertrennlich ist die Stadt an der ägyptischen Mittelmeerküste verbunden mit zwei der schillerndsten Namen der Weltgeschichte: mit Alexander dem Großen und Kleopatra. Nachdem er die Perser aus Ägypten vertrieben hatte, machte sich Alexander der Große auf den Weg zur Oase Siwa, um das Orakel zu befragen. Als er in dem kleinen Fischerdorf Rhakotis Halt machte, erkannte er sofort die günstige Lage dieses langgezogenen Hügelrückens, der zwischen dem Meer und dem Binnensee Mareotis am westlichen Rand des Nildeltas liegt und dem eine Insel vorgelagert ist. Hier sollte nicht nur eine seiner zahlreichen Stadtgründungen erfolgen, sondern die in den nächsten Jahrhunderten größte Metropole des Mittelmeerraumes und der Ort seiner Grabstätte entstehen: Alexandria.

Der Feldherr bestimmte lediglich, dass die Stadt einen Umfang von 15 Kilometern erhalten sollte, alles weitere überließ er seinem Architekten Deinokrates. Der legte den Stadtgrundriss nach der hippodamischen Ordnung längs des Bergrückens an: 15 breite Straßen führten nach Norden, sieben nur halb so breite Quer-

■ So stellte sich Hollywood den Palast der Kleopatra vor. Szene aus dem Film von Joseph L. Mankiewicz aus dem Jahre 1963.

straßen verliefen parallel zur Küste. Ptolemaios I., zunächst Statthalter (332 v. Chr.), später König von Ägypten (305–282), ließ die Insel Pharos durch einen Damm mit dem Festland verbinden und erhielt auf diese Weise zwei geschützte Häfen. Die Stadt entwickelte sich so rasch, dass selbst der eher nüchterne Geograph Strabon (63 v. Chr–26 n. Chr.) – von dem die einzige vollständige Beschreibung Alexandrias erhalten blieb – von der vorzüglichen Lage der Stadt schwärmte, die darin bestand, »dass dieser Ort der einzige in ganz Ägypten für beides wohlgeeignet ist, sowohl für den Handel über Meer wegen des trefflichen Hafens, als für jenen mit dem Lande, weil der Strom alles bequem hinabführt, und an solchem Ort versammelt, welcher der größte Handelsmarkt der Welt ist«. Hier wurde mit Metallen aus den westlichen Mittelmeerländern, ägäischem Olivenöl und Wein, Farbstoffen, Elfenbein und Gold aus Vorderasien sowie Getreide, Papyrus und Duftstoffen aus Ägypten selbst gehandelt.

■ Ein Taucher im Osthafen von Alexandria mit einem Fund aus der Zeit der 26. Dynastie (670–589 v. Chr.)

Ptolemaios I. war auch der Erste, der sich des Alexander-Mythos bediente. Er ließ den einbalsamierten Leichnam des größten Feldherrn aller Zeiten, der eigentlich in Alexanders Heimat Makedonien die letzte Ruhe finden sollte, nach Ägypten entführen.

Alexandria wurde zur Hauptstadt mit Tempeln und Palästen aus Marmor und rotem Granit. Die zwei sich kreuzenden, 30 Meter breiten Boulevards waren von Arkaden gesäumt, über die noch im 500 n. Chr. der Bischof Achilles Tatius schwärmte: »Von einem Ende der Straße bis zum anderen reihte sich eine Säule an die andere.« Das Gymnaseion soll mit seinen 180 Meter langen Säulenhallen das schönste Gebäude der Stadt gewesen sein. Das Museion war nicht nur Tempel der neun Musen, sondern zugleich auch Zentrum wissenschaftlicher Forschung und künstlerischer Kreativität. Hier ließen die Ptolemäer nicht nur zwei Jahrhunderte lang die wichtigsten Texte der damaligen Welt zusammentragen, sondern ließen beispielsweise auch Thorahandschriften ins Griechische übersetzen. Mit 500 000 bis 700 000 Papyrusrollen wurde die Bibliothek so umfangreich, dass Teile davon im Serapis-Tempel untergebracht werden mussten. Als ein Großteil der Bibliothek

Alexandria hatte im 3. Jahrhundert v. Chr. mindestens 500 000, vielleicht sogar eine Million Einwohner, sank bis zum 18. Jahrhundert auf Kleinstadtniveau herab, begann im 19. Jahrhundert wieder zu wachsen und ist heute mit vier bis fünf Millionen Einwohnern Ägyptens zweitgrößte Stadt.

■ Französische Taucher heben am 28. Oktober 1998 eine Sphinx-Statue aus dem Hafenbecken von Alexandria. Sechs Meter unter der Wasseroberfläche war das mehr als 2000 Jahre alte Fabelwesen geortet worden. Mit großer Wahrscheinlichkeit ist es dem Pharao Ptolemaios XII. gewidmet, dem Vater der Kleopatra.

Der römisch-jüdische Geschichtsschreiber Josephus Flavius berichtete, dass das Leuchtfeuer des Pharos 300 Stadien weit (rund 50 Kilometer) zu sehen sei.

Im 18. und 19. Jahrhundert wurde es zu einer Attraktion für betuchte Reisende, auf der Plattform der Pompeius-Säule ein Picknick abzuhalten.

während der Thronstreitigkeiten zwischen Kleopatra und Ptolemäus XIV. abbrannte, ging der wohl bedeutendste Wissensschatz der Antike unwiderbringlich verloren. Und hier in Alexandria soll auch der sagenumwobene prachtvolle Palast der Kleopatra gestanden haben, in dem nicht nur Julius Caesar, sondern auch Mark Anton Kleopatras Zauber und dem verschwenderischen Luxus ihrer Hofhaltung erlegen sein sollen.

In der multikulturellen Stadt, in der sich neben Griechen und Ägyptern auch Syrer, Libyer, Perser und Juden niedergelassen hatten, wurden neben ägyptischen auch griechische und orientalische Götter verehrt. Zum Schutzheiligen der Stadt avancierte der griechisch-ägyptische Gott Serapis, dessen Heiligtum im Südwesten der Stadt auf einer natürlichen Anhöhe thronte. Das rund 175 mal 75 Meter große Heiligtum beherbergte im Inneren eine Statue des Gottes mit seinem Begleiter, dem dreiköpfigen Hund Kerberos – gemeinsam bewachten sie das Tor zur Unterwelt. Alle vier Jahre veranstalteten die Herrscher, die Ptolemaia, ein großes ekstatisches Fest, bei dem auf einem Festwagen das Standbild des Rauschgottes Dionysos, eine der Erscheinungsformen von Serapis, durch die Straßen gezogen wurde. Außerdem ließen

■ Aus dem Meer geborgener Serapis-Kopf

ÜBERGOTT SERAPIS

Serapis war eine synkretische, also aus Vorstellungen verschiedener Religionen zusammengesetzte Gottheit. Er verschmolz in sich Elemente des griechischen Herrschergottes Zeus, des ägyptischen Totenreichgottes Osiris und seines griechischen Kollegen Hades sowie des Rauschgottes Dionysos.

sie 2000 Stiere schlachten und braten und Unmengen von Wein an die Bevölkerung verteilen. Überboten wurde dieser Pomp nur noch von den Palastanlagen der ptolemäischen Herrscher auf der Landzunge Lochias, die immer weiter ausgebaut wurden und schließlich ein Drittel des gesamten Stadtareals eingenommen haben sollen. Im angrenzenden Osthafen, einer von der Landzunge und der Insel Pharos gebildeten Lagune, lagen die Königsgaleeren mit bis zu 4000 Ruderern vor Anker, und über all dem strahlte das Feuer des legendären Leuchtturms von Pharos.

DER LEUCHTTURM

Der auf der Insel Pharos 283/82 v. Chr. errichtete legendäre Leuchtturm wurde ebenfalls Pharos genannt. Mit rund 130 Metern Höhe war er eines der höchsten Bauwerke der Antike und galt als eines der Sieben Weltwunder. Er bestand aus weißem Stein – Marmor oder Kalk – und war in drei Stufen erbaut, darauf thronte eine Zeus-Soter-Statue, Zeus als Retter. Der Turm war so stabil gebaut, dass er die Flutwelle von 365 v. Chr. überstand. Erst Erdbeben zwischen dem 8. und dem 14. Jahrhundert ließen ihn Stück für Stück einstürzen, bis er 1480 durch das Mameluckenfort Quait Bey ersetzt wurde.

Doch was ist von dieser antiken Pracht geblieben? Wenig, fast nichts. Eine gewaltige Flutwelle, vermutlich die Folge eines Seebebens, zerstörte am 21. Juli des Jahres 365 n. Chr. den gesamten Küstenstreifen des südöstlichen Mittelmeerraumes und riss einen Teil der Küstenscholle, auf der die Paläste standen, mit sich. Da der Meeresspiegel seitdem erhöht ist, befinden sich die Ruinen der Palast- und Hafenanlagen unter Wasser.

Was Erdbeben und die zahlreichen Eroberungen in den folgenden eineinhalb Jahrtausenden überstand, wurde im Laufe des 19. Jahrhunderts von der allmählich anwachsenden Stadt überbaut. Eine Ausnahme bildet der kleine Antikenpark rund um die so genannte Pompeius-Säule im Südwesten der Stadt. Doch der 30 Meter hohe Monolith aus Rosengranit war weder eine Ehrensäule für Pompeius noch für Diokletian, der Alexandria acht Monate belagerte und dann einnahm. Die Säule weist zwar eine Inschrift aus der Zeit Diokletians (284–305 n. Chr.) auf, weil sie zu dieser Zeit wieder aufgerichtet wurde. Doch eigentlich war sie Teil des Serapis-Heiligtums, das an dieser Stelle gelegen hatte, von dem aber nur noch Fundamentmauern und einzelne unterirdische Gewölbe erhalten sind.

In der Nähe des Antikenparks liegen die Katakomben vom Kom el-Schukafa, deren Gräber aus dem 1. und 2. Jahrhundert n. Chr. stammen und in denen sich griechische, altägyptische und römische

■ Rekonstruktion des Leuchtturms

Stilelemente mischen. Eindeutig ptolemäische Grabanlagen finden sich in der Anfuschi-Nekropole auf der Insel Pharos sowie unter der westlichen Ausfallstraße, wo erst 1997 die berühmte Nekropolis entdeckt wurde.

Viele sehen das eigentliche Erbe Alexanders des Großen und der Ptolemäer jedoch weniger in den antiken Ruinen als in den Menschen, die hier leben und mehr denn je Alexandrias Lebenswillen verkörpern – Kontinuität im Wandel. So glaubt der englische Reiseschriftsteller Anthony Sattin in den heutigen Alexandrinern eine Spur der glanzvollen Ptolemäer zu erkennen, »etwa in der Art und Weise, wie junge Alexandrinerinnen beim Gehen die Hüften schwingen oder in der Art und Weise, wie alte Männer mit Barett oder schwarzer Sonnenbrille an einem vorbei stolzieren«.

▪ Diese hervorragend erhaltene knapp zwei Meter hohe Granitstele mit einer Hieroglyphen-Inschrift aus dem Jahre 380 v. Chr. ist in der Bucht von Abukir aus dem Wasser gezogen worden.

Alexandria wird nicht umsonst auch »Stadt der Legenden« genannt. Das Verschwinden aller Bauwerke der glanzvollen Epoche regt seit dem 19. Jahrhundert die Phantasie und den Jagdeifer an – vor allem nach den drei berühmtesten Kultbauten: dem Alexander-Grab, dem Leuchtturm und dem Palast der Kleopatra. In den 1990er Jahren haben Taucher ein Areal mit Tausenden antiker Bauteilen, Säulen und Statuen im östlichen Hafenbecken entdeckt und die Funde teilweise geborgen. Sie vermuten nicht nur Teile des Leuchtturms und Artefakte der Paläste, sondern auch deren eigentliche Standorte gefunden zu haben, obwohl die Küstenlinie weitgehend zerstört wurde. Es sind seit jeher die Originalstandorte, von denen die größte Magie archäologischer Faszination ausgeht.

Immer wieder glauben Archäologen und Hobbyforscher, die Stelle des Alexander-Grabes gefunden zu haben. Bereits 140 Expeditionen suchten nach dem begehrtesten Grab der Geschichte, rund 300 Theorien über seine Lage wurden aufgestellt – überzeugende Beweise hat noch niemand vorgelegt. Das ist auch schwierig, denn es gibt keine verlässliche Ortsangabe, weil das Grab zuletzt im 4. Jahrhundert n. Chr. beschrieben wurde. Und so wird die chaotische und lärmende Fünf-Millionen-Metropole wohl der Ort der Träume sowie der wirkungsvollen Entdeckerinszenierungen bleiben.

PTOLEMÄER

Nach Alexanders Tod 323 v. Chr. teilten drei seiner Feldherren (Diadochen) das riesige Reich untereinander auf: Griechenland und Kleinasien fielen an Antigonos, Ägypten an Ptolemaios und das Ostgebiet an Seleukos. Ptolemaios I. begründete die Pharaonen-Dynastie der Ptolemäer (305 v. Chr.), die Jahrhunderte lang die Geschicke Ägyptens lenkten – bis sich die Römer Julius Caesar und Mark Anton in den Herrscherstreit zwischen Kleopatra VII. und ihrem Bruder und Ehemann Ptolemäus XIV. einmischten. Am Ende beging die letzte Pharaonin 30 v. Chr. Selbstmord, und Ägypten wurde zur römischen Provinz.

ALEXANDRIA

FORSCHUNGSGESCHICHTE

Nachdem Napoleon 1798 zu Beginn seines Ägyptenfeldzuges Alexandria erobert hatte, ließ er von Wissenschaftlern seines Trosses erkennbare Ruinen der hellenistischen Metropole zeichnen. Eine vorausschauende Tat, denn in den folgenden 100 Jahren wurde die antike Stadt vollständig überbaut. 1850 berichtete Ambrosius Schilizzi, er habe in einem verborgenen Gang unter der Nebi-Daniel-Moschee die Mumie Alexanders des Großen in einem gläsernen Sarg entdeckt. 1863 erstellte der ägyptische Kartograph Mahmud el-Falaki für den französischen Kaiser Napoleon III. einen Plan des alten Alexandria. Dazu ließ er an 200 Stellen kleine Suchgrabungen vornehmen. 1898/99 ergänzte der deutsche Ferdinand Noack den Plan um weitere Straßen; Noack gehörte zu der deutschen Ernst-von-Sieglin-Expedition. Das 1892 gegründete griechisch-römische Museum von Alexandria – bis 1952 von italienischen Archäologen geleitet – führte zahlreiche Notgrabungen durch. Dabei fand man auf dem römisch-katholischen Friedhof ein Grab aus dicken Alabasterplatten, das aus dem 3. Jh. v. Chr. stammt. Immer wieder wird es als Alexandergrab ausgegeben, doch es lag außerhalb der hellenistischen Stadt und widerspricht damit den Quellen und den damaligen Riten. Zwischen 1943 und 1945 grub der Engländer Alan Rowe im Heiligtum des Serapis; die einzigen Funde waren zehn Weihetafeln aus Gold, Silber und Bronze aus dem 3. Jh. v. Chr. Die Unterwasserarchäologie in Alexandria begann 1961. Der ägyptische Taucher Kamal Abou el-Saadat entdeckte Statuen im Hafenbecken und meldete dies den Behörden. Eine sieben Meter große Isis-Statue wurde geborgen. 30 Jahre später setzten zwei Franzosen die Bergungen fort – zunächst (1992–1994) gemeinsam, dann als Erzrivalen. Seit 1994 hat das Tauchteam von Jean-Yves Empereur vor der Hafenmole des Fort Quait Bey in 6 bis 8 Metern Tiefe ein Areal mit rund 3000 antiken Fundstücken geortet – darunter Säulen und Sphinxfiguren aus Rosengranit. Empereur behauptet, die Überreste des Pharos gefunden zu haben. Doch den historischen Berichten zufolge soll der Leuchtturm aus weißem Stein – Kalk oder Marmor – erbaut worden sein, und davon hat Empereur bisher nichts geborgen. In Sichtweite sucht Franck Goddio seit 1996 nach den Palästen der Ptolemäer. Mit aufwendiger Technik hat sein Team das östliche Hafenbecken vermessen und Karten des früheren Küstenverlaufs erstellt. 1996 verkündete Goddio, in dem Hafenbecken zwischen den antiken Artefakten in 6 Metern Tiefe den Palast der Kleopatra lokalisiert zu haben. Doch gegen diese Zuordnung gibt es erhebliche Einwände. 1997 sorgte der Zufall für eine bedeutende Entdeckung am anderen Ende der Stadt. Wo die neue Ausfallstraße gen Westen gebaut wurde, brach die Baggerschaufel durch den Boden. Zum Vorschein kam die westliche Nekropolis. Nicht im Hafenbecken, sondern im Stadtkern liegt die Zukunft der Archäologie in Alexandria. Da die alten Bürgerhäuser aus dem 19. Jh. marode werden und Neubauten weichen, bietet sich für die Archäologen die Chance, zwischen Abriss und Neubau Notgrabungen durchzuführen und so die hellenistische Stadt in ihren Grundmauern zu erforschen.

AUF DEN PUNKT GEBRACHT

Es fällt nicht leicht, im lauten und hektischen Alexandria unserer Tage den kläglichen Spuren der Antike nachzuspüren.

Lesenswert:

Günther Grimm: *Alexandria. Die erste Köngisstadt der hellenistischen Welt*, Mainz 1999

Laura Foremann: *Kleopatras versunkener Palast. Suche nach einer Legende*, München 2000

Egon Bauer: *Die Sieben Weltwunder. Archäologie und Mythos*, München 2001

Michael Wood: *Auf den Spuren Alexander des Großen*, Stuttgart 2002

Hörenswert:

Reinhard Kober, Matthias Morgenroth: *Nil – eine akustische Reise zwischen Abu Simbel und Alexandria*, CD 2001

Sehenswert:

Kleopatra. Regie: Jospeh L. Mankiewicz; mit Elizabeth Taylor, Richard Burton. USA 1963

Anklickenswert:

Homepage des Projektes von Franck Goddio: www.underwaterdiscovery.org/english/projects/alexandria/

Interview mit Jean-Yves Empereur und Bilder seiner Bergungsexpedition: www.pbs.org/wgbh/nova/sunken/empereur.html

Karthago
Archäologiepuzzle unter Villen (um 800 v. Chr. bis 698 n. Chr.)

▪ Karthago: Ruinen der punischen Siedlung unterhalb des Byrsa-Hügels

Der Villenvorort Carthage nordöstlich von Tunis vermittelt, abgesehen davon, dass die Villen hier weißer und die Bewohner dieses Diplomatenviertels diskreter sind als anderswo in Tunesien, ein unauffälliges Bild. Nur die großen Baugruben in abgezäunten Vorgärten und auf Brachflächen wollen nicht recht ins Bild passen. Erst wenn die Kolonnen klimatisierter Reisebusse eintreffen und die Touristenscharen aus Hammamet und Sousse sich wie ein Heuschreckenschwarm über das Gelände ergießen, wird klar, dass es sich um archäologische Stätten handelt. Denn unter den Kellern der Villen, an manchen Stellen sogar direkt unter der Grasnarbe, liegen – übereinander – die Ruinen zweier bedeutender antiker Städte: das punische Karthago und das römische Colonia Julia Concordia Carthago. Beinahe wären die Zeugnisse dieser sagenumwobenen Epochen für immer unter Asphalt und Beton ver-

GESCHICHTE KARTHAGOS

814 v. Chr. fand die legendäre Stadtgründung durch die phönizische Königstochter Elissa-Dido von Tyros statt. Im 7. und 6. Jahrhundert v. Chr. beherrschte Karthago mit seiner starken Kriegs- und Handelsflotte das westliche Mittelmeer und gründete Kolonien in Marokko, auf Sizilien und der Iberischen Halbinsel. Ab 509 v. Chr. gab es insgesamt vier Friedensverträge mit Rom, ab 264 v. Chr. fanden die drei Punischen Kriege statt. 146 v. Chr. wurde Karthago nach dreijähriger Belagerung durch die Römer erobert und zerstört. 44 v. Chr. veranlasste Julius Caesar die Gründung der Colonia Iulia Concordia Carthago. Im 1. Jahrhundert n. Chr. wurde Karthago Hauptstadt der neu organisierten römischen Provinz Africa. 170 n. Chr. wurde die lateinische Kirche Africas gegründet und im 3. Jahrhundert n. Chr. wurde Karthago zu einem Bischofssitz. Von 374 bis 383 lehrte Augustinus in Karthago. Im Jahre 429 wurde die Stadt von den Vandalen und 698 von den Arabern erobert und zerstört.

schwunden. Denn seit dem Ende des Zweiten Weltkrieges breitete sich der Nobelvorort mit zunehmendem Tempo aus – direkt auf dem Gelände des historischen Karthago: vom Strand des Golfes von Tunis bis hinauf zum Byrsa-Hügel, der von der sandsteinfarbenen St.-Louis-Kathedrale aus der Kolonialzeit überragt wird. Erst nach der UNESCO-Aktion »Rettet Karthago« wird der Ort seit 1975 als archäologische Stätte gesetzlich geschützt, seither herrschen strenge Bauvorschriften. Zwar dürfen alte durch neue Wohnhäuser ersetzt werden, die Errichtung zusätzlicher Gebäude jedoch ist verboten. Weil die Schutzmaßnahmen so spät einsetzten, bleiben den Archäologen häufig nicht mehr als Vorgärten und kleine Brachflächen als Grabungsareale, die flickenteppichartig über das Stadtgebiet verstreut liegen und die Suche nach dem antiken Karthago auf eigene Faust zu einem spannenden Detektivabenteuer werden lassen.

Das größte und beeindruckendste Areal, bevorzugtes Ziel der Touristenbusse, sind die direkt an der Bucht gelegenen Thermen des Antonius Pius, die in einen archäologischen Park integriert wurden. Das um 160 n. Chr. mit 18 000

■ Mächtige Gewölbe der Thermen des Antonius Pius

»Wenn jemand Karthago jeden Tag besichtigen würde, stieße er jedesmal auf ein neues Wunder, das er vorher noch nicht bemerkt hatte. Selbst wenn alle Bewohner Nordafrikas mit vereinten Kräften die Marmorblöcke wegtransportieren wollten, würden sie niemals damit fertig werden.«
El-Bekri, arabischer Chronist und Geograph, im 11. Jahrhundert

PUNISCHE KRIEGE

Trotz vieler Freundschaftsverträge zwischen 509 und 278 v. Chr. kamen sich die beiden expandierenden Mächte Rom und Karthago Ende des 3. Jh. v. Chr. immer häufiger in die Quere, bis 264 v. Chr. der erste Punische Krieg ausbrach. Er dauerte zwanzig Jahre und endete mit einem entscheidenden Sieg der römischen Flotte 241 v. Chr. Karthago verlor Sizilien. Bereits 218 v. Chr. brach der zweite Punische Krieg aus. Nach der sagenumwobenen Überquerung der Alpen mit den berühmten Kriegselefanten und nach mehreren gewonnenen Schlachten marschierte Hannibal im Jahre 216 v. Chr. mit seinem punischen Heer auf die Tore Roms zu. Der Dauerkonflikt mit Rom schien sich zugunsten der Karthager zu entscheiden. Doch auf dem Höhepunkt seiner militärischen Erfolge wurde Hannibal nicht mehr von seiner Heimatstadt unterstützt. In den folgenden Jahren wandelte sich das Kriegsglück – die Punier wurden 202 v. Chr. in einer Entscheidungsschlacht vom Feldherrn Scipio Africanus Major geschlagen. Doch auch nach seiner zweiten Niederlage erlebte Karthago keinen wirtschaftlichen Zusammenbruch, womit sich die Römer nicht abfinden konnten. »Im übrigen gehört Karthago vernichtet ...«, mit dieser rhetorischen Wendung endete jede Rede Catos. In einem dritten Feldzug belagerten die Römer die punische Hauptstadt drei Jahre lang und eroberten sie schließlich 146 v. Chr. Die Mauern und Gebäude Karthagos wurden zerstört, der Boden mit Salz unfruchtbar gemacht und das gesamte Areal mit einem Bann belegt.

■ Eine in Karthago gefundene Goldmünze mit einem eingeprägten Pferd, um 310–270 v. Chr.

Quadratmetern größte Bade- und Kulturzentrum seiner Zeit ist so gewaltig, dass sich selbst die heutigen Touristenscharen zwischen den imposanten Fundamentmauern aus römischem Beton und Ziegeln verlieren. Einzelne Marmorsäulen sind auf Mauerstümpfen wieder zu ihrer schwindelerregenden Originalhöhe von bis zu 30 Metern über dem Bodenniveau aufgetürmt worden. Die nördliche Thermengrenze ist schwer bewacht, da sich auf dem direkt angrenzenden Hügel der Palast des Staatspräsidenten befindet. Von der Aura sagenumwobener Macht wollen anscheinend auch heutige Staatsführer profitieren.

Westlich der Thermen bieten die Wege des archäologischen Parks einen Querschnitt durch die Geschichte Karthagos mit Resten eines römischen Villenviertels, der Schola mit ihren gut erhaltenen Mosaiken, in den Park verlegten

■ Archäologische Ausgrabungen auf dem Byrsa Hügel; im Hintergrund die Kathedrale St. Louis

unterirdischen Grabkapellen aus dem 7. Jahrhundert und den Fundamenten der fünfschiffigen Basilika von Douimes aus dem 6. Jahrhundert. Sie war über den Großteil einer punischen Nekropole gebaut, von der nur noch vereinzelte Grabstelen zu sehen sind, die einzigen Zeugnisse aus Hannibals Zeit. Auch die weiter westlich, jenseits der Durchgangsstraße, liegenden römischen Repräsentativbauten wurden über punischen Gräbern errichtet. Das Theater aus dem 2. Jahrhundert n. Chr. fasste 5000 Besucher, nördlich grenzen das Odeion und Fundamente römischer Villen an. Gut erhalten sind die weiter westlich liegenden Zisternen, die das Wasser speicherten, das über ein 132 Kilometer langes Aquädukt aus den Bergen von Zaghouan hierher transportiert wurde. Südwestlich der Zisternen liegen die Überreste des Amphitheaters aus dem 1./2. Jahrhundert n. Chr. und des Stadions.

Die meisten Besucher verlassen Karthago wieder, ohne die eigentlichen Beweise für die punische Stadt gesehen zu haben, obwohl ihnen Karthago vor allem durch Hannibal und Gustave Flauberts Roman *Salambo* bekannt ist. Die entscheidenden Nachweise, dass an diesem Ort nicht nur das römisch-byzantinische, sondern auch das punische Karthago lag, sind nur in den kleinen archäologischen Arealen zu finden, wie dem Quartier Magon, das in dem an die Thermen des Antonius angrenzenden Stadtteil Carthage-Hannibal liegt.

Direkt am Meer, im Vorgarten der griechischen Botschaft, hat

■ Gräberfeld Thophet, das offensichtlich in römischer Zeit mit einem Gewölbe überbaut wurde

das Deutsche Archäologische Institut einen Teil der punischen Festungsmauer mit vorgebauten Wellenbrechern freigelegt. Gleich hinter der Mauer erstreckten sich punische Häuserblocks: exakt angelegt – eine Art sozialer Wohnungsbau für gehobene Kreise. Bis in die archaische Zeit, also ins 8. Jahrhundert v. Chr., hinein lassen sich die Bebauungen zurückverfolgen. Was heute nur noch als Fundament im Boden existiert, lässt sich im Grabungshaus als Modell bestaunen – kein Publikumsmagnet, sondern etwas für Geschichtskenner. Bei den Grabungen auf dem zentral gelegenen Byrsa-Hügel bestand wenig Hoffnung, auf punische Bebauungs-

DIE KINDERGRÄBER

Es wirkte so, als habe Gustave Flaubert in seinem Roman *Salambo* die Wahrheit geschildert: »Die erzenen Arme arbeiteten rascher und bald ohne Unterbrechung. Jedesmal, wenn man ein Kind darauf legte, streckten die Molochpriester die Hand darüber aus, um es mit den Freveltaten des Volkes zu belasten, und schrien: ›Das sind keine Menschen, sondern Ochsen!‹, und die Menge ringsherum wiederholte ›Ochsen! Ochsen!‹ Die Gläubigen riefen: ›Herr verzehre sie!‹« Diese Darstellung ist natürlich von der Forschung wiederlegt, die Erklärung für die Existenz der Kindernekropole ist einfach: Die Göttin Tanit, deren Abbildung sich auf vielen Grabstelen findet, diente als Schutzgöttin verstorbener Früh- und Neugeborener, die noch nicht als volle Mitglieder der Gemeinschaft angesehen wurden und daher in einem gesonderten heiligen Bezirk bestattet wurden.

reste zu stoßen. Denn die Römer hatten, um eine größere Bebauungsfläche zu erhalten, die einstige Architektur auf dem Hügel vollständig eingeebnet. Doch beim Abtragen der riesigen Schuttberge stießen die Archäologen nicht nur auf punische Keramikscherben und Unmengen fußballgroßer, steinerner Katapultkugeln, die von kriegerischen Zeiten zeugen. In acht Metern Tiefe legten die Archäologen auch Grundmauern der punischen Bebauung frei, die heute besichtigt werden können: Wohnblöcke für eine homogene Bevölkerungsgruppe wie Angehörige der Beamten-, Offiziers- oder Priesterschicht. Die Gebäude waren an die Gegebenheiten des Geländes angepasst und verraten eine großangelegte Stadtplanung.

Von hier, im Schatten der überragenden Kathedrale St. Louis, hat der Besucher einen guten Blick auf die Bucht mit dem Areal des einstigen großen karthagischen Doppelhafens. Karthagos Reichtum gründete sich auf den Seehandel, der durch eine mächtige Kriegsflotte geschützt wurde. Der Hafen dokumentiert diese Bedeutung noch heute. Während der Handelshafen in einem Rechteck angelegt war, bestand der Kriegshafen aus einem ringförmigen Hafenbecken, das an den Ufern vollständig von Wartungs- und Unterbringungshallen umgeben war. Den Mittelpunkt bildet eine Rundinsel – hier lassen sich freigelegte punische Rampen besichtigen. Mittlerweile können die Wissenschaftler sogar die Architektur der Schiffshäuser rekonstruieren.

Im angrenzenden Stadtteil Carthage-Salammbô lässt sich ein weiterer Schauplatz punischer Geschichte erkunden, das Gräberfeld Tophet. Seine Grabstelen werden im Frühjahr lieblich von vielen Blumen umrankt, dabei werden die Gräber als Zeugnisse eines grausamen Details der karthagischen Kultur herangezogen. Bei der Entdeckung der Nekropole 1922 wurden in den Gräbern Skelette geborgen, die von Kleinstkindern stammten. Die von Flaubert in seinem Roman *Salambo* aufgegriffene Überlieferung, wonach die Karthager Kinder dem Gott Moloch opferten, schien sich zu bestätigen.

■ Teile der punischen Hafenanlage, die in einen militärischen und einen zivilen Bereich unterteilt war.

■ Das romantisch anmutende punische Gräberfeld Thophet: Lange wurde vermutet, dass hier Kindsopfer begraben lägen.

Ob Flauberts Schilderungen nun Phantasie oder historische Realität sind – wie so häufig kümmern sich die Menschen wenig darum. Flauberts Roman *Salambo* hat Karthago im 19. Jahrhundert wieder berühmt gemacht – Grund genug, den Stadtteil, in dem sich die punische Kultstätte befand, danach zu benennen. Tatsächlich ist jedoch weniger von der punischen Religion bekannt, als allgemein angenommen wird. Und nicht nur davon – nach fast 30 Jahren Grabungen hat die antike Stadt längst noch nicht all ihre Geheimnisse preisgegeben. Die große Unbekannte bildet noch immer das Stadtforum des punisch-römischen Karthago. Jeder, der in die Ortsmitte zurückgeht, kann Entdecker spielen, denn irgendwo zwischen dem alten Kriegshafen und dem heutigen Supermarkt muss es gelegen haben. In dem betreffenden Gebiet gibt es noch einige große Freigelände, die sich für Suchgrabungen eignen würden, dafür fehlt es bisher jedoch an Forschungsgeldern.

KARTHAGO

FORSCHUNGSGESCHICHTE

698 – nach der Eroberung durch die Araber – wurde Karthago endgültig aufgegeben. Eine der größten Städte der Antike verschwand in den folgenden elf Jahrhunderten fast vollkommen von der Erdoberfläche, auch weil aus den Trümmern in großem Stil Marmorblöcke herausgebrochen wurden. Ein Großteil wurde in das Osmanische Reich exportiert, um Moscheen und Paläste zu verzieren. Aber auch das Abendland, das in seinen Büchern des einstigen Weltreiches gedachte, ließ dessen Überreste bedenkenlos plündern. Andrea Doria, der Admiral von Karl V., bediente sich in exzessiver Form des Marmors, der von seiner Flotte abtransportiert wurde. Diese Marmorblöcke gelangten bis ins englische Canterbury oder wurden zum Bau der Kathedralen von Pisa und Genua verwendet. Was an Kunstwerken aus punischer, römischer und frühchristlicher Zeit geborgen wurde, gelangte über Umwege in die Museen von Wien, Leiden, Madrid, London, Marseille und Krakau. Während die steinernen Überreste weiter schrumpften, wurde die Idee einer karthagischen Archäologie geboren. Ab Mitte des 19. Jahrhunderts gruben hier Diplomaten, Geistliche und Gelehrte. Dabei wurde viel spekuliert, und Zweifel, ob die Ruinen nordöstlich von Tunis tatsächlich die Überreste des punischen Karthagos seien, verstummten nie ganz. Tatsächlich war bis vor wenigen Jahren die Beweislage dürftig: So stammten die mächtigen Ruinen wie das Amphitheater, das Aquädukt und die Thermen doch aus römischer Zeit. Zwischen 1880 und 1920 förderten die Archäologen verschiedenste Gräber aus punischer Zeit zutage. Doch Friedhöfe werden in der Regel am Rande von Siedlungen errichtet. Nach dem Zweiten Weltkrieg wurden die Thermen des Antonius Pius freigelegt und 1953 der Archäologische Park angelegt. Beinahe hätte in der folgenden Zeit der Villenvorort Carthage das Zentrum des untergegangenen Karthagos völlig unter sich begraben, doch der damalige tunesische Antikendirektor Azedine Beschauouch organisierte die Aktion »Rettet Karthago«. Auf Initiative der UNESCO arbeiten sich seit 1975 Archäologenteams aus aller Welt in Vorgärten und auf Brachflächen zum Karthago Hannibals vor. Über 600 Experten aus zehn Ländern haben sich in den letzten drei Jahrzehnten daran beteiligt, das antike Karthago mit seinen drei Epochen wieder frei zu legen. So haben britische Archäologen den karthagischen Doppelhafen eingehend erforscht; punische Siedlungsreste auf dem Byrsa-Hügel wurden von französischen Archäologen frei gelegt. Und im Herzen der einstigen Metropole haben deutsche Archäologen auf Freiflächen Teile der einstigen punischen Metropole entdeckt, darunter Überreste eines punischen Tempels.

EMPFEHLUNGEN

Lesenswert:

Gustave Flaubert: *Salambo*, Frankfurt/Main 1979

Werner Huß: *Geschichte der Karthager*, München 1985,

Winfried Ellinger: *Karthago. Stadt der Punier, Römer, Christen*, Stuttgart 1990

Friedrich Rakob (Hg.): *Karthago. Die deutschen Ausgrabungen in Karthago*, Mainz 1991

Azedine Beschauouch: *Karthago*, Ravensburg 1994

Sehenswert:

Salambo. Regie: Sergio Grieco; mit Jeanne Valérie, Edmund Purdon, Jacques Sernas. I/F 1959

Anklickenswert:

Informationen und Links zu Phöniziern und Karthago: www.lateinforum.de/altetr.htm

AUF DEN PUNKT GEBRACHT

Spannende Spurensuche für Besucher mit etwas Detektivsinn.

Lehmbau-Moscheen von Timbuktu und Djenne

Zivilisation am Rande der Welt (um 1100 n. Chr. bis heute)

Mauern, Häuser, Paläste und Moscheen aus braunem Lehm – dort wo die gefräßigen Sanddünen der Sahara im Südwesten enden, wo sich der breite, trübe Niger durch karge Steppen und Wüsten frisst, wo die Salzkarawanen aus dem Norden und die Goldkarawanen aus dem Süden endeten, dort im westafrikanischen Mali dominieren bis heute Lehmbauten das Bild vieler Städte. Im Jahre 1988 wurden die Lehmbau-Moscheen und -Mausoleen von Timbuktu sowie die Moschee von Djenne als herausragende Beispiele traditioneller Lehmbauweise zum UNESCO-Weltkulturerbe ernannt.

Heute wird wieder verstärkt mit Lehm gebaut. So entstanden in Ägypten das Kuppelgebäude des Desert Research Instituts, in Indien ein zweigeschossiges Kongresszentrum und in der Nähe von Hannover ein Kindergartenzentrum – sämtlich aus Lehm.

Timbuktu – der Name hatte im Abendland Jahrhunderte lang geradezu mythische Bedeutung. die Gründe hierfür reichen bis ins 14. Jahrhundert zurück. Kankan Musan, der Herrscher von Mali, pilgerte 1324 über Kairo nach Mekka. Während seines Aufenthaltes in Kairo verschenkte er so viel Gold, dass venezianische Kaufleute, die dies sahen, nur annehmen konnten, in Mali müsse es Gold im Überfluss geben, und schnell verbreitete sich das Gerücht in ganz Europa: Hinter den Ozeanen aus Sand befände sich eine Stadt mit großen Palästen, deren Dächer aus purem Gold seien – dort im hintersten Afrika läge »Eldorado«. Doch die ersten Europäer, die das geheimnisumwitterte Timbuktu erreichten, waren schlicht enttäuscht: Statt Gold erwartete sie nur Lehm. So schildert es der Franzose René Caillié, der als Moslem verkleidet und unter schwierigsten Bedingungen 1828 schließlich Timbuktu erreichte: »Das Betreten der geheimnisvollen Stadt, die Gegenstand der Neugier und des Forschens der zivilisierten Nationen Europas ist, war mir eine unbeschreibliche Genugtuung. Als ich nun jedoch um mich schaute, bot die Stadt nichts weiter als eine Ansammlung schäbiger Lehmhäuser.«

■ An einem Brunnen wie diesem in Fangasso, unweit von Djenne, werden Lehmziegel in Gemeinschaftsarbeit hergestellt.

Die Enttäuschung, keine Stadt mit Dächern aus purem Gold vorgefunden zu haben, ist wohl verständlich, doch ob die Lehmbau-Moscheen von Timbuktu wirklich schäbig zu nennen sind, ist eine andere Frage. Der

Lehmbaustil hat nicht nur eine lange Tradition, sondern auch seine eigene Ästhetik, die heute wieder geschätzt wird. Die sich nach oben verjüngenden Türme der Umfassungsmauer der aus dem 14. Jahrhundert stammenden Djinger-ber-Moschee in Timbuktu erinnern an Termitenhügel, und die Sankore-Moschee fällt durch ihr viereckiges Minarett auf. Am eindrucksvollsten ist jedoch die Moschee von Djenne mit ihren drei zur Marktseite hin

■ Blick über den Marktplatz auf die Lehmbaumoschee in Djenne

LEHM ALS BAUSTOFF

Die Kunst, mit Lehm Häuser zu bauen, ist mehr als 9000 Jahre alt. In Turkestan sind Häuser aus der Zeit von 8000 bis 6000 v. Chr., in Assyrien aus der Zeit um 5000 v. Chr. nachgewiesen, die aus Stampflehm errichtet wurde. Die sudanesische Lehmbaumethode verwendet getrocknete Lehmziegel, die größere Gestaltungsmöglichkeiten bieten. Wie tragfähig derartige Bauwerke sein können, beweist das sechsgeschossige Minarett der Moschee im südjemenitischen Tarim: Der 38 Meter hohe Turm besteht ausschließlich aus Lehmziegeln. Auch heute noch lebt rund ein Drittel der Weltbevölkerung in traditionell gebauten Lehmhäusern, in »Dritte-Welt-Ländern« meist mehr als die Hälfte der Bevölkerung.

Die Rückseite der Lehmbaumoschee Sankore in Timbuktu

errichteten Minaretten, die in gestufter Bauweise 20 Meter in die Höhe ragen. Alle Moscheen weisen charakteristische »Stacheln« auf, nach außen durchragende Hölzer der Stützkonstruktion, die bei Ausbesserungsarbeiten als Klettergerüst dienen, denn die traditionelle Lehmbauweise erfordert, dass die ungeschützten Außenwände nach jeder Regenzeit erneuert werden. Die Bewohner der Gegend pflegen dies singend in Gemeinschaftsarbeit zu tun.

Während die Moschee von Djenne Anfang des 20. Jahrhunderts nach dem Vorbild ihrer Vorgängerin aus dem 12. Jahrhundert neu

LEHMBAUFORSCHUNG

Dank neuer Forschung gilt Lehm auch in den nördlichen Breiten wieder als hochwertiger Baustoff, obwohl er nicht durch industrielle Maßnahmen veredelt wird. Am Kasseler Forschungslabor für Experimentelles Bauen werden unter der Leitung von Gernot Minke seit 25 Jahren die Eigenschaften des Lehms erforscht und verbesserte Baumethoden für Industrie- und Entwicklungsländer entwickelt. In armen Regionen bietet sich Lehm sozusagen von selbst für den Bau an, in reichen Ländern reizt das gute Innenraumklima, denn Lehm reguliert Feuchtigkeit und Wärme auf natürliche Weise und schirmt zuverlässig gegen Strahlungen ab.

errichtet wurde, scheinen die Moscheen in Timbuktu noch aus dem 14. und 15. Jahrhundert zu stammen. Angesichts der ständigen Ausbesserungsarbeiten drängt sich eine grundsätzliche Frage auf: Was macht denn eigentlich das Original aus? Ist es das ursprüngliche Baumaterial oder aber die Form und die dahinter stehende Idee? Auf die Lehmbau-Moscheen bezogen, fällt die Antwort leicht, weil in ihrem Fall die Idee schon immer über die Flüchtigkeit des Materials triumphierte. Doch nicht die Lehmbauten bringen seit Jahrhunderten den Namen Timbuktu zum Leuchten, sondern die Projektionen Fremder auf die unerreichbar scheinende Stadt, die lange Zeit für Nicht-Muslime verboten war, was ihren Reiz nur noch verstärkt und ihren Mythos weiter genährt hat.

Der deutsche Forschungsreisende Heinrich Barth, der Sahara, Niger und Timbuktu 25 Jahre nach dem Franzosen Caillié erkundete, äußerte sich in seiner Korrespondenz nach London noch weniger diplomatisch: »Ich erwarte geduldig die Stunde meiner Abreise, die hoffentlich nicht in allzu weiter Ferne liegt.« Nur notgedrungen blieb er vier Monate in der Stadt. Die in dieser Zeit von ihm angefertigten Zeichnungen geben ein recht realistisches Bild von Timbuktu wieder. Aber auch moderne Timbuktu-Pilger sind desillusioniert beim Anblick der gräulich-braunen Tristesse der Stadt und der Agonie ihrer Bewohner. Folgendes notierte die englische Weltreisende per Fahrrad, Bettina Selby: »In den Straßen türmt sich der Sand und droht sie vollends zu verschlucken. Die Wohnstätten von Caillié und Barth, mit schwarzen Gedenktafeln ausgezeichnet, waren nur noch glotzende Gerippe, die Moscheen weder groß noch eindrucksvoll und in einem jämmerlichen Zustand, und in den Hausreihen gähnen Löcher.«

Während der »Mythos Timbuktu« gedieh, hatte Timbuktus Glanzzeit tatsächlich nur ein knappes Jahrhundert umspannt. Bei der Rückkehr von seiner Pilgerreise nach Mekka 1325 hatte Kankan Musan noch den Bau mehrerer Moscheen, auch den der Djinger-ber-Mo-

■ Teilansicht der Ostfassade der Moschee in Djenne mit ihrem stacheligen »Dauergerüst« für die jährlichen Renovierungsarbeiten des Außenputzes

■ Ostfassade der Moschee in Djenne

■ Lehmbaumoschee Djingere Ber in Timbuktu

schee in Timbuktu, angeordnet, doch sein Reich zerfiel schon in den folgenden Jahren, denn mangelnde Niederschläge ließen das Land verdorren. Timbuktu überlebte als Stadt lediglich in seiner Funktion als Zentrum islamischer Geistlichkeit und als Lagerplatz der Wüstenkarawanen. »Salz kommt aus dem Norden, Gold aus dem Süden und Silber aus dem Land des weißen Mannes, aber das Wort Gottes und die Schätze der Weisheit sind nur in Timbuktu zu finden«, heißt es in einem sudanesischen Sprichwort. Als eines der Zentren islamischer Gelehrsamkeit soll Timbuktu im 16. Jahrhundert 180 Koranschulen mit 20 000 Studenten beherbergt haben. Doch der Transsaharahandel ging im Laufe der Zeit zurück, und Timbuktu, abseits der großen Verkehrswege, geriet in Vergessenheit. Gerade deshalb wurde Timbuktu im 19. und 20. Jahrhundert zum Ziel von Entdeckern und Abenteurern aus dem weit entfernten Europa. Timbuktu mit seinen Lehmbauten, die an eine längst vergangene Epoche erinnern, ist zum Inbegriff geworden für den äußersten Rand der bewohnten Erde, der auch in unserer technisierten Welt nur unter Schwierigkeiten zu erreichen ist.

ISLAM IN WESTAFRIKA

Der Islam wurde im 11. Jahrhundert von Nomaden und Händlern aus Nordafrika quer durch die Sahara in die Gebiete Westafrikas gebracht. Hier, an den südlichen Endpunkten des Transsaharahandels, entstanden in den folgenden Jahrhunderten die islamischen Königreiche von Gana, Mali und Songhai, die vom Salz- und Goldhandel profitierten. Im Alltag bildete sich eine westafrikanische Form des Islam heraus, in die traditionelle animistische Riten und alte Bräuche (Brautpreis, Verwandtschaftsregelungen) integriert wurden. Heute leben in vielen Gegenden Westafrikas Muslime, Christen und Anhänger traditioneller afrikanischer Religionen friedlich auf engem Raum zusammen.

LEHMBAU-MOSCHEEN VON TIMBUKTU UND DJENNE

STADTGESCHICHTE

Gegründet wurde Timbuktu vermutlich um 1000 als Lagerplatz der Tuareg. Den Niger entlang lebte zu dieser Zeit das Volk der Malinke in kleinen, vom Islam beeinflussten Stämmen und beutete Goldvorkommen aus. In der ersten Hälfte des 13. Jahrhunderts wehrten sich die Malinke unter der Führung von Sandiata Keita erfolgreich gegen nichtislamische Eindringlinge. Keita gründete daraufhin das Königreich Mali. Bis Mitte des 14. Jahrhunderts währte die erste Blütezeit Timbuktus unter den Malinke. Im Jahre 1325 begann der Bau der Großen Moschee (Djinger-ber). 1353 besuchte der arabische Weltreisende Ibn Battuta die Stadt; er rühmte die Frömmigkeit der Malier. 1434 eroberten Tuareg Timbuktu. Im 16. Jahrhundert erlebte Timbuktu eine erneue Blütezeit unter der Askia-Dynastie des Songhai-Reiches und entwickelte sich zu einem Zentrum islamischer Gelehrsamkeit. 180 Koranschulen mit 20 000 Studenten soll es gegeben haben. 1592 eroberten Marokkaner unter Führung des Feldherrn Djuder Mali und Timbuktu. Sie verloren den Kontakt zum Mutterland und übten eine Schreckensherrschaft aus. Bis 1750 hatte Timbuktu über 100 unterschiedliche Militärherrscher. 1795 und 1805 versuchte der Schotte Mungo Park auf dem Niger nach Timbuktu zu gelangen – er näherte sich der Stadt auf dem Niger bis auf 15 Kilometer. 1826 erreichte als erster Europäer der Schotte Alexander Gordon Laing Timbuktu, wurde jedoch auf der Rückreise ermordet. Erst dem Franzosen René Caillié gelang es 1828, Timbuktu zu sehen und nach Europa zurückzukehren. 1853/54 durchquerte der deutsche Forschungsreisende Heinrich Barth die Sahara und legte einen längeren Studienaufenthalt in Timbuktu ein. 1894 wurde Timbuktu von den Franzosen besetzt. Kolonialismus und die Entwicklung der seit 1960 unabhängigen Republik Mali gingen an Timbuktu vorbei. 1988 wurden Moscheen, Mausoleen und Friedhöfe von Timbuktu sowie Wohnhäuser und die Große Moschee in Djenne zum UNESCO-Weltkulturerbe ernannt.

WISSENSWERTES

Lehm

In einem deutsch-syrischen Projekt unter Leitung der Erfurter Bauforscherin Christel Nehring wird an verbesserten Konservierungsmethoden für historische Lehmsteinmauerwerke geforscht, denn einmal freigelegt, drohen sie zu zerfallen. Zunächst wurde die Zusammensetzung des Lehms analysiert und die Lehmsteine auf ihre Beständigkeit und Festigkeit getestet. Je höher der Tonmineralgehalt, desto bindefreudiger, je höher der Kalk- und Gipsanteil, desto beständiger ist der Lehm. Die untersuchten assyrischen Lehmziegel wiesen niedrige Mineralwerte auf, sind also sehr beständig.

EMPFEHLUNGEN

Lesenswert:

Heinrich Barth: *Reisen und Entdeckungen in Nord- und Centralafrika (1849–1855)*, erstmals 1857 erschienen

Mungo Park: *Reisen ins Innere Afrikas (1795–1806)*, Tübingen 1974

Rudolf Fischer: *Gold, Salz und Sklaven. Die Geschichte der großen Sudanreiche Gana, Mali und Songhai*, Oberdorf/Schweiz 1991

T. Coraghessan Boyle: *Wassermusik*, Reinbeck bei Hamburg 1990

Bettina Selby: *Timbuktu*, München 1992

Gernot Minke, *Das neue Lehmbau-Handbuch*, Staufen bei Freiburg 2001

Sehenswert:

360°-GEO-Reportage: *Timbuktu*, von Nicolas Brown, 2001, Video

AUF DEN PUNKT GEBRACHT

Timbuktu bietet noch immer eine faszinierende Lehmbau-Welt, doch ihr mythischer Glanz nährt sich vor allem aus den Legenden um diese Stadt.

Gandhara
Buddas Lächeln begann am Hindukusch (um 300 v. Chr. bis 500 n. Chr.)

»Mir kam folgender Gedanke: Ich werde Aufrufe zur moralischen Lebensführung erlassen, und ich werde Belehrungen über das moralische Gesetz veranlassen. Wenn die Menschen dies hören, werden sie freudig gehorchen, werden sich aufraffen und werden durch Vervollkommnung ihres sittlichen Lebenswandels große Fortschritte machen.«
Inschrift Ashokas

Buddhas Wille soll es gewesen sein, nur symbolisch – so als Lotusblüte, das Symbol der Reinheit, und als Stupa, das Symbol des Weltenberges – dargestellt zu werden. Doch in Gandhara schufen Künstler im 3. Jahrhundert n. Chr. zum ersten Mal das lächelnde Antlitz Buddhas, das seitdem verbindlich für die gesamte buddhistische Kunst ist.

Gandhara liegt am zentralasiatischen Hindukusch, wo sich seit dem 3. Jahrhundert v. Chr. der südliche Zweig der Seidenstraße entlang zieht. Das Kerngebiet Gandharas liegt im oberen Industal, dem heutigen nördlichen Pakistan, und erstreckt sich über die Pässe des Hindukusch bis ins nordwestlich gelegene Baktrien, dem heutigen nördlichen Afghanistan. Hier entstanden sagenumwobene Städte wie Baktra (Balkh), das alexandrinische Ai Khanoum und Taxila, deren einstiger Reichtum die Legendenbildung beflügelte. Und hier entwickelte sich nach rund 700 Jahren der Verschmelzung persischer, griechischer, indischer, chinesischer und skythischer Kulturelemente der Buddhismus zu einer Hochkultur, die neben zahlreichen Klöstern das zentrale Heiligtum der Buddhisten, die glockenförmige Stupa sowie die ersten Buddhastatuen weltweit hervorbrachte.

Doch der Verschmelzungsprozess vollzog sich nicht etwa durch friedlichen Handel und kulturelle Verständigung, sondern in Ge-

▪ Ein Gandhara Buddha ziert den Sockel der Stuka in Jaulian im Gebiet von Taxila.

BUDDHA

Gautama Buddha wurde vermutlich im 6. Jh. v. Chr. in Nordindien als Prinz geboren, entsagte dem weltlichen Leben und fand nach asketischen Irrwegen die Erleuchtung durch Mäßigung. Statt des Geheimwissens der Brahmanen und aufwendiger Opferriten lehrte er einen Weg, der jeden durch rechte Erkenntnis und rechtes Handeln zur Erlösung führen soll: Wissen, dass alles Leben Leiden ist und alles Leiden den Begierden entspringt, gleichzeitig Güte gegenüber allen Lebewesen und eine beständige Klärung des Bewusstseins durch Meditation.

■ Grundmauern von Sirkap

stalt von Eroberungen, Unterwerfungen und Vernichtungen. Bis in das 6. Jahrhundert v. Chr. erstreckte sich im oberen Industal ein eigenständiges Königreich mit der Hauptstadt Bhir Mound. 518 v. Chr. eroberte zunächst der Perserkönig Dareios der Große das Gebiet, knapp zwei Jahrhunderte später nahm Alexander der Große Baktrien und Gandhara auf seinem Feldzug gen Indien ein. Er ließ mehrere Städte errichten, darunter Ai Khanoum am Oberlauf des Oxus und Alexandria Begram am Fuße des Hindukusch, wo er verdiente Veteranen ansiedelte und damit den Keim für die indogriechischen Königreiche der folgenden Jahrhunderte legte. Doch bereits 305 v. Chr. verzichteten die Seleukiden auf die Region des oberen Industals zugunsten des Maurya-Reiches.

Bereits Buddhas Lieblingsschüler Ananda soll in der Region von Gandhara gelehrt haben. Doch nachweisen lassen sich buddhistische Einflüsse erst ab der Mitte des 4. Jahrhunderts v. Chr., in der Zeit des Maurya-Reiches (330–150 v. Chr.). Besonders der legendäre Maurya-König Ashoka hat sich für die Verbreitung der neuen Lehre eingesetzt. Zunächst ein gefürchteter Feldherr, konvertierte er zum Buddhismus und unterwies mit öffentlichen Inschriften auch seine Untertanen darin. Noch heute sind drei Felsblöcke mit Ashokas Edikten in der Nähe von Mansehra direkt am Karakorum-Highway zu sehen; sie gelten als älteste erhaltene Schriftzeugnisse des gesamten indischen Subkontinentes. Auch die Dharmaarajika-Stupa in Taxila wird in die Maurya-Zeit datiert.

■ Kolossaler aus dem Fels gemeißelter Buddha Sakyamuni im Gilgit-Tal

Nach dem Zusammenbruch dieses nordindischen Reiches wechselten sich indogriechische Könige mit Nomadenvölkern, den Nachfolgern der Skythen, in der Herrschaft ab, bis die Yuezhi (Tocharer) – von den Hunnen aus den nördlichen Steppen verdrängt – sich für längere Zeit als Herrscherdynastie etablieren konnten. Das von ihnen gegründete Kushana-Reich, das von Baktrien bis nach Nordindien reichte, verschaffte der Region mehrere Jahrhunderte des Friedens und des Handels. Und in dieser Zeit relativer Sicherheit – im Osten regierten die Chinesen und im Westen die Parther – entstand der bedeutendste Fernhandelsweg der Weltgeschichte: die Seidenstraße. Nicht nur Waren und religiöse Ideen – sowohl buddhistische als auch christliche – wurden

■ Der Felsen von Bamiyan. In der 38 Meter hohen Nische sieht man einen der zwei in den Fels gehauenen Riesenbuddhas, die die Taliban im März 2001 gesprengt haben.

ausgetauscht, sondern auch künstlerische Stilrichtungen. Besonders der Kushana-Herrscher Kanisha (232–260 n. Chr.) tat sich als Mäzen der Religion und der Kunst hervor.

Ein unbekannter Künstler hatte Buddha mit den Gesichtszügen des griechischen Gottes Apollon ausgestattet und damit eine Welle künstlerischen Schaffens ausgelöst. Denn die Steinmetze von Gandhara formten in der Folgezeit das bis heute gängige Buddhabild: Buddha mit gelocktem Haar und im griechischem Faltengewand, mit den Mudras, seinen symbolischen Handgesten, den langen Ohren und dem dritten Auge. Neben unzähligen Münzen und vielen Statuen, die in den vergangenen zwei Jahrhunderten am Hindukusch geborgen oder schlicht geraubt wurden, erzählen vor allem die Ruinen des im 1. Jahrhundert v. Chr. gegründeten Klosters von Takht-I-Bahi von der Gandhara-Kultur. Die Stupas dieses Klosters waren mit zahlreichen Flachreliefs ausgeschmückt, die das Leben Buddhas und seinen Eintritt in das Nirvana darstellen.

Am berühmtesten wurde das Tal von Bamiyan durch seine zwei monumentalen, in den Fels geschlagenen Buddhastatuen und durch die zahlreichen kleinen und großen Heiligtümer, die buddhistische Mönchsorden über Jahrhunderte hinweg in die Steilwände geschlagen hatten. Die Buddhastatuen, 35 und 53 Meter hoch, waren vollkommen vergoldet, sodass der chinesische Pilger Xuanzang noch 623, nachdem das Kushan-Reich längst Vergangenheit war, begeistert notierte: »Die güldenen Farben schimmern in alle Richtungen, und das Funkeln der kostbaren Ornamente blendet das Auge.« Diese Pracht blieb auch erhalten, als der Islam und der wieder erstarkte Hinduismus ab dem 10. Jahrhundert in Gandhara den Buddhismus ablösten. Erst spät begannen muslimische Fundamentalisten damit, die vorislamische Kunst zu zerstören – ihren Höhepunkt erreichte die Zerstörungswut im März 2001, als fundamentalistische Taliban die Buddha-Statuen von Bamiyan sprengten.

Ob die Zeit nun für ein friedliches Miteinander reif ist und die noch unentdeckten Schätze der Gandhara-Kultur freigelegt werden können, bleibt abzuwarten.

SEIDENSTRASSE

Ende des 2. Jahrhunderts v. Chr. schuf der chinesische Kaiser Wu mit der Erschließung Westchinas die Voraussetzungen für den Warenaustausch zwischen der Mittelmeerregion und dem Fernen Osten. Der schier endlose Bedarf an Luxusgütern in Rom und Alexandria – Seide, Gewürze und Schmuck – sorgte für hohe Gewinne. Die Route der Seidenstraße verlief vom zentralchinesischen Xi'an westlich nach Dunhuang, südlich und nördlich der Wüste Takla-Makan nach Kashgar, von dort über Samarkand und Buchara zu den östlichen Mittelmeerländern. Der südliche Ausläufer führte von Kashgar über Balkh nach Taxila. Die längste Zeit wurde von Stadt zu Stadt gehandelt, erst ab dem 7. Jahrhundert n. Chr. legten große Karawanen den gesamten Weg zurück.

GANDHARA

FORSCHUNGSGESCHICHTE

Nachdem der Buddhismus mehr als zwölf Jahrhunderte lang das kulturelle Leben in Gandhara bestimmte, eroberte im 10. Jh. der Islam die Region. Zunächst wurde der Buddhismus toleriert. Ob Marco Polo als erster Europäer der Neuzeit im 13. Jh. auf dem Weg nach China tatsächlich durch Zentralasien reiste, ist heute umstritten. In der zweiten Hälfte des 19. Jh. begannen Forscher und Militärs, sich für den äußersten Westen Chinas sowie für den Norden Indiens und Turkestan zu interessieren. Der Russe Nikolaj M. Przevalskij führte ab 1870 vier Forschungsexpeditionen unter anderem auch nach Zentralasien durch, der Schwede Sven Hedin ab 1895 drei waghalsige Expeditionen zur und durch die Takla-Makan. Die erste archäologische Expedition unternahm Aurel Stein 1900 nach Chinesisch-Turkestan. Der in Ungarn geborene, in Deutschland ausgebildete und für Großbritannien arbeitende Archäologe erbeutete in den Ruinen von Karadong, Dandanoilik und Niya zahlreiche Funde, die er dem British Museum übergab. 1902/03 führte der deutsche Indologe Albert Grünwedel eine Expedition nach Ostturkestan und Turfan durch, die zweite und dritte von 1904 bis 1907 ins alte Königreich Kucha. Systematische Grabungen wurden erst möglich, als 1922 eine entsprechende, 30 Jahre gültige Vereinbarung zwischen der französischen Regierung und dem König von Afghanistan, Amanullah Kahn, unterzeichnet wurde. Daraufhin gründete Alfred Foucher die Délégation archéologique franco-afghane. 1923/24 wurde zunächst in Begram, dann in Balkh und der näheren Umgebung gegraben. Politische Krisen unterbanden die archäologischen Arbeiten dort bis 1936. Unterdessen reiste eine Expedition 1931 von Beirut nach Afghanistan zu den Buddhastatuen von Bamiyan, wo Alexandre Iacovleff akrobatische Kletterkünste vollführte, um die Fresken an den Buddhaköpfen zu kopieren. Die französischen Archäologen verfolgten bei ihrer Forschung vor allem eine Idee: den griechischen Ursprung des Stiles der Buddhafiguren nachzuweisen. Der griechische Einfluss wird inzwischen allgemein akzeptiert, doch die Frage der Initialzündung ist noch nicht geklärt. So weisen in jüngster Zeit Indologen auf die Ähnlichkeit der figürlichen Darstellung von Buddha mit derjenigen eines Wald- und Wassergottes in Sandstein aus der Region von Mathura (Nordindien) hin. 1931 wurde das Museum von Kabul eröffnet, das bis zur Machtübernahme der Taliban einen großen Teil der Gandhara-Kunst beherbergte. Erst 1961 entdeckten Archäologen das von Alexander gegründete und im 1. Jh. n. Chr. niedergegangene Ai Khanoum am Oberlauf des Oxus wieder. Seit Ende der 1970er Jahre wurden die antiken Stätten durch den Krieg gegen die UdSSR, die Bürgerkriegszeit und das Talibanregime stark in Mitleidenschaft gezogen. Außerdem besserten viele Warlords ihre Kriegskassen nicht nur mit Drogenhandel, sondern auch mit Raubgrabungen auf. International operierende Händler bieten ihre Raubschätze heute ganz offen über das Internet an. Nach dem Sturz des Talibanregimes werden die Museen und archäologischen Einrichtungen wieder in Betrieb genommen. Es wird auch darüber diskutiert, ob die Buddhastatuen von Bamiyan, die im März 2001 von den Taliban gesprengt wurden, wieder aufgebaut werden sollen. Zur Zeit jedoch suchen Archäologen nach einer dritten Buddhastatue, die sicher in der Erde vergraben liegen soll.

AUF DEN PUNKT GEBRACHT

Eine faszinierende Bergwelt, die uns zugleich abstößt und anzieht und die für Kulturreisende hoffentlich bald wieder erreichbar sein wird.

WISSENSWERTES

Taxila

Die drei antiken Stadtanlagen im Gebiet des heutigen Taxila (Nordpakistan) sind seit 1980 UNESCO-Weltkulturerbe: Bhir Mound aus dem 6. Jahrhundert v. Chr., das schachbrettartig gebaute Sirkap des 2. Jahrhunderts v. Chr. und Sirsukh aus der Kuschan-Zeit im 2. Jahrhundert n. Chr.

EMPFEHLUNGEN

Lesenswert:

Bruno Baumann: *Abenteuer Seidenstraße – Auf den Spuren alter Karawanenwege*, München 1998

Marianne Yaldiz: *Magische Götterwelten – Werke aus dem Museum für Indische Kunst*, Berlin 2000

Bérénice Geoffroy-Schneiter: *Gandhara – Das kulturelle Erbe Afghanistans*, München 2002

Vijayanagar/Hampi

Versunkenes Hindureich (1336 bis 1565 n. Chr.)

»Hier leben nur Tiger und andere wilde Tiere.«
Cesare Federici, 1567

Das Areal im Hinterland von Goa sieht aus wie die größte göttliche Baustelle der Welt, die von ihren indischen Göttern plötzlich verlassen wurde. Die umliegenden Hügel bestehen aus Ansammlungen riesiger grau-brauner Granitblöcke, die den Baustoff für die zahlreichen Tempel und Paläste lieferten, die unvollendet in der Landschaft verstreut liegen.

Auf 26 Quadratkilometern erstrecken sich im zentralindischen Bundesstaat Karnataka die Überreste der einstigen Hauptstadt eines südindischen Großreiches: Vijayanagar. Früh morgens oder am späten Nachmittag lohnt sich der beschwerliche Aufstieg auf den rund einen Kilometer östlich vom heutigen Zentrum, dem Dorf Hampi, gelegenen Hügel Malyavanta besonders. Vom kleinen Rama-Tempel, der auf dem Gipfel steht, hat der Besucher einen guten Überblick über Vijayanagar, das einst so groß war, dass man Troia oder Olympia darin unauffindbar hätte verschwinden lassen können. Im Norden schlängelt sich der Fluss Tungabhadra am Areal der ehemaligen Stadt vorbei und bildet eine natürliche Grenze. Richtung Süden und Südwesten wurden mehrere kleine Hügel in das Stadtareal miteinbezogen. So ist es

■ Die Bazaar und Virupaksha Tempel sind von wilder Felslandschaft umgeben.

■ Blick durch das Tor des Tiruvengalanatha Tempels

kein Wunder, dass die Stadt im 16. Jahrhundert von dem Portugiesen Domingo Paes mit Rom verglichen wurde.

Der Legende nach wurde Vijayanagar 1327 von den beiden adeligen Feldherren und Brüdern Harihara und Bukka gegründet. Sie waren in die Gefangenschaft des muslimischen Sultans von Delhi geraten, warfen in seinen Diensten einen Aufstand in Südindien nieder und gründeten dort ihr unabhängiges Königreich. Eine Mischung aus militärischem Drill und frei florierendem Handel mit Baumwolle, Edelsteinen und Gewürzen bescherte dem Reich und der Stadt innerhalb weniger Jahrzehnte einen immensen Reichtum, der sich unter anderem in der Stiftung zahlloser Tempel niederschlug. Zu Füßen des Hügels liegen die Fundamente des Mitte des 16. Jahrhunderts gebauten Achuta-Raya-Tempels, der dem Gott Tiruvengalanatha geweiht war, eine der tausend Gestalten Vishnus. Der Schrein für Vishnu ist von zwei konzentrischen Mauern mit umlaufenden Kolonnaden umgrenzt. Wie die Tempel genau ausgesehen haben, zeigt der weiter nordöstlich liegende, kunstgeschichtlich bedeutende Vitthala-Swami-Tempel, der in gelungener Weise restauriert worden ist. Das im ersten Drittel des 16. Jahrhunderts errichtete Bauwerk ist auf einer Fläche von 165 mal 100 Metern von einer Umfassungsmauer umgeben, an deren Innenseite eine Wandelhalle verläuft, die von drei Granitpfeilerreihen getragen wird. Im gesamten Tempel wird die Besonderheit des Vijayanagar-Stils deutlich: viereckige, schlanke Säulen, aus deren hartem Granit filigrane Ornamente, Tiergestalten wie Elefanten, Löwen und

Vijayanagars Leistung ist, dass es den Hinduismus in einer Zeit bewahrte, als er in großer Gefahr war. Das erste Mal in der Geschichte gab es eine einheitliche südindische Kraft, und ihre Kunst schaffte es, die Einflüsse und Traditionen der beteiligten Provinzen nicht nur zu bündeln, sondern auch zu einer neuen Blüte weiterzuentwickeln.

N. S. Ramaswami

Fabelwesen (eine Mischung aus Delphinen und Krokodilen) sowie zierliche Rundsäulen herausgearbeitet wurden. Im Hauptschrein, einem quadratischen Säulensaal (Mandapa), wird der Avatar Vitthala verehrt, eine der Inkarnationen Vishnus.

Die Nebenschreine und kleine kreuzförmig angelegte Bauten sind ganz aus Granit errichtet, darunter der Schrein in Form eines Prozessionswagens. Seine Vorbilder, die hölzernen haushohen Prozessionswagen, werden zu Festen noch immer in fast allen indischen Tempelstädten eingesetzt. Auch in Vijayanagar ziehen die Gläubigen alljährlich im Februar einen solchen mit Blumen und Girlanden geschmückten Koloss durch die alte Prozessionsstraße, die vom Vitthala-Swami-Tempel zum rund drei Kilometer weiter südlich gelegenen königlichen Zentrum führt. Die Straße säumen halbverfallene Pfeilerhallen, in denen Kleinbauern hausen. Vom einstigen Zentrum Vijayanagars, dessen Repräsentationsbauten, die Wohngebäude des Königs und seines Anhangs sowie Tempel von sieben Stadtmauern umgeben waren, sind größtenteils nur Ruinen erhalten. Ausnahmen bilden zahlreiche Wohngebäude wie das Zenana, einst Wohnbereich der Frauen, und das so genannte Bad der Königin, ein von außen unauffälliger Bau, der ein 15 mal 15 Meter großes Wasserbecken mit umlaufenden Korridoren beherbergt; seine Stuckornamentik verrät islamischen Einfluss. Nach Westen hin erstreckt sich eine großflächige, in drei Stufen ansteigende Plattform, Mahanavami Dibba genannt. Hier stand einst der prunkvolle, mehrgeschossige Holzpavillon, in dem König Krishnadeva Raya Paraden beiwohnte und Feste abhielt. Imponierend muss auch die weiter westlich gelegene Audienzhalle gewirkt haben, denn ihr verbliebenes steinernes Fundament zeigt, dass es einmal eine 100-Säulen-Halle trug.

■ Narashima, die 6,70 Meter hohe Statue, verkörpert Vishnu als Mann-Löwe.

»Die Stadt hat so viele Einwohner, dass ich keine Zahl nennen möchte, weil ich befürchten müsste, dass man sie für erdichtet hält.«
Domingo Paes, 1503

Vijayanagar war eine Stadt der Sinne; künstliche Bäche plätscherten überall, Gärten mit Obst-, Zitronen- und Orangenbäumen durchzogen die Stadt. »Ohne Rosen können die Leute nicht leben, sie sind so nötig wie das Essen«, urteilte der persische Bot-

■ Die meisten großen Tempel Südindiens halten einen Hauselefanten; diese Inkarnation Ganeshas segnet die Besucher nach einer kleinen Gabe.

schafter Abdu'r-Razzaq im 15. Jahrhundert. In den Basaren wurden Perlen, Smaragde und Diamanten verkauft. Hunderte von Musikern unterhielten die riesige Bevölkerung, die sich gemeinsam mit den Elefanten durch die engen Gassen schob, wie Domingo Paes berichtet. Elefanten waren nicht nur als Kriegstiere unverzichtbar, sie galten auch als Repräsentanten königlicher Macht und Würde. Deshalb wird der nördlich gelegene, längliche Gebäudekomplex als Behausung der Staatselefanten gedeutet, dessen hohe Räume mit Kuppeldächern und bogenförmigen Eingängen den Elefanten als Ställe dienten. Elefanten begegnet der Besucher auch auf dem weiteren Rundgang, wenn er den Heiligen Bezirk im Norden betritt. Am Fuße des Hemakuti-Felsens stehen zwei Elefantenskulpturen, die 2,40 und 4,50 Meter hohen Granitfiguren stellen Ganesha dar, den gutmütigen Elefantengott. In ihrer Monumentalität werden sie noch überboten vom nicht weit davon entfernt ruhenden Narashima – Vishnu als grimmiger Mann-Löwe. Die 6,7 Meter hohe

■ Nach dem Vorbild der hölzernen Prozessionswagen wurde dieser Schrein im Vitthala-Tempel gefertigt.

GANESHA

Tempelelefanten, die überall in südindischen Heiligtümern anzutreffen sind, stellen für die Gläubigen die Inkarnation des elefantenköpfigen Gottes Ganesha dar. Der Sohn des allmächtigen, aber auch maßlosen Gottes Shiva gilt als gutmütig und wird besonders in Südindien als Beseitiger von Hindernissen sowie als Erfolgsbringer verehrt.

■ Die monolithischen Pfeiler des Vitthala-Tempels wie zum Beispiel dieses sich aufbäumende Pferd dokumentieren die Meisterschaft der Handwerker Hampis.

Skulptur, die 1528 aus einem einzigen Granitblock gehauen wurde, demonstriert das technische Können der Steinmetze von Vijayanagar.

Am Ende der Prozessionsstraße steht der besterhaltene, bis heute als Kultstätte genutzte Virupakscha-Tempel. Die weithin sichtbaren vier Eingangstore, darunter das 52 Meter hohe, neungeschossige Osttor, führen in einen von Kolonnaden umgebenen Hof, in dem sich hinter mehreren Hallen das Heiligtum verbirgt. Der Tempel symbolisiert die Verschmelzung des lokalen Glaubens mit dem hinduistischen. Vor Shiva wurde hier die lokale Göttin Pampa, eine Personifizierung des Flusses Tungabhadra, verehrt. Pampa verliebte sich in Shiva-Virupakscha – die Hochzeit der beiden wird jedes Jahr mit einem großen Fest gefeiert, bei dem Tausende Hindus anreisen und die großen Wagen die Prozessionsstraße entlang ziehen.

Vijayanagar – die meisten Menschen außerhalb Indiens kennen nicht einmal ihren Namen. Wie konnte eine Stadt, so groß und so reich, von vielen Kaufleuten als unglaublich üppig beschrieben, so einfach verschwinden, so vollständig in Vergessenheit geraten? Nachdem die Allianz der Großmoguln am 25. Januar 1565 die entscheidende Schlacht gegen das Heer von Vijayanagar gewonnen hatte, floh die Bevölkerung, und es folgten wochenlange Plünderungen, bei denen die Muslime ihre Zerstörungswut an den heidnischen Tempeln ausließen. Doch in den Herzen der gläubigen Hindus blieb die Ruinenstätte dank ihrer heiligen Plätze bis heute lebendig.

AVATARE

Anders als der Gott im Judentum, Islam und Teilen des Christentums, von dem man sich kein Bild machen soll, erscheinen die hinduistischen Götter in Tausenden von Gestalten, Avatare genannt, in der Welt. So inkarniert beispielsweise Vishnu in zehn Erscheinungsformen: Rama, Krishna, Buddha, Kalkin, Parashurama, Zwerg, Mann-Löwe, Eber, Fisch und Schildkröte.

VIJAYANAGAR/HAMPI

FORSCHUNGSGESCHICHTE

Vijayanagar wurde 1565 systematisch zerstört und blieb – mit Ausnahme des Virupaksha-Tempels – über 300 Jahre der Erosion ausgesetzt. Seit 1981 wird das Stadtgebiet Areal für Areal von Archäologen freigelegt, erforscht und restauriert. Das 26 Quadratkilometer umfassende Stadtgebiet bildet das größte Tätigkeitsfeld der indischen Archäologen, die hier, wie in Indien üblich, mit einfachstem Werkzeug und viel Menschenkraft arbeiten. Die Restaurierung des Vitthala-Swami-Tempels gilt als besonders gelungen, da die zahlreichen dort befindlichen Skulptursäulen wieder einen Eindruck vom einstigen Vijayanagar-Stil vermitteln. Forschungsschwerpunkt der letzten Jahre bildete unter anderem das königliche Zentrum. Nordwestlich des Mahanavami Dibba wurde eine unterirdische Kammer aus grünem Chloritkalk freigelegt; ob sie den Staatsschatz barg oder die Funktion eines Schreines hatte, ist unklar. Nahe der Audienzhalle wurde ein Wasserbecken mit verzierten Treppenfluchten freigelegt, das von steinernen Wasserleitungen versorgt wurde. Immer wieder stoßen die Archäologen auf das verzweigte Wasserversorgungsnetz, das ganz aus Stein gefertigt war. Es wird noch lange dauern, bis alle Teile von Vijayanagar erforscht und restauriert sind. Derweilen entwirren Historiker und Indologen die Rolle dieses Großreiches in der indischen Geschichte des 14. bis 16. Jh. Die vereinfachte Darstellung »Muslime gegen Hindus« trifft den Kern der Geschehnisse nicht vollständig. Mit dem Vordringen islamischer Feldherrn aus Afghanistan nach Nordindien um 1000 setzte eine Dynamisierung der indischen Geschichte ein. Nach anfänglichen reinen Beutezügen errichtete 1206 der Feldherr Qutbuddin Aibak das Sultanat Delhi, einen Militärfeudalstaat. Der Sultan verfügte über schlagkräftige Kavallerietruppen aus Militärsklaven, deren Kommandanten er das eroberte Land zuwies, aus dem sie dann Grundsteuern bezogen. Umstritten ist, ob die legendären Gründer Vijayanagars Harihara und Bukka historische Gestalten sind, doch der Kern der Geschichte ist wahr. Dem aggressiven System der muslimischen Sultane konnte sich das um 1346 gegründete Reich von Vijayanagar lediglich deshalb widersetzten, weil es deren soziales System des Militärfeudalismus kopierte. Da die Stärke der Kavallerietruppen in den zahlreichen Schlachten entscheidend war und gute Kriegspferde in Indien Mangelware, unterhielt Vijayanagar intensive Handelskontakte nach Persien, um von dort arabische Pferde zu bekommen. Außerdem setzte das Hindureich schon Mitte des 14. Jh. Kanonen auf dem Schlachtfeld ein. Im 16. Jh. waren es jedoch vor allem die miteinander konkurrierenden Großmoguln, die die Technik der Feldartillerie weiter vorantrieben. Als sie sich gegen Vijayanagar zusammenschlossen, hatte das Hindureich keine Chancen mehr. 1986 wurde Vijayanagar zum UNESCO-Weltkulturerbe ernannt. Seit den 1990er Jahren hat ein großer Besucherstrom aus dem Ferienparadies Goa eingesetzt, die notwendigen Maßnahmen zum Schutz des Areals lassen noch auf sich warten.

EMPFEHLUNGEN

Lesenswert:

Petra Haubold, Günter Heil: *Süd-Indien*, Köln 1996

N.S. Ramaswami: *Tempels of South India*, Bangalore 1998

Gordon Johnson: *Indien – Bildatlas der Weltkulturen*, Augsburg 1998

Henri Stierlin: *Hinduistisches Indien*, Köln 1999

Besuchenswert:

Das Prozessionswagenfest im Februar und das Hampi-Fest im November in Vijayanager

AUF DEN PUNKT GEBRACHT

Anstrengende Wanderungen in exotischer Landschaft verbinden sich hier mit echten Entdeckerfreuden in weitgehend einsamen Ruinenfeldern.

Mamallapuram (Mahabalipuram)

Indischer Tempel-Lehrpfad (600 bis 900 n. Chr.)

■ Der ganze Kosmos mit Göttern, Menschen und der Tierwelt wurde symbolisch in diesem 32 Meter langen Felsenrelief verewigt.

Indien ist das Land der heiligen Stätten schlechthin: von der heiligen Stadt Varanasi am Ganges bis hinunter zu dem das halbe Stadtzentrum umfassenden Minakshi-Tempel im südindischen Madurai. Doch ein Ort ragt in seiner Bedeutung als antike Stätte aus all den Heiligtümern heraus, weil er wie ein Freilichtmuseum der Anfänge hinduistischer Tempelgeschichte wirkt: die sakralen Bauwerke von Mamallapuram, auch Mahabalipuram genannt, an der Ostküste Südindiens, 60 km südlich von Madras. Sie gehören zu den ältesten hinduistischen Heiligtümern und wurden in der Zeit des Pallava-Reiches zwischen 600 und 900 n. Chr. errichtet.

Hier lässt sich die Entstehung der indischen Tempelarchitektur Schritt für Schritt nachvollziehen – von ersten Felsenreliefs über aus dem Fels gehauene, monolithische Tempel bis hin zum berühmten aus einzelnen Blöcken errichteten Strandtempel. Noch heute schafft das weithin hallende Klopfen und Schlagen der tra-

HINDUISMUS

Das Wort Hindu stammt aus dem alten Persien und bezeichnete die Menschen, die im Land des Flusses Indus lebten. Erst als sich ab dem 8. Jahrhundert auch Muslime in Indien ansiedelten,bekam der Begriff eine religiöse Komponente. Dabei ist der Hinduismus keine geschlossene Religion wie das Christentum oder der Islam, sondern wurzelt in einem Gewirr aus lokalen und tradierten Göttern, Erzählungen und Ritualen. Primär ist der Hinduismus eine soziologische Bezeichnung des Lebens innerhalb der Kasten, das von zahlreichen Religionen bestimmt ist.

ditionsverhafteten Steinmetze an den Straßenrändern eine der Zeit entrückte Atmosphäre.

Unter Hinduismus, so definiert die indische Verfassung, sind alle Religionen zu verstehen, die auf dem indischen Subkontinent entstanden – folglich auch der Buddhismus und der Jainismus.

Eine Kette von Felsenhügeln, die den Ort der Länge nach durchzieht, ist übersät mit Tempelhöhlen, die über und über verziert sind mit aus dem Granitfels geschlagenen Säulen und Götterskulpturen. Ganz im Süden stößt der Besucher auf fünf monolithische »Tempelmodelle«. Vier von ihnen stehen in einer Reihe und so dicht nebeneinander, wie es die Granitfelsen, aus denen sie geschlagen wurden, eben zuließen. Sie werden Rathas genannt, da die großen hinduistischen Prozessionswagen zusammen mit den früheren Holztempeln offenbar Vorbild für diese ersten Steintempel waren. Sie entstanden alle im 7. Jahrhundert, wobei sie eine von Norden nach Süden komplizierter werdende Architektur aufweisen. Der einfachste, Draupadi-Ratha, ist Shivas Gefährtin Durga geweiht und hat einen quadratischen Grundriss. Seine Tür wird von zwei Nischen flankiert, die mit Skulpturen weiblicher Gottheiten geschmückt sind, und mit seinem gewölbten Dach ahmt er eine Hütte nach, die mit Palmblättern gedeckt ist. Der benachbarte, ebenfalls quadratische Arjuna-Ratha hat bereits eine komplizierte, pyramidenförmige Dacharchitektur. Die beiden Dachgeschosse tragen Miniaturhäuser, die die Wohnsitze der Götter auf dem kosmischen Berg Meru symbolisieren. Sie erwecken den Eindruck einer »Modellwerkstatt«, da sie nicht, was bei der hinduistischen Religion absolut ungewöhnlich ist, nach ir-

■ Ansicht des exponiert gelegenen Küstentempels, dem so genannten Strand-Tempel, aus dem 8. Jahrhundert

■ Archäologische Ausgrabungen im Umfeld des Strandtempels

gendeiner religiösen Ordnung ausgerichtet wurden. Trotzdem kommen täglich fromme Hindus hierher und opfern Schalen voller Obst und Reis. Dass die Schalen sogleich von Affenhorden, die den Platz in Besitz genommen haben, geplündert werden, stört niemanden.

Der sich anschließende Bhima-Ratha ist langgestreckt und mit einem Tonnendach versehen. Er wurde offensichtlich den buddhistischen Versammlungshallen nachempfunden. Die Seitenwände werden von tragenden Säulen gebildet, das zweigeschossige Dach besteht aus einer umlaufenden Miniaturhausreihe und dem sich darüber erhebenden Satteldach. Der abschließende Dharmaraja-Ratha ist eine dreigeschossige Weiterentwicklung des quadratischen Arjuna-Rathas mit pyramidenförmigem Dach.

SHIVA

Aus dem zerstörerischen und unnahbaren Vedengott Rudra wurde Shiva. Er gilt den Hindus als mächtigster und zugleich ambivalenter Gott. Shiva vereint in sich alles Leben in allen Einzelheiten in jedem Augenblick. Er ist der Retter, der das tödliche Gift trank, das die Welt vernichten sollte, und er ist der Zecher und Dämon, dessen Tanz die Welt zerstört. Gleichzeitig ist er Asket und ausschweifender Liebhaber – wegen einer seiner Liebschaften traf ihn der Fluch, in Form eines Lingam, eines Phallus, verehrt zu werden.

»Die westlichen Philosophien lassen die Haare ausfallen und verkürzen das Leben. Die östliche Philosophie lässt das Haar wachsen und verlängert das Leben.« Henri Michaux, *Ein Barbar auf Reisen*

Rathas und Felsenfriese zählen zur frühesten Hindubaukunst, denn der Hinduismus in seiner heutigen Gestalt ist das Produkt einer überstandenen Krise. Im Vedischen Zeitalter (1500–500 v. Chr.) – benannt nach Epen wie der Rigveda – wurden Naturkräfte als Götter personifiziert und verehrt, wie beispielsweise Indra, Gott des Regens und des Donners, oder Agni, Gott des heiligen Feuers. Es gab ausschließlich hölzerne Tempelbauten, und die zentralen rituellen Opfer wurden zum Monopol der Brahmanen – nur sie kannten die magischen Riten und konnten die heiligen Sanskritschriften lesen und auslegen. Beinahe hätten der Buddhismus, der einen jedermann offenen Weg der Erkenntnis lehrt, und der Askese predigende Jainismus um die Zeitenwende die vedischen Lehren ganz abgelöst. Doch die Inder benötigten starke und zugängliche Götter. Im 1. bis 5. Jahrhundert kristallisierte sich allmählich ein neuer Kult um zwei Gottheiten heraus: Krishna, als Welterschaffer mit dem vedischen Gott Vishnu gleichgesetzt, und der allwissende und ambivalente Shiva dominierten – vereint mit Lokalgöttern – spätestens im 8. Jahrhundert das religiöse Leben in Indien.

»Der zunehmende Naturalismus der indischen Kunst im 20. Jahrhundert verwandelt die antiken Hindu-Ikonen in puppenähnliche Gegenstände.« V. S. Naipaul

Dieser neue Kosmos findet sich auf dem großen und zugleich großartigen Felsenrelief wieder, das in die östliche Steilwand des Felsenhügels geschlagen wurde, 14 Meter hoch und 32 Meter lang. Das Relief muss von innen nach außen gelesen werden: In der Mitte findet sich eine Felsspalte, durch die auch Wasser geleitet werden kann. Sie stellt den himmlischen Strom Ganga mit den darin lebenden Schlangengöttern dar. An den beiden Ufern wimmelt es nur so von Göttern, unter denen sich die Tiere auf der rechten Seite tummeln, dazwischen zwei überlebensgroße Elefanten und die Menschen auf der linken. In der Mitte – als Verbindung der Welten – schaut Gott Brahma aus einem Tempel, vor dem ein Heiliger in Meditation versunken kniet.

Den abschließenden Höhepunkt eines jeden Mamallapuram-Besuches bildet der direkt am Meer errichtete Strand-Tempel – auch wenn seine Fundamentsteine nicht mehr bei Flut romantisch von der Brandung umspült werden, weil er mittlerweile durch einen Damm geschützt wird. Seine Lage bleibt einzigartig. Außer-

■ Auch heute noch sind die Steinmetze vom Mamallapuram Meister ihres Faches.

■ Nandis, Stierfiguren als Inkarnation von Shiva, säumen die Eingangshalle zum Strandtempel.

dem ist er nicht nur eines der frühesten Zeugnisse des Überganges vom monolithischen Felsentempel zum freistehenden, aus einzelnen Sandsteinblöcken errichteten Tempel, sondern darüber hinaus wurde die Gestaltung seines Tempelturmes als Symbol für den Götterberg Meru Vorbild für die meisten hinduistischen Tempelbauten in ganz Südostasien. Die Anlage wird von einer niedrigen Kultmauer eingefasst, auf der sich Nandis aneinander reihen – Stierfiguren als Inkarnation von Shiva, dem auch der Hauptschrein gewidmet ist. Davor wurden zwei weitere Schreine mit eigenen, kleineren Tempeltürmen errichtet. Sie beherbergen eine Vishnu-Statue und einen Lingam, das Phallussymbol Shivas. Ein weiterer Lingam ist im Haupttempel so aufgestellt, dass er durch eine Öffnung nach Osten jeden Morgen von der aufgehenden Sonne mit neuer Energie aufgeladen wird.

Indien erlebte viele andersgläubige Herrscher und Eroberer – islamische Maharadschas, christliche Portugiesen, Holländer und Briten –; sie konnten jedoch weder den Tempeln und Friesen von Mamallapuram noch dem unerschütterlichen Glauben des indischen Volkes an seine hinduistischen Götter etwas anhaben.

SIGIRIYA

WISSENSWERTES

Die andere Geschichte Sigiriyas

Der singhalesische Gelehrte Senarath Paranavitana vermutet, dass die offizielle Geschichtsschreibung über Sigiriya in der *Mahavansa* im 15. Jh. formuliert wurde und die authentischen Aufzeichnungen verdrängt hat. Aus den Schriften von Ananda-Sthavira hat Paranavitana eine ganz andere Darstellung der Ereignisse rekonstruiert. Demnach war Sigiriya keine Fluchtburg, sondern das Traumschloss Kashyapas und seines Vaters, König Dhatusenas. Als Kashyapa im Streben nach dem eitlen Herrschertitel Bodhirajaya gegen den javanischen König Kundya unterlag, legten ihm Gelehrte nahe, einen Palast in den Wolken zu bauen, um sich Bergkönig nennen zu können. Tatsächlich war Kashyapa der Erstgeborene, Moggallana der Zweitgeborene – nicht umgekehrt. Und auch der Verrat wurde nicht von Kashyapa und dem General Migara begonnen, sondern vom Vater Dhatusena. Denn dieser verlieh dem Zweitgeborenen den von Kashyapa erkämpften Herrschertitel Yuvaraja und schickte seinen Erstgeborenen stattdessen in eine hoffnungslose Schlacht gegen den indischen General Migara. Doch Migara und Kashyapa verständigten sich, und nach sieben Monaten des Exils kehrte Kashyapa nach Sri Lanka zurück und vernichtete gemeinsam mit Migara das Heer des Vaters, der daraufhin freiwillig aus dem Leben schied. Der vom Vater bereits begonnene Palast in den Wolken wurde von Kashyapa vollendet. Zur Finanzierung ließ er auf Rat eines Gelehrten eine Münze prägen, die ihn als Kubera, Gott des Reichtums, bezeichnete. Das weckte Missgunst bei den buddhistischen Priestern, und sie hetzten Kashyapas Frau gegen ihn auf, die schließlich ihren Gatten vergiftete.

FORSCHUNGS-GESCHICHTE

Ob als Fluchtburg oder als Palast in den Wolken, nachdem Sigiriya schon Ende des 5. Jh. als königlicher Herrschersitz aufgegeben wurde, lebten dort Mönche. Sie waren es wohl auch, die einen Großteil der einst 500 Wolkenmädchen zerstörten. Der Burgberg geriet über die Jahrhunderte in Vergessenheit. Erst 1828 wurde die Anlage von britischen Großwildjägern wiederentdeckt. Mitte des 19. Jh. begann die Erschließung des unwegsamen Geländes mit eisernen Treppen und die wissenschaftliche Erforschung. 1967 kam es durch fanatische Gläubige zu einem erneuten Anschlag auf die wunderbar sinnlichen Darstellungen der tanzenden Wolkenmädchen. Heute sind nur noch 21 Fresken erhalten. 1982 wurde Sigiriya zum UNESCO-Weltkulturerbe ernannt.

EMPFEHLUNGEN

Lesenswert:

V. Arivaratanam: *The Sigiriyan King*, Colombo 1973

Arthur C. Clarke: *Fahrstuhl zu den Sternen*, Bergisch Gladbach 1985

Rainer Krack: *Sri Lanka*, Bielefeld 1999

Michael Ondaatje: *Anils Geist*, München 2000

Anklickenswert:

Bilder und Links zu Sigiriya: www.sigirya.org/

Die alternative Geschichte von Sigiriya: www.lankalibrary.com/heritage/sigiriya.html

AUF DEN PUNKT GEBRACHT

Legende oder Wahrheit – die Geschichte der aus Angst vor Rache entstandenen Fluchtburg erhöht den faszinierenden Besuch Sigiriyas zum mythischen Erlebnis.

Angkor Wat

Tempelmeer im Urwald (802 bis 1400)

Das größte sakrale Bauwerk der Welt steht mitten im Urwald: Angkor Wat. Wegen des Terrors der Roten Khmer sowie des Indochinakriegs konnte es lange Zeit nicht erreicht werden. Doch kaum waren 1998 die letzten Landminen auf dem Areal der Tempel von Angkor im Norden Kambodschas beseitigt, begann der Besucherstrom wieder zu fließen. Rund 300 000 ausländische Touristen besuchten die Dschungeltempel im Jahr 2002, und die kambodschanische Regierung träumt schon davon, die magische Zahl eine Million zu erreichen.

■ Giebel und Türstürze erreichen im ausladenden Banteay-Srei-Stil ihren Höhepunkt.

Da Angkor noch lange nicht hinreichend erforscht und restauriert ist, herrscht große Unklarheit über die Funktion der Stätten, über den Zustand überwucherter Areale und sogar über ihre Namen. Angkor heißt eigentlich Königsstadt und bildet geographisch das Gebiet zwischen Kambodschas großem See, dem Tonle Sap, und dem Phnomkulen-Gebirgszug, in dem die Städte und Tempel der Khmerkönige lagen. Doch die Zeit der Großreiche von 802 bis 1431 wird auch mit Angkor bezeichnet; ebenso dient Angkor als Bezeichnung der Stilrichtung der konzentrisch gebauten Tempelberge mit ihren individuell gestalteten Skulpturen und Reliefs. Und zu guter Letzt werden die ehemaligen Hauptstädte der bedeutenden Khmerkönige Yasovarman I., Suryavarman I. und II. und Jayavarman VIII. Angkor genannt.

All diese Bedeutungsebenen verschmelzen in der Vorstellung vieler zu einem einzigen Begriff: Angkor Wat. Doch dies ist nur der von Buddhisten nachträglich verliehene Name für einen der Tempel der vier ehemaligen Hauptstädte. Dieser Tempel gilt als der schönste, besterhaltene und ist der meistbesuchte. Zur Verklärung der gesamten Stätte hat auch die Vorstellung beigetragen, Angkor Wat sei vom Dschungel überwuchert und vergessen worden. Das trifft tatsächlich auf einen Großteil der anderen

Tempelberge wie Bakong oder Phnom Bakheng zu. Angkor Wat dagegen blieb als buddhistisches Kloster jahrhundertelang bewohnt und diente zuletzt den Roten Khmer als Waffenlager.

■ Die Westseite des von einem Wassergraben umgebenen Tempelbezirks Angkor Wat im Jahr 1999. Angkor Wat ist das Meisterwerk der Khmer-Architektur.

Warum diese Mammuttempel ausgerechnet im widerspenstigen Dschungel Nordkambodschas entstanden, ist einfach zu beantworten. Die unwirtlichen geographischen Verhältnisse kamen den Khmerherrschern, die sich als selbst ernannte Gottkönige durch Tempelstiftungen hervortun mussten, entgegen. Denn Kambodschas Norden bildet ein ähnliches Überschwemmungsgebiet wie das Niltal in Ägypten. Nach dem Monsun schwillt der Mekong an, lässt durch Rückstau Bäche, Kanäle und den Tonle Sap anschwellen und versorgt sie so mit fruchtbarem Schlamm. Mithilfe von Dämmen und Rückhaltebecken wird das langsam abfließende Wasser für den Reisanbau zurückgehalten. Während der Zeit des Hochwassers finden die Bauern keine Beschäftigung in der Landwirtschaft, wohingegen sich die vollen Flüsse und Kanäle nun gut zum Transport der schweren Sandsteinblöcke aus dem Kulen-Bergmassiv eignen. Für diese Arbeit wurden allerdings auch Sklaven herangezogen, wie aus Tempelinschriften zu erfahren ist. Doch nicht nur die Schriftsprache der Brahmanen, das Sanskrit ist, sondern auch die Götterwelt – der allgewaltige Shiva und der gütige Vishnu – wurde von indischen Kaufleuten übernommen, die mit den Monsunwinden jahrhundertelang ganz Südostasien bereisten.

■ Das Einzigartige an dieser Kunst ist, dass jede der vielen Tausend Skulpturen eine ganz individuelle Geste zeigt und eigene Kleidung trägt. Die zahllosen Gesten der Apsaras, der tanzenden Nymphen, konnten bis heute nicht entschlüsselt werden.

Das Krishna geweihte Angkor Wat ist eine 1500 mal 1300 Meter große Tempelanlage, deren fünf symmetrisch angeordnete Tempeltürme ein Zentrum bilden, um das sich fünf rechteckige, immer kleiner werdende Umgrenzungsbauwerke gruppieren. Die äußere Grenze bildet der rund 200 Meter breite ummauerte Wassergraben. Zwei Zugangswege führen von Ost und West in das Heiligtum, wobei der westliche Zugang wegen seiner Breite und Ausstattung eindeutig den Hauptweg darstellt, der über einen Steindamm zu dem aus turmgekrönten Haupt- und Seitenportalen gebildeten Eingang leitet. Von hier führen rechts und links Kolonnaden zu den Elefantentoren, die als Zugänge für Gespanne genutzt wurden (vierte Umfassungsmauer).

Auf der gerade verlaufenden Prozessionsstraße wird der Besucher ganz von der perfekten architektonischen Harmonie der Anlage in den Bann gezogen. Obwohl der Tempelberg von Angkor Wat mit 65 Metern so hoch ist wie die Türme der zeitgleich errichteten Kathedrale von Notre-Dame in Paris, werden wir nicht von ihrer Monumentalität erschlagen. Das liegt an der durchdachten Konzeption der Anlage: Die Höhe wird allmählich in Stufen erreicht, dabei wirken die krönenden Tempeltürme nicht aufdringlich, was daran liegen mag, dass sie die schlanke Form geschlossener Lotusblüten haben. Das Zentrum befindet sich nicht genau in der Mitte, sondern wurde nach Osten, also nach hinten, versetzt, denn ein Bauwerk kommt erst dann zu voller Geltung, wenn die Entfernung des Betrachters die doppelte Breite des Bauwerkes beträgt – ein Effekt, der bereits den alten Griechen bekannt war. Vorbei an Becken, deren Wasseroberfläche die dahinter gelegenen

VIELE ANGKORS

Aus den vielen Gründungen, Umzügen und Neugründungen sind vier Hauptphasen von Angkor für das Verständnis der antiken Stätten wichtig: Das erste Angkor ließ Yasovarman I. Ende des 9. Jahrhunderts im Süden rund um das Heiligtum Phnom Bakheng errichten. Anfang des 11. Jahrhunderts erbaute Suryavarman I. den Königspalast Angkor Thom. In der ersten Hälfte des 12. Jahrhunderts ließ Suryavarman II. Angkor Wat auf dem Gelände der ersten, aufgegeben Königsstadt errichten. In der Wendezeit vom 12. zum 13. Jahrhundert legte Jayavarman VIII. seine Hauptstadt rund um den Königspalast Angkor Thom an.

Gebäude reflektieren, führt eine Treppe zum ersten Stockwerk hinauf. Die dritte Umfassungsmauer wird von einer durchgehenden, 700 Meter langen Galerie gebildet, über deren Rückwand sich in ganzer Länge ein zwei Meter hohes Flachrelief erstreckt, das Szenen aus dem Mahabharata- und dem Ramayana-Epos (indische Nationalepen), aber auch aus der Khmergeschichte sowie eine Himmel-Hölle-Vision zeigt. Die das zweite Stockwerke umrandende Galerie ist, bis auf einige Fenster, die in einen engen Innenhof führen, geschlossen. Zahllose Paneele zeigen Asketen, Vishnu und immer wieder Apsaras, halb Tänzerinnen, halb Göttinnen. Diese Nymphen mit prallen Brüsten entsteigen dem kosmischen Milchmeer, das von Göttern und Dämonen zu Butter geschlagen wird, um das Lebenselixier zu erhalten. Zum dritten, quadratischen Stockwerk und der letzten Umfassungsmauer führen sehr steile Treppen, drei an jeder Seite, elf Meter hinauf. Die sich an den vier Eckpunkten erhebenden Turmheiligtümer sind untereinander und kreuzförmig mit dem Zentralturm durch Galerien verbunden. Das Allerheiligste schließlich, der Schrein, hat lediglich die Ausmaße eines kleinen Zimmers und wurde vor langer Zeit vollständig geplündert.

Bis heute ist nicht geklärt, ob die Hauptfunktion von Angkor Wat die eines Tempels oder die eines Mausoleums für Suryavarman II. war. Für Letzteres spricht nicht nur, dass der Tempel gen Westen (dem Totenreich zu) ausgerichtet ist, sondern auch, dass die Bilderfolge der Reliefs gegen den Uhrzeigersinn angelegt ist, während es in asiatischen Göttertempeln stets andersherum geht. Vom höchsten Stockwerk aus lässt sich die gesamte Anlage gut

DIE ROTEN KHMER

Am 17. April 1975 eroberten die Roten Khmer unter der Führung von Pol Pot Kambodschas Hauptstadt Phnom Penh und errichteten das »Demokratische Kampuchea«. Der radikalen Ideologie des Terrorregimes der Roten Khmer fielen durch Folter und Ermordung sowie extrem schwierige Lebensbedingungen über eine Million Menschen zum Opfer – ein Zehntel der damaligen Gesamtbevölkerung.

■ Viele Bauwerke von Angkor, wie hier in Ta Prohm, wurden noch nicht von der Umklammerung des Dschungels befreit.

■ Der im 12. Jahrhundert erbaute Tempel Preah Khan

überblicken, und von hier ist ganz klar erkennbar, dass sie die kosmische Ordnung symbolisiert: Das Weltmeer (Wassergraben) umringt den Kontinent Jambudvipa (Galerien), in dessen Zentrum sich das Göttergebirge Meru (Tempeltürme) erhebt.

Gleich hinter dem Wassergraben beginnt heute der dichte Dschungel, in seiner Glanzzeit jedoch war Angkor Wat von einer großen Stadt umgeben. Doch da diese aus vergänglichen Materialien wie Holz und Palmblättern gebaut war, blieb von ihr nicht einmal die umgrenzende Wallanlage. Einzig von der Stadt, die Ende des 12. Jahrhunderts rund um den Staatspalast Angkor Thom errichtet wurde und nur 1,5 Kilometer nördlich von Angkor Wat lag, stehen heute noch Stadttore, von Statuen gesäumte Straßen, Heiligtümer und der Palast aus Sandstein. Während in Angkor Wat selbst die Darstellungen von Folterszenen filigran und sanft erscheinen, fühlt sich der Besucher in Angkor Thom von der Monumentalität der Kolossalstatuen und -köpfe, die ihm auf Schritt und Tritt begegnen, fast erschlagen. Auch hier, in den Überresten der Stadt, die einmal eine Million Einwohner hatte, finden sich die so romantisch wirkenden Dschungelbäume, deren Wurzeln ganze Bauwerke umranken und durchdringen.

In allen Wissenschaften, Sportarten und Künsten, in den Sprachen, im Schreiben, im Singen und Tanzen war der König ein solcher Meister, als hätte er all das selbst erfunden. Als Gott das sah, fragte er sich erstaunt: Warum nur habe ich mir in diesem König einen solchen Rivalen geschaffen?
Tempelinschrift in Angkor

Zwischen Mitte des 14. und Mitte des 15. Jahrhunderts wurde die Königsstadt mehrmals von den Siamesen erobert und gebrandschatzt, wovon sich das Khmerreich nicht mehr erholte. Die Bevölkerung konvertierte zum Bescheidenheit lehrenden Buddhismus, der von seinen Anhängern keine Tempelmonumente erwartet. Heute jedoch feiert die buddhistische Bevölkerung Kambodschas wieder ihr Neujahrsfest im eigentlich hinduistischen Angkor Wat und drängt dabei für einige Tage sogar die Touristenströme an die Seite.

ANGKOR WAT

FORSCHUNGSGESCHICHTE

Das Reich der Khmer ging im 15. Jh. unter, und die großen Tempelanlagen wurden allmählich vom Dschungel überwuchert. Doch der schönste der Khmer-Tempel zu Angkor-Wat (»Wat« heißt Sitz einer buddhistischen Gemeinschaft) wurde zum buddhistischen Staatsheiligtum ernannt. Die bäuerlichen nach-angkorschen Gesellschaften waren zu arm, um den Unterhalt des sich über 200 Quadratkilometer erstreckenden Tempelmeeres zu gewährleisten. So erschien es den Europäern, die seit dem 16. Jh. Südostasien erkundeten, als seien die Tempel vollkommen in Vergessenheit geraten und erst von den Europäern wiederentdeckt worden. Den ersten Reiseberichten wurde allerdings kaum Beachtung geschenkt. Erst als der französische Botaniker Henri Mouhot um 1860 mit Berichten von seiner Forschungsreise die Khmer-Kultur in Europa bekannt machte, setzte das Interesse ein. 1898 bildete sich eine Kommission französischer Indienforscher, die sich 1900 den Namen École française d'Extrême Orient gab. 1908 wurde der Franzose Jean Commaille erster Beauftragter zum Schutz der Bauwerke Angkors. Er widmete sich sofort dem noch gut erhaltenen Angkor Wat, ließ Bäume fällen und Erosionsschichten abtragen. Dann wurde der Bayon-Tempel von Angkor Thom vom Unterholz befreit, und Commaille ließ erste Wege für Touristen angelegen. Sein Nachfolger, der Architekt Henri Marchal (1916—1933), ließ den baulichen Zustand der Gebäude erfassen und sichern und fertigte Lagepläne an. So bestimmte er die wallartige Umfriedung des ersten Angkors. In den folgenden Jahrzehnten, selbst während des Zweiten Weltkrieges, wurde diese Restaurationsarbeit fortgesetzt. Als letzter Franzose wurde 1959 Bernard-Philippe Groslier Leiter des Denkmalschutzes und des Nationalmuseums in Angkor. Er ließ unter anderem den Königspalast von Angkor Thom ausgraben und erforschte die künstlichen Seen und Becken. Groslier glaubte, die großen künstlichen Seen (Bayans), die wie Flügel rechts und links von den einander überschneidenden Angkor-Arealen abstehen, dienten der Stauung und Regulierung des Monsunhochwassers. Doch der amerikanische Geograph James Goodman hat in den 1990er Jahren die Seen und Kanäle mithilfe von Satellitenaufnahmen im Detail untersucht und herausgefunden, dass es keine Abflusskanäle gibt, die den Wasserstand hätten sinnvoll regulieren können. Die Reisfelder, die alle südlich von Angkor lagen, wurden von dem sich um das Vierfache vergrößernden See Tonle Sap überflutet, Bollwerke hielten das Wasser auch nach Rückgang der Flut für den Reisanbau zurück. Goodman fand auch heraus, dass die alte, südliche Hauptstadt aufgegeben wurde, weil sie zu niedrig lag und häufig überflutet war. In den 1970er Jahren wurde von den französischen Archäologen der Baphoung-Tempel wegen statischer Probleme in seine 500 000 Steine zerlegt. 1975 ergriffen die Roten Khmer die Herrschaft und zerstörten sämtliche Aufzeichnungen. Vermutlich wurden auch die 1000 einheimischen Helfer ermordet. Erst in den 1990er Jahren konnten die Arbeiten fortgesetzt werden; ein Betongürtel wurde unter der Außenwand angebracht, und mithilfe von Computerprogrammen wird das Puzzle der Bausteine zusammengefügt. Angkor Wat und Angkor Thom wurden 1992 zum UNESCO-Weltkulturerbe ernannt. Unter kambodschanischer Aufsicht arbeiten heute Archäologen aus aller Welt an Projekten, um Angkor gleichzeitig zu erforschen und zu retten. Besonders bedroht sind die Reliefs aus Sandstein. Sie wurden in den 1960er Jahren mit Konservierungsstoffen, Bioziden und sogar mit Acrylharz behandelt. Seit Mitte der 1990er Jahre kümmern sich deutsche Restauratoren um den Erhalt der Reliefs von Angkor, besonders um die rund 2000 Apsaras von Angkor Wat. Sie werden mit Mikrosandstrahlern und Klebpistolen behandelt.

Lesenswert:

Claude Jaques: *Angkor*, Köln 1999

Peter Haff: *Die ungenaue Lage des Paradieses. Eine Reise zu den verlorenen Städten*, München 2001

Annaliese Wulf: *Kambodscha und Laos*, München 2001

Anklickenswert:

Offizielle Angkor-Wat-Homepage mit vielen Bildern und Infos: http://www.angkorwat.org/

AUF DEN PUNKT GEBRACHT

Wie Botschaften aus einer fernen Welt liegen die Tempel von Angkor zwischen Urwald und Reisfeldern – Atlantis in Kambodscha.

Borobudur

Riesenmandala aus Stein (800 bis 900)

Die ersten Strahlen der über der zentraljavanischen Kedu-Ebene aufgehenden Sonne lassen die umliegenden Vulkanberge und den Borobudur langsam aus dem Nebel erstehen. Für kurze Zeit thronen die Buddhastatuen des glockenförmigen Tempelbergs erhaben über der leeren Welt, bis die Menschen erwachen und das fruchtbare Tal bis hinauf zur Spitze des Borobudur mit Leben füllen. Und bevor der Reisende diesen einzigartigen buddhistischen Tempel betreten kann, muss er einen regelrechten Spießrutenlauf durch einen der größten Basare Indonesiens mit den sicherlich aufdringlichsten Händlern absolvieren.

Doch hinter der Absperrung steht der Besucher dann plötzlich allein vor dieser 115 Meter langen und ebenso breiten, 33 Meter hohen Meditation aus Stein, die nur rund 100 Jahre nach ihrer Vollendung von Vulkanasche bedeckt und vom Dschungel überwuchert wurde und erst seit 1983 wieder in ihrer ursprünglichen Größe erstrahlt.

■ Manche der Buddhafiguren in Borobudur konnten nicht vollständig restauriert werden, andere wiederum wurden von Trophäenjägern verstümmelt.

Streng genommen ist Borobudur eine Stufenpyramide, die massiv über einem natürlichen Hügel errichtet wurde. Sie besteht aus ansteigenden und dabei kleiner werdenden Terrassen – sechs quadratischen und drei runden – und gipfelt in der Mitte in einer steinernen, glockenförmigen Stupa, die einmal einen spitz zulaufenden Aufsatz trug. Rund 2500 Meter umlaufende Reliefdarstellungen, 504 Buddhafiguren und 72 Stupas sprengen nahezu das Vorstellungsvermögen der Besucher.

Borobudur entstand ungefähr zwischen 780 und 850, als die buddhistische Shailendra-Dynastie in Zentraljava die hinduistischen Herrscher vorübergehend verdrängt hatte. Der Reichtum der Region lag schon damals in den fruchtbaren Vulkanböden. Der Bau von terrassenför-

migen Reisfeldern und Wasserkanälen ließ eine gut organisierte Gesellschaft entstehen, die in der Lage war, über Jahrzehnte Borobudur aus Millionen von Steinen zu errichten. Doch was soll Borobodur darstellen: eine Stupa, ein Mandala oder die Verkörperung des heiligen Berges Meru? Und warum wurde es errichtet? Allein um Buddha zu ehren? Oder sollte das Bauwerk die religiöse Erneuerung gegenüber dem konkurrierenden Hinduismus verkörpern? Oder diente Borobudur dazu, die Herrscherdynastie der Shailendra zu verherrlichen? Oder sollte die gewaltige Stupa die Naturgewalten der umliegenden Vulkane besänftigen? Genau wissen wir es nicht, denn es sind keine erläuternden Quellen überliefert. Nur der Tempel selbst spricht zu uns – doch sind seine Aussagen vielfältig, und sein Gesicht ändert sich je nach der Perspektive des Betrachters: Von oben sieht er aus wie ein Mandala, dessen Muster eine geheime Botschaft trägt. Von fern wirkt Borobudur wie eine große Stupa, aus der Nähe betrachtet wie eine mit Buddhafiguren geschmückte Stufenpyramide. Wer den Tempel schließlich besucht, macht eine Lehrreise durch die drei Seinsformen gemäß dem buddhistischen Weltverständnis.

Die unterste Ebene bildet Kamadhatu, die Welt der Begierden. Die hundertsechzig Steinreliefs entlang der untersten und breites-

■ Buddhisten dient der Aufstieg über die neun Terrassen der Erkenntnis und Erlösung.

»Dem Bauwerk haftet etwas Sogartiges an, ja Zwanghaftes. Jeder Teil ist auf das Ganze ausgerichtet. Man kann sich gar nicht dagegen wehren, auf dem Weg der Erleuchtung immer weiter nach oben fortzuschreiten.« Nigel Barley

■ Die glücksbringenden Buddhastatuen auf den oberen Terrassen waren früher sämtlich von Stupas eingeschlossen.

ten Terrasse stellen Szenen der Leidenschaft dar: Könige und festliche Umzüge, Kriege und Dämonen, Trunkenbolde in ihrem selbst verschuldeten Leid sowie Beispiele guter Taten. Weitere Reliefs zeigen Alltagsszenen auf Java im 8. Jahrhundert, darunter Händler mit ihren Schiffen, aber auch Elefanten und andere Tiere der Umgebung.

Die sich anschließenden fünf quadratischen Terrassen bilden Galerien, die auf beiden Seiten mit zahllosen Reliefwänden ausgestattet wurden. Wer jede Szene betrachten will, muss das Bauwerk im Zickzackkurs zehnmal umschreiten. Zusammen symbolisieren sie Rupadhatu, die Sphäre der physischen Existenz, die Welt der Namen und Formen und die Welt der Sinnsuche. Buddhas Lebensweg vom Prinzen, der seine behütete Welt verlässt, sich kasteit und durch Meditation und rechtes Handeln die Erlösung findet, wird erzählt. Bemerkenswert ist, dass dafür nur 120 Szenen verwandt werden, während die Sinnsuche des Sudhana, der erst Jahrhunderte nach Buddha in den Erzählungen auftaucht, in 460 Szenen dargestellt wird. 720 Szenen schließlich beschreiben das auf der Phantasie späterer Generationen beruhende Vorleben des Buddha.

Borobudur erweist sich als Produkt des Ma-

STUPAS

Die ersten Stupas, errichtet für herausragende Personen wie Könige, waren Grabhügel, auf denen meist ein Holzpfeiler steckte. Nachdem Buddhas Leichnam verbrannt worden war, wurden seine Reliquien aufgeteilt und in Stupas aufbewahrt; damit entwickelten sich die Stupas zu Kult- und Andachtsstätten. Die in der Folge in ganz Asien verbreiteten, stets massiv gebauten Stupas wurden mit Stein oder verputzten Ziegeln ummantelt und geweißt oder vergoldet.

MAHAYANA-BUDDHISMUS

Für den Mahayana-Buddhismus ist Buddha nicht länger ein Mensch, der Erlösung fand, sondern ein erleuchtetes, göttliches Wesen. Diese Bodhisattvas gehen nicht ins Nirvana ein, sondern sorgen sich um die Erlösung der gesamten Menschheit. An die Stelle von Erkenntnis und Meditation treten Glaube und Güte, denn der Einzelne muss nicht an seiner Vervollkommnung arbeiten, sondern ist bereits durch Gnade erlöst und nur die Welt des Scheins (Maja) hindert ihn an dieser Erkenntnis.

Seit 1953 wallfahren wieder buddhistische Gläubige am Tag des Vaisakh-Festes zum Borobudur. Der Mendut-Tempel mit angeschlossenem Kloster gilt noch als Ritualplatz.

hayana-Buddhismus »großes Fahrzeug«. Er spaltete sich rund 500 Jahre nach Buddhas Tod vom Hinayana »kleines Fahrzeug«, der weiter auf die reine Lehre Buddhas vertraute, ab. Borobudur steht für das Mahayana-Versprechen: Jeder hat hier und jetzt Zugang zur Erleuchtung. Diese wird auf den drei obersten, runden Terrassen als Arupadhatu in der Sphäre der Formlosigkeit gezeigt. Da das Formlose nicht abbildbar ist, soll die auf der obersten Terrasse in eine abgebrochene Spitze auslaufende große Stupa den vollkommen vergeistigten Zustand der Leere, des Nirvanas, symbolisieren. Auf den sie umgebenden drei runden Ebenen stehen 72 kleinere, gitterförmige Stupas, in denen jeweils Buddhastatuen in unterschiedlichen Haltungen ruhen.

Das gesamte Bauwerk war einmal – wie bei Stupas üblich – weiss verputzt und leuchtete wie eine Lotusblüte.

Allerdings hat der Volksglaube seine eigene Vorstellung von der göttlichen Gnade des Borobudur entwickelt: Wem es gelingt, durch das Gitterwerk der Stupas einen Buddha zu berühren, so heißt es, den durchströmt Shakti – die göttliche Kraft –, und seine sehnlichsten Wünsche gehen in Erfüllung. Doch vermutlich wurde

■ Auf schier endlosen Reliefwänden werden der Erlösungsweg Buddhas und seine zahllosen Vorleben erzählt.

■ Fünfhundertundvier Buddhafiguren verteilen sich über das gesamt Bauwerk.

schon die Errichtung des Bauwerks vom Volksglauben beeinflusst, der sich auf Java besonders in Fruchtbarkeitsritualen ausdrückt. So geht die Sonne von Borobudur aus gesehen zwischen den beiden Vulkanbergen Merbabu und Merapi auf, und ihre ersten Strahlen zielen über den ebenfalls buddhistischen Medut-Tempel auf die Ostseite des Borobudur-Tempels. Die dortigen Statuen stellen mit ihren Mudras (Handgesten) Buddha als Erdberührer da, der die aufgehende, männliche Sonne mit der weiblichen Erde versöhnt.

Fruchtbarkeitsstätte, Lehrpfad, Stupa oder Mandala – weil Borobudur einmal das Eine, dann wieder das Andere zu sein scheint, verkörpert es nicht nur das bedeutendste buddhistische Bauwerk auf Java, sondern auch ein kunstvolles Rätsel.

GEHEIMNIS DER GROSSEN STUPA

Einst lief die große Stupa, die heute stumpf ist, in einer Spitze aus, die jedoch so stark zerstört war, dass sie nicht restauriert werden konnte. Im Inneren der großen Stupa befindet sich eine Kammer über deren Nutzung noch immer gerätselt wird: Wurde dort eine buddhistische Reliquie aufbewahrt? Oder stand dort jene unvollendete Buddhafigur, die später am Fuße des Borobudur aufgestellt wurde; unvollendet als Ausdruck der Formlosigkeit oder war es schlicht Ausschuß der Steinmetze? Oder blieb die Kammer als Symbol der Vergeistigung einfach leer?

BOROBUDUR

FORSCHUNGSGESCHICHTE

Spätestens 1006, beim schwersten Ausbruch des Merapi seit Menschengedenken, wurde Borobudur von Lavaasche bedeckt. Das Bauwerk wurde beschädigt, doch da es massiv auf einem Hügel errichtet ist, brach es nicht ein. Bei den Restaurierungsarbeiten in den 1970er Jahren stießen Archäologen auf ein Kloster am Fuße des Borobudur, das vermutlich nach der Katastrophe noch genutzt wurde. Unbekannt ist, wann das Kloster aufgegeben und Borobudur damit dem allmählichen Versinken im Dschungel preisgegeben wurde. Legenden verbreiteten, der Ort, wo Prinzen in steinernen Käfigen gefangen wären, sei verflucht. 1814 hörte der englische Generalgouverneur von Java, Thomas Stamford Raffles, von dem Bauwerk und ließ es durch 200 Einheimische von Unterholz und Erdreich befreien. 1817, nachdem die Holländer wieder die Kolonialherrschaft auf Java übernommen hatten, wurde die Freilegung fortgesetzt. Doch Borobudur wurde nicht geschützt. Das hatte zur Folge, dass das Bauwerk in den folgenden 100 Jahren geplündert wurde. Ein großer Teil der fehlenden Artefakte ist heute in Bangkok – ein Geschenk des holländischen Gouverneurs an den thailändischen König 1873. Von 1907 bis 1911 wurden unter der Leitung des Holländischen Ingenieurs Theodor van Erp die oberen drei Terrassen mit der Zentralstupa restauriert – durchaus vorbildlich, wie ihm heute bescheinigt wird. Dabei wurde auch entdeckt, dass das Bauwerk bis auf zwei Kammern, die in der Zentralstupa übereinander liegen, massiv ist. Ob sie von Anfang an leer waren oder eine wertvolle Buddhafigur enthielten, ist unbekannt. Doch die Restaurierungsarbeiten wurden durch Regenwasser bedroht, das in den Hügel drang, ihn aufschwemmte und die Mauern von Borobudur verschob. Außerdem breiteten sich Moose, Flechten und Algen auf Steinen und Reliefs aus. Dazu gesellte sich der alltägliche Vandalismus, Einheimische und Touristen schlugen Arme, Hände und Nasenspitzen der Statuen als Trophäen ab, bis Borobudur endlich in den 1930er Jahren unter Schutz gestellt wurde. Nach jahrelangen Beratungen internationaler Wissenschaftler traf die indonesische Regierung 1973 eine Vereinbarung mit der UNESCO zur Rettung des Borobudur. 10 Jahre dauerten die folgenden Restaurierungsarbeiten. Ein Großteil der Steine, Reliefs und Statuen – über eine Million Einzelteile – wurde abgetragen, registriert und gelagert. Nach Plänen niederländischer Ingenieure ließen die Restauratoren Böden aus Stahlbeton unter das Mauerwerk der einzelnen Terrassen ein und errichteten ein System zur Ableitung der sintflutartigen Monsunregen. Die Originalsteine wurden, nachdem sie gereinigt und konserviert waren, mithilfe eines Computerprogrammes wieder an die ursprüngliche Stelle eingefügt. Auch ohne Zusatzprobleme eine logistische Meisterleistung, fehlten doch in Borobudur rund 20 000 Bruchstücke, davon 280 Köpfe von Buddhafiguren. Die meisten Lücken wurden mit neutralen Steinen gefüllt, und viele Buddhastatuen erhielten neue Köpfe. Die Reliefs waren jedoch fast alle nahezu vollständig erhalten. 1983 wurde Borobudur feierlich wiedereröffnet.

AUF DEN PUNKT GEBRACHT

Niemand kann sich der magischen Anziehungskraft dieses vieldeutigen Bauwerkes entziehen – ein Ort, an dem der Besucher inmitten der Buddhastatuen weit über dem Alltag zu schweben scheint.

WISSENSWERTES

Der Name Borobudur leitet sich vermutlich von Bharabuddha ab, was »erhabener Buddha«, aber auch »viele Buddhas« bedeuten kann. Vermutlich ist das heute bekannte Bauwerk die dritte Version des Projektes. Es gibt Anzeichen dafür, dass zweimal große Steinmengen wieder abgetragen wurden. Außerdem liegt die unterste Stufe einer früheren Version mit Holzreliefs unter der breiten Terrassenbasis des heutigen Baus verborgen.

Lesenswert:

Nigel Barley: *Der Löwe von Singapur – eine fernöstliche Reise auf den Spuren von Thomas Stamford Raffles*, Stuttgart 1996

Günter C. Vieten: »Borobudur: Berg der Tugenden Buddhas«, in: *GEO-Das Reportage-Magazin*, November 1978

Anklickenswert:

Dokumentation der Reliefs, Stupas und Statuen von Borobodur: http://rubens.anu.edu.au/htdocs/bycountry/indonesia/borobudur/

Chinesische Mauer

Längster Friedhof der Welt (500 v. Chr. bis 1700 n. Chr.)

■ Das Satellitenbild der Chinesischen Mauer zeigt einen Abschnitt in einer Wüstenregion im nördlichen Zentralchina.

»Der Bau einer Großen Mauer hat meiner Einschätzung nach fünf Vorteile: Erstens ist mit der Bitternis mobiler Verteidigung Schluss. Zweitens wird keine Gefahr mehr bestehen, dass Vieh geraubt werden kann, wenn wir es im Norden weiden lassen. Drittens kann man von der Mauer aus gelassen die Feinde beobachten. Viertens spart man sich unnötige Sorgen, und fünftens erzielt die Grenzsicherung dauerhaften Gewinn«. So urteilte im Jahre 484 n. Chr. der chinesische Beamte Gao Lü in einer Denkschrift.

Diese Ansicht teilten so viele Herrscher des Reiches der Mitte, dass die Geschichte der Großen Mauer sich in einzelne Geschichten ihrer zahlreichen Bauprojekte und unterschiedlichen Streckenführungen zwischen dem 5. Jahrhundert v. Chr. und dem 17. Jahrhundert n. Chr. auflöst. Genauso verflüchtigt sich das Phänomen der geschlossenen Welt Chinas, je näher wir das chinesische Reich betrachten. Die Chinesen gingen aus unterschiedlichen Ethnien hervor, sie kannten weder eine einheitliche Sprache noch eine einheitliche Schrift; ihre Gemeinsamkeit bildete sich eher kulturell heraus und spiegelte sich in ihrer Vorstellung, sie seien das alleinige Zentrum der Zivilisation, das an den Rändern von Barbaren bewohnt werde. Tian xia – alles unter dem Himmel – umfasste bis zur Zeitenwende das heute als Nordchina bekannte Gebiet zwischen dem Jangtse im Süden, Beijing im Norden und Xi'an im Westen. Doch nach den ersten Königsdynastien im 2. und frühen 1. Jahrtausend v. Chr. befand sich dieses Zentrum der Zivilisation in einem permanenten inneren Aufruhr: Die überkommenen Werte der politischen und sozialen Ordnung waren zerbrochen und die Regeln des Kriegführens nicht länger zeitgemäß.

Aus 180 Stadtstaaten hatten sich durch ständigen Krieg sieben Territorialstaaten herausgebildet. In dieser Zeit der Streitenden Reiche (5. bis 3. Jahrhundert v. Chr.) entstanden die ersten fünf Mauerprojekte, doch nicht an den Außengrenzen, sondern innerhalb des chinesischen Kernlandes, und trennten jeweils zwei chinesische Streithähne voneinander. Einer dieser Territorialstaaten im

■ Blick auf einen Abschnitt der Großen Chinesischen Mauer bei Badaling, unweit von Peking. Seit den 1980er Jahren wird dieser Teil aufwendig restauriert.

»Ich, Hsi, völlig unwürdig und bewusst, dass mein Verhalten todeswürdig ist, bitte um die Erlaubnis, einen Vorgang melden zu dürfen: Soldaten auf der Wache beobachteten vier Feuer an vier Stellen außerhalb der Verteidigungslinien.«
Han-Täfelchen

Westen wurde von der Qin-Dynastie beherrscht, der es Mitte des 3. Jahrhunderts v. Chr. gelang, das Land zu einen (s. S. 256). Unter Kaiser Qin wurde die erste Mauer aus Lehm an den chinesischen Außengrenzen errichtet; sein Heer war nach Norden vorgestoßen, hatte dort unter anderem das Ordosgebiet erobert und dieses neue Areal mithilfe der Mauer abgesichert. Die 206 v. Chr. folgende Han-Dynastie weitete das Reich Richtung Westen aus. Besonders Kaiser Wu integrierte die Nomadenvölker und ließ eine rund 2000 Kilometer lange Mauer im Westen, entlang der Seidenstraße, bauen. Diese Mauern im Norden und Westen hielten bis ins 3. Jahrhundert, als der chinesische Einheitsstaat für einige Zeit zerfiel und unterschiedliche Dynastien, darunter auch Nomadenvölker, kurzfristig die Herrschaft an sich rissen. Im 6. Jahrhundert entstand unter der nördlichen Qi-Dynastie in nur sechs Jahren (552–557) erstmals eine reine Verteidigungsmauer von über 1000 Kilometer Länge, wiederum aus Lehm, an der Nordgrenze.

Mit dem Aufstieg der Tang-Dynastie 618 begann eine rund 800 Jahre dauernde Zeit, in der keine Mauer gebaut wurde. Die Tang-Herrscher beschränkten sich nicht auf militärische und politische Verteidigung, sondern integrierten die Steppenvölker in ihr Groß-

DIE LEGENDE VON MENGJIANG

Mengjiangs geliebter Mann, ein junger Beamter, wurde zum Mauerbau verbannt, starb dort und wurde in der Mauer begraben. Anfang des Winters wollte Mengjiang ihm warme Sachen bringen, wurde jedoch von Turm zu Turm geschickt, bis sie am Gelben Meer ankam, wo sie die Wahrheit erfuhr. Daraufhin weinte die junge Frau so bitterlich, dass die Mauer an einer Stelle einbrach, die Gebeine ihres Geliebten freigab und das Paar ins Meer schleuderte.

■ Die Große Mauer der Han-Dynastie, entstanden unter Han-Kaiser Wu um 100 v. Chr. Zu sehen ist jener aus Stampflehm mit eingelagerten Schilfrohrschichten erbaute Mauerabschnitt, der im Westen der Provinz Gansu, westlich von Dunhuang, von der Jadetorfestung (Yumen Guan) aus weiter nach Westen in Richtung Loulan (in Xinjiang) verläuft.
Zahlreiche Verunglückte wurde im Bollwerk begraben, um Dämonen zu besänftigen.

reich. Nach den 300 Jahren ihrer Herrschaft erlebte China schnell wechselnde Dynastien und eine Reihe von Fremdherrschern aus der Steppe. Nachdem sich die Chinesen 1368 erfolgreich gegen die mongolischen Khane erhoben hatten, entstand in den rund 300 Jahren der Ming-Dynastie die große Mauer mit Wehrtürmen: Dieses erstmals aus Stein errichte Bollwerk zog sich von Jiayuguan am Rande der Wüste Gobi wie ein Grat über die Bergkämme in nordöstlicher Richtung bis nach Shanhaiguan am Gelben Meer und schottete auf rund 6000 Kilometern Chinas Nordgrenze gegen die mongolischen Steppen ab.

Hat sich der riesige Aufwand des Mauerbaus gelohnt? Als militärstrategische Maßnahme gegen feindliche Angriffe – darin sind sich nahezu alle Historiker und Militärexperten einig – hat sie ihr Ziel weitgehend verfehlt. Der Ostasien-Experte Helwig Schmidt-Glintzer bewertet sie sogar als kontraproduktiv: »Sie wirkte als Provokation für die nomadischen Völker, die auf einen Austausch mit einer Ackerbaugesellschaft angewiesen waren.«

Lag Gao Lü mit seinem Plädoyer für die Mauer also falsch? Nein, denn das Bollwerk hatte seine Funktion in Friedenszeiten: Der damals unter Nomaden gängige Viehdiebstahl wurde verhindert, und der Handel ließ sich leichter kontrollieren. Außerdem wurden durch Bau und Sicherung der Mauer Hunderttausende von Bauern entlang der Außenbezirke des Reiches angesiedelt. Dem gegenüber steht allerdings die endlose Zahl der Opfer; neben Sträflingen wurden auch Soldaten und einfache Bauern zwangsverpflichtet, die dann wahrscheinlich beim Bau der Großen Mauer verunglückten oder an Erschöpfung starben. An die Million Opfer soll es gegeben haben, weshalb die Mauer lange Zeit »der längste Friedhof der Welt« hieß. Das Leiden der Menschen ging ein in die Legende von der jungen Mengjiang, zu deren Gedenken nahe dem östlichen Ende der Mauer ein Tempel errichtet worden ist. Dorthin pilgern heute Besucher und opfern an Mengjiangs Statue – dadurch sollen Wünsche in Erfüllung gehen.

Nicht nur das östliche Ende der Mauer, auch ein ganzer Abschnitt nördlich von Beijing ist heute restauriert und wird tagtäglich von ausländischen, besonders aber von einheimischen Besuchern bestürmt. Doch ob zur Verteidigung oder Abschottung – eine Funktion hat die Große Mauer sicherlich erfüllt: als identitätsstiftendes Symbol nicht nur in früheren Zeiten, sondern auch heute.

DER LEHMWALL

Der überwiegende Teil der Großen Mauer wurde aus Stampflehm errichtet und nur streckenweise von außen mit gebrannten Ziegeln verschalt. Um größere Festigkeit zu erreichen, mengten die Erbauer dem Lehm Tamariskenzweige, Stroh, Pferdedung oder Stärke in Form von Reismehl bei. Erst die Ming-Mauer wurde massiv aus Natur- und Ziegelstein errichtet.

CHINESISCHE MAUER

FORSCHUNGSGESCHICHTE

Gegen Ende der Ming-Dynastie (1644) wurde das Projekt »Große Mauer« endgültig aufgegeben und somit die jüngste Mauer dem langsamen Zerfall preisgegeben. Noch stärker erodierten die älteren, nur aus Lehm erbauten Mauern, deren Verlauf häufig nur noch durch archäologische Untersuchungen und das Studium historischer Quellen rekonstruiert werden kann. Auf diese Weise sind heute fünf Mauern aus der Zeit der Streitenden Reiche nachgewiesen: die Mauer des Qi-Reiches aus der zweiten Hälfte des 5. Jh. v. Chr. quer über die Shandong-Halbinsel; aus derselben Zeit die Mauer im Osten des Qin-Reiches; zwei Nord-Süd-Mauern im Zentrum des chinesischen Kernlandes aus dem 4. Jh. v. Chr. und die eine parallel, zum Jangtse verlaufende Mauer des Chu-Reiches. Die Mauer des Ersten Kaisers verlief zum Teil parallel zum Teil auf der gleichen Trasse, auf der später die Ming-Mauer errichtet wurde. Doch ob Erstere tatsächlich, wie in zeitgenössischen Quellen erwähnt, 5000 Kilometer lang war, wird heute bezweifelt, allerdings ist sie wenig erforscht. Aus der Han-Zeit sind in den 1990er Jahren zwei Mauerlinien nördlich des Ordosgebietes, vor allem jedoch die rund 2000 Kilometer lange Mauer entlang der Seidenstraße dokumentiert worden. Sie endet an der Grenze zur Wüste Takla-Makan mit dem Jadetor, das schon 1907 von dem Archäologen Aurel Stein entdeckt wurde. Über den harten Alltag des Mauerbaus und der Grenzsicherung geben Tausende von so genannten Han-Täfelchen, kleine Mitteilungen auf Bambusplättchen, Auskunft, die vor allem im 20. Jh. geborgen wurden. Bestraft wurden selbst kleinste Nachlässigkeiten wie beispielsweise der Gewichtsverlust eines anvertrauten Ochsen, und die Strafen reichten vom Bartabschneiden über Brandzeichen im Gesicht und Auspeitschen bis zur Amputation der Nase, von Gliedmaßen oder des Geschlechtsteils oder bis zur Enthauptung. 1970 schätzte der britische Sinologe Joseph Needham die Länge der Ming-Mauer auf 6320 Kilometer. 1979 tagten chinesische Wissenschaftler das erste Mal über die Große Mauer und mahnten Untersuchungen und Restaurierungen an. Die Addierung der Länge aller zu dieser Zeit bekannten Grenzwälle sämtlicher Dynastien belief sich auf rund 50300 Kilometer. In den folgenden zwei Jahrzehnten wurde besonders der Bereich der Ming-Mauer nördlich von Beijing aufwendig restauriert. Das östliche Ende der Mauer mit dem am Strand des Gelben Meeres stehenden Wachturm wurde von 1986 bis 1992 wieder aufgebaut.

WISSENSWERTES

Immer wieder wird behauptet, die Chinesische Mauer sei das einzige menschliche Bauwerk, das vom Weltraum oder sogar vom Mond aus mit dem bloßem Auge zu erkennen sei. Doch dazu ist die Mauer mit rund zehn Metern Breite zu schmal. Die beharrlich zitierte Aussage geht zudem nicht auf amerikanische Astronauten zurück, sondern auf Science-Fiction-Literatur der 1920er Jahre.

EMPFEHLUNGEN

Lesenswert:

Helwig Schmidt-Glintzer: *Das Alte China*, München 1999

Hans Wilm Schütte: *Chinas Grosse Mauer – die Wiederentdeckung eines Weltwunders*, München 2002

Michael Jan, Roland und Sabrina Michaud: *Die Chinesische Mauer*, München 2001

Anklickenswert:

Bilder und Infos zur Chinesischen Mauer von Discovery Channel: http://www.discovery.com/stories/history/greatwall/greatwall.html

AUF DEN PUNKT GEBRACHT

Wer die Mauer bei Beijing besucht, sollte sich bewusst machen, dass der wieder errichtete Abschnitt der Ming-Mauer wenig repräsentativ für den Rest des gigantischen Projekts ist.

Terrakotta-Armee des ersten chinesischen Kaisers

Modellwelt im Untergrund (300 v. Chr.)

▪ Kniender Krieger in Lebensgröße. Die aus Ton gefertigte Armee bewacht noch immer das Grab des Kaisers Qin. Die ursprünglichen Farben zerfielen nach Öffnung der Gräber; der Grünschimmer dieser Figur ist durch Pilzbebefall entstanden.

Um ihr Weiterleben im Jenseits zu sichern und angenehm zu gestalten, entwickelten die Herrscher früherer Kulturen viel Phantasie: Sie ließen rituelle Grabanlagen mit diversen Räumen erbauen, sie ließen ihre Körper mumifizieren und mit Goldmasken belegen, sie umgaben sich mit Lebensmitteln, Kleidung und wahren Schätzen und nahmen ihre Untertanen, in Form kleiner Holz- oder Tonfiguren, mit sich. Doch nur ein Herrscher, kaum dass er mit dreizehn Jahren den Drachenthron bestiegen hatte, befahl, das gesamte Universum rund um seinen Grabhügel im Untergrund nachzubauen. Erst seit 1974 erfährt die Nachwelt allmählich, wie groß diese unterirdische Parallelwelt 35 Kilometer östlich der alten Kaiserstadt Xi'an tatsächlich ist. Auf einer Fläche von rund 12,5 Quadratkilometern um den sichtbaren Grabhügel des Kaisers Qin liegen gewaltige Gräber und Gruben verstreut, deren Gesamtzahl (momentan rund 400) durch neue Entdeckungen ständig wächst.

Weltberühmt wurde die Grabanlage durch die rund 7300 lebensgroßen Krieger der Terrakotta-Armee, die im Osten den Prozessionsweg flankiert und die ganze Anlage gegen Feinde und Dämonen schützen sollte. In drei Gruben stehen sie in der damals so erfolgreichen Schlachtformation der Qin-Armee: In der am weitesten freigelegten Grube 1 bilden rund 3000 Fußsoldaten Viererkolonnen in insgesamt neun parallel laufenden Gräben; die vorderen Reihen wurden ganz realitätsnah mit Bogenschützen besetzt. In Grube 2 bilden die vierzehn Kriegerreihen einen rechten Winkel, die Vorhut der Bogenschützen kniet schussbereit. Und bei der kleinen Grube 3 handelt es sich offenbar um das Hauptquartier mit Generälen und Offizieren. Was die Besucher immer wieder überrascht, sind die individuellen Züge der Krieger, die sogar Chinas unterschiedliche Ethnien berücksichtigen.

Qin begnügte sich jedoch nicht mit einer Armee; in weiteren Gruben befinden sich Pferdeskulpturen, eine Varietétruppe aus zwölf Künstler- und Musikerfiguren sowie Kraniche, die den unterirdischen Kanal säumten. Die oberirdische Grabanlage umfasste neben Opferstätten und dem Jenseitspalast einen Priesterbezirk für

mehrere tausend Gottesdiener – und natürlich den 350 Meter langen, 345 Meter breiten und einst 105 Meter hohen Grabhügel, der bis heute nicht erforscht ist. In zeitgenössischen Chroniken heißt es, im Inneren des Hügels stünden Modelle von Palästen und Pavillons, durch nachgebildete Flüsse ströme Quecksilber in einen Modellozean, und alles werde von einem leuchtenden Sternenhimmel überwölbt und von schussbereiten Armbrüsten verteidigt.

Doch wer war dieser Herrscher, der auf der Suche nach Unsterblichkeit ein solches Mammutwerk in Auftrag gab? Die Aussagen über Zheng, der 246 v. Chr. als 13-jähriger auf den Thron der Qin-Dynastie kam und sich nach der gewaltsamen Einigung des Reiches 221 v. Chr. Qin Shi Huangdi nannte, sind widersprüchlich und tragen zur Mystifizierung des ersten Kaisers bei.

»Qin Shi Huangdi ist der mächtigste Mann Chinas!«, verkündeten die Weisen seiner Zeit. Statt des bis dahin herrschenden Feudalsystems, das den Adel gestärkt hatte, wurde eine zentralstaatliche Bürokratie eingerichtet, die alles – bis zum letzten Sack Reis – erfasste. Maße, Währung, Gewichte, Gesetze und – vielleicht die größte Leistung – die Schrift wurden vereinheitlicht.

»Qin Shi Huangdi war der ängstlichste Mann Chinas!«, urteilen Historiker. Auf seinen zahlreichen Reisen durch das Reich führte der Kaiser mehrere gleich aussehende Kutschen mit, damit niemand wusste, in welcher er saß. Seine Angst vor Anschlägen war zu Anfang wohl begründet, steigerte sich jedoch ins Maßlose.

■ Eine Halle schützt die freigelegten Figuren vor dem weiteren Zerfall.

■ Jeder Krieger sieht ein klein wenig anders aus. Diese Figuren sind vom Pilzbefall verschont geblieben.

■ Auch Pferde, Kraniche Musiker und andere Künstler gehören zur Terrakottawelt.

Niemand durfte wissen, in welchem seiner 270 Paläste und Pavillons er sich aufhielt. Und abgesehen von einer kleinen Schar Getreuer, insbesondere den Eunuchen, durfte niemand den Kaiser sehen.

»Qin Shi Huangdi war der grausamste Mann Chinas!«, heißt es in den Geschichtsbüchern. Kaum wurde er mündig, ließ er unter seinen direkten Untergebenen und Verwandten ein Blutbad anrichten. Er führte drakonische Strafen, die Sippenhaft und Denunziation ein, die Furcht und Unterwürfigkeit bis ins kleinste Dorf trugen. Während seiner 36-jährigen Regierungszeit starben von seinen dreißig Millionen Untertanen zwei Millionen durch Hinrichtungen, auf dem Schlachtfeld oder in der Zwangsarbeit. Allein 700 000 Zwangsarbeiter mussten an seiner Grabanlage bauen, denn Qin wollte die Welt der Toten genauso kontrollieren wie die der Lebenden. Da die Chinesen neben dem Gottkaiser als Sohn des Himmels keine konkreten Götter verehrten, setzte Qin im Streben nach Unsterblichkeit auch auf die Beschwörung der Naturkräfte durch Schamanen und probierte jedes erreichbare Lebenselixier. Doch alle Anstrengungen waren vergebens – der Gottkönig starb 210 v. Chr. mit nur 49 Jahren, und kaum war er bestattet, stürzte das Land wieder ins Chaos. Während des folgenden Bürgerkrieges kehrten ehemalige Zwangsarbeiter zur Grabanlage zurück und zerstörten, was ihnen in die Hände kam.

»Qin Shi Huangdi war der hässlichste und unzivilisierteste Mann Chinas!«, beschreiben ihn die Chronisten der nachfolgenden Han-Dynastie, er war »hühnerbrüstig, schäbig, kriecherisch, schamlos und zu unnatürlichem Verhalten neigend«. Sicher ist nur eines: Qin Shi Huangdi wurde zum meistgehassten Mann der chinesischen Geschichte. Und da sich der Name »China« von Qin – sprich »tschin« – ableitet, sprachen Einheimische lieber vom »Land der Mitte«. Trotzdem wurde seine Grabanlage für viele Herrscher der folgenden Han- und der Tang-Dynastie zum Vorbild. Sein Werk – die Bildung eines einheitlichen Reiches – hat bis heute Bestand. Und dank seiner Terrakotta-Armee, diesem einmaligen archäologischen Denkmal, hat er tatsächlich Unsterblichkeit erreicht.

INDIVIDUELLE MASSENFERTIGUNG

Aus vorgeformten Einzelteilen setzten die Kunsthandwerker elf Grundtypen der Tonfiguren zusammen: Offiziere dreier Ränge, Unteroffiziere, stehende und kniende Bogenschützen, drei Arten von Fußsoldaten, Wagenlenker und Reiter. Auch für die Gesichter standen mehrere Grundformen zur Verfügung, die durch besondere Modellierung der Nasen-, Ohren-, Brauen- und Bartpartien individuelle Gesichter erhielten. Um die eitlen Haartrachten nachzuempfinden, wurden vorgefertigte Zöpfe und Knoten aufgesetzt. Die Figuren wurden gebrannt und bunt bemalt – die Hosen beispielsweise blau, die Oberkleider grün und die Rüstung braun. Außerdem erhielten die Krieger tatsächlich gebrauchte Dolchäxte, Schwerter, Armbrüste, Pfeile und Bögen sowie Lanzen als Ausrüstung.

TERRAKOTTA-ARMEE

FORSCHUNGSGESCHICHTE

Der Grabhügel von Qin war rund 2200 Jahre weithin in der Landschaft sichtbar, auch wenn er von einst über 100 Metern Höhe auf rund 50 Meter erodierte. Doch das ungeheure Ausmaß der gesamten Grabanlage geriet in Vergessenheit. Am 29. März 1974 wollten die Bauern Yang Peyan und Yang Zhifa rund eineinhalb Kilometer vom Grabhügel entfernt einen Brunnen graben. In einer Tiefe von fünf Metern stießen sie auf Tonscherben und bargen schließlich eine lebensgroße Tonfigur. Die Behörden wurden verständigt, und vier Monate später begannen Ausgrabungen, die bis heute andauern. Gleichzeitig wurde von März bis Dezember 1977 die nur 21,4 mal 17,6 Meter große, in sich zusammengestürzte Grube 3 freigelegt. Neben Waffen und einem Streitwagen barg sie 68 Statuen, die mit 1,90 Meter Größe die übrigen Soldaten um mehr als zehn Zentimeter überragen – ein klares Zeichen für Offiziere und Generäle. Grube 2 ist bisher nur in kleinen Sucharealen freigelegt, und auch mit dem Rest der Grube 1 lassen sich die Archäologen Zeit. Die Volksrepublik China hat lange Zeit die Erforschung und den Erhalt ihrer alten Kulturgüter aus politischen Gründen vernachlässigt, zahlreiche buddhistische Denkmäler wurden sogar zerstört. Erst Mitte der 1970er Jahre wurde der Kurs geändert, nun aber fehlte das wissenschaftliche Personal. Ein weiteres Problem speziell bei der Terrakotta-Armee ist, dass ein Großteil der Figuren zerbrochen ist und obendrein der Zerfallsprozess eintritt, kaum dass die Figuren Luft und Feuchtigkeit ausgesetzt sind. Das ist besonders dramatisch, da die Figuren eine Grundierung mit organischem Bindemittel erhielten; diese zerfällt jedoch nach der Freilegung, und dadurch blättert innerhalb von Stunden die Farbe ab. Deshalb erforscht seit 1988 ein deutsch-chinesisches Projekt die einzelnen Bestandteile der Farben und Grundierungen. Nach vielen Experimenten steht seit kurzem endlich eine zwar aufwendige, aber erfolgreiche Methode zur Konservierung der Farbe zur Verfügung. Anhand der Signaturen der Krieger konnten rund 85 Meister und ihre 1000 Arbeiter als Produzenten der Terrakotta-Armee ermittelt werden. 1999 öffneten die Archäologen eine östlich des Grabhügels gelegene, rund 15 000 Quadratmeter große Grube, die sich als Rüstungskammer entpuppte. Schon eine kleine Probegrabung erbrachte 80 Panzerungen und Helme – allerdings zerlegt in rund 60 000 Kalksteinplättchen. 2001 legten die Archäologen einen Teil eines unterirdischen Kanals frei, an dem lebensgroße Kraniche aus Bronze standen, die langes Leben symbolisieren sollten.

WISSENSWERTES

Die Region Shaanxi rund um die alte Kaiserstadt Xi'an weist nach heutigen Schätzungen 500 Grabhügel von Königen und Adeligen aus einer Zeitspanne von zwölf Jahrhunderten auf, darunter 11 kaiserliche Pyramidengräber aus der Han-Zeit (206 v. Chr. bis 24 n. Chr.) und 18 Kaisergräber aus der Tang-Dynastie (618 bis 907 n. Chr.), die unter einem natürlichen Hügel angelegt wurden. In einem chinesisch-deutschen Projekt vermisst der Mainzer Archäologe Alexander Koch seit 1993 als Erster zahlreiche dieser Grabanlagen.

Brutaler Reichseiniger
Brutal einte Qins Armee das Reich nach rund 600 Jahren Bruderkämpfen. Als erster Kaiser von China nannte sich Zheng nun Qin Shi Huangdi, wobei »Huangdi« eigentlich der Name der mythischen Gründer der chinesischen Kultur ist. »Shi« (Erster) bekundete den Willen, eine Dynastie von 10 000 Generationen zu begründen – doch tatsächlich überdauerte seine Herrscherfamilie seinen Tod keine vier Jahre.

Lesenswert:

Helwig Schmidt-Glintzer: *Das Alte China*, München 1999

GEO-Epoche: *Das Alte China*, Hamburg 2002

Die Terrakotta-Armee des Ersten Chinesischen Kaisers Qin Shihuang. Arbeitshefte des Bayerischen Landesamtes für Denkmalpflege, Bd. 83, München 2001.

Anklickenswert:
Informationen zur Wanderausstellung der Terrakottaarmee: www.terrakottaarmee.de

AUF DEN PUNKT GEBRACHT

Die lebensgroße, individuelle Gesichter tragende, vieltausendköpfige Armee aus Tonfiguren erlaubt einen realistisch wirkenden Blick in eine ferne, fremde Welt.

Teotihuacan

Unbekannte Herrscher über Götter und Obsidian (um 100 v. Chr bis 700 n. Chr.)

Wir wissen nicht, ob die Mondpyramide wirklich dem Mond und die Sonnenpyramide tatsächlich der Sonne geweiht war. Die »Straße der Toten« wird mit Sicherheit fälschlicherweise so genannt, denn die Azteken hielten die zu ihrer Zeit schon überwucherten Pyramiden für riesige Grabhügel. Auch der Name des Ortes stammt nicht von den einstigen Bewohnern, sondern von den Azteken, die erst 500 Jahre nachdem die Stadt aufgegeben worden war das Hochland besiedelten. Trotzdem lässt sich kein besserer Name für diesen Ort finden als »Teotihuacan«, was so unterschiedlich übersetzt wird wie »Ort, wo die Götter wohnen«, »Ort, wo die Götter gemacht werden« oder »Ort, wo Menschen zu Göttern werden«.

Rund 50 Kilometer nordöstlich von Mexiko-Stadt stehen diese erhabenen Ruinen der ersten klassischen Kultur des mittelamerikanischen Hochlandes (um 100 v. Chr. bis 700 n. Chr.) – allein das Kultzentrum mit seinen Tempeln und Pyramiden umfasst mehrere Quadratkilometer. Zwar wissen wir auch nach hundert Jahren archäologischer Forschung immer noch wenig über die Menschen

■ Die breite Prozessionsstraße führt zum Fuß der früher von einem Tempel bekrönten Mondpyramide.

QUETZALCOATL

Der Name stammt aus der Nahuatl-Sprache und bedeutet wörtlich Federschlange, sinnbildlich »gefiederter Schlangengott«. Quetzal ist der Name eines schönen Tropenvogels, aus dessen bunter Schwanzfeder Herrscherkronen hergestellt wurden, Coatl ist die Schlange. Die Schlange lebt auf der Erde, der Vogel in der Luft – als Mischwesen versinnbildlicht der »gefiederte Schlangengott« die Dualität des Lebens und führt die Gegensätze zusammen. Quetzalcoatl wurde als wichtige Gottheit, von Teotihuacan ausgehend, im gesamten vorkolumbianischen Meso-Amerika verehrt.

und Götter dieses Ortes, und doch nimmt, was der Besucher hier zu sehen bekommt, auf eine ganz besondere Art gefangen. Meist geht ein leichter Wind um die Pyramiden – die Welt scheint zur Ruhe gekommen zu sein; ein Eindruck, der durch die strenge Geometrie, in der die Stadt angelegt wurde, verstärkt wird.

»Götter hatten von der Reise aus dem Kosmos Jetlag und machten auf den Pyramidentempeln Pause, bevor sie zu den Menschen kamen.«
Indionachfahre und Touristenführer Benjamin

Die zentrale Achse dieser Ordnung ist die breite, von Süden nach Norden verlaufende über 2 Kilometer lange Prozessionsstraße. An ihrer rechten Seite erstreckt sich zunächst die weitläufige »Zitadelle«. Sie bildete wahrscheinlich den Herrschersitz, in dessen Zentrum sich der Quetzalcoatl-Tempel erhebt. Zum ersten Mal in der meso-amerikanischen Geschichte taucht hier das Bild von Quetzalcoatl, dem gefiederten Schlangengott, auf, der sich im Laufe der Geschichte über ganz Mittelamerika verbreitete. Der Tempel besteht aus zwei Stufenpyramiden, die architektonisch durch den Talud-Tablero-Fassadenstil geprägt sind; die schrägen Böschungsmauern werden immer wieder von kastenartig vorspringenden Doppelsimsen unterbrochen. Seitenwände, die ansonsten schräg abfallen würden, erhalten dadurch eine eindrucksvolle Plastizität.

Nach Norden hin läuft die Straße der Toten in einen kleinen Platz aus, der zur Mondpyramide führt. Sie ist rund 45 Meter hoch, da sie jedoch auf einer Anhöhe errichtet wurde, wirkt sie größer. Auf ihrem Plateau befand sich noch ein Tempel, denn sie diente nicht wie die ägyptischen Pyramiden als Grabmal, sondern als ständig genutzte Kultstätte. Doch von den Höhentempel ist, seit die Spitze der Mondpyramide Anfang des 20. Jahrhunderts weggesprengt wurde, nichts erhalten geblieben. Von den Göttern, denen diese Kultbauten geweiht waren, kennen wir neben Quetz-

■ Szene aus dem amerikanischen Monumentalfilm *Könige der Sonne* (1963) mit Yul Brunner in der Hauptrolle

alcoatl wiederum nur die Aztekennamen, so von Tlaloc, dem Regengott, und von der Wassergöttin Chalchiutlicue.

Überragt werden die weiteren Bauwerke an der Prozessionsstraße durch die gewaltige, in vier Stufen untergliederte Sonnenpyramide. Die rund eine Million Kubikmeter Füllmaterial sind von Stein- und Mörtellagen ummantelt. Mit 70 Metern ist sie zwar nur halb so hoch wie die Cheopspyramide in Giseh, doch ihr Fundament (225 mal 222 Meter) kann sich mit dem ihrer ägyptischen Schwester messen. Eine Treppe führt auf das obere Plateau – wo zweifelsohne zu kultischen Anlässen Menschen geopfert wurden. Ganz entzieht sich hingegen unserer Kenntnis, wer diese ungeheuren Anstrengungen auf sich genommen hat, um den Göttern diese gigantischen Kultbauten zu widmen. Wir wissen nicht, welchem Volksstamm die Gründer von Teotihuacan entstammten und welche Sprache hier gesprochen wurde. Weil ihre Schrift nur rudimentär entwickelt war, werden ihre Herkunft und ihre Glaube für uns ein Rätsel bleiben. In der vorchristlichen Zeit war Teotihuacan nur eine kleine Siedlung, die mit der Nachbarstadt Cuicuilco konkurrierte. Doch als letztere im 2. Jahrhundert n. Chr. von einem Vulkanausbruch zerstört wurde, erlebte Teotihuacan seinen Aufschwung zur Metropole. Das Zentrum wurde in eine Kultstätte verwandelt, Wohnhäuser ausgelagert und die gesamte Stadt im Schachbrettmuster angelegt. Um diese Ordnung nicht zu stören,

SONNENPYRAMIDE

Heutzutage sind es nur Touristen, die rasch und neugierig unsere Treppen hinaufgehen. Auf dem Rückweg aber, wenn das Abwärts zum Vorwärts wird, packt die Besucher der Schwindel. Noch aufgeregt von den blutrünstigen Schilderungen des Fremdenführers, ist ihnen zumute, als würde ihnen selbst das Herz aus dem Leib gerissen und ihre irdische Hülle rolle in makabren Purzelbäumen die Stufen hinunter.

Egon Erwin Kisch

wurde selbst der Fluss San Juan begradigt und in ein Kanalbett gezwängt.

Bis zu 200 000 Menschen sollen im 6. Jahrhundert auf rund zweiundzwanzig Quadratkilometern Stadtfläche in Teotihuacan gelebt haben. An die 2000 Wohnkomplexe sind mittlerweile erfasst, von denen einige erforscht werden. Sie bestanden aus eingeschossigen Gebäuden, in denen zahlreiche Höfe mit bis zu 160 Räumen verschachtelt waren. Die Wände wurden mit Gips verputzt und mit Fabelwesen, pflanzlichen Ornamenten und geometrischen Figuren in kräftigen Farben bemalt, bevorzugt in Rot und Grün. Die Bewohner waren auch auf anderen Gebieten künstlerisch aktiv: Sie webten Stoffe und töpferten, sie verarbeiteten Türkis und Jade zu filigranen Schmuckstücken und fertigten Messer und Waffen aus Obsidian. In anderen Regionen gefundene Töpferwaren, Terrakottafiguren und opulent ausgestaltete Räuchergefässe aus Ton, beweisen die Beliebtheit der Waren aus Teotihuacan. Für besonderes Aufsehen sorgten die Totenmasken aus Jade oder aus anderen Materialien und mit Jadescheiben mosaikartig verziert. Eine wichtige Rolle spielte auch der harte Lavaglasstein Obsidian (s. S. 265), aus dem Messer und Waffenspitzen hergestellt wurden. Da dieser besonders harte Stein vor allem in der Region von Teotihuacan abgebaut und verarbeitet wurde, hatte

■ Mit 225 × 222 Metern hat die Sonnen-Pyramide eine der Cheops-Pyramide vergleichbare Basis, ist mit ihren 70 Metern aber nur halb so hoch.

■ Der restaurierte Palácio de Quetzalpapalotl (Schmetterlingsvogel) diente Priestern als Wohnstätte.

die Stadt über Jahrhunderte eine Art Monopol inne.

Der Einfluss, den diese Zivilisation auf den gesamten meso-amerikanischen Raum ausübte – von der Architektur über die Kunst bis zu religiösen Vorstellungen –, ist kaum zu schätzen. So übernahmen die Maya von Teotihuacan das Aussaatritual, bei dem der Herrscher Tröpfchen von Essenzen auf einen Altar oder ins Feuer streut. Ein ähnliches Motiv finden wir im so genannten Heiligen Stoff von Teotihuacan, einem Wandgemälde auf dem die Große Göttin wertvolle Dinge verstreut. Teile des Bildes wurden von den Maya sogar für ihre Hieroglyphe K'uhul (heilig) übernommen. Im über 1000 Kilometer entfernten guatemaltekischen Tikal tauchten im 4. Jahrhundert. Monumente auf, deren Figuren eindeutig Kleidung aus Teotihuacan tragen, und zahlreiche dortige Gräber enthalten dreibeinige Deckelgefäße aus der nördlichen Metropole. Kürzlich entzifferte Inschriften erhärten den Verdacht, dass es sich um Zuwanderer aus Teotihuacan handelte, die die Macht in Tikal übernommen haben. Doch von einem »Reich Teotihuacan« lässt sich nicht sprechen, denn nur über die neuen Herrscher- und Adelsschichten der unterworfenen Gemeinschaften bestand eine persönliche Bindung zur Heimatstadt. Zahlreiche kriegerische Szenen in den Ruinen von Teotihuacan zeigen jedoch auch, dass die Stadt nicht nur eine Wirtschafts-, sondern in späteren Zeiten auch eine Militärmacht bildete. Umso plötzlicher und unerklärlicher erscheint das Ende; Teotihuacan wurde um 700 aufgegeben und zum Teil zerstört, die Gründe sind unbekannt.

Doch die Weitsicht der Erbauer von Teotihuacan offenbart sich heute. Die Aztekenstadt Tenochtitlan, die Ursprungssiedlung des modernen Mexiko-Stadt, wurde auf sumpfigen Gelände errichtet, etliche der historischen Gebäude sind vom Einsinken bedroht. Teotihuacan dagegen wurde auf solidem Grund gebaut und wird voraussichtlich auch in 1000 Jahren noch erhaben von den unbekannten Herrschern über Götter und Obsidian zeugen.

TEOTIHUACAN

FORSCHUNGSGESCHICHTE

Der heutige Anblick von Teotihuacan ist das Ergebnis moderner Restaurierungen. Als Alexander von Humboldt Anfang des 19. Jahrhunderts hier entlang reiste, waren die Pyramiden noch zugewachsene Hügel. Ihre Erforschung und Rekonstruktion begann vor rund 100 Jahren. Im Auftrag des damaligen Diktators Porfinio Diaz erforschte Leopoldo Batres 1905 die Mondpyramide. Er ließ die von einem Tempel gekrönte Spitze wegsprengen – doch darunter befand sich nichts. Im Gegenteil: Vernichtet wurde dadurch eine Kultstätte, die vermutlich der mondverwandten Wassergöttin Chalchiutlicue gewidmet war. Erste interdisziplinäre Forschungen führte Manuel Gamio von 1917 bis 1922 durch. Eine detaillierte Kartenübersicht ist dem Teotihuacan Mapping Project der 1960er und 1970er Jahre zu verdanken, das Settlement Survey Project ermöglichte erstmals Einblicke in das soziale Leben Teotihuacans. Grabungen in den Wohngebieten laufen seit den 1990er Jahren. Seit dem Jahr 2000 wagt man sich auch wieder an die Mondpyramide, wobei das Grabungsteam unter der Leitung des japanischen Archäologen Saburo Sujiyama erheblich behutsamer vorgeht als sein Vorgänger Batres. Von der Westseite aus trieben er und seine Mitarbeiter 1,20 Meter unter dem Steinfundament einen Gang ins Innere. Dabei entdeckten sie, dass die Pyramide aus mehreren Schichten besteht. Wie bei einer russischen Matrjoschka wurde Pyramide über Pyramide gebaut – sechs Bauphasen haben die Archäologen unterschieden. Die älteste Pyramide wurde von einer Ziegelschicht überbaut, die ins 1. Jahrhundert n. Chr. datiert werden konnte. Auf halbem Weg zum Zentrum der Pyramide stießen die Forscher auf eine große Steinplatte, unter der sich ein Grab mit einer Leiche befand – offenbar die eines Adeligen, denn zu den Grabbeigaben gehörten nicht nur eine Halskette aus grüner Jade und Pfeile aus Obsidian, sondern auch exotische Tiere. So zählte zu den vollständigen Skeletten, die die Forscher fanden, auch das eines Jaguars, der nicht im Hochland, sondern in der Ebene lebte. Unter dem Zentrum der Pyramide fanden die Wissenschaftler eine zweite Grabhöhle mit vier Leichen. Doch die in den Medien geäußerte Vermutung, es handele sich wie in Ägypten um eine Begräbnisstätte, war ein Schnellschuss, denn den unter der Mondpyramide entdeckten Menschen waren die Hände auf den Rücken gebunden – sie sind offenbar geopfert worden.

WISSENSWERTES

Obsidian
Obsidian ist ein sehr hartes vulkanisches Gesteinsglas, das meist schwarz ist, im Licht grünlich glänzt, aber auch dunkelgraue bis dunkelbraune Töne annehmen kann. Es bildet sich aus siliziumreicher Lava, die an der Erdoberfläche schnell erkaltet. Weil sie sehr hart wird, eignet sie sich für das Anfertigen von Messern und Waffen mit rasierklingenscharfer Schneide. Die vorkolumbianischen Völker kannten und nutzten zwar weiche Metalle wie Gold, doch verfügten sie über keine harten Metalle für Werkzeuge. Noch heute wird Obsidian in der Region von Teotihuacan abgebaut und in Indianerkooperativen kunsthandwerklich verarbeitet.

AUF DEN PUNKT GEBRACHT

Die erhabenen Pyramiden von Teotihuacan im mexikanischen Hochland scheinen noch immer Wohnsitz der Götter zu sein.

EMPFEHLUNGEN

Lesenswert:

D. H. Lawrence: *Die gefiederte Schlange*, Zürich 1986

Egon Erwin Kisch: »Interview mit den Pyramiden«, in: *Entdeckungen in Mexiko*, Berlin–Weimar 1984

Nikolai Grube (Hg.): *Maya – Gottkönige im Regenwald*, Köln 2000 (Beiträge über Teotihuacan)

Sehenswert:

König der Sonne (Kings of the Sun). Regie: J. Lee Thompson; mit Yul Brynner, George Chakiris, Shirley Anne Field. USA 1963

Anklickenswert:

Teotihuacanseite der Arizona State University: http://archaelogy.la.asu.edu/teo

Palenque

Mayastätte am Dschungelrand (um 400 bis 810)

»Von allen falschen Vorstellungen, die das Bild der Maya in der ersten Hälfte des 20. Jahrhunderts nachhaltig prägten, ist die von Harmonie und Friedfertigkeit ihres Zusammenlebens heute am schwersten nachzuvollziehen.«
Simon Martin

Stufenpyramiden, die vom Urwald überwuchert sind, Gräber und Inschriften, die auf eine bedeutende Herrscherfamilie hinweisen – diese Zutaten für einen Archäologiebestseller bietet die Mayastätte Palenque am südwestlichen Rand der Yucatanhalbinsel von Mexiko. Seit zwei Jahrhunderten beflügelt dieser zu Füßen des Urwalds liegende Ort die Phantasie der Europäer. Und noch immer liegt der Großteil des einst 20 Quadratkilometer großen Stadtgebietes mit seinen rund 1000 Steinbautenruinen unter dem Dschungel verborgen, lediglich das heilige Zentrum ist freigelegt.

Der Besucher schreitet über einen nach Bananen und anderen exotischen Früchten duftenden Waldweg, der sich in einer Lichtung verläuft. Und schon steht er vor der grandiosen Kulisse der Plaza dieser einstigen Mayastadt. Majestätisch erhebt sich im Süden der berühmte Tempel der Inschriften, eine Stufenpyramide, zu deren überdachtem Tempelaufbau eine breite Treppe empor führt. Hier fanden die Archäologen vor fünfzig Jahren einen verdeckten Gang, der in den Bauch der Pyramide führte. Sie stießen auf die unversehrte Grabanlage von Pakal dem Großen: Auf dem Deckel des Sarges ist der König abgebildet, eine umlaufende Inschrift gibt über seine Lebensdaten Auskunft, sein Gesicht war mit einer Jademosaikmaske bedeckt und der Körper mit kostbarem Schmuck dekoriert.

▪ Restaurierte Herrscherfigur am Thron des Tempel XIX

Pakal herrschte zur Glanzzeit Palenques im 7. Jahrhundert fast siebzig Jahre über die Stadt. Wie gut etabliert seine Adelsfamilie war, zeigt sich daran, dass vor Pakals Amtszeit seine Mutter die Herrschaft für einige Zeit übernommen hatte. Anhand der gefundenen und mittlerweile entzifferten Hieroglyphen ist fast die ganze Thronfolge der Pakal-Dynastie bis zu Palenques plötzlichem Untergang im 9. Jahrhundert nachvollziehbar.

Demgegenüber versagt die Zuordnung bei dem kleinen Tempel, der sich gleich rechts an den Tempel der Inschriften anreiht, er wird einfach nur Tempel XIII genannt. Doch im Sommer 1994 fanden die Archäologen auch an seiner Stufentreppe Hinweise auf einen ins Innere führenden Gang und legten eine ausgebaute, heute begehbare Gruft mit Steinsarkophag frei. Es fehlen lei-

■ Links der Tempel der Sonne, in der Mitte der Tempel XIV, im Hintergrund der Tempel der Inschriften

der jegliche Inschriften, doch die Nähe zu dem Grabmal Pakals lässt vermuten, dass es sich entweder um das Grab seiner Gemahlin Ahpo-Hel oder seiner Mutter Säk-Kuk handeln muss.

Genau im rechten Winkel zu diesen beiden Stufentempeln erstrecken sich die Gebäude des einstigen Palastes, dem mit einer Grundfläche von rund 100 mal 80 Metern größten Bauwerk in Palenque. Eine breite Treppe führt in die labyrinthartige Ruine, die

DIE MAYA

Sie bildeten von etwa 300 v. Chr. bis 1200 n. Chr. im Gebiet des heutigen Südmexiko, Guatemala, Westhonduras und Belize eine gemeinsame Kultur, jedoch kein einheitliches Reich. In der Präklassik (350 v. bis 250 n. Chr.) entstanden Tempelstätten wie El Mirador und Tikal mit Streusiedlungen. Nach dem Ausbruch des Vulkans Ilopanog im heutigen Salvador (um 250 v. Chr.) verlagerten sich die Siedlungen auf die Yucatanhalbinsel. In der klassischen Mayazeit (300 bis 900 n. Chr.) herrschte ein erbliches Königtum in systematisch angelegten Städten wie Tikal, Chichen Itza und Palenque. Die Maya bauten Bewässerungssysteme für ihre Felder und stellten künstlerisch hochwertige Wandmalereien, Skulpturen und Fresken her. Priester und Gelehrte verfügten über mathematisches und astronomisches Wissen und entwickelten eine eigenständige Hieroglyphenschrift.

■ Der Tempel des Kreuzes ist nach seinem aufwendigen Dachkamm benannt.

aus zahlreichen Gängen, Räumen, Galerien und Innenhöfen besteht. Pakal und seine Nachfolger ließen rund 100 Jahre an dieser Anlage bauen, die zweifelsohne weltliche Funktion als Palast hatte, vermutlich jedoch auch eine religiöse Bedeutung besaß, denn viele Pfeiler des Palastes sind mit Stucktafeln verziert, die Götter- und Herrschergestalten darstellen. So ist im südlichen Innenhof die Inthronisierung von Pakal und links davon Pakals Mutter Säk-Kuk abgebildet.

Aus der Mitte des Palastes ragt ein intakter, viereckiger Turm von 15 Metern Höhe empor, dessen Bedeutung bis heute Rätsel aufgibt. Frühe Forscher vermuteten in ihm – entsprechend dem Rundturm von Chichen Itza – eine Sternwarte, doch der Turm in Palenque liefert dafür keinerlei Hinweise. Treppen führen auch hinab in das Kellergeschoss mit seinen geheimnisvoll wirkenden Gewölberäumen. Im Hintergrund des Palastes stehen weitere kleine Tempel, darunter der Tempel des Jaguars, benannt nach einem Relief an der Wand einer Innenkammer.

Der Weg führt weiter über den umgeleiteten Bach Otulum, der das zeremonielle Kultzentrum mit Wasser versorgte. Dahinter liegen, teilweise oder ganz überwuchert, die Tempel der Kreuzgruppe: der Tempel der Sonne, der Tempel des Kreuzes und der Tempel des Blattkreuzes, in der Mitte des von ihnen gebildeten Platzes befindet sich ein Altar. Die Anlage wurde zur Krönungsfeier von Chan-Bahlum II., Pakals Sohn, errichtet. Besonders hier wird der eigenwillige Stil der gesamten Anlage deutlich. Im Gegensatz zu anderen Mayastätten, wie der kolossalen Tikal, wurde in Palenque mit wenig Material elegant gebaut. Die Pyramiden sind nur mittelgroß, zeichnen sich dafür jedoch durch schöne Stuck- und Steinskulpturen aus. Riesige Steinplatten in den Türpfosten sind mit Reliefs und Hieroglyphen versehen, die von der Pakal-Dynastie und ihren Taten berichten. Die abgeschrägten Tempeldächer werden von dreidimensionalen Dach-

UNTERGANG DER MAYAWELT

Ab dem 9. Jahrhundert zerfiel die Mayawelt – Ort für Ort verließen die Menschen plötzlich ihre Tempelstätten. Anhand historischer Berichte und der Veränderung der Bau- und Kunststile haben frühere Wissenschaftler auf das Eindringen fremder Völker aus dem heutigen Nordmexiko auf die Yucatanhalbinsel geschlossen. Heute wird der Untergang mit einer ganzen Reihe von Ursachen erklärt – das reicht von einer Klimaveränderung über einen ökologischen Kollaps bis hin zum Zusammenbruch der internationalen Handelsbeziehungen. Da vor allem die Herrscher der Maya auf Obsidian, Jade und die kostbaren Federn des Quetzalvogels angewiesen waren, bedeutete der Niedergang für die einfache Bevölkerung hingegen nicht das Ende – die Maya-Völker leben bis heute im südlichen Mexiko.

kämmen gekrönt, die wie beim Kreuztempel mit Figuren geschmückt waren.

Nun führt der Weg in den Dschungel, wo die Archäologen seit 1998 dem Unterholz Schritt für Schritt weitere Tempel entreißen. So entpuppte sich ein rund 20 Meter hoher, überwucherter Erdhügel als Tempel XX, in dem die Archäologen eine ungeöffnete Grabkammer entdeckten. Auf der Pyramide des ebenfalls Ende der 1990er Jahre freigelegten Tempels XIX wurde ein Tempelthron mit Hieroglyphen und Bilderszenen restauriert: Auf zwei Seiten sehen wir Mayaherrscher, eine zeigt eine ganze Zeremonie. Ob die Herrscher jedoch tatsächlich – wie häufig angenommen – gleichzeitig politische und religiöse Führer waren, lässt sich nach dem heutigen Stand der Forschung nicht endgültig klären.

Der Rundweg führt zurück, wieder am Palast vorbei in nördliche Richtung, wo noch weitere Tempel verstreut liegen, lenkt den Besucher erneut in den Dschungel, wo mächtige Baumwurzeln Gebäudefundamente im Würgegriff halten, und folgt dem Otulum zu einer idyllischen Badestelle.

Die Tempelstätte von Palenque, über der beständig Adler und Geier kreisen, fügt sich so harmonisch in die dschungelbewachsene Berglandschaft, dass sie gar nicht von Menschenhand zu stammen scheint. Zudem muss der Besucher sich vorstellen, dass sie einst rot gestrahlt hat, da ihre Fassaden mit Hämatit, einem Ei-

In den nächsten Jahren werden wir mehr über die Maya erfahren, urteilt der Altamerikanist und Hieroglyphen-Experte Berthold Riese: »Was uns vor zehn Jahren noch völlig unbekannt war – Totenkulte, Götterwelt und Herrscherfamilien –, erschließt sich uns von Inschrift zu Inschrift genauer.«

■ Blick in die gut erhaltene Palastanlage der Herrscher von Palenque; die Funktion des Turmes ist nach wie vor nicht geklärt.

senoxid, bemalt waren. Wie mag dieser Tempelkomplex wohl auf die Menschen von damals gewirkt haben, wenn sie sich aus der weiten Ebene allmählich zu Fuß näherten?

■ Vorne Kultur – hinten Natur: Einige Tempel in Palenque sind nur teilweise ausgegraben.

Palenque war, wie alle Mayastädte, nicht befestigt, doch die daraus abgeleitete Vorstellung, die Maya seien friedfertig gewesen, gehört ins Reich der Phantasie. Monumente, Wandmalereien und bemalte Gefäße sind geradezu überladen mit Motiven bewaffneter Krieger, mit Schlachtszenen und Folterungen Gefangener. Dieser kämpferische Eindruck wird durch die Entzifferung der Hieroglyphen, die die Archäologen mittlerweile zu 60 Prozent lesen können, bestätigt: Die Stadtstaaten befanden sich in anhaltendem Krieg miteinander. In der Spätklassik (ab 700) gehörten nahezu alle Städte entweder zum Bündnis von Tikal (im heutigen Guatemala) oder zu dem von Calamuk (dem heutigen Südmexiko), nur wenige Städte konnten wie Palenque ihre Selbstständigkeit behaupten. Dieses Kräftegleichgewicht zerbrach, als Ende des 7. Jahrhunderts Tikal Calamuk entmachtete. Tikals Reich brach jedoch bald unter seiner eigenen Größe zusammen, und ein neuer Bürgerkrieg entbrannte, der zwar nach klaren Regeln geführt wurde, zu denen jedoch auch die Opferung der Gefangenen gehörte. Über den Alltag der Maya finden wir nichts in den Dokumenten, sondern sind auf die archäologische Forschung angewiesen.

Zum ersten Mal betraten wir ein von den Ureinwohnern des Landes errichtetes Gebäude, welches schon stand, ehe die Europäer von dem Dasein dieses Kontinentes wussten. Wir trafen Anstalten, unter einem Dache unsere Wohnung aufzuschlagen, und wählten den vorderen Korridor dazu. Da eine abergläubische Furcht die Indianer nicht zur Nachtzeit in den Ruinen bleiben ließ, waren wir des Nachts die einzigen Bewohner dieses Palastes unbekannter Könige.

John Lloyd Stephans, 1841

Das gilt auch für das Ende von Palenque. Um 810 wurde die Stadt aufgegeben; Spuren von Gewalteinwirkung konnten die Forscher bisher nicht finden, stattdessen sprechen einige Indizien für einen ökologischen Kollaps. Das Holz wurde knapp, weil der umliegende Regenwald abgeholzt war, die Menschen in Palenque litten an Unterernährung und Blutarmut. Die Maya verließen die Stätte. Noch heute leben Maya-Völker in einfachsten Verhältnissen im Süden Mexikos.

PALENQUE

FORSCHUNGSGESCHICHTE

Nachdem die Stadt im 9. Jh. aufgegeben worden war, wurde sie vom Urwald überwuchert. Mitte des 18. Jh. breitete sich unter den Bewohnern der nahe gelegenen Stadt Tumbala die Kunde über eine Ruine am Rande des Urwaldes aus, die in den 1870er Jahren die spanischen Kolonialverwalter in Guatemala-Stadt erreichte. Der spanische Artilleriehauptmann Antonio del Rio erhielt 1786 den Auftrag, Objekte aus Palenque zu sammeln. Er ließ diese Aufgabe mit Äxten und Brechstangen durchführen – dabei wurde unter anderem die so genannte Stele von Madrid geborgen, das Flachrelief eines späten Herrschers von Palenque. Bedingt durch den Unabhängigkeitskrieg in Mexiko Anfang des 19. Jh. gelangten die nächsten Forscher erst in der Mitte des Jahrhunderts nach Palenque. Der Zeichner Jean Frédéric Waldeck verweilte 1832/33 in Palenque, John Lloyd Stephens und Frederick Catherwood in den darauf folgenden Jahren. Letztere machten mit ihren Reisebüchern die Welt der Maya in Europa bekannt. In den folgenden Jahrzehnten wurden einzelne Forschungen von dem Franzosen Désiré Charnay, dem Engländer Alfred Maudslay, dem Deutschen Teobert Maler und von dem Dänen Frans Blom durchgeführt. Die ersten systematischen und bis dahin umfangreichsten Grabungen fanden 1945–1952 unter der Leitung des mexikanischen Archäologen Alberto Ruz Lhuillier statt. Er entdeckte unter der Pyramide der Inschriften das Grab von Pakal und öffnete es 1949. Die Archäologie wandte sich in der darauf folgenden Zeit immer neuen Grabungsstätten zu – die Zahl der Stätten mit steinernen Zeugnissen der Mayakultur in Südmexiko, Guatemala, Honduras und Belize wird auf rund 70 000 geschätzt. Erst seit den 1990er Jahren wird in Palenque wieder systematisch geforscht. 1994 entdeckte und öffnete der mexikanische Archäologe Arnoldo González Cruz das Grab der Roten Königin in der Pyramide XIII. Seit 1998 läuft das breit angelegte, überwiegend privat finanzierte Proyecto Grupo de las Cruces unter der Leitung des mexikanischen Archäologen Alfonso Morales. Erstmals haben die Wissenschaftler den Baubestand in dem gesamten ehemaligen, rund 20 Quadratkilometer großen Stadtgebiet aufgenommen und rund 1000 Gebäudestrukturen lokalisiert. Im Dschungel legten die Forscher den Tempel XIX mit einem inzwischen restaurierten Thron frei, und im Tempel XX entdeckten sie die noch verschlossene Grabkammer einer Herrscherfamilie. Die Archäologen arbeiten sich allmählich in den Dschungel vor; der aktuelle Stand der Arbeiten wird monatlich im Internet präsentiert.

AUF DEN PUNKT GEBRACHT

Vom Dschungel umschlungene feinste Maya-Architektur und die Möglichkeit, Ausgrabungen live mit zu erleben, machen Palenque immer noch zur beeindruckendsten Mayastätte auf der Yucatanhalbinsel.

EMPFEHLUNGEN

Lesenswert:

John Lloyd Stephens: *Die Entdeckung der alten Mayastätten*

B. Traven, *Land des Frühlings*, Frankfurt 1977

Max Frisch: *Homo faber. Ein Bericht*, Frankfurt/Main 1997

Helmut Hermann: *Mexiko*, Hohenthann 1999

Nikolai Grube (Hg.): *Die Maya – Gottkönige im Regenwald*, Köln 2000

Berthold Riese: *Die Maya*, München 2000

Hörenswert:

Max Frisch: *Homo faber. Text und Kommentar*. Gesprochen von Max Frisch, Ulrike Kriener, Charles Brauer, 1997. 2 Audiocassetten

Sehenswert:

Homo faber. Regie: Volker Schlöndorff; mit Sam Shepard, Julie Delpy, Barbara Sukowa, Dieter Kirchlechner, Tracy Lind. D/F/GB 1990

Anklickenswert:

Aktueller Forschungsstand des Palenque-Projektes: www.mesoweb.com/palenque

Informationen und Links zu den Maya: www.mayawelt.de

Machu Picchu

Hohe Stadt der steinernen Stufen (um 1450 bis 1532)

Wie kaum eine andere beflügelt die Kultur der Inka seit ihrem Untergang vor rund 500 Jahren die Phantasie von Menschen aus aller Welt. War es zunächst die Suche nach dem Gold von Eldorado, ist es heute die Erkundung einer Welt abseits unserer Zivilisation. All diese Sehnsüchte und Projektionen kulminieren in der kleinen Stätte am Rande der bewohnten Andenwelt im heutigen Peru: Machu Picchu. Es gab imposantere und bedeutsamere Inkastätten, allen voran Cuzco, zugleich Hauptstadt und Ursprungsort des Inkareiches. Warum wurde gerade Machu Picchu zur meistbesuchten antiken Stätte in Südamerika?

Es grenzt nicht nur an ein Wunder, dass diese Stätte auf dem abgelegenen, 2400 Meter hohen Bergkamm überhaupt errichtet wurde, sondern es erstaunt auch, dass die gierigen Spanier den Ort verschonten. »Hohe Stadt der steineren Stufen, hohes Mahnmal der frühen Menschheit«, dichtete Pablo Neruda bei ihrem Anblick. Machu Picchu liegt ganz sinnbildlich am Ende der Welt: umgeben von tiefen Schluchten und hohen Bergen wie dem zuckerhutartigen Wayna-Picchu, dem Jungen Gipfel.

■ Blick auf das Sonnentor Inti Punku vom Inka Trail kommend

In Machu Picchu endet der Camino Inka. Dieser Inkatrail war über 400 Jahre vom Dschungel überwuchert, doch heute nutzen ihn bis zu 70 000 Trekker im Jahr – die traditionelle und zugleich beste Art, sich Machu Picchu zu nähern. Vom Rio Urubamba kommend, steigt der steingepflasterte Pfad in nordöstlicher Richtung bis zu 4200 Meter empor und passiert schneebedeckte Gipfel, Sturzbäche, spektakuläre Schluchten sowie Inkaruinen. Es waren diese Straßen, die es den Inka ermöglichten, ein Riesenreich zu errichten und zu verwalten; ein Reich, das sich vom heutigen Ecuador im Norden bis zum heutigen Nordchile im Süden erstreckte. Das gesamte Netz ständig unterhaltener Wege soll bis zu 40 000 Kilometer Länge umfasst haben.

Beim Inti Punku, dem Sonnentor, fällt der Blick des Wanderers das erste Mal auf Machu Picchu mit seinem atemberaubenden Panorama.

■ Blick von Inti Punku auf das von den Anden umgebene Machu Picchu

Die Stadt breitet sich terrassenartig über einen 800 mal 500 Meter breiten Bergrücken aus, der an drei Seiten steil ins Tal abfällt. Den Siedlungsarealen direkt vorgelagert sind noch die Feldterrassen zu erkennen, die die Inka an den Hängen errichteten; dort wurden Kartoffeln, Heilkräuter und Mais – auch zum Brauen des Chicha-Bieres – angepflanzt. Die mit importiertem Humus gefüllten Be-

Von der Höhe aus sah ich die von den turmhohen Gipfeln der grünen Anden umgebenen alten Steinbauten. Von der verfallenen, im Lauf der Jahrhunderte zerbröckelten Festung stürzten Gießbäche zu Tal. Weiße Nebelmassen stiegen vom Flussbett des Wilcamayo auf. Ich fühlte mich winzig im Mittelpunkt dieses Nabels aus Stein, Nabel einer unbewohnten, stolzen, hervorragenden Welt, der ich in irgendeiner Beziehung angehörte. Ich fühlte, dass meine Hände hier in längst vergangener Zeit gearbeitet, Furchen gegraben und Felsblöcke geschichtet hatten. Ich fühlte mich als Chilene, Peruaner, Amerikaner.

Pablo Neruda

■ Francisco Pisarro. Kupferstich nach zeitgenössischem Bildnis. Aus: *Die unbekannte neue Welt*, von O. Dapper, Amsterdam 1673

ANDENVÖLKER

In der zweithöchsten Region der Erde trotzt eine zähe Bevölkerung seit rund 3000 Jahren den extremen Bedingungen. Von 900 bis 200 v. Chr. entwickelte die Chavin-Kultur in der Küstenregion des nördlichen Peru Webtechnik und Terrassenlandwirtschaft. Zwischen 100 und 800 n. Chr. schuf die Moche-Kultur im Norden Goldschmiedekunst und Kriegshandwerk, im Süden gaben die Nasca mit ihren riesigen Scharrbildern der Nachwelt Rätsel auf. Die Chimú errichteten zwischen 1000 und 1450 das erste Großreich, bis sie von den Inka verdrängt wurden.

cken lieferten zwei bis drei Ernten im Jahr und konnten rund 1000 Menschen versorgen.

Der heutige Haupteingang zur Stadt liegt auf der mittleren Ebene, die talförmig die Siedlung in Ober- (links) und Unterstadt (rechts) zerteilt. Einst gewährte lediglich das am höchsten Zipfel der Oberstadt gelegene Südtor Einwohnern und Besuchern Einlass; durch die in das Mauerwerk aus großen Felssteinen eingelassene Öffnung passt gerade ein Lama. Auf diesen Lasttieren schafften die Inka die Vorräte heran, die sie in den zweistöckigen Lagerhäusern direkt hinter der Grenzmauer stapelten. Auf den meisten der stufenförmig in den abfallenden Hang getriebenen Terrassen standen strohbedeckte Wohnhäuser. Das auch heute noch auffälligste Bauwerk unter den gut 200 fast durchgängig

■ Altar des in den Fels geschlagenen Sonnentempels

rechteckigen Gebäuden der Stätte ist das auf der letzten Terrasse befindliche Torréon, das mit seinem halbrunden Mauerwerk einen Felsvorsprung umfasst. Im Inneren sind kleine Opfertische und eine Altarplastik in den Fels gemeißelt. Rekonstruktionen gehen davon aus, dass der Turm überdacht war. Am Tag der Sonnenwende drang durch eines der Fenster ein Lichtstrahl ins Innere und folgte einer eingemeißelten Linie. Gleich nebenan befindet sich ein Gebäude, dessen sorgfältige Bauweise sowie Garten und Wachhaus nahe legen, dass es sich um ein Herrscherhaus handelte. Doch der Name des Hauses, Palast der Prinzessin, ist mit Vorsicht zu genießen, denn die Benennung erfolgte durch den Entdecker Hiram Bingham, der überzeugt war, die letzte Inkabastion Vilcabamba vor sich zu haben.

■ Rekonstruiertes Haus mit Dachbedeckung

Was war Machu Picchu wirklich, letzter Zufluchtsort, reine Tempelstätte oder gar der Ursprungsort der Inka? Alles weist heute darauf hin, dass Machu Picchu eine Art autarker Landsitz war, der über Felder und Handwerksstätten zur Selbstversorgung und über zahlreiche Tempelstätten zu Zeremoniezwecken verfügte. Zu den technischen Errungenschaften Machu Picchus gehört die vom Herrschergebäude zur Unterstadt verlaufende Brunnenstraße Amanawasi. Eine gemauerte Wasserrinne führte dort Quellwasser in 16 Becken, an denen, mit Sicherheit bei lebhafter Unterhaltung, Kleidung und Geschirr gereinigt wurden. Hinter der Brunnenstraße erstreckt sich die Unterstadt mit einem Handwerkerviertel und dem Viertel der drei Türen – benannt nach kleinen rechtwinklig angeordneten Hauseinheiten, deren Funktion jedoch unbekannt ist. Diesem Stadtteil vorgelagert ist der Tempel des Kondors; er wurde nach einer aus dem Fels gemeißelten Plastik benannt und fällt durch seine hakenförmig verlaufenden Grundmauern auf. Auf der Höhe des Tempels beginnt der Hauptplatz, der sich über die den ganzen Bergkamm teilende Ebene erstreckt. Dort hielten die Einwohner viele der rund 100 Feste des Inkajahres ab. Die Feste waren ein Ausgleich für das ansonsten harte und vollkommen kontrollierte Leben, das die Inka führen mussten. Jedes Dorf hatte einen genau festgelegten Teil seiner Ernte für Adel und Priester, aber auch für Notleidende zu entrichten. Je zehn Familien unterstanden einem Häuptling, von de-

Der erste Inka, Monco Capac, soll dem Titicacasee entstiegen sein, um die Menschen die Verehrung seines Vaters, der Sonne, zu lehren.

nen wiederum 50 einem Führer unterstanden, und so fort. Unterworfene Völker durften ihre Götter und Häuptlinge behalten, doch hohe Ämter standen nur den eigentlichen Inka, dem Adel aus Cuzco, zu.

■ Die künstlich angelegten Terrassen versorgten die Einwohner von Machu Picchu mit den wichtigsten Nahrungsmitteln.

Vom Hauptplatz führt ein Weg auf die westliche Seite zum vermutlich wichtigsten Sakralplatz, der von drei offenen Tempeln umgeben ist. Der Haupttempel weist einen mächtigen Altar auf, der aus einem 4,3 mal 1,5 Meter großen Monolithen herausgeschlagen wurde. Von diesen Tempeln führt eine Treppe auf einen die gesamte Stätte überragenden Felsen. Aus dessen zwei Meter hohem Gipfel wurde eine Art Skulptur mit Nische, Plattform und einem Finger herausgearbeitet. Ob astronomischer Kalender oder Opferaltar ist bis heute unklar – auf jeden Fall diente das Heiligtum dem Sonnenkult: Blickt man am Tag der Winter- oder Sommersonnenwende an einer bestimmten Stelle stehend über den Finger auf den Gipfel, sieht man genau den Auf- und Untergangspunkt der Sonne. Treffend wird dieser Platz Intiwatana genannt, »wo die Sonne angebunden ist«. Ihr faszinierender Sonnenkult wurde allerdings begleitet von brutalen Opferriten, mit denen die Inka die sie umgebenden, übermächtigen Naturgewalten zu besänftigen suchten. Geopfert wurden ganze Lamaherden, vollständige Ernten ausgewählter Regionen sowie schöne Jungfrauen.

Weder Opferhandlungen für die allmächtige Sonne noch der Gottkönig Atahualpa mit seinen Tausenden selbstbewussten Kriegern, die gerade einen Bürgerkrieg für sich entschieden hatten, zeigten sich einem Haufen von goldgierigen, skrupellosen Spaniern gewachsen. Am 16. November 1532 nahm Francisco Pizarro mit seinen 170 Gefolgsleuten in einem Überraschungscoup Atahualpa gefangen. Sie erpressten Unmengen an Gold, dann richteten sie den Gottkönig trotzdem hin – natürlich nicht ohne ihn vorher von Geistlichen als Ketzer aburteilen zu lassen – und stürzten das gesamte Land ins Chaos. Zu diesem Zeitpunkt war Machu Picchu allerdings bereits aufgegeben und blieb von der zerstörerischen Suche nach noch mehr Gold verschont.

DIE INKA

Rund 200 Jahre beherrschten die Inka als Clan nur die Umgebung ihrer Heimatstadt Cuzco. Erst Pachacuti (1438–1471) ließ sich einer Vision folgend zum König krönen, griff die Nachbarvölker an und eroberte den gesamten Norden Perus. In weniger als 100 Jahren schufen die Inka ein Reich von 4000 Kilometern Länge und 500 Kilometern Breite, in dem mehr als 100 unterschiedliche Völker lebten. Strenge Gesetze und ein Straßennetz von 40 000 Kilometern Länge hielten dieses Reich zusammen.

MACHU PICCHU

FORSCHUNGSGESCHICHTE

Machu Picchu wurde 1912 vom nordamerikanischen Historiker Hiram Bingham wiederentdeckt. Allerdings war der Ort bis zu diesem Zeitpunkt nicht völlig unbekannt. Picho taucht Ende des 16. Jh. in den Wirtschaftsbüchern des Augustinerordens auf, der im Urubamba-Tal eine Hacienda unterhielt. Forschungsreisende im 19. Jh., wie der Italiener Antonio Raimondi, berichteten von der Ruine, ohne sie allerdings selbst gesehen zu haben. Bingham schließlich wollte gar nicht Machu Picchu finden, sondern Fluchtort und letzte Hauptstadt der Inka, das sagenumwobene Vilcabamba. 1911 führte er seine Expedition von Cuzco nach Ollantaytambo, um sich von dort durch das damals noch schwer zugängliche Urubamba-Tal zu arbeiten. Am 23. Juli erzählte ihm der Bauer Melchor Arteaga von wundersamen Ruinen, und am folgenden Tag suchten sie diese auf. Bingham war überwältigt von dem Ort, denn zwischen den überwucherten Felsen ragten Mauern aus »feinstem Inkastein« sowie aus dem Fels geschlagene Altäre hervor. Allerdings lag Machu Picchu nicht ganz verlassen da, einige Bauern hatten sich dort angesiedelt. Als Bingham 1912 mit seinen Grabungen anfing, musste er diese Bauern zunächst umsiedeln. Drei Jahre lang ließ er das Gelände freilegen und dokumentierte seine Arbeit mit 12 000 Photos. Außerdem barg er 220 Silber-, Kupfer- und Bronzeobjekte sowie 550 Keramiken, die er einfach außer Landes brachte. Gold wurde in Machu Picchu nicht gefunden. In den Gräbern stieß Bingham auch auf menschliche Überreste. Von den 135 menschlichen Skeletten, die er fand, waren 109 weiblich. Diese Tatsache gab Anlass zu der Spekulation, Machu Picchu sei bei Ankunft der Spanier eine Zufluchtsstätte für Sonnenjungfrauen aus Cuzco gewesen – für Bingham ein weiterer Beweis, dass er tatsächlich Vilcabamba gefunden hatte. Doch nachfolgende Archäologen fanden Hinweise darauf, dass die Inka diesen Ort zur Zeit der Eroberungen schon verlassen hatten. Anhand der Steinbearbeitung wurde seine Entstehung auf die Zeit um 1450 datiert. Vermutlich ließ sich der Inkakönig Pachacuti diese autarke Winterresidenz erbauen. Die größte Leistung in Machu Picchu sehen der amerikanische Ingenieur Kenneth Wright und der peruanische Archäologe Alfredo Valencia Zegarra in der Anlage der Stadt selbst. Mit Werkzeugen aus Holz, Stein und Bronze ebneten die Inka das Gelände ein, legten Entwässerungskanäle an und errichteten aus vorhandenen Materialien massive Stützmauern, die die Stadt seit über 500 Jahren vor Erosionen schützen. Selbst der Ansturm von bis zu 1000 Touristen täglich kann der Ruine nichts anhaben. 500 Jahre nach Untergang des Inkareiches werden in den schwer zugänglichen Anden noch immer Entdeckungen gemacht – zuletzt die südwestlich von Machu Picchu gelegene Inkastadt Corihuayrachina.

EMPFEHLUNGEN

Lesenswert:

Jakob Wassermann: *Das Gold von Caxamalca*, Stuttgart 1971

Pablo Neruda: *Ich bekenne, ich habe gelebt*, Darmstadt 1979

Catherine Julien: *Die Inka*, München 1998

Rolf Seeler: *Peru und Bolivien, Indianerkulturen, Inka-Ruinen und barocke Kolonialpracht der Andenstaaten*, Köln 2001

Karin Muller: *Entlang der Inka-Straße*, München 2002

Mario Vargas Llosa: *Die Anden*, München 2002

Sehenswert:

Der Untergang des Sonnenreiches (The Royal Hunt of the Sun). Regie: Irving Lerner; mit Robert Shaw, Christopher Plummer, Nigel Davenport. GB 1969

Anklickenswert:

Informationen und Links zum Schutz der Stätte von Machu Picchu: www.mpicchu.org/

AUF DEN PUNKT GEBRACHT

Trotz steigender Besucherzahlen bleibt Machu Picchu vor seinem grandiosen Andenpanorama das Symbol für eine untergegangene Kultur am Rande der Welt.

Atlantis

Mythische Stätte der Urgeschichte (angeblich bis 9500 v. Chr.)

»Aber welcher Teil der Erdkugel war hier in einer Katastrophe untergegangen? Wer hatte diese Felsen in Stein wie Dolmen der Frühzeit aufgehäuft? Wo war ich, wohin hatte mich die Laune Kapitän Nemos entführt?«

Jules Verne, *Zwanzigtausend Meilen unter dem Meer*

Es gibt eine antike Stätte, die mit ihrer Präsenz in der weltumspannenden Mediengesellschaft, in Zeitschriften, TV-Beiträgen, besonders jedoch im Internet alle anderen weit in den Schatten stellt: der versunkene Inselstaat Atlantis, eine frühe Hochkultur, die durch eine Naturkatastrophe spurlos verschwand. Über keine andere antike Stätte wird so viel gerätselt, diskutiert und publiziert. Keine andere Stätte ist so allgegenwärtig wie Atlantis, das seit Jahrhunderten an den unterschiedlichsten Stellen rund um den Globus lokalisiert worden ist.

Es existiert tatsächlich nur eine »zuverlässige« Quelle: die Atlantiserzählungen des griechischen Philosophen Platon aus dem frühen 4. Jahrhundert v. Chr. In seinen fiktiven Dialogen *Timaios* und *Kritias* treffen sich der Philosoph Sokrates, der athenische Staatsmann und Dichter Kritias, der attische Politiker Solon sowie der syrakusanische Feldherr Hermokrates. Sie führen ein Gespräch vom Vortag über den Staat fort, und Platon lässt Solon von einer Begegnung mit ägyptischen Priestern erzählen, die ihr Wissen über urzeitliche Hochkulturen weitergaben. Die ägyptische Priesterschaft habe von einem vor 9000 Jahren existierenden Ur-

■ Seit Platons Erzählung vom untergegangenen Atlantis hat dieses sagenhafte Land immer aufs Neue die Phantasie der Menschen beflügelt: *Atlantis*. Gemälde von Carl Laubin

Athen gesprochen, dessen staatliche Einrichtungen merkwürdigerweise in den Grundzügen genau mit dem von Sokrates entfalteten Gemeinwesen übereinstimmten. Zur gleichen Zeit (heute vor über 11 500 Jahren), so die Priester, lag die Insel Atlantis, die größer war als das damals bekannte Asien und Afrika zusammen genommen, jenseits der Säulen des Herakles, der Meerenge von Gibraltar, in dem Ozean, der heute Atlantik heißt. Die imposante Hauptstadt dieses Inselreiches war von schiffbaren Ringkanälen umgeben, die von roten, weißen und schwarzen Steinmauern umgrenzt waren. In der Königsburg stand ein silberüberzogenes Heiligtum, das dem Poseidon geweiht war. Die Menschen lebten im Überfluss, und die Herrscher fügten sich der göttlichen Ordnung. Doch als Egoismus und Begierde sich in den Köpfen der Menschen einnisteten, begann Atlantis zu degenerieren. Es zog in einen großen heroischen Kampf gegen Ur-Athen und wurde besiegt. Erdbeben ließen die gesamte Insel Atlantis später im Meer versinken, und das fabelhafte Ur-Athen ging durch eine gewaltige Sintflut unter. Platon schloss mit einer Ermahnung an seine Athener Mitbürger, sich vor ähnlichem Übermut und vor Dekadenz zu hüten, weshalb die Geschichte als Lehrstück verstanden wird.

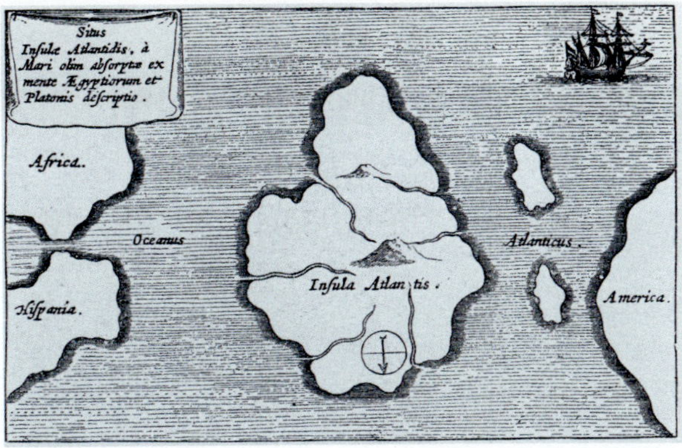

■ Athanasius Kirchner siedelte in seinem Kupferstich aus dem 17. Jahrhundert Atlantis zwischen den eng beieinander liegenden Kontinenten Afrika und Amerika an.

Doch bereits in der Antike glaubten Gelehrte an die Existenz von Atlantis; so spekulierte der römische Gelehrte Plinius der Ältere, Atlantis müsse im südspanischen Gades, dem heutigen Cádiz, gelegen haben. In der Folgezeit wurde Atlantis, die Stadt aus der Urgeschichte menschlicher Zivilisation, stets in den Horizont der jeweiligen neuesten Ideen und Entdeckungen hineinprojiziert. In der frühen Neuzeit beschworen Philosophen und Schriftsteller Atlantis zum utopischen Gegenentwurf sowohl des absolutistischen Staats Ludwigs des XIV. als auch des aufkeimenden Kapitalismus. Im sich anschließenden Zeitalter der Entdeckungen meinten Gelehrte immer wieder in eben entdeckten Ländern und untergegangenen Städten Spuren von Atlantis zu erkennen.

Als Kolumbus Amerika entdeckte, glaubten viele, es handele sich um das verlorene Atlantis. Als Portugiesen im 16. Jahrhundert im Dschungel von Kambodscha die Tempelruinen von Angkor Wat sahen, meinten sie, Atlantis vor sich zu haben. Im Zeitalter der totalitären Ideologien des 19. und 20. Jahrhunderts mutierte

»Es scheint, dass die Leser vieler Jahrhunderte in Platons Text etwas gefunden haben, das in offiziellen Chroniken, in beglaubigten Landkarten spürbar und beunruhigend fehlt.« Martin Roda Becher

■ Die Ente Gertrud wies der Expedition in der Jules-Verne-Verfilmung *Reise zum Mittelpunkt der Erde* den Weg zum sagenumwobenen Atlantis.

Atlantis zur Ursprungsstätte überlegener Kulturen, Geheimlehren und Rassen. Im wissenschaftlichen Zeitalter meinen Archäologen und Bestseller-Autoren immer wieder, geographische und archäologische Indizien für die Existenz von Atlantis zu entdecken. Verstärkung erhalten sie von Hobbyarchäologen, die ihrerseits längst Profimittel wie Satellitenbilder, Auswertungen wissenschaftlicher Grabungsergebnisse sowie Analysen von Texten aus allen Weltkulturen einsetzen.

Die Suche nach der mythenumwobenen Stadt ist zu einer Art Volkssport geworden. Für jede wiederlegte Atlantistheorie entstehen zwei neue, und so füllen sich Meere und Küstenstreifen unseres Globus immer dichter mit Punkten, an denen Atlantis gelegen haben soll. Atlantik- und Mittelmeerraum sind übersät mit Markierungspunkten. Atlantis wurde auch in Marokko, Nigeria und auf Madagaskar lokalisiert. In Asien boten sich vor allem Sri Lanka und Angkor Wat an, in Südamerika Tiahuanaco. Sogar in Texten von Hopi-Indianern existieren Stellen, so meinen einige Autoren, die belegen, dass die Indianer um die Existenz von Atlantis wussten. Und nicht zuletzt das Bermuda-Dreieck in der Karibik bietet sich als Ort des Untergangs von Atlantis an. Nur die Südsee scheint bis heute frei von Atlantislokalisierungen zu sein.

Ein historisches Atlantis hat es mit allergrößter Wahrscheinlichkeit nie gegeben. Doch es ist zu einem bedeutenden kulturgeschichtlichen Phänomen geworden. Je technisierter unsere Welt wird, umso mehr scheinen sich die Menschen nach einem mythischen Ursprungsland, in dem alles gut war, zu sehnen. Martin Roda Becher nennt die schmerzliche Sehnsucht nach Atlantis »die offenbar unauslöschliche Erinnerung an eine Katastrophe in der Naturgeschichte der Zivilisation«. Die Atlantissage bietet vor einem minimalen historischen Hintergrund maximale Projektionsmöglichkeiten – beinahe alles ist vorstellbar: das geht von einer nordischen Kultur auf Grönland bis hin zur Kultstätte im südamerikanischen Dschungel, von Rudolf Steiners weisen Atlantikern bis hin zu virtuellen Zukunftsphantasien im Cyberspace. Damit erfüllt Atlantis vermutlich genau die Rolle, die Platon ihm eigentlich zugedacht hat: nämlich einen Gegenentwurf zur realen Welt darzustellen.

Die Faseleien über die Insel Atlantis verstummen nicht, und die Narren werden nicht aufhören, sie ebenso zu suchen wie die Insel der Kalypso, von der schon Homer gesagt hat, dass nicht einmal die Götter auf ihr verkehren.

So spottete der Gelehrte Ulrich von Wilamowitz in den 1920er Jahren

ATLANTIS

GESCHICHTE EINER LEIDENSCHAFTLICHEN SUCHE

Im 5. Jh. v. Chr. schrieb Platon seine Atlantiserzählung in den beiden Dialogen *Timaios* und *Kritias* nieder; Letztere bricht mitten im Satz ab, ob beabsichtigt oder nicht ist unklar. Und schon in der Antike versuchten Gelehrte, Atlantis zu finden. In der Renaissance entstand in Florenz eine platonische Akademie, deren Mitglieder an die Realität von Atlantis glaubten. 1475 erstellte der italienische Kartograph Toscanelli nach Platons Angaben eine Weltkarte mit zahlreichen Inseln im Atlanik, die Kolumbus bei seiner Suche des Seewegs nach Indien benutzte. Später wurde Amerika mit Atlantis gleichgesetzt – so vom Dominikanermönch und ersten Historiker Alt-Amerikas Bartolomé de las Casas. Die Utopisten, als erster Thomas Morus 1516 in seiner *Utopia*, knüpfen an Platon an, indem sie über die Beschreibung eines fernen Landes Kritik an den herrschenden Verhältnissen übten. Andere Gelehrte dagegen suchen Atlantis weiterhin in der realen Welt. Um 1700 erklärte der Schwede Olof Rudbeck, die Goten seien Nachfahren der Atlanter und Uppsala sei Atlantis gewesen. Anfang des 19. Jh. sah der französische Offizier Bory de St. Vincent in den Kanaren die Relikte des untergegangenen Atlantis. 1882 lokalisiert der amerikanische US-Abgeordnete Ignatius Donnelly Atlantis in den Azoren; sein Buch *Atlantis – die vorsintflutliche Welt* wurde ein Bestseller und läutete das Zeitalter der Hobbyforscher ein. Ende der 1930er Jahre verband der griechische Archäologe Spyridon Marinatos den Ausbruch des Vulkans Thera auf der Kykladen-Insel Santorin mit dem Untergang der minoischen Kultur und knüpfte daran die Atlantiserzählung. Zur gleichen Zeit lokalisierte der NS-Wissenschaftler Hermann Wirth Atlantis in der nördlichen Arktis; in der Folge glaubten die Nationalsozialisten, die gesamte abendländische Kultur müsse im Norden entstanden sein, und instrumentalisierten zeitgenössische archäologische Forschungen für ihre Zwecke. In den 1950er Jahren wärmte der Bordelumer Pastor Jürgen Spanguth die Theorie, Helgoland sei Atlantis, wieder auf und forschte mit einem umgebauten Kutter im Umkreis der Insel. In den 1970er Jahren ortete der Mystery-Autor Charles Berlitz Atlantis in der Karibik. Auf dem Meeresboden in der Nähe der Bermudas und der Bahamas wurden Gesteinsformationen entdeckt, die zunächst als künstlich galten, sich aber als natürlich herausstellten. Kaum graben Wissenschaflter seit 1989 wieder in Troia und veröffentlichen Pläne über die neuentdeckte bronzezeitliche Unterstadt mit einem sie umgrenzenden Graben, da schlussfolgerte der Geoarchäologe Eberhard Zangger 1992, dass Troia Atlantis sei. Doch der freigelegte Graben der Unterstadt kann nicht der Ringkanal von Atlantis gewesen sein. Der direkt in den Fels geschlagene, drei Meter breite und eineinhalb Meter tiefe Graben wurde nicht auf gleichem Niveau gehalten, enthielt also kein stehendes Wasser. Schließlich erklärten im Jahre 2002 griechische Archäologen, dass Platon mit der Beschreibung von Atlantis eine Seebefestigung vor Athens Hafen Piräus gemeint habe.

AUF DEN PUNKT GEBRACHT

Ob es Atlantis wirklich gegeben hat oder nicht – als kulturgeschichtliches Phänomen ist es in hohem Maße real.

WISSENSWERTES

Litrerarischer Ort
1841 ortete T. H. Martin rund ein Dutzend Schriften zum Thema, 1969 schätzte John Victor Luce, es gebe 2000 Publikationen zu Atlantis, 1989 waren es – nach der Schätzung von Burkhard Brentjes – 20 000 Werke. Das Internet setzt neue Maßstäbe, die Ortung der Suchmaschine Altavista zeigte im Herbst 2002 tatsächlich 822 376 Websites zum Stichwort Atlantis.

Lesenswert:

John Victor Luce: *Atlantis, Legende und Wirklichkeit*, Bergisch Gladbach 1980

Burkhard Brentjes: *Atlantis, Geschichte einer Utopie*, Köln 1994

Martin Roda Becher (Hg.): *Geschichten von Atlantis*, Darmstadt 1986

Jules Verne: *20 000 Meilen unter dem Meer*, Zürich 1976

Sehenswert:
Reise zum Mittelpunkt der Erde. (Journey to the Center of the Earth). Regie: Henry Levin; mit James Mason, Arlene Dahl, Pat Boone. USA 1959

DAS UNESCO-WELTERBE

Um das Kultur- und Naturerbe der Menschheit zu schützen, hat die UNESCO 1972 das »Internationale Übereinkommen zum Schutz des Kultur- und Naturerbes der Welt« verabschiedet, das inzwischen 172 Staaten unterzeichnet haben. Zum Kulturerbe gehören unter anderem Baudenkmäler, Städteensembles und Kulturlandschaften, aber auch Industriedenkmäler und Felsbilder.
Über Neuanträge der Unterzeichnerstaaten wird einmal jährlich vom UNESCO-Welterbekomitee entschieden. Dieses Komitee, bestehend aus 21 jeweils für sechs Jahre gewählten Vertretern der Mitgliedstaaten, prüft, ob eine Stätte die erforderlichen Kriterien der »Einzigartigkeit« und der »Authentizität« (historische Echtheit) erfüllt und ob ein überzeugender Erhaltungsplan vorliegt.
Mit der Benennung von Kultur- und Naturerbestätten für die UNESCO-Liste verpflichten sich die betreffenden Staaten, diese durch gesetzliche, technische und andere Schutzmaßnahmen langfristig zu erhalten. Staaten, die über geringe Mittel verfügen, werden bei der Erhaltung ihres Welterbes von der Völkergemeinschaft unterstützt.

Folgende Stätten in diesem Band zählen zum Weltkulturerbe:

Nordwesteuropa
Grotte von Lascaux
Stonehenge

Südeuropa
Tempel von Gigantija und das Hypogäum von Hal Saflieni auf dem Malta-Archipel
Mykene
Delos
Olympia
Delphi
Epidaurus
Akropolis von Athen
Pompeji
Paestum

Kleinasien
Troia
Kappadokien
Kommagene

Naher Osten
Palmyra
Petra
Persepolis

Ägypten
Pyramiden von Giseh und Sakkara
Theben und seine Totenstadt

Afrika
Karthago
Lehmbau-Moscheen von Timbuktu und Djenne

Asien
Gandhara
Tempelbezirk von Hampi
Mamallapuram
Sigiriya
Angkor Wat
Borobudur
Chinesische Mauer

Amerika
Teotihuacan
Palenque
Machu Picchu

BEGRIFFSREGISTER

Auf den Seiten, die **fett** gekennzeichnet sind, findet sich eine ausführliche Erläuterung des jeweiligen Begriffs.

Agora 58, **131**, 137
Altis **60**, 63, 65
Architrav 60
Avatar 228
Bouleuterion **129**, 134, 137
Branchiden **142**, 143
Bundeslade 169, 170, **171**
C-14-Verfahren **19**, 21, 37
Cella 57, **60**, 61, 86
Dolmen 20
Dorische Ordnung 57, **60**, 85, 86, 137
Drachenboote 31
Fries **60**, 65, 67, 127
Geison 60
Große Mannsdränke 37
Hinduismus 222, **231**, 247
Horgener Kulturkreis 15, **17**
Hypogäum 93
Idol 111, **113**
Ionische Ordnung **86**, 141
Korinthische Ordnung **75**, 130, 172
Lehmbau **215**, **216**, **219**, 253, **254**, 255
Magnetometeruntersuchungen 21, 113, **121**
Mahayana-Buddhismus 249
Mandala 247
Mastaba 184
Matriarchat 41, **111**
Megalithkulturen **20**, 43
Menhire 20
Metopen **60**, 65, 85, 87
Mumien 197
Mykenische Burgen 50
Nandi 234
Obelisk 21, 189, **190**
Obsidian 263, **265**
Peristyl **104**, 105
Portikus 59, **102**, 172
Propyläen 72
Pylon 188, 189, 192, **195**
Pythia **67**, 68, 69, 70
Ratha **231**, 233, 235
Ringtempel 18
Rote Khmer 240, 241, **243**, 245
Sieben Weltwunder 62, 128, 132, 162, **186**, 203
Sondage **105**, 165
Stele **148**, 152
Stoa 57, **73**, 131, 137
Stupa 220, 222, 237, 247, **248**, 249, 250
Stylobat 60
Tholos 66, **172**
Triglyphen **60**, 85, 87
Trilithon **19**, 38, 40
Tumuli 56, **91**, 93
Wattarchäologie 36

ORTSREGISTER

Die Namen der Stätten, denen ein eigener Artikel gewidmet ist, sind **fett** hervorgehoben.

Aalen 25
Abu Simbel 88
Ai Khanoum 220, 221
Akkad 154, 156
Al-Aksa-Moschee s. Tempelberg
Alexandria 125, 172, **200–205**, 222
Allat-Tempel s. Palmyra
Angkor Thom 242, 244, 245
Angkor Wat 240–245, 279, 280
Anuradhapura 236, **237**, 238
Apollon-Heiligtum s. Delphi
Arsameia 152, 153
Athen 77, 89, 136
Athen, Akropolis 57, **78–83**
– Nike-Tempel 79, 83
– Parthenon 80, 81, 82, 83
– Erechtheion 80, 81, 82, 83
Atlantis 278–281
Attersee 17
Ayodhya 235
Babylon 160–163, 186
Bad Hönningen 23
Bakong 241
Baktra 220, 223
Balkh s. Baktra
Bamiyan 222, 223
Basilica des Konstantin und des Maxentius s. Rom
Basilica Iulia s. Rom
Begram 221, 223
Bel-Tempel s. Palmyra
Bergama 122, 125
Berlin 65, 127, 139, 161
Bhir Mound 221
Bodensee 17
Böotien 67
Borobudur 246–251
Brochtorff-Steinkreis s. Malta-Archipel
Buchau 16, 17
Castrum Biriciana 25
Çatal Höyük 108–113
Cerveteri 90–95
Chauvet 13
Cheops-Pyramide s. Giseh
Chephren-Pyramide s. Giseh
Chichen Itza 267
Chinesische Mauer 252–255
Chios 68
Corihuayrachina 277
Cuzco 272, 276, 277
Dardanellen 118
Daschur-Pyramiden s. Giseh
Deir-el-Bahari s. Theben-West
Delos 56–59, 79
Delphi 60, **66–71**
– Apollon-Heiligtum 66, 68, 69, 71
– Marmaria-Heiligtum 66
– Stadion 70
– Theater 69
Didyma 140–143
Djinger-ber-Moschee s. Timbuktu
Djoser-Pyramide s. Giseh
El Mirador 267
Ephesos 114, 123, 125, **128–133**, 142
Epidauros 72–77
Erechtheion s. Athen
Federsee, »Pfahlbausiedlungen« 14–17
Felsendom s. Jerusalem
Fiavé 17
Font-de-Gaume 13
Gandhara 220–223
Genua 213
Giseh und Sakkara, Pyramiden 180–187
– Cheops 180, 181, 186, 187
– Chephren 180, 181, 182, 187
– Daschur 183
– Djoser 187
– Mykerinos 181
Göreme 144, 145, 149, 150
Gymnasium 60, 64 s. Olympia
Hadrianswall 22, 26
Haithabu 28–33
Halikarnassos 138, 186
Hera-Tempel s. Olympia
Herculaneum 106, 107
Hermannsdenkmal 27
Hindukusch 220, 221, 222
Hirsalikhügel 114, 117, 120
Hypogäum von Hal Saflieni s. Malta-Archipel
Isthima 70
Jadetor 255
Jericho 110
Jerusalem, Tempelberg 168–171
– Al-Aksa-Moschee 168, 170
– Felsendom 168, 170
– Klagemauer 168, 170, 171
– Tempel des Herodes 169, 171
– Tempel des Salomo 168, 169, 171
Kadesch 160
Kairatos-Tal 45
Kairo 180, 197, 199
Kal'at ihn Ma'an s. Palmyra
Kappadokien 144–149
Karakus, Königsgräber von 152
Karnak und Luxor, Tempel 188–193
Karthago 206–213
Kato Zakros 44
Kephala-Hügel 44, 49
Kirche des Heiligen Kosmas und Damian s. Rom
Kisch 154
Klagemauer s. Jerusalem
Knossos 44–49
Kommagene 150–153
Konstantinopel 69
Konya 108
Korinth 77, 79
Korinth, Golf von 66, 70
Kos 77
Kreta 44, 45, 47, 48, 49
Kronos-Hügel 60, 61
Kroton 88
Kykladen 44, 56
Lascaux, Grotte 10–13
Les Trois Frères 13
Libysche Wüste 180
Limes 22–27
Machu Picchu 272–277
Madurai 230, 235
Malia 44
Malta-Archipel, Megalithkulturen 38–43
– Brochtorff-Steinkreis 41, 43
– Hypogäum von Hal Saflieni 38, 43
– Tempel von Gigantija 41, 43
– Tempel von Hagar Kim 39, 43
– Tempel von Mnaidra 38
– Tempel von Tarxien 41, 43
Mamallapuram (Mahabalipuram) 230–235
Marmaria-Heiligtum s. Delphi
Memnon-Kolosse s. Theben-West
Milet 89, 135, 140, 142
Mykene 50–55, 65
Mykerinos-Pyramide s. Giseh
Nabu-Heiligtum s. Palmyra
Neapel 89, 104, 105
Nemea 70
Nemrud Dag 150, 151, 152, 153
Nike-Tempel s. Athen
Nil 180, 183, 184
Nordhever 36, 37
Oblia 135
Olympia 60–65, 74, 80, 87, 127, 186, 224
– Gymnasium 60, 64

– Hera-Tempel 61
– Stadion 63
– Zeus-Tempel 60, 62, 64, 65
Paestum 84–89
Palenque 266–271
Palmyra 164–167
– Allat-Tempel 166, 167
– Bel-Tempel 165
– Kal'at ihn Ma'an 166, 167
– Nabu-Heiligtum 165, 167
Panayir 128, 129, 133
Paris 190
Parthenon s. Athen
Peche Merle 13
Peloponnes 44, 46, 50, 60, 65, 72
Pergamon 57, 77, 114, **122–127**
Persepolis 176–179
Petra 172–175
– Qasr el-Bint 174
Phaistos 44
Pharos 186, 200, 201, 202, **203**
Phnom Bakheng 241
Phyrros 88
Piräus 135
Pirnabasi 120
Pisa 213
Pompeji 102–107, 138
Porta Westfalica 22
Prescelley Mountains 20, 21
Priene 134–139
Qasr el-Bint s. Petra
Raetien 22, 23
Raqqa 166
Ramesseum s. Theben-West
Rhenia 58
Rhodos 186
Rom 77, 90, 208, 222
Rom, Forum Romanum 96–101,
– Basilica Iulia 99
– Basilica des Konstantin und des Maxentius 100
– Kirche des Heiligen Kosmas und Damian 100
– San Lorenzo in Miranda 100
– Septimus-Severus-Bogen 98
– Tempel des Antonius und der Faustina 100
– Tempel des Castor und des Pollux 99
– Tempel der Concordia 98
– Tempel des Saturn 98
– Tempel des Vespasian 98
– Tempel der Vesta 99
– Titusbogen 98
Rungholt 34–37
Salamis 69, 79
Salisbury 18, 21
San Lorenzo in Miranda s. Rom
Sankore-Moschee s. Timbuktu
Santorin 49, 281
Schlei 28, 33
Seahenge 21
Seidenstraße 164, 220, **222**, 255
Septimus-Severus-Bogen s. Rom
Shaanxi 259
Sigiriya 236–239
Smyrna 125
Sparta 67, 79
Stadion s. Olympia
Stadion s. Delphi
Stonehenge 18–21
Südfall, Hallig 34, 35
Sumer 154, 156
Sybarius 88
Tadmor 164, 167
Takht-I-Bahi 222
Takla-Makan 222, 223
Tarim 215
Tarquinia 95
Taxila 220, 223
Tempel der Concordia s. Rom
Tempel des Antonius und der Faustina s. Rom
Tempel des Castor und des Pollux s. Rom
Tempel des Herodes s. Jerusalem
Tempel des Salomo s. Jerusalem
Tempel des Saturn s. Rom
Tempel des Vespasian s. Rom
Tempel der Vesta s. Rom
Tempel von Gigantija s. Malta-Archipel
Tempel von Hagar Kim s. Malta-Archipel
Tempel von Mnaidra s. Malta-Archipel
Tempel von Tarxien s. Malta-Archipel
Teotihuacan 260–265
Terrakotta-Armee 256–259
Theater s. Delphi
Theben 79, 193
Theben-West, Totentempel und Pharaonengräber 194–199
– Deir-el-Bahari 196
– Memnon-Kolosse 195
– Ramesseum 195, 196
Tikal 264, 267, 268, 270
Timbuktu und Djenne, Lehmbau-Moscheen 214–219
– Djinger-ber-Moschee 215, 217, 219
– Sankore-Moschee 215
Titusbogen s. Rom
Toskana 95
Troia 28, 44, 54, 65, 83, **114–121**, 224, 281
Ur 154–159, 160
Uruk 154, 160
Vézère, Tal der 10, 11, 13
Vijayanagar/Hampi 224–229
Vilcabamba 275, 277
Vulci 95
Woodhenge 21
Xi'an 222, 256, 259
Zeus-Tempel s. Olympia

NAMENSREGISTER

Mythische Personen sind *kursiv* gesetzt. Auf den Seiten, die **fett** gekennzeichnet sind, findet sich eine ausführliche Erläuterung zu der jeweiligen Person.

Abd al-Malik 170
Abd ar-Rassul 199
Abdulhak, Selim 167
Achaimenes 178
Achill 114, 116
Aeneas 118
Aeppli, Johannes 17
Agamemnon 51, 52, 65
Agni 233
Agrippa 131
Agum Kakrime 160
Ahmose 199
Ahpo-Hel 267
Ahura Masda 177
Aibak, Qutbuddin 229
Aigisthos 51, 52
Aischylos 54
Alcubierre, Rocque Joaquin de 107
Alemannen 26
Alexander der Große 58, 114, 118, 122, 131, 136, 138, 142, 151, 153, 160, 162, 176, 178, 200, 201, 204, 205, 221, 223
Al-Hasani, Emir Jafa 167
Al-Uzza 173, 175
Amenemhet I. 187
Amenemhet III. 187
Amenophis II. 188
Amenophis III. 196, 199
Amenophis IV. 192
Amun 189, 190, 191, 192
Amun-Re 190, 191
Ananda 221
Ananda-Sthavira 239

Antigonos 204
Antiochos I. 150, 151, 152, 153
Antiochos III. 152
Antonius Pius 23
Anubis 194
Aphrodite 175
Apollon 56, 57, 58, 59, 66, **67**, 68, 69, 72, 105, 130, 141, 142, 151, 222
Appian 153
Arcadius 129
Ariadne 45
Artaxerxes I. 178
Artaxerxes II. 178
Arteaga, Melchior 277
Artemis 51, 56, 58, 59, 130, 132, 142
Artus 21
Ashoka 220, 221
Asklepios **72**, 73, 74, 75, 77
Assyrer 153
Atahualpa 276
Athene 79, 80, 81, 82, **83**, 114, 118, 139
Aton 192
Atreus 51, 52, 54, 65
Atriden **51**, 54
Attaliden 57, 122
Attalos III. 125
At-Tartûschi 33
Aubrey, John 18, 21
Augustinus 207
Augustus 71, 96, 97, 98, 99, 125, 131, 139
Avennes, Prisse d' 193
Azteken 260
Baal (Bel) 161, 165
Bacchus 102
Balanos, Nikolas 83
Bankes, William 175
Barley, Nigel 247
Barth, Heinrich 147, 149, 216, 219
Batres, Leopoldo 265
Beduinen 184
Bellefondes, Louis Linant de 175
Belzoni, Giovanni 187, 189
Berlington, Graf 101
Berlitz, Charles 281
Beschauouch, Azedine 213
Bey, Osman Hamdi 153
Bingham, Hiram 275, 277
Blegen, Carl William 121
Blom, Frans 271
Boetius, Matthias 34
Boni, Giacomo 101
Bounni, Adnan 167
Boyle, Richard 101
Brahma 233
Breuil, Henri 13
Bruce, James 199
Bruce, Thomas (Lord Elgin) 83
Buddha **220**, 221, 222, 223, 237, 247, 248, 249, 250, 251
Bukka 225, 229
Bulwer-Lytton, Edward 105
Burckhardt, Johann Ludwig 175
Busch, Andreas 35, 36, 37
Byron, Lord 70, 83
Caesar, Julius 22, 26, 71, 96, 97, 98, 99, 100, 139, 202, 207
Caillié, René 214, 219
Calvert, Frank 120
Campana, Marquis 95
Carandini, Andrea 101
Carnavon, Lord 199
Carter, Howard 194, 199
Casas, Bartolomé de las 281
Catherwood, Frederick 271
Cato 208
Ceres 102
Chalchiutlicue 262, 265
Champollion, Jean-François 193, 199
Chan-Bahlum II. 268
Chandler, Richard 65
Charnay, Désiré 269
Chateaubriand, François 100
Cheops 185, 186, 187
Chephren 186, 187
Choiseul-Gouffier, Marie-Gabriel-Auguste-Florent 83, 120
Chons 191
Claudius 26
Commaille, Jean 245
Conze, Alexander 127
Cruz, Arnoldo González 271
Curtius, Ernst 55, 65, 127
Cyriacus von Ancona 59, 101
Dareios I. (der Große) 79, 151, 176, 177, 178, 179, 221
David 170, 171
Deinokrates 200
Dennis, George 95
Denon, Vivant 188
Dhatusena 236, 239
Diaz, Porfinio 265
Diokletian 97, 203
Dionysos 136, 175, 202
Djoser 184, 185, 187
Djuder 219
Dodwell, Edward 65
Domaszweski, Alfred 175
Domitian 98
Donnelly, Ignatius 281
Doria, Andrea 213
Dörner, Friedrich Karl 153
Dörpfeld, Wilhelm 65, 117, 121, 127
Duerr, Peter 37
Durga 231
Duskara 175
Echnaton 192
Elektra 51
El-Falaki, Mammud 205
Empereur, Jean-Yves 205
Ephesia 130, 131
Erechtheus 82
Erp, Theodor van 251
Etrusker 88, 90, 91, 92, **95**, 99
Eumenes II. 123
Euripides 63
Europa 45
Eurymedon 52, 54
Evans, Arthur 44, 46, 48, 49
Fea, Carlo 101
Finkelstein, Israel 169
Fiorelli, Giuseppe 107
Flaubert, Gustave 181, 209, 210, 212
Fortuna 102
Foucher, Alfred 223
Friedell, Egon 53, 81
Gaia 53, 67
Galassi, V. 95
Galater 122, 127
Gamio, Manuel 265
Ganesha 227
Gao Lü 252, 254
Gaudí, Antoni 147, 172
Gell, William 65
Georg I. 54
Germanen 22, 26
Germanicus 22
Goddio, Franck 205
Goell, Theresa 153
Goethe, Johann Wolfgang 84, 89
Goodman, James 245
Goten 97, 99, 101, 131
Göttrik 33
Goytisolo, Juan 146
Groslier, Bernard-Philippe 245
Grünwedel, Albert 223
Guzzo, Pietro Giovanni 107
Hadrian 23, 71, 125, 126, 131, 140, 169
Hamilton, William J. 149
Hammurapi 160
Hannibal 208, 209
Hanßelmann, Christian Ernst 27
Haremhab 192
Harihara 225, 229
Harun al Raschid 166
Hatschepsut 189, 196, 197
Hawking, Gerald 21
Hedin, Sven 223
Heimreich, Anton 35
Hektor 114, 116, 121
Helena 51, 116
Hemokrates 278
Hera 58, 85
Herakles 71, 151
Heraklit 69
Herkules 102
Herodes 169, 170
Herodot 48, 143, 160, 187
Herostrat 132
Herzfeld, Ernst 179
Hethiter 117, **118**, 149, 160
Hippias 79
Hippodameia 65
Hippodamus von Milet 135
Hippokrates 74
Hodder, Ian 113
Homer 63, 116, 117, 118
Homolle, Théophile 71
Horus 183
Hueber, Friedmund 133

Humann, Carl 125, 127, 133, 138, 139, 153
Humboldt, Alexander von 265
Huntingdon, Heinrich von 21
Hussein, Saddam 162, 163
Iacovleff, Alexandre 223
Ibbisin 158
Ibn Battuta 219
Imhotep 184
Indra 233
Inka 272, 273, 275, **276**
Iphigenie 51
Irby, Charles 175
Isbierra 158
Ischtar 161
Isis 173, 175, 182, 184, 198
Jacq, Christian 182
Jahwe 171
James I. 21
Jankuhn, Herbert 33
Jason 71
Jayavarman VIII. 240, 242
Jesus Christus 145, 168, 170
Jones, Inigo 21
Josephus Flavius 153, 162
Julianus 71
Jupiter 151
Justitian 129
Kahn, Amanullah 223
Kallikrates 79
Kalokerinos, Minos 49
Kankan Musan 214, 217
Kanisha 222
Karl III. 89
Karl V. 213
Karthager 95
Kashyapa 236, 237, 238, 239
Kassandra 54
Kästner, Erhart 58
Kavvadias, Panagiotis 77, 83
Kazantzakis, Nikos 47, 54
Keller, Ferdinand 17
Kelten 90
Kenyon, Kathleen 171
Kisch, Egon Erwin 262
Kleisthenes 79
Kleopatra 125, 128, 200, 202, 204, 205
Klotz, Heinrich 109
Klytämnestra 51, 52
Knackfuß, Hubert 143
Koch, Alexander 259
Koenigs, Wolf 139
Koios 58
Koldewey, Robert 163
Kolumbus 279, 281
Konstantin 100
Korfmann, Manfred 121
Krishna 233, 242
Krishnadeva Raya 226
Kritias 278
Kroisos 68, 128, 131, 141
Kundya 239
Kyros 136, 178
Laborde, Graf Léon de 175
Laing, Alexander Gordon 219
Lanciani, Rodolfo 101
Lawrence, D. H. 90, 93, 95
Legrain, G. 193
Lepsius, Karl Richard 187
Leroi-Gourhan, André 13
Leto 58, 67, 142
Lhuillier, Alberto Ruz 271
Libby, Willard Frank 19
Liliencron, Detlev von 35
Loubat, Herzog von 59
Ludwig XIV. 279
Lukaner 88
Lyder 149, 178
Lysimachos 123, 129, 131
Mahabali 235
Maiurius, Amedeo 107
Maler, Teobert 271
Malinke 219
Mangles, James 175
Marchal, Henri 245
Marco Polo 223
Marduk 161, 162
Maria 130
Marinatos, Spyridon 281
Mark Anton 125, 202, 204
Mars 99, 151
Maspéro, Gaston 193
Maudslay, Alfred 271
Maxentius 100
Maya 264, 266, **267**, 268, 269, 270, 271
Mazaios 131
Mejer, Johannes 37
Mellaart, James 108, 113
Menelaos 48, 51
Mengarelli, R. 95
Mengjiang 253, 254
Mentuhotep I. 187
Mentuhotep II. 187
Mentuhotep III. 187
Merkur 102, 151
Michaux, Henri 232
Migara 236, 239
Miltner, Franz 133
Minke, Gernot 216
Minoer 46, 47, 48
Minos 44, 45, 48, 49
Minotaurus 45, 46
Mithridates 131
Mithridates I. 152
Mithridates II. 152
Moggallana 236, 237, 238, 239
Mohammed 168, 170
Moloch 211
Moltke, Helmut von 153
Mommsen, Theodor 27, 101, 153
Monco Capac 275
Monmouth, Geoffrey von 21
Morales, Alfonso 271
Moretti, M. 95
Morus, Thomas 281
Mouhot, Henri 245
Mulder, Monique 113
Müller, Karl Otfried 55, 71, 95
Müller, Sophus 33
Muth 191
Mykener 48
Mykerinos 186
Myrtilos 65
Nabatäer 172, **173**, 174
Nabupolassar 161
Naipaul, V. S. 233
Nanna-Sin 157
Napoleon 180, 187, 205
Napoleon III. 205
Napoli, Mario 89
Narasimhavarman I. 235
Nebukadnezar I. 161
Nebukadnezar II. 158, 161, 163, 169
Needham, Joseph 255
Nefertari 198, 199
Nehring, Christel 219
Nektanebos I. 189
Nero 100
Neruda, Pablo 272, 273
Nestor 60
Nibby, Antonio 101
Niebuhr, Carsten 163, 179
Ningal 157
Noack, Ferdinand 205
Nomaden 218, 254
Nour, M. Zaki
Nubier 88, 184
Ödipus 71
Odysseus 116
Oinomaos 62, 65
Omar, Kalif 170
Orest 51, 71
Orophernes 137, 138, 139
Osiris 182, 184, 196, 198
Osmanen 83, 149
»Ötzi« 15, **16**
Ovid 81
Pachacuti 276, 277
Paes, Domingo 225, 227
Pakal der Große 266, 268
Pampa 228
Pandora 79
Papadimitriou, J. 77
Paranavitana, Senarath 239
Paris 51
Park, Mungo 219
Pasiphae 45
Paulus, Apostel 128
Pausanias 52, 55, 62, 64, 65, **77**, 79, 143
Pelops 51, 61, 62, **65**
Perser 78, 79, **178**
Phidias 61, 62, 81
Philetairos 122, 124
Philipp V. von Makedonien 57
Phoibe 58
Phokas 99
Phönizier 90, 91
Phryger 149
Piranesi, Gittova Battista 89
Pitman, Walter 159
Pizarro, Francisco 274, 276
Platon 74, 278, 279, 280, 281
Plinius der Ältere 279
Plutarch 176
Polemaeanus, Tiberius Julius Celsus 130, 131
Pompeius 203
Poseidon 45, 58, 81, 82, 87, 279
Potnia 52

Priamos 115, 121
Przevalskij, Nikolaj M. 223
Ptolemäer 204
Ptolemaios 153
Ptolemaios I. 201, 204
Ptolemaois XII. 202
Ptolemaois XIV. 202, 204
Puchstein, Otto 151, 153
Pytheos 138
Qaa 184
Qin Shi Huangdi s. Qin
Qin, Kaiser 253, 254, 256, 257, 258, 259
Quetzalcoatl **261**
Radt, Wolfgang 127
Raffles, Thomas Stamford 251
Raimondi, Antonio 277
Ramaswami, N. S. 225
Ramses I. 198
Ramses II. 88, 176, 188, 189, 191, 196, 198, 199
Ramses III. 189, 199
Ramses VI. 199
Ramses IX. 194, 198
Rauwolff, Leonhart 163
Re 184, 190, 196
Regolini, C. A. 95
Reich, Ronny 171
Reinerth, Hans 14
Renfrew, Colin 21
Resa Pahlewi 179
Revett, Nicholas 59, 83, 143
Rich, Claudius 163
Riese, Berthold 269
Rio, Antonio del 271
Rivadat, Marcel 13
Roberts, David 172, 175
Roda-Becher, Martin 279, 280
Römer 82, 118, 120, 123, 125, 131, 166, 174
Romulus 100, 101
Rosen, Karl 52
Rowe, Alan 205
Rudbeck, Olof 281
Ruggiero, Michele 107
Ruprechtsberger, Erwin M. 166
Ryan, William 159
Sacharja 168
Säk-Kuk 267, 268
Salomo 169, 171
Sanfelice, Ferdinando 89
Sargon I. 156
Sassaniden 178, 179
Sattin, Anthony 204
Schiaparelli, Ernesto 199
Schietzel, Kurt 33
Schilizzi, Ambrosius 205
Schliemann, Heinrich 44, 49, 50, 52, 53, 54, 55, 114, 115, 116, 117, 119, 120, 121
Schlüter, Wolfgang 27
Schmidt, Erich F. 179
Schmidt-Colinet Andreas 167
Schmidt-Glintzer, Helwig 254
Schneider, Lambert 82
Scipio Africanus Major 208
Sechem-chet 187
Selby, Bettina 217
Seldschuken 139
Seleukiden 122, 153, 178, 221
Seleukos 204
Seneca 92
Septimius Severus 98
Septimus Odainatus 164, 166
Serapis 202
Sesostris I. 187
Sester, Karl 153
Sestieri, Claudio 89
Seth 183
Sethos I. 189, 191, 198, 199
Shiva 227, 231, **232**, 233, 234, 241
Sicard, Claude 199
Singalen 237, **238**
Sinn, Ulrich 65
Skythen 221
Snofru 183, 187
Sokrates 74, 278, 279
Solon 278
Spanguth, Jürgen 281
St. Vincent, Bory de 281
Stackley, William 21
Stein, Aurel 223
Steiner, Rudolf 280
Stephens, John Lloyd 175, 271
Strabon 58, 89, 120, 142, 199, 201
Stuart, James 83, 143
Sudhana 248
Sujiyama, Saburo 265
Sumerer **156**, 157, 158, 159
Sumner, William 179
Suryavarman I. 240, 242
Suryavarman II. 240, 242, 243
Tacitus **27**, 153
Taliban 222, 223
Tamilen 237, **238**
Tanit 210
Tantalos 65
Tatius, Achilles 201
Taylor, J. G. 159
Texier, Charles F. M. 149
Thales von Milet 74
Themistokles 69
Theodorus aus Phomkaia 68
Theodosius des Große 65
Theodosius II. 77
Theseus 45
Thukydides 44
Thutmosis I. 189
Thutmosis III. 189, 190, 193, 197, 199
Tiberius 99
Tiruvengalanatha 225
Titus 169
Tlaloc 262
Toscanelli 281
Trajan 23, 71, 100, 125, 126
Tuareg 219
Tuchelt, Klaus 143
Tudela, Benjamin von 163
Tutanchamun 192, 194, 197, 198, 199
Twain, Mark 105
Tyche 173
Urnammu 154, 155, 157
Valle, Pietro della 163
Vandalen 99, 101
Varus, Publius Quintilius 22, 25
Venus 102
Verne, Jules 278
Vespasian 100
Vishnu 225, 226, 227, 228, 233, 234, 235, 241, 243
Vitruv 60, 138, **139**
Vogt, Emil 17
Wagner, Jörg 153
Waldeck, Jean Frédéric 271
Warren, Charles 170, 171
Weeks, Kent R. 199
Weiß, Peter 126
Wiegand, Theodor 127, 134, 136, 138, 143, 164, 165, 167
Wikinger 28, **29**, 31, 32, 33
Wilamowitz, Ulrich von 280
Wilberg, Wilhelm 133
Wilkinson, John Gardiner 199
Wilson, Charles 171
Winckelmann, Johann Joachim 65, 89, 96, 101, 107
Wirth, Hermann 281
Wittfogel, Karl 154
Wood, John T. 133
Wood, Robert 120
Wooley, Charles Leonard 157, 159
Wright, Ernest 159
Wright, Kenneth 277
Wu 222, 253
Xerxes 79, 162, 177, 178
Xuanzang 222
Yasovarman I. 240, 242
Zangger, Eberhard 281
Zanotti-Bianco, U. 89
Zarathustra 177
Zegarra, Alfredo Valencia 277
Zenobia 164
Zeus 45, 58, 62, 64, 65, 67, 83, 203
Zheng s. Qin
Zobeir 170

BILDNACHWEIS

Der Verlag dankt allen, die Bilder zur Verfügung gestellt haben, für die freundliche Genehmigung zum Abdruck. Leider war es uns nicht in allen Fällen möglich, die Rechteinhaber ausfindig zu machen; alle Ansprüche bleiben gewahrt.

AKG Berlin: S. 10 und 4, 11, 12, 274 oben, 279 · AKG Berlin/Erich Lessing: S. 105, 206 · Bruno Baumann, München: S. 220, 221 unten, 222 · dpa Hamburg: S. 3, 6, 16, 19, 41 unten, 51 und U1, 78, 92, 106, 114 oben und unten, 123, 125 und 4, 126, 172, 173, 174, 176, 177, 182, 186 und U4, 194, 196 und U4, 201 und U1, 202 oben und unten, 204, 208, 237, 241, 247, 253 und U1, 257 oben und unten, 258 · Diawelt Olaf Krüger 2003: S. 224, 225, 226 und 4, 227 unten, 228 · Fachhochschule Konstanz/Prof. Wolfgang Lauber: S. 217 oben und unten · Federseemuseum Bad Buchau: S. 15 oben · Fraunhofer-IGD: S. 62 · K. S. Freyberger: S. 164 · Joachim Fritz, Nürnberg: S. 155, 156, 158, 160, 161 oben und unten, 162 · HfG/ZKM Karlsruhe: S. 109, 110, 111, 112 · Rainer Hackenberg, Köln: S. 38, 40, 150, 151 und U1, 152 · Erhard Hehl, Tiefenbronn: S. 96, 100 · © Prof. Dr. W. Hoepfner, Berlin: S. 137 unten · Georg Hollaz, Tauche: S. 214, 215, 216, 218 · Anthony Howarth/Woodfin Camp/Agentur Focus: S. 20 · Interfoto: S. 154 · Interfoto/The Bridgeman Art Library: S. 157 und U4 · Jauch und Scheikowski, Porep: S. 24 oben, 200 unten, 262, 280 · Wolfgang Korn, Hannover: S. 1, 7 unten, 8 oben und unten, 9, 34, 35 unten, 39, 41 oben, 42, 50, 53, 63, 64, 66, 67, 68 und U1, 70, 84, 85, 86, 87, 88, 98, 99, 103, 104, 115, 116, 119, 122, 124, 129 und U4, 134, 135, 136, 138, 140 unten, 141, 142, 144, 145, 146, 147, 148 oben und unten, 169, 170, 180, 181 oben, 183, 185, 198, 209, 210 und 5, 211, 212, 227 oben, 230, 231, 232, 233, 234 und 4, 236, 246 und U1, 248, 249, 250, 260 und 5, 261, 263, 264, 266, 267, 268, 269, 270 · Uta Kubik-Ritter, Uetze/www.kuris-reisen.de: S. 272, 273 und U4, 274 unten, 275, 276 · Landesdenkmalamt Baden-Württemberg/M. Horn: S. 22 · © Peter Langer – Associated Media Group: S. 238 · Robert Mehl, Aachen: S. 178 · NASA/JPL/Caltech: S. 252 · Martin Prange, Gelsenkirchen: S. 256 © RMN: S. 221 oben · M. Roumi: S. 166 · Ulrich Sauerborn, Aalen: S. 23, 24 unten, 25, 26 · Scala Archives: S. 90, 91, 93 · Peter Schlicker, Konz: S. 44, 47, 48 · A. Schmidt-Colinet: S. 165 · Dr. Hans-Wilm Schütte, Hamburg: S. 254 · Andreas Schwope, Landwehr: S. 240, 242, 243, 244 · © Peter Visscher: S. 18 · Wikinger Museum Haithabu: S. 29 oben und unten, 30 oben und unten, 31 und 5, 32 oben und unten

IMPRESSUM

Bibliografische Information Der Deutschen Bibliothek
Die Deutsche Bibliothek verzeichnet diese Publikation in der Deutschen Nationalbibliografie; detaillierte bibliografische Daten sind im Internet über http://dnb.ddb.de abrufbar.

Gestaltung und Satz: typocepta, Wilhelm Schäfer, Köln
Satz aus der Berthold Concorde und der DTL Caspari
Druck und Bindung: Canale, Torino
Printed in Italy
ISBN 3-8067-2535-7